"十二五"普通高等教育本科国家级规划教材
面 向 21 世 纪 课 程 教 材

思想政治学科教学新论

Sixiang Zhengzhi Xueke Jiaoxue Xinlun

（第二版）

主　编　刘　强
副主编　胡田庚　庄永敏　杨秀莲
参　编　（以撰写章节先后为序）
孟庆男　黄桂英　严恒江
纪　良　薛中国　王元明

高等教育出版社·北京

内容简介

本书为教育部“高等师范教育面向21世纪教学内容和课程体系改革计划”的研究成果，是经教育部审定后向全国师范院校推荐的本专业课程唯一一本面向21世纪课程教材。

本书自2000年出版以来，受到用书单位好评。最近，作者又根据教学改革的新精神和新动态，对有关章节做了补充和修改，增加了科学发展观和社会主义核心价值体系等内容，在教学目标方面做了系统科学的阐述，解决了当前教学和实践中对教学目标的错误理解和运用问题；在讲课、说课、备课和评课的基础上又增加了教学设计内容，并提供了教学设计的案例；将“学习力”部分更加理论化、系统化。

本书内容覆盖了中学思想政治课教学的全部内容，能够满足培养中学政治教师和在职教师进修的需要，对中学政治教师的教学和科研具有一定的实用和理论价值。

本书主要供师范院校思想政治教育专业本专科教学使用，也可供中学政治教师学习参考。

图书在版编目（CIP）数据

思想政治学科教学新论/刘强主编.－2版.—北京：高等教育出版社，2009.5（2025.2重印）

ISBN 978-7-04-026499-9

Ⅰ.思… Ⅱ.刘… Ⅲ.思想政治教育-教学研究-师范大学-教材 Ⅳ.G651

中国版本图书馆CIP数据核字（2009）第047205号

出版发行	高等教育出版社	网　　址	http://www.hep.edu.cn
社　　址	北京市西城区德外大街4号		http://www.hep.com.cn
邮政编码	100120	网上订购	http://www.landraco.com
印　　刷	山东韵杰文化科技有限公司		http://www.landraco.com.cn
开　　本	787×960　1/16		
印　　张	24.75	版　　次	2003年11月第1版
字　　数	460 000		2009年5月第2版
购书热线	010-58581118	印　　次	2025年2月第23次印刷
咨询电话	400-810-0598	定　　价	49.00元

本书如有缺页、倒页、脱页等质量问题，请到所购图书销售部门联系调换。

物 料 号　26499-00

目　录

导　论

学校是培养人才的摇篮,科学文化知识和思想意识是引导人走向成功的火炬。手执火炬引领学生走向成功的人就是教师。无论是在高等学校思想政治教育专业读书的学子或是教学第一线的思想品德和思想政治课教师,如果想成为一位能在事业上引领学生取得成功的人,那就要倾心尽力地学习,争取成为一位优秀的火炬手。邓小平说:“一个学校能不能为社会主义建设培养合格的人才,培养德智体全面发展、有社会主义觉悟的有文化的劳动者,关键是教师。”①教师之所以处在教育的关键地位,就是因为教师是科学文化知识的传播者和思想品德的塑造者。教师在教学上要获得成功,成为一名优秀的教师,只掌握本学科的专业知识是不够的,还要掌握相关的教学理论。教学不是一件简单的事情,作为教者不但要掌握教学的科学理论,还要掌握教学的艺术。只知“教”什么,但不知怎么“教”,是成不了一名优秀教师的。教学的科学理论能使你懂得为什么教、教什么;教学艺术和教学技能可以使你知道怎样教、怎样学。教学论,是以研究教学科学和教学艺术为对象的学科,是研究优化教学活动的理论,是教学科学的组成部分。作为教师,不但要掌握基本的教学理论,还要随着时代的发展,不断地补充新的教学理论和信息。这本《思想政治学科教学新论》就是给未来的中学思想政治课教师和在职的思想政治课教师在教学方面引领学生走向成功之门的一把火炬。

一、思想政治学科教学论概述

思想政治学科教学论,是高等师范院校思想政治教育专业的一门主干必修课,是从事思想政治教育工作者必须掌握的一门基础专业知识。

人们在生活和社会实践中所获得的认识和经验形成了知识。而人们对某一方面的认识或经验形成了系统的体系并反映这方面的规律之后,就成为某一方面的科学或理论。人们在教与学的过程中形成了对教学规律和艺术技巧的认识之后就形成了教学的理论,人们称之为教学理论,简称教学论,它是教育科学的重要组成部分。教学论是人们对整个教学科学和艺术的认识,它是把整个教学当作研究对象的。但从某一门学科的角度来说,每一学科都有自己独特的教学对象,也就都有自己独特的教学规律和艺术。研究某一学科的教学理论科学又

① 《邓小平文选》第2卷,人民出版社1994年版,第108页。

称为学科教学论。学科教学论是教学论的分支,它同教学论有某些共性的内容,教学论是学科教学论的理论基础。学科教学论有它自己的研究对象和自身的研究逻辑。思想政治学科是一门独立的学科,它属于德育学科。以中学思想品德和思想政治学科的教学为研究对象的这门学科就被称为“思想政治学科教学论”。

新中国建立以后,在中学里普遍开设了政治课。从新中国建立之初以及“文化大革命”后的一段时期,我国在高等师范院校的思想政治教育专业开设了以研究中学政治课为对象的课程,大多数人称这门课程为“中学课程教材教法”或“中学政治课教学法”。随着这个学科的研究逐步走向成熟以及研究内容的不断丰富,这门课程无论被称为“教材教法”还是被称为“教学法”都不为广大政治课教师和广大研究者所认可。因为这些名称已与它的研究任务和内容很不相称,它的研究范围远远超出了“教材教法”和“教学法”的体系,而且在研究对象上也发生了质的变化。原“教学法”课程以教师的“教”为主要研究内容,失去了研究的主体性;把研究“特殊认识”当作教学过程的本质,失去了教学本质性;没有体现本学科特色的概念、范畴和问题,缺少独立学科的特征,失去了本体性。也有的人出书把这个学科教材称为“思想政治学科教育学”。我们认为,教育学一般应该包括教育论、教学论、德育论、教育管理论等;另外,称为某一学科教育学,它的研究对象就不单纯是教学了,研究范围应该更广。所以我们认为它还是称为“学科教学论”更为妥当。现在,思想政治学科教学论已形成独立的学科体系,理论水平也有了很大提高。

二、思想政治学科教学论的逻辑起点

构建一门学科的科学体系,首先应当认识它的逻辑起点。任何一门理论,它的理论框架都是由一系列概念、范畴、命题等构成的,而不是杂乱无章组成的,它要构成一个逻辑框架,形成内部的逻辑联系,构造一个理论体系。这个体系中的每个概念、范畴和命题就是组成这个体系的细胞。这些知识细胞形成许多逻辑点,组成逻辑网络。一门学科理论体系开端的那个范畴,就是这门学科的逻辑起点。并不是任何一个概念或范畴都可以作为逻辑起点,作为逻辑起点的概念或范畴必须是从众多材料中抽象出来的最普遍最核心的概念,是贯穿整个理论体系的本质内容和灵魂,是理论研究的核心问题,是研究的起始问题,它对整个理论体系中的各种问题都有影响并与之联系和发生作用。只有认识到、捕捉到研究的逻辑起点,才能把握住研究的基本问题和核心问题,也才能知道研究的目的。

思想政治学科教学论研究的逻辑起点是什么?要根据研究思想政治学科教学论的根本目的来确定。思想政治学科教学论是研究该学科教学的,也就是说它的根本目的是教会学生学习,教是为了学。学习成了这个学科的开端范畴,也是整个逻辑体系中最基本、最简单、不可分解的要素。“学习”运用于这门学科的整个体系，它也主宰着这门学科矛盾运动的发展和矛盾的解决。教学中的矛盾是复杂的、多层次的、多侧面的；教学论中要研究的材料和命题也是繁多的，但是最抽象、最一般、最常见的范畴就是学习，它是教学活动和教学研究中要解决的最根本的矛盾和任务。从人类教育发展史来看，教学是从学生的学习开始的，学校是为学生学习而开设的。所以说学习是人类教育史的起点，它贯穿于整个教学过程，一直到教学的终点。在思想政治学科教学论的逻辑运行中，实际是把学习这个范畴从抽象演绎到具体的过程，同时也是从具体到抽象的归纳的过程。在演绎和归纳过程中构建了思想政治学科教学论的理论体系。这个理论体系中的各个逻辑起点的联系、发展一刻也离不开学生的学习。在教学过程中，教师的授业、启发、开导都是为了学生主动学习、积极学习和有创造性的学习，使学生成为学习的主人。思想政治学科教学论中制定的教学目标、教学材料、教学原则、教学艺术、教学模式、教学策略都围绕“学习”这个根本展开和发展，都是以“学”为根本，以“学习”为思想政治学科教学论的逻辑起点，体现了现代教学论“以学为本”的思想。

三、思想政治学科教学论的研究对象

思想政治学科教学论的研究对象是研究学科教学论的基本问题。思想政治学科教学论的研究对象就是回答这门学科是研究什么的。

教学是一种社会活动，是为国家和社会教育培养新生一代的一种社会实践。思想政治教育学科是德育学科，它属于教育的一部分，也是一种社会实践活动。这种教学活动是培养学生思想品德的实践活动。长期在本学科第一线从事教学的教师和教学研究工作者，从教师的教学中和学生的学习中掌握了一些教与学的一般规律和应用规律，同时也掌握了一些教与学的有创造性、有欣赏价值的方法、技巧和体验。

思想政治教育活动不但有科学的运作规律可以把握，而且有无穷的有趣的教学操作艺术可以认识。教学科学，是人类在认识教与学过程中正确反映教与学客观现象的运作规律的系统理论知识；教学艺术是人们认识到、领悟到并创造的教与学的技巧，它是在实践中总结的经验、智慧和能力。教与学不但是科学的，也是艺术的。现代科学和艺术是一对孪生兄弟，他们既有区别又有联系，不可分割。教育家夸美纽斯在他的著作《大教学论》中说：“教育是艺术中的艺术，因为人是一切生物之中最复杂、最神秘的。”①俄国教育家乌申斯基也认为，教育艺术胜于科学。教育家苏霍姆林斯基也指出：“教学与教育过程有三个源泉：科

① 夸美纽斯：《大教学论》，人民教育出版社1957年版，第4页。

学、技巧和艺术。”①

教与学的过程中，不但有教师与学生对抽象的科学规律的掌握运用，而且在教与教学操作时要伴随着情感、价值、策略等因素。所以研究教学，不但要研究它的科学规律，也要研究它的艺术，教学的魅力来自它的艺术。所以说，思想政治学科教学论是研究思想政治教育专业教与学的科学规律和艺术的一门学问。

四、思想政治学科教学论的学科性质

思想政治学科教学论的学科性质问题，也是学科教学论体系建设的基本问题之一。关于思想政治学科教学论的学科性质问题，目前在国内虽没有引起争论，有些著作涉及了这个问题，但也是各执一词，没有统一的认识。

我们认为，从目前思想政治学科教学论的学科定位和内容来看，这个学科既具有理论科学的性质，又具有应用和研究科学的性质。说它具有理论科学的性质，因为它反映了这门学科教学的客观规律，用思辨的逻辑方法把教学的范畴和命题，如教学原则、教学目标、教学组织、教学方法、教学规律、教学模式、教学评价等描述出来，构成了本学科的教学知识体系，论证了教与学中的有规律性的课题，并从哲学认识理论上解答了教学中的一些问题，从而确立了本学科的理论地位。说这个学科具有应用性，是因为这个学科的教学内容为本专业提供了可操作的方法、技能、技巧等，为教学实践传授了实用性知识，对提高教学效果起到了它应有的作用。特别是教学艺术中蕴涵了丰富的人的情感、人的机智、人的价值力量，对提高教学实际效果有教学科学不能取代的作用。它回答了教学中怎样教和怎样学的重要问题，在教学中体现了很明显的应用性。

一门科学既有理论性，又有实践性；既有科学价值，又有应用价值，这种交叉现象不但在教育科学领域存在，在其他科学中也存在。作为一门为社会发展服务的科学，如果只有理论性而缺乏应用性，也不见得会有更大的社会价值。特别是作为学科教学论这样一门传授从事实践教学知识和技能的课程，如果缺少应用性，这个课程的实际功能和价值也会减弱。但只有应用性而缺乏理论性，也足见这门科学发展的不成熟。如果我们不从学科的功能特点出发，要求每一门科学都成为纯理论科学，那也是不可取的。哪一门教育科学属于哪类科学性质并不重要，重要的是它能更好地为教学实践服务，为推动理论发展服务。所以，思想政治学科教学论从它的实际理论内容结构和作用来看，应该属于理论科学与应用理论科学的边缘交叉学科。

五、思想政治学科教学论的理论体系

思想政治学科教学论的理论体系，也就是它的理论逻辑结构或理论体系。思想政治学科教学论的理论基本内容主要有三大部分，即教学基本理论、学科教

① 苏霍姆林斯基：《和青年校长的谈话》，上海教育出版社 1991 年版，第 9 页。

学理论、学科应用教学理论。教学基本理论研究的内容主要包括教学的历史、教学的本质、教学的规律、教学的原则、教学的过程等；学科教学理论研究的内容主要包括课程理论、智力教学理论、非智力教学理论；学科应用教学理论的研究内容包括课程、教学组织形式、教学方法、教学模式、教学技术、教学方案设计、教学评价、教学艺术等。

思想政治学科教学论这三大部分理论内容如果按逻辑方式把它组织成一个理论结构，形成一个内在联系的理论体系，应该包括以下内容。

（一）原理论

原理论的主要研究内容是：思想政治教育的历史回顾和21世纪的中国思想政治教育、思想政治学科的根本属性、思想政治学科的学科地位和作用等。学习这部分内容主要是让学生认识这门课程的重要性，增强教好这门课程的责任感。

（二）课程论

课程论的主要研究内容是：思想品德课和思想政治课课程改革、思想品德课和思想政治课的目标体系、思想品德课和思想政治课的教学内容、思想政治课和思想政治课课程标准及教材介绍、思想品德课和思想政治课课程改革的几个问题。学习目的主要是让学生了解什么是课程，认识这门课程的目标和内容以及处理教材的基本要求，解决教什么的问题。

（三）思想政治学科教学过程论

这部分研究内容主要包括：思想政治教学过程的本质、教学系统的要素、教学的方针、教学的规律等。学习这部分内容的目的是让学生了解教学过程的本质，认识教学的要素、方针和规律。

（四）思想政治学科教学方法论

这部分主要研究内容包括：思想政治教学组织、教学基本环节、教学方法、教学模式、多媒体教学。学习教学方法论，主要是让学生掌握优化的教学方法，知道在教学中如何操作，解决如何教的问题。

（五）思想政治学科教学艺术论

思想政治学科教学艺术论研究内容包括：思想政治教学艺术概述、艺术的运用方式。学习教学艺术论主要是让学生对教学艺术有个理性认识，掌握教学艺术技巧，解决如何教得更好的问题。

（六）思想政治学科学法论

思想政治学科学法论研究内容包括：学习指导的概念、指导学习的主要措施、学习的策略、学习的方法。学习这部分理论的目的，是让学生知道学习指导的作用及如何指导学习。

（七）思想政治学科教学评价论

思想政治学科教学评价论研究内容包括：素质教育评价观、评课、考试和试卷分析。让学生掌握教学评价理论,主要是让学生掌握评价的技能,以便能更科学地进行教学评价。

(八) 思想政治学科教师论

思想政治学科教师论研究内容包括:思想政治课教师专业化、教师的作用和职业特点、教师的价值观、教师的素质。学习这部分内容主要是让学生知道教师的价值,对社会的作用,以及作为教师应当具备什么样的职业意识、职业道德及职业技能,目的是提高教师的素质。

(九) 思想政治学科实践论

思想政治学科实践论研究内容包括:思想政治教育实习的意义和作用、实习的思想教育工作、实习的组织和步骤、实习的班主任工作、实习的任务和实习成绩评定。

这部教材主要是为培养中学思想政治教师而写作的,它的教学对象主要是在校的本科学生。在他们学习完教学理论之后,为了联系实际,使他们能把理论知识变成教学能力,必须要学习这一章的内容。这个理论体系包括了思想政治学科教学的所有研究范畴。它是一个完整、系统、独立的理论体系,是一门新兴的独立学科。

六、学习思想政治学科教学论的意义

作为一名思想政治课教师,尽管掌握了很丰富的本专业的学科知识和普通教育理论,如哲学、政治经济学、社会学、邓小平理论、法学、伦理学、心理学、教育学等,但如果不掌握本专业的教学理论和技能,也是不能胜任教师工作的。关于这一点,毕业多年并从事教师工作的人体会最深刻。只有知道教什么,又知道怎么教,才能成为一名好老师。有人说,学者未必是良师。这句话是非常有道理的。只有在学好专业知识的基础上又掌握好本专业的教学理论和艺术,才会成为一名合格的教师。

高等师范院校思想政治教育专业学生和在职进修的中学教师学习思想政治学科教学论主要有以下几方面的意义。

(一) 成为合格思想政治课教师的需要

高等师范院校是职业高等院校,它的培养目标是为中等学校培养合格的思想政治课和思想品德课教师,这是同其他类型高等学校的根本区别。培养合格的专业大学生,要靠科学合理的课程结构给予保证。合理的高师课程结构要体现出师范院校的特点,就是要体现师范性。高师院校的课程结构包括知识类课程和实用类课程。知识类课程主要是为了充实教师的文化知识素养;实用类课程主要是为了培养教师的教学实践能力。

从师范类院校的课程特点出发,高师院校的课程构成要符合教师素质构成的要求,师范院校不但要开设专业课程,还要开设教育类课程,特别是开设一些实用的教育理论课和职业技能课程。思想政治学科教学论,是带有学科知识传授特点的实用教育理论课程。教师的知识理论素质构成,既要有专业理论知识,又要有教育理论知识和教育技能。否则,只重视知识理论教育,而忽视教育职业技能教育是培养不出合格的教师的,这种情况下培养出的教师,是有知识没能力的教师。高师院校思想政治教育专业的学生在校学习期间,学习一些和思想政治教育专业有关的政治理论、教育学、心理学课程是完全必要的,但作为一名中学教师只有这些知识是不够的,还必须学习思想政治教育理论、掌握教学艺术和教学操作技能。只有这样才能在教学中克服盲目性,增强自觉性和突出自己的教育个性。学习思想政治学科教学论,不但能使高师生在毕业前认识到自己未来所教课程的重要价值,增强职业责任感和事业心,能全面掌握本专业的教学方针、原则、规律、方法、策略、艺术,而且具备备课、教学设计、讲课、评课、命题、试卷分析和担任班主任等工作的操作能力。只有具有这样素质的学生才能受到用人学校的欢迎,毕业后才能很快成为一名合格的优秀教师。

(二)培养学习型教师的需要

工作在教学第一线的教师和在职进修的教师也需要学习新编的学科教学论。党的十六大提出"形成人人学习,终身学习的学习型社会,促进人的全面发展"。在知识经济时代,学习是现代社会的基本生存状态,是社会进步的动力和生活的需要。

更新知识需要学习教学论。全球网络的建立,为知识的渗透提供了场所,也为新知识的产生和交流提供了丰富的养料。知识的更新速度越来越快,各学科的知识综合化越来越高,教学理论内容也随之越来越丰富,这就要求教师要具有良好的学习能力和丰富的教学论知识。但是目前工作在第一线的教师,由于忙于教学和管理学生,对于前沿的教学理论知之甚少,所以要不断学习教学理论,不断革新自己的教学观念。

人才竞争需要学习教学论。随着我国师范教育的发展,教师队伍会越来越大,教学人员会越来越多,教师的岗位也会变成一个人才竞争的市场。只有学好教学理论,提高自己的教学理论水平,掌握先进的教学观念和方法,才能在激烈的竞争中不被淘汰。

教师自我发展需要学习教学论。在职教师不断学习新知识的目的,除了满足工作需要外,还有一个目的是为了自我实现,为了满足个人对知识的需求。人类最高层次的需要是自我实现的需要。当个体获取有关知识并将其付诸实践、取得成功后,会得到精神的升华,也就是阶段性地满足了自我实现的需要。只有不断学习教学理论,在职教师的业务水平、思想水平,教学管理素质才会不断提高,教学的成绩才会受到同行、领导的肯定,在学生中才会更有威信,自我价值才会得到实现。

成为知名教师需要不断学习教学论。一名教师的成长过程一般需要三个发展时期。第一个时期是,从初任教师到胜任教师的时期;第二个时期是,从胜任教师到骨干教师的发展时期;第三个时期是,从骨干教师到知名教师的发展时期。作为一名知名教师,不但在教学基本能力方面要过硬,学科理论知识要全面,而且教学理论、教学思想观念也要具有先进性。从初任教师到知名教师这中间要经历不断的学习,发展的过程也就是不断学习的过程,不断进步的过程,而这中间主要是不断学习教学理论科学和教学艺术。随着全球产业的重组,推动着教育领域里的学科重组,基础教育的课程结构和教学方式都面临着调整,在这种情况下,要成为一名骨干教师、知名的优秀教师就要不间断地学习。今后教师职后学习制度要上升到法律的高度。目前很多地方教育行政部门和学校领导尚未充分认识到教师职后学习的重要性,有时还忽视甚至剥夺教师再学习的机会,特别是不重视提高教师的教学理论水平,造成很多在职教师教学理论陈旧,观念落后,教学手段单一,知识结构简单。所以在职教师都应该坚持学习,每一位教师都应该成为学习型的教师。只有教师成为学习型的教师,学校成为学习型的学校,学生才能学习好。

七、学习思想政治学科教学论的教学形式

由于各个学校的情况不同,教学条件不一,所以学习思想政治学科教学论的形式也不会相同,我们学习这门课程采用以下几种教学方式。

(一) 理论讲授

思想政治学科教学论是一门理论课,这门课的功能和作用主要是通过它的理论性体现出来。由于这门课程专业性强,教学专业术语、概念很多,所以对未从事过教学工作的学生来说是陌生的、抽象的。教学论同其他学科一样,是教学实践者和教学研究者对人类教学经验的总结并形成系统的理论。教师要通过理论讲授向学生介绍这门学科的理论框架、研究对象、研究范围、主要理论观点、概念和问题等;通过教师的讲授,学生也会掌握教授思想政治课的教学规律、原则、方法和技能;通过教师的讲授,学生也会了解发达国家先进的教学理论和经验;通过教师的讲授,学生也会知道如何学习和借鉴西方学校德育的经验以及如何面对西方学校的教学模式及价值观的冲击。不论什么课程,讲授都是必要的,讲授并不等于“灌”,教师讲授也是在认识问题上对学生的一种引领和启导。

(二) 教育观察

思想政治学科教学论这门课程和教学实践结合得非常密切,它来源于实践,学习这门理论时又必须很好地同实践结合起来。学习教学理论之后也要观察教学的实际情况。人们常说,百闻不如一见。观察他人的教学实际情况,对于学好

这门课程非常重要。因为通过教学观察之后,就会对课堂上讲过的理论产生真情实感,体会就会深刻。在教学观察阶段,可以结合本学科的教学内容,有目的、有计划地组织学生观看一些教师成功教学的录像片,也可以组织学生到中学参观一些教学活动等。这样可以让学生亲眼观察教与学的实际情况,使他们把课堂上学到的教学理论与教学实际联系起来。

（三）教育调查研究

调查,是一种认识活动,主要是对客观事物的考察、查核和计算,这是了解客观事实真相的一种感性认识活动。研究,则主要是通过对调查获得的感性材料进行审查和思维加工,以求得认识社会现象的本质及其发展规律的一种理性认识活动。教育调查研究,是人们有目的、有意识地进行的一种了解教育事物的认识活动,它也是一种实践的学习方法。调查研究这种学习方法,是把感性认识事物和理性认识事物结合起来的学习方法,它是教育实习期间不可缺少的一种学习手段,是一种有计划、有目的的教学活动。在调查前教师要向学生布置调查内容,主要包括搜集中学思想政治课教学活动中存在的问题、学生的政治思想动态、中学思想政治课教师的教学经验和教训等。通过调查,学生可以对本专业存在的一些问题及现象产生一些感性认识,验证和丰富教师课堂上讲授的内容。另外,学生也可以就调查中发现的一些问题进行研究,既可以作为自己的科研课题,也可以作为自己毕业论文的研究题目。

（四）教学训练

教学是一项既要有专业知识又要掌握专业技能的工作,所以学生在校期间,既要向他们传授专业知识,又要训练他们的专业技能,只有专业知识没有专业技能的人也不会成为一名好教师。为了给学生教育实习和未来的教学工作打好基础,必须在教育实习前进行教育训练。训练的内容是根据教育实习的需要和中学教师的工作需要而确定的。教学训练既是教育实习前的准备形式,也是对学生教学能力的检查和了解。如果在训练中发现学生在知识方面或在技能方面存在哪些不足,教师要对学生进行有针对性的指导,以保证教育实习的质量和毕业生的质量。教学训练的内容主要有:编写教学设计、组织模拟课堂、试讲、评课等。

（五）微格教学

一些国家或地区的学校十分重视师范生的教学技能。随着现代化科技、教育学和心理学的发展,在教师教学技能训练方面出现了一种新的训练方式,称为“微型教学”,也称为“微格教学”或“小型教学”。“微格教学”是美国斯坦福大学推出的一种新型师资训练方式,旨在训练师范生的教学技能以及提高在职教师的基本教学技巧。“微格教学”作为师资培训的一种新型模式,已为很多国家高师院校所采用。所谓“微格教学”,就是将复杂的教学过程分解成许多容易掌握的具体的单一的技能，如“导读技能”、“学习指导技能”、“讲授技能”、“提问技能”等。在训练每种技能时，对每种技能都提出训练目标，在较短时间内对师范生或在职教师进行反复训练。这种训练模式每次训练一项技能，如“概括教学内容技能”，时间5~20分钟，便于对学生进行个别指导，使其在短时间内掌握一项教学技能。训练的内容主要是课堂教学的基本技能，如沉默与非语言性暗示，学习者参与教学的强化，提问的频率、难度和质量，发散性问题的提出，留意对方的发言和行为态度，举例和解释问题，讲解等。“微格教学”的一个重要的特征是运用录像设备将教学技能训练实况记录下来，使受教育者获得其教学行为的直接反馈，并运用慢速、定格等手段在课后进行反复讨论和分析。由于这种训练方式持续时间短，教学内容和参与人数少，可以减轻受教育者的心理紧张程度，增强成就感，所以它的训练效果较好，深受学生欢迎。

（六）教育实习

教育实习，是在上述各种教学活动的基础上进行的综合性教学实践活动。通过教育实习，一方面可以全面地考查学生学习教学理论知识的实际效果，另一方面也可以培养学生从事中学思想政治课教学工作的能力和做班主任工作的能力。通过教育实习，使学生加深对所学理论的理解，做到理论与实践相结合，提高他们运用所学知识的能力。教育实习，是师范生短时间的角色变换，也是认识自己未来所从事的工作的极好机会。

（七）教育教学研讨

通过以上学习教学论的几个环节，如讲授、观察、调查、微格教学、教育实习等，已经做到学、看、做相结合，把学习与应用紧密结合起来。这样做不仅使学生掌握了丰富的德育教学的理论知识，而且也对学科教学论这一门知识产生一定理论认识。在此基础上，可以组织学生结合学到的教学理论和实习时的教学实践，并就当前突出的教学问题和学生感兴趣的教育、教学问题进行理论研讨。这样可以培养学生对教学的参与能力，使学生在研讨中分析、评议和丰富教师讲过的教学理论，引发学生的学习兴趣和创新思维。教师与学生共同参与教学活动，旨在突出学生在学习中的主体地位，充分发挥学生的学习主动性。通过教育教学研讨，教师可以从学生的研讨发言中了解学生对知识的掌握程度，了解自己的教学效果，以便更好地充实教学内容和改进教学。

复习思考题

1. 思想政治学科教学论的逻辑起点是什么？为什么？
2. 简述思想政治学科教学论的研究对象。
3. 叙述思想政治学科教学论包括的内容。

4. 学习思想政治学科教学论有什么意义?

5. 学习思想政治学科教学论有哪些方式?

教学建议

本章主要是让学生认识学习这门课程的内容、意义、方式以及研究对象,在教学中可以重点介绍。

第一章　思想政治学科原理论

研究任何一门学科、一门学问，应首先了解、认识它的历史、学科属性、学科功能、学科地位以及该学科的教学任务等问题。这几方面问题是认识一门学科的最基本、最普遍的理论问题。只有认识了这门课程最基本的、最普遍的现象，才能正确地认识和理解这门课程其他方面复杂的现象。因此，我们认识、了解"思想政治"这个学科，也应该首先揭示它的课程历史，它的课程性质、功能、地位和任务，这是认识这个学科的最基本理论，也称原理。基本理论是其他理论的基础，决定着其他理论的走向，所以称为原理。思想政治课的历史、性质、功能、地位和任务，决定着思想政治课的课程、教学过程、教学原则、教学方法、教学评价等，所以我们把阐述思想政治课的历史、性质、功能、地位和任务这一部分内容称为原理，把这一章的内容称为原理论。一个学科如果没有基本的原理，就没有这个学科的地位，它也就不能成为独立的学科。高等师范院校思想政治教育专业的培养对象是初中思想品德和高中思想政治课教师，这两类教师同属一个专业，教学理论课内容基本一致，所以本教学论可供整个思想政治教育专业教学之用，既包括思想政治学科，也包括思想品德学科。我们在这里所说的学科，实际指的是这个专业，就是中学的德育理论学科。

第一节　思想政治学科简单的历史回顾

任何一门学科都有其产生、发展、成熟的历史过程，只有了解了它的发展历史，才能更好地认识它、发展它。对这种历史的了解，当然应该是全面的，包括国外的，也包括中国的。

一、国外的思想政治教育

思想政治教育也是一种文化。文化上的选择和发展是以一定的比较为前提的。只有文化上的比较才能为文化上的选择和发展提供客观依据，才能借鉴国外有益的东西。我国的思想品德和思想政治课这门学科在国外称为德育课程，我们也可以通过了解外国的德育学科，学习一些有益的经验。了解国外的德育学科，借鉴吸收国外思想政治教育的合理成分，反过来会加深我们对我国思想政治教育的认识。下面我们介绍几个国家的德育理论教育情况。

（一）西欧国家的德育理论教育

自从人类进入文明社会,任何统治阶级都把本阶级的政治道德意识通过一定的教育方式传授给国民,以求巩固国家与社会的稳定和发展。历史证明,西欧国家也十分重视德育理论教育。西欧有着几千年的文明传统,特别是近代以来,它曾长期居于资本主义世界经济、政治、文化中心的地位。西欧传统文化在整个世界都有很大影响,这种文化影响当然也包括德育的影响。下面我们着重介绍英国、法国、德国三个西欧国家的德育情况。

1. 英国的德育理论教育

英国是个老牌的资本主义国家,学校的德育课由宗教、社会科学和道德教育组成。宗教课是传统的德育课,教材由各派代表共同编写。从1912年起,英国公立学校就有了统一的德育大纲。20世纪70年代后期,英国的中小学都普遍开设了德育课,目前使用的教材有《民主中的价值》、《生命线》、《品德教育卡》等。英国学校德育的内容有:(1)理解道德的价值,尊重不同种族、宗教和观点;(2)社会意识、公民意识及权利和义务;(3)个人与他人的关系;(4)就业中的工作制度、雇主关系;(5)了解世界,了解国家间互相依赖的关系;(6)商品社会中的消费问题;(7)爱情、婚姻及家庭问题;(8)学习文化传统和各国优秀文化;(9)参加社会事务及福利事业;(10)能理解并效仿生活中最优秀的范例;(11)有关暴力、吸毒、凶杀、死刑、性解放、酗酒、核战争等问题。中学每周开2~4小时宗教课,由专人或牧师讲课,讲《圣经》的历史、宗教节日的来历、解释宗教典故等。宗教课教学方法以灌输、劝导为主。英国中小学每天早晨都举行严格的宗教仪式,合唱赞美歌。

2. 法国的德育理论教育

法国始终把培养学生的公民责任感作为学校德育的主要课题。中小学的德育目标是使学生获得自由和负有责任,培养集体观念,成为有纪律、有教养的公民。德育内容有:(1)人权教育。教育青少年必须尊重人类尊严及自由表达的权利。(2)民主生活教育。(3)国家政体教育。向学生系统讲授国家政治制度及其合理性的知识。(4)爱国主义教育。(5)伦理道德教育。主要培养学生勇敢、荣誉、正直、正义、宽容、仁慈、善良的品德。1789年法国大革命后,学校虽然不再实施宗教教育,但中小学生可以在家庭接受宗教教育。

3. 德国的德育理论教育

第二次世界大战后德国的德育目标是:注意培养人的尊严、克己、责任感、乐于助人及德意志精神。德育内容有:(1)个人行为道德教育,包括礼貌、诚实、正直、纪律、劳动习惯、协作精神等。(2)人际关系道德教育,如助人为乐、群体观念、尊重他人劳动、协作精神等。(3)社会和职业道德教育,包括社会公德、爱护公物、职业修养等。德国视宗教为道德的根本。德育任务主要由宗教课来完成。

中学每周设置 2 节宗教课。德国公立学校是按教派建制的,学生根据自己的宗教信仰选择学校。学校经常组织学生集中进行祈祷活动,并鼓励学生参加宗教节日活动,如狂欢节、复活节、圣诞节等。

（二）美国的德育理论教育

美国虽然是当今世界上最强的资本主义国家,但它宣布独立只有 200 多年历史。从 20 世纪 70 年代起,美国中学开设了“公民”课程。美国各州的德育具体目标不一样,但总的目标都是通过教育使学生了解美国政党多元化、政体三权分立的特点,把学生培养成对国家忠诚、尊重人权、认识到自己的责任和社会责任,成为思想言论自由和有思维能力的人。美国学校的德育内容主要有:(1) 公民教育。主要是让学生了解美国的政治制度。(2) 道德教育。教育学生成为诚实、勇敢、公正、正直、自律自爱、勤奋刻苦、忠诚守信、宽宏大量的人。美国各地德育课教学组织形式与方法各不相同。但主要方法都是课堂教学,另外组织活动教学和参加社会实践,如社区服务、参观访问、社会生活考察和实习。各种活动中,学生是主体,教师提供资料、提出建议,充当参谋。美国中学生道德品质状况是由公民教育的学分来体现的,公民教育学分标明公民教育的效果,学分必须达到要求才能获得毕业证书。如有的州公民教育评分方法由两部分组成,一是把学生参加学习时的分数作为是否及格的标准,二是由教师给学生评定成绩,评定标准根据课堂表现和考勤情况。学分达不到要求的可用参加服务性活动来弥补。学分不及格不允许毕业,成绩优秀的可当优秀公民,可获奖学金。

（三）日本的德育理论教育

二战后,日本把学校德育教育作为振国兴邦的基本国策。日本政府及教育界认为教育的根本宗旨是完善人格。1947 年改公民科为社会科,通过教育增长学生的知识、生活能力和道德观念,培养学生适合民主社会的自律和自主的人格。1958 年日本中学设道德课,重申注重以个性完善为目的,强化学校中的道德化倾向和个性化意识,培养日本民族的优越意识。学校德育的内容:(1) 爱国主义教育。一是教育学生热爱、虔敬天皇,忠于国家;二是热爱乡土。(2) 个性教育。通过教育提升个人尊严、尊重自己、自由自律、尽职尽责。(3) 人生观教育。珍惜生命、展示生命意义、磨炼坚强意志,诚实正直地与人交往。(4) 国际化教育。培养在国际交往中日本人的形象,了解别国的政治、经济、文化情况,努力为世界和平作贡献。(5) 劳动教育。培养学生劳动兴趣和习惯,让学生从事打字、木工、种植等活动,参加田间管理;美化校园环境、参加社会福利劳动等。

二、新中国的思想政治教育

我国在中学全面开展思想政治教育,设立政治课程是在新中国成立以后,在中学普遍设立政治课 60 年来,共经历了三个大的发展阶段。

（一）思想政治课的建立和发展

1949年12月,全国教育工作会议的总结报告中指出,要对青年学生进行政治与思想教育。根据这一精神,在全国大部分地区的中学里,设置了新的政治课,但由于全国大部分地区刚刚解放,课程并没有统一起来。新开设的政治课是以配合当时的政治运动和社会改造为主对青年学生进行教育。1951年6月,教育部在全国统一了政治课的设置,各年级政治课名称改为具体学科名称,如初中三年级的课程名称是"中国革命常识",高中二年级讲"社会科学基础知识"课,高中三年级讲"共同纲领"课,并在初一到高三各年级设"时事政策"课。1954年政务院发布的《关于改进和发展中学教育的指示》中指出,"思想政治教育的任务是树立社会主义的政治方向,培养辩证唯物主义世界观的基础和共产主义道德"。1956年6月,教育部决定在初、高中各年级增设政治课内容,各年级开设"中华人民共和国宪法"课,以后教育部统一规定了思想政治课总称为"政治课"。初中一、二年级开设"青年修养"课,初三开设"政治常识"课,高中一、二年级开设"社会科学常识"课,高中三年级开设"社会主义建设"课。1957年至1958年度上学期,教育部和共青团中央又联合下发通知,将中学政治课内容改为以反右派斗争为中心的社会主义思想教育。1959年教育部颁布了《中学政治课教学大纲》试行草案,对中学政治课的任务、课程设置、时间安排、教材编写原则、教学注意事项、成绩评价等都做了明确的规定。这是我国教育部编写的全国中等学校通用的政治课教学大纲(试行草案)。从1959年下半年至1960年底,全国各省、市、自治区政治课的教学情况是:初中一年级开设"政治常识"和"道德品质教育"课,初二、初三年级开设"社会发展简史"课程;高中没有编出统一教材,只是选读有关方面的文章和著作。1962年7月,教育部对中学政治课做了系统安排,每个学年都有了专门的教材:初一到初三各年级分别开设"道德品质教育"、"社会发展简史"、"中国革命和建设"课程;高中各年级分别开设"政治常识"、"经济常识"、"辩证唯物主义常识"课程,每年级每周开2课时。1964年又做了调整,初一年级改为教"做革命接班人"课,初三年级增开"毛泽东选集"课程。建国以来,我国中学德育课的倾向是泛政治化,道德教育内容少,特别是道德品质养成的教育内容更少见。

（二）十年"文化大革命"对思想政治课课程的破坏

"文化大革命"十年,中学思想政治课同中国其他文化事业一样受到严重破坏,课程、教材全部被打乱,教育工作者长期积累的教学经验被否定。1966年下半年至1971年学校被迫停止上政治课。1972年至1974年政治课主要是学习毛泽东著作。1975年,初一、初二年级开设"毛泽东关于理论问题的指示"、"马、恩、列、斯33条语录"、"毛泽东三项指示"课。初三年级开设"反杜林论"、"国家与革命"、"关于正确处理人民内部矛盾的问题"、"论人民民主专政"课程。初三年级与高一年级增开“政治经济学学习问题解答”，高二年级开设“青年运动方向”课。1976年初，初二年级开设“毛泽东诗词两首”，“反击右倾翻案风”等文案课。初一、初三年级增开“矛盾论”、“实践论”。高一年级开设“政治经济学学习问答”、高二年级开设“共产党宣言”课。“文化大革命”期间，我国的中学政治课十分混乱，开设课程主要是服从政治运动的需要，适合极“左”路线的需要，给中学政治课造成极大破坏，给一代人的思想道德教育带来很大损失。正如邓小平说的，“文化大革命”耽误了一代人，其实还不止一代。

（三）“文化大革命”结束至现在的思想政治课改革

“文化大革命”结束后，特别是1978年党的十一届三中全会以后，我国中学的思想政治课才走上了恢复发展阶段。课程设置、教材编写、教学参考资料的建设，教学改革、教师队伍培养等，都逐渐恢复并得到进一步发展。从1978年开始，中学先后开设了“社会发展简史”、“科学社会主义常识”、“辩证唯物主义常识”、“政治经济常识”等四门课。教育部1980年发出《关于改进和加强中学政治课的意见》的通知，要求：第一，明确其地位、任务。第二，改进课程设置，编写教材，保证课时。这个时期，初一至初三年级分别开设“青少年修养”、“法律常识”、“社会发展简史”课程，高一开设“政治经济常识”课，高中其他年级课程不变。第三，改进教学，提高教学质量，恢复了考核制度。1985年8月，中共中央发出了《关于改革学校思想品德和政治理论课程教学的通知》，提出要进行“五讲”、“四美”、“五爱”活动。“五讲”是指：讲文明、讲礼貌、讲卫生、讲秩序、讲道德。“四美”是指：心灵美、语言美、行为美、环境美。“五爱”是指：爱祖国、爱人民、爱劳动、爱科学、爱社会主义。1986年3月由国家教委印发了《中学思想政治课改革实验大纲》（初稿）。1988年3月又对这个大纲进行了修订，课程设置从初一到高三年级分别开设：“公民”、“社会发展简史”、“中国社会主义建设常识”、“科学人生观”、“经济常识”、“政治常识”课程。自1992年起，中学德育课从初一到高三年级统称《思想政治》。国家教委1995年颁布了《中学德育大纲》，1996年6月和1997年4月印发了《全日制普通高级中学思想品德课和初级中学思想政治课课程标准（试行）》和《九年义务教育小学思想品德课和初中思想政治课课程标准（试行）》。2003年5月13日教育部颁布了《思想品德课程标准（实验稿）》，高中《思想政治课课程标准》也于2004年3月2日颁布。新一轮基础教育课程改革，初中开设思想品德课，高中开设思想政治课，这一改革正处在实验阶段。

第二节 优秀的德育思想

中学德育课，即思想政治课，在21世纪担负着重要的使命，而要完成这个历史使命,必须用先进的思想政治教育思想来指导。思想是人的心理活动,是人脑对客观世界的反映,它是一种理性认识。教育思想,是人们对教育现象的一种认识,是人们对教育问题的观点、主张和理论。思想政治教育思想是人们对学校德育问题的观点、主张和理论。优秀的德育思想有助于思想政治教育科学的发展、完善,能够指导德育实践,推动素质教育的实施和思想政治教育发展的改革,以及思想政治教育体制的构建。

一、继承中华民族优秀的德育思想

中华民族优秀的传统德育思想是中国当代学校思想政治教育的根基,继承和弘扬传统德育精华,对于发展现代学校德育教育是非常必要的。

(一) 中国传统德政的观念

在中国传统德育思想中,儒家一直主张用道德礼仪教育人民,把道德教化视为治国的根本。人民只有通过道德教育才知理,才能自觉遵守社会道德,自觉守法走正路。孟子在《孟子·尽心上》中说:“善政不如善教之得民也。善政,民畏之;善教,民爱之。”只有人民有道德,守法律,社会秩序才能稳定,国力才能增强。只靠刑罚,只能治标,而道德教育才能治本。儒家的德政思想主张德教与刑罚必须相辅而行。孔子、荀子都认为法治必须以德治为基础才能起作用。《淮南子·泰族训》中说:“民无廉耻也,不可治也;……民不知礼义,法弗能正也;……不知礼义,不可以行法。”儒家认为道德教化是治国之本之一,这种思想对于我们在社会主义建设中认识德育的重要意义是有启发的。

(二) 中国传统的人生观念

中国传统的人生理论,对我们现代学校德育也是有借鉴意义的。孔子把“仁”作为人生的理想,“仁”的观念涵义很广,境界很高。孔子认为,人自己立身处世要为他人着想,做到成己成人,自己要通达于世也要使人通达于世。他在《论语·雍也》中说:“夫仁者,己欲立而立人,己欲达而达人。”孔子主张“忠恕”,忠是尽己之心想人助人,恕是“己所不欲,勿施于人”,这是他在《中庸》中说的。忠、恕、礼、义、廉、信、勇、刚、俭等德行都表达了孔子做人的道德准则,都代表了“仁”的意识。“仁”,表达了做人的理想,表达了人对他人、对人民、对国家的态度和热爱情感。墨子提出“兼爱”的理想。孟子把“义”作为人生理想。儒家经典之一《大学》把“格物、致知、诚意、正心、修身、齐家、治国、平天下”八条作为人生理想。其实,这八条也代表了我们中华民族的精神。在人生价值方面,孔子从“仁”的观念出发,把“义”作为立身之本和做事行为的准则。认为凡事合于义则做,不合则不做。把道义作为行为的根本,按照礼节去实行,以谦逊的态度表现出来,以诚信的心情完成所做之事。他在《论语·阳货》中说:“君子义以为上。君子有勇而无义为乱,小人有勇而无义为盗。”在《论语·卫灵公》中说:“君子义以为质,礼以行之,孙以出之,信以诚之。”孔子重义,他反对因求利而失义,反对因追求个人私利而做出对别人、对公家不义的事情。他在《论语·述而》中说:"不义而富且贵,于我如浮云",在《论语·里仁》中说:"君子喻于义,小人喻于利"、"放于利而行,多怨"。他不是反对利,而是反对因利害义,反对把私利放在公利之上。墨子就提出既注重"义"又肯定"利"的观点,主张"贵义"又"兴利"。荀子认为人应该既重利,又不绝对排除利,他在《荀子·大略》中说:"'义'与'利'者,人之所两有也"。董仲舒曾提出重义轻利的主张,但是他在专门论述义与利关系的《身之养重于义》篇中又主张义利双重的观点,他说:"天之生人也,使之生义与利。利以养其体,义以养其心。心不得义不能乐,体不利不能安"。王夫之认为义利两者都是不可缺的,两者应该统一起来。中国传统文化中对人生价值的主张,如对理想信念和利与义关系的主张等,无论在当时或现在对于阐述德育理论问题和实践都有十分重要的价值。

(三)中国传统的道德规范观念

中国传统的道德规范有很多,它们通过《四书》、《五经》、《孝经》、《三字经》、《千字文》、《名贤集》、《弟子规》等经典和教材流传下来,内容博大精深。中国传统道德规范不但以经典著作和教材的形式流传下来,还通过模范遵守这些道德规范的历史人物和艺术范例传给后人。孔子、屈原、司马迁、花木兰、包公、文天祥等历史人物身上都闪烁很强的人格魅力,从这些典范人物身上我们看到了中华民族的优秀品德。中华民族传统优秀道德品质被伦理学家们概括为18项,36个字,那就是:公忠、正义、仁爱、中和;孝慈、宽恕、谦敬、诚信、礼让;自强、持节、明智、知耻;勇敢、节制、廉洁、勤俭、爱物。这18项规范,反映了对他人、对国家、对物的关系,反映了对人的品德、修养的要求,也反映了中华传统人格崇高的精神境界。中华传统道德文化中关于道德教育的方法,如因材施教,启发诱导,知、情、意、行统一,寓教于乐,事理并举,以身作则等,至今在德育中我们还在运用,因为这些方法是中华德育丰富经验的积累。

由于中华民族历史久远,德育文化也产生于不同时代,所以这些德育理论也有其局限性。因为任何理论都有其现实性和个性,离开具体的时代都会产生局限性。但局限性不是限制它在当今时代发挥其作用,如果抛开某些传统德育理论的个性、具体性、特殊性,抽象出它的一般性思想观点,它就具有了现实的和普遍的价值。对于人类文化和中国的传统道德文化,我们都是要择其优点而继承的。现今我们的德育文化中也闪烁着传统德育理论的光辉,传统优秀德育文化是当代德育文化的基础和源头之一。

儒家思想道德理论观念是现代中国道德文化的重要来源,是新时期中华民族精神的重要基础和组成部分。一个民族,一个国家,如果没有自己的道德精神支柱,就等于没有灵魂,国家和民族就会失去凝聚力和生命力。中华民族优秀的道德精神,是中华民族生存、发展和繁荣的精神支柱和精神原动力,是中国人民精神风貌的集中体现。以孔子为代表的儒家道德精神和学说,至今仍潜移默化地影响着当代中国人和一些亚洲国家人民的精神生活和道德行为。孔子的道德思想对我国和世界现实的道德建设仍有重要的理论价值和实践指导意义。建设长治久安的国家才能保证中国社会主义建设顺利进行,而在大变革的时代实现安定团结的局面,必须实行“道德政治”。孔子最大的贡献之一,就是成功地把道德运用于政治领域,他把道德作为规范国家统治者、老百姓和管理社会秩序的一种手段,就是道德教化的治国手段。这是一种运用道德的内在约束力以达到社会稳定的一种学说,他提倡“以德治世”。以思想治世、治国,同以德治世、治国是有一定差别的。思想是人头脑中的东西,有时也是语言上的东西。品德则不但要有思想,还要有在思想理论指导下的道德行为和习惯。德治要求人们把道德思想变为自觉自愿的道德行为,把外在的德转化为内在之道,使道德行为在人的社会生活中寻找生存点,以提高个人道德修养和境界为出发点和终极点。德治不是单纯强调用理论武装人,接受理论武装之后的人却大量丧失道德行为,这样是达不到治国安邦的目的的。孔子道德思想很重要的一点是提倡人若有好的道德和人格,必须“修身”,只有修身,才能治国、平天下。孔子把道德教育同国家兴旺和社会进步发展紧密联系在一起。孔子认为,修身是道德之本,每个人都应从修身开始走上人生路,齐家、治国必须依赖修身。孔子认为,道德修养不是目的,而是为了济世安民,“修己以安百姓”。他为我们今天进行道德教育指明了方向,就是进行道德修养不单是以自我发展为最终目标,在修养完善自我人格的同时,应以人民利益和国家利益为重。其实为国也是为民,人民为国之根基,人为国之本。有人认为孔子的学说是人学,因为他把人放在了第一的位置。《曾子·大孝》中说:“天之所生,地之所养,人为大矣。”孔子尊重人,他说“天地之性,人为贵”(《孝经·圣治章》)。他认为人是天地之间一切有生命的物体中最为尊贵的,这就是孔子的人本主义思想意识。因为孔子尊重人,他强调要以仁待人。为了要做到仁,人必须修身,为人要有好的道德修养和品质,人要按照道德原则行事。如果人人按着道德规范和原则行事并且以仁治国,人与人之间不但会和谐相处,国家政权也会安定巩固。和谐安定的社会生活是古代和现代人共同的追求。建设和谐社会就是要以人为本,一切社会活动的目的都是为了人的生存、发展和享受。这样的社会不但经济发达繁荣,各阶层人们之间也要互相平等友爱和谐相处。孔子提出的和谐和仁爱的思想,对于我们今天构建社会主义和谐社会仍然具有重要的现实意义。在市场经济条件下,由于受市场经济趋利性的影响,有些人金钱至上,人情淡漠;有些人为富不仁,欺压弱势群体;有些人见利忘义,为获取财富不择手段,破坏了人与人之间和谐友善的关系,也破坏了社会的安定。在我们全面建设小康社会的今天,更要强调以德治国,施爱于广大人民。党的十七大提出要“深入贯彻落实科学发展观”,核心是以人为本,党的一切奋斗和工作都是为了造福于人民，尊重人民主体地位，发挥人民首创精神，保障人民各项权益，走共同富裕道路，促进人的全面发展，做到发展为了人民，发展依靠人民，发展成果由人民共享。只有如此，社会才能和谐发展。社会和谐是中国特色社会主义的本质属性。科学发展和社会和谐是内在的统一。孔子关于和谐发展的思想对于我们深入贯彻落实科学发展观有一定借鉴意义。正因为孔子的很多思想为人类文明进步作出重大贡献并在今天仍有发扬光大的价值，所以人们在重建中国公民的道德精神的时候，要重视继承孔子的道德思想。这也是当今国内重新开设很多孔子学堂，国外建立多所孔子学院的原因所在。不过我们在弘扬孔子思想精华的时候，要使其与当代社会相适应，体现时代性，强化中华文化影响力。

二、借鉴、吸收世界上一切优秀的德育思想

德育文化是中国的，也是世界的。中国传统德育文化，特别是儒家文化在世界，特别是在亚洲国家和地区传播很广，影响很深。那么中国也要吸收国外优秀德育文化的经验，以求发展我们的德育文化。

（1）法国思想家卢梭，他值得借鉴的德育思想是，主张自幼对儿童进行爱国主义教育，主张尊重儿童的个性和情感的自然主义原则。

（2）传统教育学派代表赫尔巴特，他的德育思想是：首先，认为一切教育都围绕着把学生培养成完善的人进行，他把道德教育看做是学校最根本的、最首要的任务；其次，他把德育内容概括为“五种道德观念”，就是“内心自由”、“完善”、“仁慈”、“正义”、“公平或报偿”。他认为这五种不变的“美德”是巩固世界秩序的永恒真理，也是维持现存社会秩序的行为准则。

（3）现代教育学派代表杜威的德育理论。他的德育思想有三方面内容：第一，“教育即生存”，他把教育看做是促进儿童道德天性、本领、欲望生长的过程，道德教育的目的之一是发展儿童的道德思维和判断水平；第二，提出了道德发展的三阶段思想，即前习俗水平、习俗水平、自律水平；第三，“教育即生活”，主张让学生参加社会实践，促进知行统一，培养儿童的道德行为习惯。

（4）美国道德心理学家柯尔伯格，他的道德认知发展理论是西方学校德育的基石，代表作是《道德发展与道德教育》。道德认知发展理论是柯氏理论的精髓。他的道德认知发展理论认为，道德发展的核心是道德思维的积极发展，而道德发展同理智发展一样有着一个明显阶段特点和顺序的连接过程。其理论观点是：道德发展是遵循一定的阶段进行的，道德发展以认知为基础，道德发展是在原有认知力，在社会激发下发展的结果，道德发展是有规律的，道德发展有赖于个体对社会文化活动的参与程度等。柯氏认为，道德判断是以认知为基础的，道德判断是决定道德行为的根本因素。但他过分强调了认知力的作用，轻视了道德行为的作用；过分强调道德判断的作用，忽视了内容的作用。

（5）以罗杰斯、马斯洛等为代表的人本主义道德论。他们致力于学校道德教育的人性化建设，建立民主的师生关系研究，主张建立人道主义课堂，教师要了解、理解、尊重学生。他们认为，传统学校道德压抑人性，因此教育的目的就是要发展个体的“自我意识”，促进自我本性的完善，应当尊重理解儿童，学生可以选择和发展自己的能力。在德育方法上，人本主义主张在课堂上可以把有争议的价值问题呈现出来进行分组讨论，教师以促进者身份进行归纳并导向深化。

（6）以拉斯思、西蒙等为代表的价值澄清理论。这种理论最早是作为一种教学方法出现于20世纪20年代的美国。拉斯思认为，价值澄清过程的重要前提是创造一个友好、平等、尊重、信任和激励的课堂氛围。让儿童通过掌握价值澄清法，从各种社会问题导致的价值混乱中解脱出来，以适应社会生活和个人发展。价值澄清理论尊重儿童的个性和主体作用，注意现实生活和儿童品德发展实际需要，激发学生探讨社会问题的兴趣，注重发展儿童的道德判断和价值选择能力，这是符合德育规律的，对丰富我国德育方法具有一定借鉴意义。

（7）美国班杜拉的社会学习德育理论，也被称为“观察学习理论”。他认为，儿童道德发展主要取决于后天因素，取决于示范榜样的作用，他强调观察学习和自我强化的作用。他的主要道德教育观点是：人类学习是反映过程、认知过程和自我调节过程的统一。人的行为不仅受外部环境影响，也受个体内在体验、认知水平，以及情感、态度、品性及世界观的影响，而且个体已有的思想制约着学习的质与量。道德教育只有根据人格形成的特点，施行适当的教学方法才能有效地促进儿童道德的发展。示范榜样是道德教育的主要手段，应重视各种典型的示范作用。他认为，人的行为受环境、观念和情感的制约，行为的结果也会反作用于人本身，对思想观念、道德情操发生重大影响，特别是可以改变环境，应该在改变环境中发展道德水平。他主张儿童自我评价，实现自我强化，提高自我效能感，即决心实现某种行为的信念。这些德育理论，对我们在了解德育环境、行为和人的关系，示范榜样对德育发展的内在作用机制，儿童自我评价等方面都提供了依据，他们在德育中注重理论与实践相结合的方法也值得我们借鉴。

第三节 邓小平德育理论

一、学习邓小平德育理论的意义

邓小平德育理论是邓小平理论的重要组成部分。党的十六大指出，要高举邓小平理论伟大旗帜。改革开放以来，我们高举邓小平理论伟大旗帜，不断开拓创新、拨乱反正，经受住各种困难和风险的考验，取得了社会主义建设的伟大成就。邓小平德育理论，是邓小平教育理论的重要组成部分，它是指导我们思想政治教育发展的指南。它深刻地指出了思想政治教育的培养目标、地位和内容,对我国思想政治教育发展起到了非常重要的指导作用。

邓小平德育理论,继承了古今中外的教育思想,以马克思主义实事求是的精神破除了"左"的思想对思想政治教育的干扰,站在时代发展的角度,从教育"面向现代化,面向世界,面向未来"的高度,把思想政治教育摆在了非常重要的地位,并且明确提出了思想政治教育在社会主义精神文明建设中的重要作用。认真学习和贯彻邓小平德育理论,必将对我国思想政治教育的发展产生深远的影响。

二、邓小平德育理论的哲学基础

解放思想,实事求是是贯穿邓小平理论的一个基本精神,也是邓小平德育理论的哲学基础,它为我国的思想政治教育发展提供了世界观和方法论。在当今世界格局发生巨大变动的背景下,在改革开放和市场经济的新形势下,在思想政治教育如何应对各国人才竞争以及加入世界贸易组织带来挑战的情况下,学校思想政治教育工作面临许多新问题和新情况。在这种情况下,思想政治教育工作必须坚持邓小平理论的解放思想、实事求是的发展路线。一切从实际出发,用发展的眼光去研究思想政治教育的新特点、新规律,并按照思想政治教育发展的事实正确把握新的方向。客观事物是不断变化和互相联系的,反映客观事物的思想观念也应与时俱进,不断变化,不断打破旧习惯和偏见的束缚,研究新情况,提出新观念,拿出新办法。邓小平说:"只有解放思想,坚持实事求是,一切从实际出发,理论联系实际,我们的社会主义现代化建设才能顺利进行"、"实事求是,是无产阶级世界观的基础,是马克思主义的思想基础。"①邓小平正是运用了这个思想理论,冲破了长期形成的"左"的思想和政治束缚的禁锢,制定了一系列新的方针和政策,摆正了社会主义事业发展航向,实现了把党和国家工作重点向社会主义现代化建设的转变,使中国走上强国之路。当前,思想政治教育工作,也应当运用邓小平实事求是,一切从实际出发的思想,冲破市场经济的负面影响,应对各种不利因素对学校德育工作的挑战,从学生思想实际出发,改变轻视德育的思想,提出正确的德育培养目标、途径和方法,引导学生避免急功近利、见利忘义的思想,抵制资产阶级思想和生活方式的侵蚀,教育学生形成更高层次的思想品德、价值观念,提升他们的思想境界,促进青少年学生高尚健康人格的形成,实现人的全面发展。

三、邓小平德育理论的基本内容

(一)人全面和谐发展的思想

邓小平认为,学校教育的理想是使受教育者达到全面和谐发展。这一思想

① 《邓小平文选》第2卷,人民出版社1994年版,第143页。

是马克思主义关于人的全面发展学说的具体运用和发展。关于社会主义学校培养什么人的问题，邓小平指出："应该使受教育者在德育、智育、体育几方面都得到发展，成为有社会主义觉悟的有文化的劳动者。"①邓小平关于教育根本任务的思想是符合现代教育思想的。现代教育的根本任务是培养具有现代文明精神和现代综合素质能力的现代人，也就是德、智、体、美全面发展的人。这种人不仅应当学知识，学技术，从事某种职业，而且要有好的思想品德，好的身心，好的思维方式，能进行创造性的社会实践活动。具有现代综合素质的人，具体表现为要有不断进取的意识，要有远大正确的理想，要有不断学习的习惯，不断创新的意识，而且还要有智慧、能力和好的人格及健康的心理。因为人的素质是一个整体结构，只有德、智、体各种素质协调一致才能发挥作用，所以必须使人的各方面素质全面发展。当前，我们面对的挑战不单是新技术革命，而且还有严峻的道德危机的挑战。因此，必须以邓小平关于人的全面发展的理论克服普遍存在的忽视全面发展、忽视德育的倾向。加强德育，促进我国青少年学生全面发展，也是我们学习思想政治教育的根据所在。

（二）教育要"三个面向"的思想

1983 年 10 月 1 日，邓小平为北京景山学校题词"教育要面向现代化，面向世界，面向未来"，他说出了我们教育存在的问题，也为教育指出了发展方向，包括思想政治教育。邓小平教育的"三个面向"的思想体现了当代教育的时代特点和他对教育的预见性和创造性。

"面向现代化"，作为上层建筑的思想政治教育工作必须适应和服务于我国社会主义现代化建设，为社会主义建设培养、教育出具有现代思想道德的公民；"面向现代化"要求思想政治教育的内容要体现社会主义现代化对人思想道德的实际要求，改变德育内容脱离社会主义现代化实际的现象；"面向现代化"要求思想政治教育要采用现代化的教育方法，要引入现代教育手段，利用多媒体技术，生动活泼地进行思想政治教育。

"面向世界"，思想政治教育工作要吸收借鉴国外先进的德育理论，在本领域中加强国际交流；"面向世界"，思想政治教育工作要面对来自西方资本主义的自由、人权、极端个人主义的价值观等意识形态对我国青少年的影响，加强思想政治教育，青少年学生要树立社会主义价值观、增强中华民族精神，增强学生对社会主义、对祖国的亲和力。

"面向未来"，思想政治教育工作，就要尊重学生的个性发展，增强学生的创新意识，使他们具有科学的思维方式，具有对现代生活的评价、选择和适应能力以及自我心理调节能力，提高青少年学生明辨是非的能力，积极抵制不良信息的

---

① 《邓小平文选》第 2 卷，人民出版社 1994 年版，第 103 页。

侵扰;"面向未来",面对知识经济时代、信息化、网络化的挑战,思想政治教育工作要提高学生掌握信息的能力,正确运用网络资源,加强网络道德建设。

(三) 德育工作的地位

关于思想政治教育在学科中的地位问题,邓小平非常明确地指出:"毫无疑问,学校应该永远把坚定正确的政治方向放在第一位","学生把坚定正确的政治方向放在第一位,这不仅不排斥学习科学文化,相反,政治觉悟越是高,为革命学习科学文化就应该越加自觉,越加刻苦"。① 邓小平把思想政治教育工作摆在了学校工作的首位,是对我们学校工作历史经验的总结,是对新时期思想政治教育重要地位和重要作用的高度概括,是我们思想政治教育的一个极其重要的、带有根本性的指导思想。要把思想政治教育工作摆在学校工作的首位的提法,是一个科学的论断。因为,思想政治教育为学生和学校的一切工作指明了正确方向;思想政治教育可以使学生为国家的繁荣发展,为个人的美好前途而发奋学习;思想政治教育可以提高学生的思想道德和文明素质。只有贯彻邓小平德育首位的思想,才能避免忽视和淡化思想政治工作的错误。

(四) 德育的目标

思想政治教育的目标,就是通过思想政治课教学活动,使学生在思想和行为品德等方面的发展达到的状态。具体地说,就是通过思想政治课的教育,使学生在提高思想道德品质、法律意识、心理品质和政治能力方面要达到的水平。关于思想政治教育的目标,邓小平说:"学校要大力加强革命秩序和革命纪律,造就具有社会主义觉悟的一代新人,促进整个社会风气的革命化"②,"要努力使我们的青少年成为有理想、有道德、有知识、有体力的人,使他们立志为人民作贡献,为祖国作贡献,为人类作贡献"③。邓小平给思想政治教育定的目标,既确定了培养"四有新人"的目的性,又规定了目标的实质内容;既有当前目标,又有长远目标;既有认知目标,又有行为目标;既有思想目标,又有政治目标,培养立志为人民、为祖国、为人类作贡献的有理想、有道德、有文化、有纪律的"四有新人",要坚持又红又专的方向。

(五) 德育的内容

思想政治教育的内容,是思想政治教育目标的具体化和体现。关于思想政治教育的内容,邓小平说:"我们要大力在青少年中提倡勤奋学习、遵守纪律、热爱劳动、助人为乐、艰苦奋斗、英勇对敌的革命风尚"④,"广大青少年好好学习,

---

① 《邓小平文选》第2卷,人民出版社1994年版,第104页。

② 《邓小平文选》第2卷,人民出版社1994年版,第105页。

③ 《邓小平文选》第2卷,人民出版社1994年版,第367页。

④ 《邓小平文选》第2卷,人民出版社1994年版,第105页。

天天向上，爱祖国，爱人民，爱劳动，爱科学，爱护公共财物，英勇机智地同敌人、坏分子作斗争，树立一代新风”①。要加强各级各类学校的政治教育、形势教育、思想教育，包括人生观教育、道德教育。“我们要建设的社会主义国家，不但要有高度的物质文明，而且要有高度的精神文明。所谓精神文明，不但是指教育、科学、文化（这是完全必要的），而且是指共产主义的思想、理想、信念、道德、纪律，革命的立场和原则，人与人的同志式关系，等等。”②邓小平的思想政治教育的内容体系非常全面、科学合理，而且完全能够达到目标的要求。邓小平提出的思想政治教育内容非常广泛：第一，包括方向性内容，如“五爱”内容；第二，有认知性内容，如政治教育、思想教育、形势教育、道德教育、人生观教育等；第三，有道德规范性内容，如勤奋学习、遵守纪律、热爱劳动、助人为乐等。这些思想政治教育内容反映了党和国家对青少年学生成长的要求。

（六）德育的方式

任何事情都需要运用一定的方法才能办成。思想政治教育工作方法得当才能有效地完成学校德育的任务。邓小平从我国教育实际出发，提出了思想政治教育要从小抓起。他说：“革命的理想，共产主义的品德，要从小开始培养。”③“现在我们的青少年中，有些人有些坏的风气。改变这种风气，要从小学教育开始。”④邓小平提出的这种教育方法非常符合教育规律，因为青少年这个时期可塑性大，特别容易接受教育，符合学生发展的心理特点。邓小平还特别注意提倡通过创建良好的教育环境来教育学生。他认为办好学校不但要有好的教师、好的教学质量，还要有好的校风、班风。他说：“这就要求学校培养好的风气。要有爱劳动、守纪律、求进步等好风气、好习惯。”⑤邓小平认为，完善的学校德育不能脱离开家庭和社会教育。为使家庭和社会教育成为德育的一支力量，邓小平提出：“我们希望从事教育工作的同志，各个有关部门的同志，整个社会和家家户户，都来关心青少年思想政治的进步。”⑥

（七）德育的原则

邓小平关于思想政治教育的原则，对我们抓好思想政治教育也是非常有指导意义的。他提出了思想政治教育工作要遵守教学相长的原则，还特别提出要建立友爱、平等、民主的师生关系。他说：“我们提倡学生尊敬师长，同时也提倡

① 《邓小平文选》第2卷，人民出版社1994年版，第106页。
② 《邓小平文选》第2卷，人民出版社1994年版，第369页。
③ 《邓小平文选》第2卷，人民出版社1994年版，第105页。
④ 《邓小平文选》第2卷，人民出版社1994年版，第55页。
⑤ 《邓小平文选》第2卷，人民出版社1994年版，第108页。
⑥ 《邓小平文选》第2卷，人民出版社1994年版，第109页。

师长爱护学生。尊师爱生,教学相长,这是师生之间革命的同志式的关系。"①邓小平这种教育民主化的教育方法是对专制教育方法的彻底否定。

(八)教师队伍建设

建设一支好的思想政治教育教师队伍,是保证思想政治教育的任务、内容、方针和方法正确贯彻落实的关键。实践证明,只有切实加强思想政治教育教师队伍的建设,才能加强和保证思想政治教育的顺利进行。邓小平针对我们的教师队伍情况,有针对性地提出:"培养德智体全面发展、有社会主义觉悟的有文化的劳动者,关键在教师。"②他又说:"只有老师教得好,学生才能学得好。当然教与学有相互作用。现在学生中出现的某些问题,有多种原因,有社会原因、有家庭原因,其中也与老师善于不善于教学生、带学生有关。要提高教师的水平,包括政治思想水平、业务工作能力以及改进作风等。"③从我国现在的思想政治教育教师队伍的状况来看,这支队伍的素质仍然需要提高。我们要认真学习邓小平理论,在新形势下,严格要求自己,不断进取、敢于创新,认真提高自己的思想和业务水平,为提高学生的思想道德素质贡献自己的力量。

第四节 社会主义核心价值体系是德育的核心思想

广大青少年学生是祖国的未来,是民族希望之所在。在实现中华民族伟大复兴的今天,进一步加强对青少年学生的道德建设,对于确保我国在激烈的国际竞争中始终立于不败之地;确保中国特色社会主义事业后继有人;确保实现中华民族的伟大复兴都具有重要意义。加强道德建设,必须以社会主义核心价值体系作为德育的思想基础和精神力量。

一、社会主义核心价值体系是当今我国德育建设的方向盘

目前中国社会正处于向现代性转型的过程中,走中国特色社会主义道路的思想已经深入人心。我国人民选择走中国特色社会主义道路总的价值观念就是社会主义核心价值体系。社会主义核心价值体系包括:一个指导思想,马克思主义指导思想;一个理想,中国特色社会主义理想;两种精神,以爱国主义为核心的民族精神和以改革创新为核心的时代精神;一个道德观念,社会主义荣辱观,构成了社会主义核心价值体系的基本内容。伴随着改革开放的深入推进,经济体制深刻变革、社会结构深刻变动、利益格局深刻调整,人民的思想也会发生很大

① 《邓小平文选》第2卷,人民出版社1994年版,第105—106页。

② 《邓小平文选》第2卷,人民出版社1994年版,第54页。

③ 《邓小平文选》第2卷,人民出版社1994年版,第54页。

变化。在这种社会改革的环境下,人们的各种利益要求、思想认识上的各种矛盾都会反映出来,这些都说明了生成现实中的社会道德的必然性。在这种多样化思想观念中应该有一个主导性的思想体系,这个主导思想体系就是社会主义核心价值观,它是人们在改革开放过程中认识事物、判断事物的核心价值观念,也是当今人们道德认识的核心观念和道德建设的方向盘。道德是一个实践性范畴,但它也有生成它的思想基础和思想观念,它是人们对社会、对利益、对权利义务认识的产物。道德也是一个历史阶段范畴,随着社会、经济、思想观念、政治的变化,人们的认识和道德思想也会发生深刻变化,这种受国内、国际思想意识影响的道德观念变化应该有个方向盘来引导,而这个变化的方向盘和道德建设的方向盘就是马克思主义指导思想、中国特色社会主义理想、以爱国主义为核心的民族精神和以改革创新为核心的时代精神,以及胡锦涛提出的社会主义荣辱观。这四个方面反映了人民的意愿、党的要求和现代人的伦理思想,它是建设社会主义道德的核心道德观念,是形成道德规范的思想基础和精神力量。

二、民族精神和时代精神是我国道德思想的精髓

一个民族在生存和发展中能够做到百折不挠,是因为有强大的精神支柱,而这种强大的精神支柱,就是伟大的民族精神。中国是一个有五千多年历史的文明古国,中华民族在历史的进程中,积累的最宝贵的精神财富,就是伟大的、令中国人为之骄傲的民族精神。这种民族精神是中华民族战斗的号角,是中华民族团结的凝聚力量,是中华民族生生不息的精神支柱。中华民族精神,内容丰富、博大精深,但它是以爱国主义为核心的,包括勤劳勇敢、团结统一、爱好和平、自强不息等民族精神。在改革开放的今天,我们的人民又丰富和发展了中华民族精神的内容。在振兴中华民族的伟大事业中,中华儿女表现出了万众一心、和衷共济、团结奋斗、勇于进取、顾全大局、一方有难八方支援、以人为本、公平正义、发奋图强、敢于创新等精神,这些精神都展现了中华民族新的精神面貌。

民族精神是一个民族在历史长河中形成的,它也是在不同时代里发展着的,它是一个时代里被大多数民族成员认同和接受的思想意识、价值观念、道德认知和规范的总和。民族精神是时代精神的根源,时代精神是民族精神的继承和发展,它们是相通相融合的。不过时代精神带有时代的特点,肩负时代的使命。当今时代精神的核心是改革创新,改革创新反映了中华民族与时俱进、不断进取、敢于竞争、不甘落后的思想品格。历史证明,改革才有发展和进步,守旧就要落后和灭亡。一个民族,如果守旧、不图进取,就会失去发展的根基,就会落后挨打、受欺侮。特别是当今的新时代,在国际竞争非常激烈、经济全球化、科技加速发展的情况下,没有改革创新精神,这个民族和国家就没有存在的精神支柱。只有改革创新、敢于进取、敢于竞争、善于竞争,积极热情参与改革创新,我们的民族才能实现国家振兴的伟大理想。

在当今新的历史起点上,我们国家要想生存和发展,必须以科学发展观为指导,紧紧把握住社会主义核心价值观的精髓,大力弘扬以爱国主义为核心的民族精神和以改革创新为核心的时代精神,把它们当作德育思想的精髓。把社会主义核心价值体系精髓的民族精神和时代精神作为社会主义道德建设的核心思想,感召人民、教育人民、吸引人民,同心协力把我们国家建设成中国特色的社会主义现代化强国。

三、社会主义荣辱观是社会主义道德建设的总纲领

我们今天面临的是一个东西方思想交汇和高扬科技价值的时代背景,在这种时代背景下,解决中国的道德建设问题,无论是对青少年学生还是对整个国家的公民都具有特殊的意义。胡锦涛提出的社会主义荣辱观,概括了中国传统和现代道德的核心内容,融进了中华传统道德的思想精髓。它含有中华民族现代道德的核心基因,它是中国现代道德建设的纲领。

每一个人都生活在一定的道德共同体内,国家要想稳定,人民要想生活得安定和谐幸福,一刻也离不开道德规范。道德力量是国家发展、社会和谐、人民幸福的重要因素。荣辱观是对社会道德现象总的看法和社会道德意识的集中体现。以八荣八耻为内容的社会主义荣辱观,包含了社会主义条件下的道德观念、道德意识、道德取向和道德行为。社会主义荣辱观,体现了马克思主义的指导思想、中华民族传统精神和时代精神以及当代中国社会的道德现状,回答了当今社会一些主要道德是非问题,它反映了社会主义社会道德规范的本质要求和以德治国的思想,是社会主义道德建设的指导思想、方针原则,也是社会主义道德的总纲领。社会主义荣辱观,涵盖了爱国主义、社会主义、集体主义思想,强调以为人民服务为核心,以集体主义为原则,以爱祖国、爱人民、爱劳动、爱科学、爱社会主义为基本要求。社会主义荣辱观包括了社会主义社会公德、职业道德、家庭美德和公民应具有的个人美德和道德修养。社会主义荣辱观,是以抵制极端个人主义、享乐主义、拜金主义、背信弃义、见利忘义和对丑恶不以为耻反以为荣等严重败坏社会风气现象的有力思想武器。我们要以社会主义荣辱观为总纲领,加强中学的道德建设,提升中学生的道德素质,完善他们的理想人格,为社会主义祖国培养出道德高尚和全面发展的社会主义建设接班人。

第五节 与时俱进,全面推进素质教育

中国要应对21世纪国际经济、科技、人才竞争和综合国力的挑战,必须与时俱进,全面推进素质教育。素质教育问题,已经成为世界性的共同话题。尤其是西方发达国家的教育改革,更是大力提倡素质教育。中国教育的使命,就是为迎

接21世纪对人才素质的挑战而实施素质教育。当前实施素质教育是中国教育改革的总的目标。思想政治课程改革，必须以素质教育观念为指导。

一、素质教育的概念

“素”有事物的基本和长期稳定的成分之意，“质”在这里是指人的品质。素质是指人的长期稳定的基本品质，也就是专门人才或国民的长期稳定的基本品质。素质，也指个人先天具有的解剖生理特点，叫做遗传素质。人的素质是由品德、智力、体力、心理几方面要素构成的；人的素质构成，包括先天遗传因素、后天习得因素和个人心理因素。人的素质是发展的，它在环境、教育影响和个人努力的情况下，能获得发展和提高。人的素质，是人的品德、智力、体力、心理品质的整合。作为社会的人，他的塑造和素质的形成主要受后天环境或教育因素的影响。素质教育，就是人在先天遗传因素的基础上，通过后天环境影响和教育培养所获得的稳定的、长期发挥作用的基本品质结构，包括人的思想、意识、道德、知识、能力、身体、心理品质等。素质教育，简单说，就是提高人的素质的教育；或者说是提高国民素质的教育；也可以说，素质教育是以促进学生身心全面发展和提高全体国民的素质为宗旨的教育。素质教育是20世纪80年代产生的与应试教育相对立的一个概念。这个概念是全面落实邓小平教育思想理论的结晶。素质教育的提出，是我国社会进步、时代发展和教育工作本身发展的结果。现在世界发达国家都在积极提倡并推进素质教育。如美国“2061”教改计划提出培养“具有崭新素质的未来人”，日本提出教育培养的目标是提高人的整体素质。推进素质教育，是当代国际教育界的共识和发展趋势。

二、素质教育的特征

认识一个事物，首先关注的是它的特征，因为特征可以反映一个事物的本质。认识事物的特征，才便于认识事物、把握事物。为提高国民的思想品德素质，必须更好地认识素质教育，了解素质教育的特征。

（一）目的性

有了目的，做事情才有目标，才有追求的境界。所以说目的既包含了目标，也包含了境界。

我国素质教育的目标十分明确，就是提高全体国民的素质。1985年，邓小平语重心长地指出：“我们国家，国力的强弱，经济发展后劲的大小，越来越取决于劳动者的素质，取决于知识分子的数量和质量。一个十亿人口的大国，教育搞上去了，人才资源的巨大优势是任何国家比不了的。”①这是邓小平的远见卓识。1993年《中国教育改革发展纲要》明确指出：“发展教育事业，提高全民族的素质，把沉重的人口负担转化为人力资源优势，这是我国实现社会主义现代化的一

---

① 《邓小平文选》第3卷，人民出版社1993年版，第120页。

条必由之路。”这一转化显示了中国领导者的伟大智慧。提高全体国民的素质，是社会主义现代化的需要，是全面贯彻教育方针的要求，是迎接21世纪国际竞争的需要，也是素质教育的根本目标。

素质教育的目的性，也包括它创造的境界。素质教育要创造的教学心理境界是，学生好学、爱学、乐学，而教师喜教、爱教、乐教。素质教育是一种新的、科学的教学模式，它能促进儿童积极主动、生动活泼地学习。学生在学校得到的绝不仅是知识和能力，更不能让他们被动地接受知识和锻炼能力，学校要为学生美好的人生打好基础，让每个孩子愉快地学习、快乐地生活，在德、智、体、美等各方面都得到和谐的发展。通过教育改革，改革课程，减轻学生过重的课业负担，组织一些学生感兴趣的教学活动，采用学生愿意接受的教学方法，减轻学生学习的内部心理压力，发挥学生主体作用，唤起学生求知的欲望，这样学生就会努力地钻研，学得主动、学得愉快。教学是一种双向的活动，要创造一个整体的主动学习的局面，教师要改变教学观念、改革教学方法，创造一个愉快的教学情境。教师要在导向中教、在满足学生合理要求中教、在感情交融中教，就会形成一种愉快的教学活动。主动学、主动教，学生愉快和谐地发展，是素质教育创造的一种境界和标志。

（二）育人性

素质教育的根本是育人。素质教育既要教书，又要育人，这是它的又一个特征。一方面，在信息传播的现代化时代，学生通过电视、互联网、录像便知天下事，这是件好事，但也存在很多社会问题。因为在不良文化的影响下，学生会成为不良文化的受害者。另一方面由于学校领导、教师、家长全力抓升学率，把开发学生智力和学生对科学知识的学习当作头等重要的事情，而忽视了对学生的思想品德修养教育，结果使一些学生智力上去了，而且考上了国家的名牌大学；但由于道德水平低下，有的在学校里道德败坏犯了法，有的刚毕业就因偷盗进了监狱，有的知识信息掌握得不少，却缺少真、善、美和人情味，他们看似文明，但却缺少文明，缺少对同伴、对自然、对社会的情感和关爱。学业上的缺陷，并不能影响学生的一生，而道德、人格上的缺陷，确确实实可以贻害孩子一生。只有道德高尚的人，或有道德的人，他的知识才可贵，他的聪明才可取，他的面目才美丽。如果一个知识丰富的人，道德败坏，没有法律意识，缺少善良的情感，缺少正确美好的志向，他的聪明才智也是有限的。只有志向高远的人才会更有才智。所以，在当前情况下，素质教育必须把育人作为头等重要的事情来抓；同时，提高国民的基本素质，也要以育人为本，也就是以德育为本。胡锦涛在中国共产党第十七次全国代表大会上的报告中说：“要全面贯彻党的教育方针，坚持育人为本、德育为先，实施素质教育。”

（三）全体性

素质教育的宗旨就是提高全体国民的素质，它培养的对象是全体学生，只有面向全体学生，才能完成提高全体国民素质的历史使命。搞素质教育不能像“应试教育”那样，偏爱一部分尖子学生，漠视大多数学生；不能对有升学希望的学生就好好教、好好对待，而对学习差的学生就冷眼相待；不能认为学习差的学生就不可造就，因为每个学生都有发展的潜质，都有自己的长处。教师不能用某把尺子作为标准，去框所有学生，看其是否有出息、能不能发展，而应当从多方面发现学生的长处，发展他们的长处，使他们的长处能得到很好发挥。人各有所长，各有所用，各有其用武之地，在他用武取胜之地，他就是人才。词云：“生才贵运用，慎勿多苛求。”在知识经济时代，许多人要从事知识经济生产，即使是从事工农业生产的人，在信息化时代也需要有知识。未来的社会不能靠少数人来生产和管理，创造社会财富和社会文明要靠全体高素质的国民。所以搞素质教育，头脑中必须有全体学生的观念，必须树立以提高全体国民素质为目标的教育观念。素质教育就是要面向全体学生。教师应使每个学生都有发展的机会，展示其美德与才能，这样的教育园地才能万紫千红。

（四）全面性

促进学生在德、智、体、美等各方面全面发展是素质教育的宗旨，也是贯彻马克思主义关于人的全面发展学说和邓小平教育思想的体现。马克思设想未来社会的人是“人的全面而自由发展”，邓小平也指出，应该使受教育者在德育、智育、体育几方面都得到发展，成为有社会主义觉悟的有文化的劳动者。人的全面发展的思想符合人类对人才培养规律的正确认识，而且被世界先进教育实践所证实。人的全面发展，也就是人的素质全面发展，只有把全面发展落实到人的素质全面提高上，才会有真正意义上的全面发展。素质教育是全面发展教育的具体模式，素质教育极大地丰富了当代全面发展的内涵，是实现人全面发展和提高全体国民素质的保证体系。马克思、恩格斯在一百多年前提出的人的“个性全面发展”学说，指的就是人的素质的全面发展，就是人必须要有健壮的体魄；必须具有现代科学知识与文化修养及高度发达的智力；必须掌握一般的知识与文化以及掌握生产的基本技能；必须具有社会主义政治觉悟和共产主义道德品质；必须具有健康的审美情趣，有欣赏各种形式美的水平。世界进入知识经济时代，人越要全面学习，全面发展，越要使科学教育与人文教育相结合。

马克思提出的人的全面发展学说告诉我们，人只有全面发展，才能进而实现人与社会之间、人与人之间、人与自然之间矛盾的解决。我们反对人才培养片面化，但也反对把人的全面发展绝对化，那样也会妨碍学生个性的发展，真正影响学生实现全面发展。

（五）基础性

素质教育不是升学教育，也不是精英教育，而是为做一个合格国民打好基础的教育。素质教育体现的是大众的广义的教育，不是以选拔人才为中心，而是以对学生进行基础素质培养为中心。素质教育也具有选拔优秀人才的功能,但作为基础教育的定位,它不能成为淘汰教育,否则无论从人的权利上,还是从道义上,对每个人来讲都是不公平的,也不利于国家的发展。所以素质教育必须具有基础性特征,它要求课程在教学内容和要求上要从培养国民最基本的、必要的素质出发,去培养人、发展人,为他们学习做人和进一步学习打好基础。如果将人的素质分为专业素质和一般基本素质的话,那么素质教育培养的重点应放在一般基本素质方面。因为基础教育不是直接出人才,而是为未来人才的成长奠定基础。

（六）主体性

教育在本质上是培养学生主体性的过程,素质教育就是一种主体性教育。现代教育培养的人应该是具有主体性的人,只有这样的人才能主动地继续学习,积极地参与社会生活并为社会作出贡献。所谓学生的主体性,就是指在教育活动中,作为教学主体的学生在教师主导下发挥自主性、主动性和创造性的特征。例如,在教学过程中,让学生在活动中发挥主体作用,通过具有一定思维难度和深度的问题激发学生的主动思考等。现代社会需要的是具有主体性、高素质的人才,追求人的全面发展和主体性的张扬,这是当前世界各国的共识。市场经济要求从事经济活动的个人独立走向市场,成为经济经营的自由的主体,所以市场经济也要求教育培养具有主体性的人。素质教育是一种科学的教育模式,它必须遵循人心理发展的科学规律;发展学生主体性也是学生自身成长的需要,是教育成功的条件。教育是一项促进人发展的工作,人发展的主要的和决定的因素是人必须把自己变成自我教育的主体。学校教育必须把教育对象即学生,变成自我教育的主体,受教育的人必须成为自我教育的主体,变别人的教育为自己的教育,使教育不再成为外部强加在学生身上的东西,这是素质教育促进学生发展所体现的教学思想。如果没有学习主体地位,没有主体的自主能动作用,学生的发展是不可能实现的。在实施素质教育过程中教师的作用也是不可取代的,教师在教学中起主导作用,教主要是导,导是高级的教,所以在实施素质教育中教师应该研究导的艺术,走出满堂灌的教学模式。

素质教育的特征还有很多,如创新性、差异性、时代性,我们既要抓住主要特征,又要兼顾素质教育的其他特征,才能全面认识素质教育并实施素质教育,在此基础上构建素质教育体制下的课程体系。

三、素质教育的核心

素质教育是培养学生学会做人,使每个国民都做一个合格的人。素质教育的核心就是培养学生具有一个健康完美的人格。这里说的人格,不单是指心理学意义上的气质和个性,而是从广义社会学意义上讲的人格。人格,即人的品格,它也是做人的基本品格,是人内在思想意识和外在行为表现的统一体。在这里,人格的概念是全方位人格的概念,这个概念内容非常广泛,它是一个人心理和外在的综合表现。任何事物都有它的品质、规格、标准,做人也应该如此。做人的标准、人的品质,就是人的素质,也就是体现在人身上的长期稳定的基本品质。人的基本品质,就是人格。它是由许多成分构成的,是统一的整体。人格是人的自然属性,如气质、个性、能力、智力等,同时也是人的社会属性,如需要、动机、兴趣、思想、观念、理想、信念、价值观、世界观等。人的自然属性受先天遗传因素的影响,具有长期稳定存在的独特的一面,但它也有受社会环境、教育条件影响而发生变化、发展和调控的一面。人的社会属性,则主要是在后天社会化过程中和在环境、教育的影响下形成的,具有可塑性。人格作为一个整体,人格倾向性与人格心理特征彼此不是孤立的,它们相互渗透、相互作用,互为影响。人格的心理特征可以影响人格倾向性,而人格倾向性是人格结构最活跃的因素,它为人的行为指明方向,提供动力,决定态度等,它对人格的心理特征发展变化也有一定的控制作用。

影响人格发展的先天条件为人格发展的完善提供了基础和可能性;后天的环境和教育在一定的条件下对人格发展起决定性的作用。人格的发展主要是在青少年时期实现的。青少年时期的学生极想成为他理想中的人,对未来充满憧憬和向往,有塑造自我、健全自我、追求知识、形成优良人格品质、消除不良人格特点的强烈愿望。而应试教育却忽视了利用这个良好时期促进学生人格方面的全面发展,过于强调学生对僵化知识与机械能力的学习,而淡化对学生兴趣、道德品行、理想、信念、价值观、世界观的培养和塑造,造成了学生的片面发展,使学生对国家和社会的亲和情感、道德品质水平、应对挫折能力、人际交往能力、调节心理健康能力、适应社会变革需要能力等方面的能力下滑。素质教育主张人的全面发展,全面塑造学生的人格。培养学生健康完美的人格,必须实行素质教育。素质教育的核心就是培养全体国民的健康人格,教会学生学会做人,做一个合格的人。从这个角度说,人格也是做人的标准。思想品德素质是最重要的素质,是素质的灵魂,它给学生的成长指明方向,指出行为榜样和动力,所以思想品德课和思想政治课等德育课程在促进青少年学生人格成长中负有非常重要的责任。

四、创新是现代人才素质的核心

党的十六大指出:“坚持教育创新,深化教育改革”,“创新是一个民族进步的灵魂,是一个国家兴旺发达的不竭动力”。只有与时俱进,不断创新,才能推动我们国家政治、经济、文化各项事业的不断发展。事实证明,创新是社会发展的动力。

(一) 创新是一个民族的灵魂

世界上有些国家,由于传统教育思想落后,教育体制和方法僵化,培养的人缺乏创新能力,国家的兴旺发达、民族的进步就会缺乏动力。而有些国家,建国历史并不长,文化并不悠久,但国家却越来越富裕强大,其原因就是,国家在办教育时,注意对人才创造力的培养;在文化中也崇尚有探索和有创新力的研究,而不是抱着一些陈旧的东西不放，陶醉于自我欣赏。因此，只有使实事求是、探索求知、崇尚真理、勇于创新的精神在全社会大大发扬，突破前人，与时俱进，国家才会有大发展。所以党的十七大提出：“提高自主创新能力，建设创新型国家。”

创新精神和创新能力，是人在创新意识的支配下，运用已知智慧，产生出独特、新颖的，有益于人与社会的物质或精神产品的智力品质。创新精神是一种追求真理、不墨守成规、推陈出新、不断改革和探索、不断进步和超越的心理品质。创新包括理论创新、科技创新、知识创新、体制创新等。创新精神和创新能力构成了人的创新素质。创新精神是影响创新能力生成和发展的内在因素，而创新能力是创新精神的体现和实践。

创新是现代人素质的核心。随着知识经济的到来和科技兴国战略的实施，培养创新人才已经成为当今世界的潮流。在新时代，我们面对的知识经济，它是以不断创新的知识为主要基础，依靠新的科学理论、新的发明、新的技术、新的产品来推动经济的发展和社会的发展。古代的教育是把人培养成维护封建政权的工具，是工具型教育；近代教育重视科学知识，提高人的科技文化水平，是知识型教育；人类进入信息社会后，要求人才具有创造性。中华民族要兴旺发达，必须要发扬人的创新精神，培养人的创新能力，是创新型教育。通过教育创新，培养出创新型人才，推动其他各方面的创新，不断在实践探索中前进，这是我们要长期坚持的治国之道。创新，是现代人才素质的核心。

（二）培养人的创新精神是素质教育的重点之一

党的十六大提出要坚持教育创新，尊重创造，并把它作为国家的一项重大方针在全社会认真贯彻。国家如此重视教育的创新：一是，创新人才已经成为知识经济时代教育发展的根本所在。经济的发展、社会的进步靠的就是创新人才，必须有一批又一批的优秀年轻人脱颖而出。只有通过创新人才的创造活动，不断产生新的思想、新的知识、新的技术，实现以创新为基础的社会发展局面，形成更加强大的生产力，才能不断推动社会的进步。二是，培养创新人才需要创新教育。传统的教育思想、教育模式已经担当不起培养有人文精神、有科技素养、有创新精神的综合型创新人才的重任。我国的传统教育基础扎实，在教学中特别重视知识传授，而轻视全面素质培养和实践活动，在教育评价中以笔试分数作为唯一标准，这就极大地限制了学生创造思维、创造意识、创造能力的培养和发展，学生的学习能力、独立获取知识和信息的能力弱，这种“应试教育”培养出来的人才适应不了社会发展和经济发展对人才的需要。

培养创新精神和人才是实施素质教育的重点。素质教育离不开创新，创新人才培养离不开素质教育。创新是新时代对人才的根本要求。培养创新精神的教育，是创新教育。这种教育是以人为本的教育，尊重人的主体价值，尊重人的个性发展，为人发挥潜能创造条件，它主张人的全面发展。创新教育充分体现了素质教育的基本精神,所以素质教育的重点是培养人的创新精神。

(三)培养创新人才必须加强思想政治教育

思想政治教育在培养创新人才方面具有关键性的作用。

1. 思想政治教育能为创新人才提供正确的指导思想

实施素质教育,培养创新人才,必须用邓小平"解放思想,实事求是"的理论来指导。党的十六大指出:"坚持以邓小平理论为指导,不断推进理论创新。"邓小平理论的最大特点就是"不断解放思想、实事求是,与时俱进、开拓创新,尊重群众的首创精神"。邓小平在我国经济濒临崩溃的历史关键时刻,引导全党和全国人民"自觉地把思想认识从那些不合时宜的观念、做法和体制的束缚中解放出来","从主观主义和形而上学的桎梏中解放出来",为国家开创了一个走向繁荣富裕的新时代。搞素质教育,培养创新人才,进行教育改革,都要以邓小平敢于创新的精神为指导,使创新人才培养建立在素质全面发展的牢固基础上。

2. 思想政治教育能培养创新人才的良好品格

创新人才所以能够创新,主要取决于不断进取的精神品质,而这种精神品质来自于他们的社会责任感,对生活的热爱,勇于奉献、勤奋学习、不断探索、百折不挠的精神。创新人才的这些品质和精神,是经过长久的思想政治教育之后,感情、兴趣、意志、性格发展的结果。如果他们对国家、对人民、对社会没有责任感,没有锐意进取、崇尚创新的热情,没有知难而进的勇气、持之以恒的意志,没有与人合作的能力等良好人格,他们在创新的过程中是不会有所成就的。而他们人格的培养,也是通过思想政治教育而获得的。所以,在培养创新人才过程中,必须加强对学生的思想政治教育,培养良好人格。只有通过素质教育培养出大批具有创新意识和能力的人才,我们国家才能成为一个储备高素质人才资源的国家,才能抓住知识经济给我们带来的机遇,成为世界上综合国力强大的国家。

五、实践能力是人才素质形成的基础

实践是人们有目的地改造自然和改造社会的有意识的活动。人的能力是多方面的,如组织能力、定向能力、设计能力、应变能力、适应能力、操作能力、创造能力等。实践能力,是指人们在有目的地改造自然、社会物质实际活动过程中所表现出来的能力,也可说是一种素质。实践能力,包括生产实践能力、社会实践能力、科学实践能力、教育实践能力等。

(一)实践能力在人的素质形成中具有非常重要的作用

人的素质的形成,都是以一定的认识为前提的,而认识往往和实践活动联系在一起,认识总是在一定的实践活动中进行的。在人的智力和能力结构中,实践占有很重要的位置。人的素质是由很多要素组成的,而这些要素都是在长期实践活动中培养出来的。人的素质形成是个极其复杂的过程,要想真正获得某种素质,必须经过大量的实践活动才能获得。有人认为,人要获得某种素质,如知识、技能、品德等，只要通过学习，只要解决认识问题就可获得，其实这是片面的想法。某种素质的形成，不是获得某种认识就可以解决的，还必须付诸行动。素质是在实际行动中逐步积累的，是通过实践活动的“内化”形成的。而人要获得某种正确认识，要借助于实践活动形成动觉印象，这种动觉印象就是“内化”的基础，是形成理性认识的基础。人的知识素质的形成，离不开实践活动。特别是在学校里，学生获得的知识是以间接经验为主的，但间接经验的获得要以直接经验作为基础。学生学习到的间接经验要在形成人的素质中经过实践活动的检验、体会、巩固和深化。另外，学生还可以在实践活动中大开眼界获得新的知识，扩充自己的知识。

技能素质的形成离不开实践活动。人们要改造客观世界，需要掌握一定的技能。技能是人具有的专门的操作本领。如阅读与构思的技能、化学的实验技能、数学的运算解题技能、法律的民事调解技能、体育的游泳技能，等等。这些技能，不是通过学习间接经验掌握一些知识就可以真正掌握的。真正掌握一门技能，必须经过反复训练，没有亲身实践，没有实践活动经验的积累，是掌握不了的。学习教学技能也是如此。有些师范院校单纯注重给学生灌输教育理论、教学理论和学科知识，而不注重教学实习，培养出来的学生就不会真正掌握教学技能。等毕业以后当了教师，有些师范生才感到教育实习的重要性。

人的心理品质素质的形成，离不开实践活动。心理素质是素质结构中的核心因素。人只有知识、技能，而缺乏心理健康因素也是不行的。因为心理因素是知识、技能等形成的基础，是学生学习的有效基础。人的心理品质的形成，如意志、毅力、乐观情绪、挫折承受能力等品质的形成也要在人的生活和实践活动中磨炼。一个人如果只凭理想、决心等主观愿望，也无法形成坚强的意志、百折不挠的毅力、永远乐观的情绪及在困难面前不低头的抗挫折心理。健康的心理品质，是在实践中锻炼出来的。

人的思想和品德素质的形成，离不开实践活动。人的思想和道德品质的形成也和实践活动有着密切联系。思想政治课的教学过程，既是对教学理论的认知过程，也是一个思想道德品质形成发展的过程。这个教育目标实现的规律是培养知、情、意、行的统一规律。如果学生只学到一些德育理论知识，而不通过实践活动培养学生对学习理论知识的情感、意志，不用学到的知识分析、判断、解决德育中的问题，不知道在什么情况下采取什么行为等，那么学到的行为规范就形不成品德和习惯，这种学习是不会产生实际效果的。也就是说，“道”即理论观点最后没有形成“德”，也就是没有形成道德品质。要使“道”变成“德”，必须要通过道德实践活动，使知与行和谐发展。

（二）实践能力是在实践中培养出来的

人们改造客观世界主要靠人的实践能力。学校开展实践活动，主要是为了提高学生的实践能力。学生实践能力的形成和提高,对他们今后进入社会参与社会实践,生产实践、科研实践都有非常重要的作用。

培养学生的实践能力,必须研究学生的实践特点和规律,并按其规律不断实践。学生能力的形成和提高应该按以下规律进行。

1. 认知和认知性实践相结合

认知性实践是通过实践活动获得的与学习活动有关的直接经验,它是学习活动的辅助形式。如,教学中的练习、实验、观察、操作等实际活动。进行认知性实践活动是为了更深刻地理解课堂讲授的抽象的理论知识,也就是那些前人总结、研究出来的间接经验。如果学习的这些概念化、认知性的间接经验知识不与直接经验相结合,不增加感性认识,就很难真正领会。所以,教学中的这些直接感性认知与认知性实践相结合是非常重要的。

2. 由认知性实践向解决问题的实践发展

认知性实践只局限于学习知识的范围,它对解决实际问题还是有距离的。要增长学生的实践能力,必须向解决实际问题的实践发展。在思想政治课教学中讨论现实问题、辩论社会问题等,都是解决实际问题的实践活动。这对锻炼学生解决实际问题的能力是很有帮助的。模拟性实践也是一种解决问题的实践活动,也是教学中的一种学习间接经验的辅助形式。如中学思想政治教学中的"模拟法庭"、"模拟选举"等。

3. 校内实践向社会实践推进

有些实践活动只局限在学校、局限在课堂,它对培育学生解决实际问题的能力是有限的。而社会上的实际问题是繁多而广泛的,为了更好地锻炼学生的实践能力,学校、教师要结合教学内容,为学生创造参加社会实践的条件,寻找社会实践的机会,使学生眼界更开阔,认识问题更深刻,增强学生的社会责任感和学习兴趣,这对培养学生的实践能力非常重要。

(三) 思想政治教育在培养学生实践能力方面发挥主要作用

学校教育的根本任务是育人,思想政治教育的任务就是教育学生如何做人、做事、办好事情,这些都需要有实践能力。思想政治课对于培养学生实践能力方面具有很重要的作用。

1. 思想政治教育为培养学生实践能力提供指导思想

培养学生实践能力必须在正确的认识论指导下进行。首先,要了解、认识实践的重要性,这样才能重视实践,而不是轻视实践,把具有实践性质的教学活动摆在它应有的位置。其次,要认识实践能力培养的规律,了解实践能力培养是一个实践、认识、再实践、再认识的不断深化的过程。这些指导思想都需要通过思想政治课,学习马克思主义辩证唯物主义来解决,否则在培养学生实践能力方面就可能走弯路。

2. 思想政治教育为学生实践能力的形成奠定思想品德基础

培养学生的实践能力是个很艰苦、细微的工作，如果没有实事求是的思想，没有认真、刻苦、老实的学习态度，没有锲而不舍的学习毅力，而是眼高手低、见困难就躲，就不会掌握实践能力。培养人的实践能力要以一定的思想品德为基础，它是一个人综合素质的表现。一个人只有具有良好的思想品质，具有一定的社会责任感和热爱学习、不断进取、踏踏实实的学习态度，才能克服各种挫折和困难进行艰苦的实践活动，形成一定的实践能力。思想品德是一个人掌握实践能力的内在动力和行为保障。

第六节 思想政治学科的性质

性质是一事物区别于其他事物的特殊本质。思想政治学科的性质，是思想政治学科教学原理的基本问题之一，也是思想政治学科改革的重要依据。对这个问题的理解不同，教师教学的指导思想和教学实践的方向也就不同。因此，进行思想政治学科教学，首先必须对思想政治学科的性质有所认识并进行必要的分析研究。

思想政治学科是一门具有特殊性质的课程，它与其他学科课程既具有共性，又有自己的特殊性。关于思想政治学科的性质问题，长期以来曾经出现过三种不同的认识和讨论，一是认为思想政治课也属于智育课；二是认为思想政治课属于德智统一课；三是认为思想政治课属于德育课。其中第三种观点已得到人们的普遍认可和接受。1992 年，国家教委把中学思想政治学科统称为“思想政治”，这就进一步明确了思想政治学科的德育性质。

所谓德育，就是对受教育者进行系统的政治思想和道德品质教育。我们说思想政治学科属于德育性质，可以从以下四个方面来阐述。

一、历史论德育性质

所谓历史论德育性质，是指从历史发展的角度来说，思想政治学科具有德育性质。

从我国的情况来看，我国古代的教育虽然还没有思想政治课、思想政治教育、德育等这样的名称和提法，但对受教育者进行思想教育、政治教育、道德教育的思想和做法却已经存在，而且理论和经验也极为丰富。尤其以儒家思想政治道德教育的理论流传最广、影响最大。他们提出了以“育人为中心”，“德育至上”的思想，强调教育要服从和服务于本阶级培养人才的需要。孔子办学十分重视对学生进行思想政治和道德品质教育，认为只有思想品德合格，教学才算成功。他提出了“为政以德”的主张，要求学生要做到“志于道、据于德、依于仁、游于艺”。孟子也提出教育的首要任务是“明人伦”,使人成为“舍生取义”和“富贵不能淫、贫贱不能移、威武不能屈”的“大丈夫”。董仲舒特别强调教育的目的在于“化民成性”,使受教育者“从义而远利”。这种教育过程中的“德育中心论”思想,自孔子以后被历代教育家和统治阶级所采纳和运用,因而使历代封建社会形成了“政治道德化”、“道德政治化”的局面,“德治”和“人治”成为治国的一个基本原则。

中国古代的有益的思想政治教育资源,为中国共产党开展思想政治教育和思想政治工作,提供了极为宝贵的经验。中国共产党自建党起,就十分重视对青少年进行思想政治教育。民主革命时期,在革命根据地,政府办的学校里就把思想政治学科作为一门重要课程开设,以适应当时中国民主革命的需要。新中国成立后,思想政治课在中等学校普遍开设,并在学校教学计划中占有重要地位,成为对学生实施德育的重要阵地。建国以来,尽管各个时期在各级中学开设的政治课名称不一样,开设的课程门类多少不一样,但这门课程一直承担着对革命接班人进行思想和道德教育的工作,发挥着德育功能。

从西方国家的教育情况来看,思想政治教育属于德育范畴也是很明显的。从古希腊罗马时期开始,到中世纪封建时代和文艺复兴时期,乃至近代资本主义社会,西方国家也都非常重视对受教育者进行思想道德教育,而且许多思想家和教育家的思想道德教育思想也是极为丰富的。赫尔巴特就曾把教育的全部工作总结为德育。在他那里,德育成了教育的全部本质。他认为教学如果没有进行道德教育,只是一种没有目的的手段,道德教育如果没有教学,就是一种失去了手段的目的。

近年来,西方国家更是普遍关注学校的德育,这突出表现在它们对待学校德育的态度上,它们把加强对学生的思想品德教育称为“德育投资”。日本认为只有重视德育投资,才能使日本经济得到“高速度的发展”。英国和德国也认为德育投资并不是“非生产性”投资,它会很快得到“经济偿还”的。只有舍得在思想政治教育上投资,智力投资才能发挥功效。如今,对受教育者进行公德教育、纪律教育、劳动教育、集体意识教育、爱国主义教育等,已成为一种世界性的潮流。

二、内容论德育性质

所谓内容论德育性质,是指从思想政治学科的内容上来说,思想政治学科具有德育性质。

任何一门课程的性质,总是规定着该门课程的教学内容,而任何一门课程的教学内容,又总是体现着该门课程的性质。思想政治学科的教学内容就反映了思想政治学科的德育性质。

思想政治学科的教学内容,包括两大方面:一是知识教育,二是做人教育。从知识教育来说,主要是对学生进行马克思主义基本理论知识和其他社会科学知识教育。在初中阶段,主要包括对学生进行思想品德教育、心理健康常识教育、法律常识教育、社会发展常识教育、社会主义建设常识教育、我国的基本国情教育等;在高中阶段,主要包括对学生进行马克思主义政治经济学常识教育、哲学常识教育、政治学常识教育、社会主义市场经济理论教育等。从做人教育来说,主要是对学生进行马克思主义基本观点和道德行为规范的教育。包括对初中生和高中生进行心理品质教育、社会主义民主法制教育、社会发展规律教育、劳动观念教育、世界观教育、人生观教育、价值观教育、道德观教育、社会主义荣辱观与政治观教育、时事政策教育以及良好的行为习惯培养等。从以上两方面的教学内容可以看出,无论是知识教育还是做人教育,都是德育范畴内的教育,是德育范围内的德育知识教育、德育目标教育或德育任务教育。因而思想政治学科具有德育性质。

三、特点论德育性质

所谓特点论德育性质,是指从思想政治学科的特点上来看,思想政治学科具有德育性质。

思想政治学科与其他学科不同,它有自身的特点:一是具有鲜明的阶级性。思想政治学科是以马克思列宁主义、毛泽东思想、中国特色社会主义理论体系为基本教学内容的课程,在整个教学过程中,要始终坚持以马克思主义为指导,坚持无产阶级思想,反对资产阶级思想,这是区分两种不同性质课程的重要标志。思想政治学科这种鲜明的阶级性,要求教师必须具有坚定的无产阶级立场,鲜明的无产阶级观点,高尚的无产阶级道德品质。二是具有理论教育性。思想政治学科纳入学校教学计划,以课堂教学为基本形式,以基础知识教学为前提和方式,对学生进行思想政治教育和道德品质培养,因而使它与学校其他形式的思想政治工作具有区别。三是具有德育的主导性。思想政治课的教学是一种直接的德育,它以思想政治教育和道德品质培养为根本目的,从而使它体现出德育的主导性。四是具有强烈的实践性。思想政治课是中国共产党在长期的革命斗争和社会主义革命与社会主义建设中产生和发展起来的,因而其课程设置、教学内容、教学方法等,都必须随着社会实践的发展而发展,并为社会主义现代化建设服务。以上这四个方面的特点,都充分反映了思想政治学科的德育性质。

四、途径论德育性质

所谓途径论德育性质,是指从学校实施德育的重要途径或根本途径来看,思想政治学科具有德育性质。

学校是既教书又育人的地方,因而对学生实施德育便是学校各项工作的重要方面。做好这项工作,途径有很多,如读书会、报告会、主题班会、团队活动、社团活动、日常思想政治工作等,但其中最重要、最根本的途径是思想政治学科的课堂教学。国家教委1995年所颁发的《中学德育大纲》中就曾指出:“思想政治课是向学生较系统地进行思想政治教育、马克思列宁主义、毛泽东思想基本常识及中国特色社会主义理论观点教育的一门课程，在诸多途径中居特殊重要地位，对帮助学生树立正确的政治方向、正确的人生观和思想方法，培养良好的品德起导向作用。”思想政治学科的课堂教学之所以是“根本途径”和居于“特殊重要地位”，一是由于思想政治学科有一个完整的教材体系，而这一教材体系又是依据马克思列宁主义、毛泽东思想、中国特色社会主义理论体系。结合德育的需要，按照学生的知识水平和年龄特征等编写而成的；二是只有通过思想政治学科的课堂教学，才能很好地完成德育任务，实现德育目标；三是从事思想政治学科课堂教学的，是一些训练有素的专职政治教师，他们能够按照德育目标和要求，依据教材的基本内容，由浅入深、循序渐进地联系实际对学生进行知识教育和实施德育。可见，与其他学科和其他途径相比，思想政治课的“根本途径”和“特殊重要地位”，充分反映了思想政治学科的德育性质。

第七节　思想政治学科的功能

功能是指事物本身所具有的效能。思想政治学科的功能是指思想政治学科本身所具有的效能。对思想政治学科的功能进行分析和研究，有助于认识和理解思想政治学科的教学价值和重要意义。关于思想政治学科的功能，可以作以下几个方面的表述。

一、思想政治学科具有导向性功能

思想政治学科的导向性功能，是指思想政治学科的教学能够在某种程度上对中学生进行某种性质的引导。思想政治学科的导向性功能主要包括目标导向、价值导向和行为导向。

（一）目标导向

任何一种活动总会指向一定的目标，并按照一定的目标去行动；而目标又制约着人们对行动的内容、方法等要素的选择与确定。思想政治学科的教学也要按照一定的目标来进行，并希望它的活动趋向它所预设的目标。因此，思想政治学科的教学过程也就具有一定的目标导向功能。

目标导向是指思想政治课教师通过教学活动把中学生的政治、思想、道德品质等发展的倾向性向教师预设的目标进行引导，并产生教师所期望的教育效果。思想政治学科目标导向的内容是非常丰富的，必须按不同层次的目标进行导向。第一层次：是要引导中学生以学会做人、遵守社会公德、热爱他人与社会、具有完美的人格和积极的人生态度等为目标；第二层次：是要引导中学生以具有较高的理论修养、正确的政治方向、高尚的道德品质等为目标；第三层次：是要引导中学生以树立崇高的理想和具有坚定的共产主义信念,坚持走社会主义道路、坚持实事求是、与时俱进、勇于创新等为目标。最终,无论哪个层次的目标导向,当其引导的目标达到时,其所要引导的内容就将逐步被学生所认同和接受。当然,要引导每个中学生都达到这些目的是有一定难度的。

（二）价值导向

价值是一个表示主客体关系的范畴,是指客观事物对主体的作用性和意义性。客观事物对主体人或社会的存在和发展有积极作用和意义,它就有价值,否则就没有价值。

思想政治学科的价值导向,是指通过思想政治学科的教学,把教育内容向有用性的、意义性的方向引导。教育内容被引导到有用性和有意义性的方向,其教育的价值意义才大,否则便没有价值意义。思想政治学科在教学中价值导向的内容有:第一,马克思列宁主义、毛泽东思想、邓小平理论和中国特色社会主义理论体系,这是价值导向的核心;第二,我国改革开放以来在各方面所形成的新思想和新观念;第三,我国的优秀文化传统和人类的一切先进文明成果。

思想政治学科价值导向的功能是具体的,主要表现为:一是表达一定阶级、阶层、社会集团的利益、要求和愿望;二是通过教学说明一定的价值观念和价值目的,激发学生的行为动机和行为倾向。

思想政治学科在教学中进行价值导向,必须与中学生的价值取向有机地结合起来。因为思想政治学科在教学中的价值导向是一元的,而中学生价值取向在客观上存在着多元的状况,只有处理好这两者的关系,价值导向才能获得成功。

（三）行为导向

人的行为,是在环境的影响和刺激下,内在生理变化的外在表现。人的行为就自身来说有自主性和选择性,然而这种自主选择与外界的引导又密切相关,正确的引导易于使人采取正确的行为,错误的引导易于使人采取错误的行为。思想政治学科所要完成的任务就是要对中学生进行正确的引导,这就是它的行为导向功能。

思想政治学科的行为导向,是指通过它的教学对中学生的某些行为进行某种倾向性的引导,使其行为具有某种积极意义,即达到真、善、勇、美。思想政治学科的行为导向从内容上来说包括人格导向和行为方式导向两种。

人格导向是指通过树立榜样,以榜样的人格魅力来感召中学生。榜样的力量是无穷的。行为导向的核心是先进楷模,这些先进楷模可以是群体性楷模,也可以是个体性楷模。以此作为行为导向的目标,就可以使中学生选择正确的和积极的行为。一般来说,人格导向对中学生影响的时效性较长,尤其是当中学生通过学习榜样,将榜样的人格力量内化为自己的意识和行为动机时,这种人格力量就会长期影响他们的思想和行为,并使他们的人格走向完善。

行为方式导向是指引导中学生效仿一系列已整合好的行为,并使中学生按此行为去行动。某一个体行为,其正确性和积极性若得到了群体的效仿和社会的确认,那么这种良好的行为就被提升到行为方式的程度。思想政治学科的教学目的,就是要引导中学生按照这种行为方式去行动。

二、思想政治学科具有规范性功能

任何一个人生存在社会上,其思想和行为都不可能随心所欲,它必然会受到一定社会的思想意识的制约,并被该社会的思想意识所规范。由于思想政治学科的教学内容是我国社会主义社会思想意识的重要体现,因而它对学生的思想和行为便具有极为重要的规范性功能。

这一规范性功能是通过它的规范作用来实现的。思想政治学科规范性功能的内容表现为以下几个方面。

（一）对政治方向的规范

所谓政治方向,是指政治理想、政治信念、政治立场、政治态度、政治品质等的综合表现。对政治方向的规范,就是要使中学生在政治方向上能达到一定的要求。也就是要使中学生基本做到或努力做到:政治理想远大,政治信念持久,政治立场坚定,政治态度鲜明,政治品质优良。

对政治方向的规范,在不同的历史时期又表现出不同的具体内容。在现阶段主要表现为:成为实践社会主义核心价值体系的社会主义建设接班人,做共产主义远大理想和中国特色社会主义共同理想的坚定信仰者,做科学发展观的执行者、社会主义荣辱观的自觉实践者、社会主义社会和谐的积极促进者。

对政治方向的规范,又是分层次的。由于思想政治学科的教学内容和教学对象不同,因而对中学生的政治方向进行规范也应该有所不同,既要有共同的基本要求,又要有具体的、有差别的要求。这样才能使不同层次的学生都能在各自被设定的规范内保证自己政治方向的正确性。

（二）对思想观念的规范

人们的行为总是靠思想观念来指导的,思想观念正确,人们的行为便可能正确。因而思想政治学科对中学生思想观念的规范,对于一个人的行为的正确性便具有重要的指导意义。

对中学生思想观念的规范,就是要求他们要更新传统的、不合时宜的旧观念、旧意识,树立与现代社会相适应的新观念、新意识。在目前,规范中学生思想观念的内容主要表现为要求他们具有:正确的政治思想意识,马克思主义的科学的世界观、人生观、价值观,建设中国特色社会主义的科学发展观,更加自觉地走科学发展的道路。

对中学生的思想观念进行规范,要坚持解放思想、实事求是,坚持一切从实际出发和“三个有利于”的标准，这是对思想观念进行规范所必须遵循的基本原则。当然，在坚持国家重大战略思想的情况下，也允许人们的思想活动具有独立性、选择性、多变性和差异性。

（三）对道德行为的规范

人的行为是在一定外界环境刺激下所做出的反映，它表现在某种语言和动作上。人不能随意去行为，因为他的行为总会受到一定社会规范的制约。当人的行为被动地受这种规范所制约，并执行这一规范时，这叫做“他律”；当人主动认同这一规范，并按这一规范去自觉行为时，这叫做“自律”。一个比较完美的人，其行为不是按他律去行动，而是按自律去行动，总之是按规范去行动。而思想政治学科对人的行为规范的确立则具有特别重要的意义。

实际上，无论从思想政治学科的教学目标上来说，还是从它的教学内容上来说，抑或是从它的教学过程来说，思想政治学科的教学对中学生规范的内容是多方面的，它除了对学生的政治方向和思想观念进行规范外，更为重要的是还要对他们的道德行为进行规范，学会做人，同时也要对他们进行日常行为的纪律约束，使他们能学会成才、学会生活，这是思想政治学科规范性功能的最重要的内容之一。

对人的行为进行规范，是教育的根本目的。思想政治学科对中学生的行为进行规范，其目的就是要求他们按一定的要求学会做人。做什么样的人呢？要做品德高尚、遵纪守法、爱党爱国、人格完善、身心健康和具有良好生活习惯的人。就是按照胡锦涛提出的社会主义荣辱观的要求去做人。这样的人，其行为才具有道德意义。

思想政治学科的规范性功能，从其实际的意义上说有两个：一是预防，二是禁止。思想政治学科对中学生的思想和行为做出的正面规定，就是要预防他们在行动时无章可寻，这同时也是在提示他们，并禁止他们的行动向错误的方向发展。当然，并非所有的人都能按规范去做，不按规范去做和达不到规范要求的人也总是存在的。这也正说明了思想政治教育的艰巨性。

三、思想政治学科具有个性化功能

思想政治学科在素质教育中极为重视中学生的个性化教育。心理学、社会学、伦理学、经济学等马克思主义常识和社会科学常识的教育，表明这一学科具有很强的知识性。但知识性只是这一学科的一般属性，而并非根本属性，只有思想政治学科的功能才反映它的根本属性即德育性。也就是说，知识性的教学并不是这一学科教学的根本目的，它只是一种手段，它要服务于德育这个根本目的和根本属性。虽然知识性也是思想政治学科的属性之一，但它却不能与德育性相等同。

个性，是指人的个性倾向和个性心理特征。人的个性倾向包括动机、需要、理想、信念、世界观、人生观、价值观等。个性心理特征则主要包括人的能力、兴趣、气质、性格等。两者共同构成人的心理品质和思想品质,它们是决定人对现实的态度和积极性的基本动力。个性表明个体在社会实践中所持态度和行为的综合特征。它是个体人一系列生理、心理、社会的稳定特点的综合。实现人的这一个性化,可以说既是思想政治学科教学的基本任务,也是它的基本功能。世界在变化、人类在进步,丰富多彩的社会生活需要具有鲜明个性的人去创造。思想政治教育是促进人个性发展的主要途径。

思想政治学科的个性化功能,是指思想政治学科对中学生的个性发展所产生的实际影响和作用。在当今社会,人的个性化发展已成为时代要求,因而中国的素质教育应当对思想政治教育个性化功能的发挥予以高度关注。根据个人心理和道德素质的差异和品位的高低,人的个性发展具有多向性。思想政治教育对个性发展的定向作用主要体现在价值引导方面。

思想政治学科个性化功能的内涵是极其丰富的。

(一)对个性化发展具有定向作用

人的世界观、人生观、价值观、道德观以及理想、信念等,既是人的个性心理品质结构和思想品质结构的核心要素,同时也是思想政治教育的核心内容,思想政治学科正是通过对中学生进行人生目标取向正确性、合理性这部分内容的教育,才进而对他们的整个个性化发展起到影响作用。这一价值目标引导作用,正是思想政治教育对中学生个体生存所做出的贡献。之所以如此,一是由思想政治教育的性质所决定。思想政治教育主要是对人进行社会主导价值观教育。一个人生存在世上,总要有一定的思想和价值追求。从最一般的意义上讲,思想政治教育逻辑现实的出发点和归宿点,都是从人的需要、动机、思想、行为、人生目标等出发而有效地作用于人,以达到转变人的思想、调节人的行为、改变人的"生存状态"的目的。二是由个性理论和方法本身的性质所决定。每个人在社会生活中都有意无意地再塑着自己的个性。个性理论是着眼于人们现实与历史的状况,运用一定的理论和方法,为人们提供再塑个性发展价值"参照系"和方法,启发人们追求个性的完善。思想政治教育在培养个体的良好个性品质、摒弃不合乎个体自身发展和社会发展的特质中发挥重要作用,起着塑造作用,使人的心理、品质、性格沿着正确方向发展。

(二)对个性发展具有合理建构作用

心理学研究表明,人的个性化发展是由各方面特质建构而成的统一整体。如果这一整体的某一方面特质有问题,那么受教育者的个性化的和谐发展就会受到影响。人的个性发展是不断趋向完善的,所以个性发展需要不断建构。思想政治教育可以帮助青少年学生从整体上认识个性问题,树立科学正确的个性发展观,形成对个性的正确理解,摒弃对个性的种种偏见,正确对待自己积极或消极的个性品质,矫正克服不良个性品质,构建良好个性品质。因而发扬个性化发展中的某些积极因素,克服个性化发展中的某些消极因素,就显得特别重要。而思想政治学科的教学则可以使中学生充分认识到其在个性化发展中的积极因素和消极因素,并知道什么样的个性才符合时代发展潮流和社会要求,怎样顺应个性发展规律,使个性发展有正确方向,进而使其不断进行自我调整,以促进个性化不断发展。

(三)对个性化发展具有个体享用作用

所谓个体享用作用,是指思想政治学科的教学使受教育者的个性得到了充分发展,这会使他们从中体验满足、快乐、幸福,从而获得一种精神上的享受。在现实生活中,许多人把做人的价值放在自然生命的价值之上,把奉献看做是一种幸福的人生而不视为自我"牺牲"等,就是个体享用作用的现实体现。这也是受教育者实现个性化发展的精神需求。思想政治教育就是要满足人发展的精神需求,为人的个性完善创造条件、提供帮助,要引导学生的个性发展,张扬人的个性,鼓励鞭策学生在正确方向上去思考、选择、行动,使学生成为具有良好鲜明个性的新人。

第八节 思想政治学科的教学任务

思想政治学科的教学任务,主要是指思想品德课和思想政治课在对学生进行思想政治教育中所担负的职责。这一职责在原国家教委颁布的一系列文件中曾有明确的规定。《关于改进和加强中学政治课的意见》中指出:"中学政治课的任务,是以马列主义、毛泽东思想的基础知识武装学生,提高学生认识问题的能力和政治觉悟,培养学生的共产主义道德品质,教育学生坚持又红又专的方向,逐步树立无产阶级世界观和人生观,立志为人民服务,为实现祖国的社会主义现代化而献身。"另外,为了深入贯彻落实党的十七大精神和《国务院关于加强未成年人思想道德建设的若干意见》([2004]8号),在思想政治教学中,"必须面向现代化、面向时代、面向未来;同时必须紧密联系青少年不同时期的思想、知识、心理发展的特点,循序渐进,由浅入深,从具体到抽象,从现象到本质,引导他们逐步树立正确的人生观和世界观,运用正确的观点和方法去积极地思考并回答自己所面临的重大问题,认清和履行我国青年一代的崇高责任。"《思想政治课程标准》中对上述内容也有明确的规定。这些文件中的各种规定,实际上是要求思想品德课和思想政治课的教学要完成以下几个方面的任务。

一、完成基本理论教育的任务

思想政治学科是以马克思列宁主义、毛泽东思想、中国特色社会主义理论体系的基础知识和党的路线、方针、政策等为指导思想和主要教学内容的课程。因而，通过教学，使学生掌握马克思列宁主义、毛泽东思想、中国特色社会主义理论体系的基础知识和党的路线、方针、政策等，便成为思想政治学科教学的基本任务。

马克思列宁主义、毛泽东思想、中国特色社会主义理论体系是我们党的理论基础，是我们党和国家的指导思想，也是指导我们社会主义现代化建设的基本方针。而对学校教育来说，它又成为我们对青少年学生进行教育的育人之本。因此，我们要通过思想政治学科的教学，用马克思列宁主义、毛泽东思想、中国特色社会主义理论体系的基础知识武装学生。社会主义核心价值体系是社会主义意识形态的本质体现，要把社会主义核心价值体系融入国民教育，通过学习它使学生掌握当代中国马克思主义的立场、观点和方法，为提高他们的认识能力和思想觉悟打下坚实的基础。

二、完成思想品德教育的任务

党的十七大报告提出："动员社会各方面共同做好青少年思想道德教育工作。"思想政治学科就是完成对学生进行思想品德教育任务的德育课程。这一课程要通过教学提高学生的思想政治觉悟和道德水平，并引导学生逐步树立科学的世界观、人生观、价值观。这是对学生思想和行为方面的要求。这一任务对任何学生来说都是一样的。

下面对这一任务作具体分析。

在思想觉悟方面，基本任务是要让学生通过理论知识的学习，具有马克思主义的为人民服务观点、劳动观点、群众观点、集体观点、辩证唯物主义和历史唯物主义观点，在这个基础上引导学生进一步提高思想觉悟，对学生加强公民意识教育，树立社会主义民主法制、自由平等、公平正义观点，以先进人物和英雄人物为榜样，逐步树立无产阶级的世界观和科学的人生观、价值观，以及全心全意为人民服务的思想。

在政治觉悟方面，基本任务是要让学生确立坚定正确的政治方向，形成正确的政治信仰，具有鲜明的政治立场和坚定的政治态度，坚持科学发展观，正确认识和执行党的路线、方针、政策，遵守国家法律，继承和发扬爱国主义精神，愿意献身于社会主义现代化建设事业。

在道德品质方面，基本任务是要让学生树立正确的道德观，遵守社会主义道德准则，正确处理公与私、个人与集体、个人与国家的关系，学会做人、尊重人、关心人、爱护人、帮助人、公平、正义、诚实守信，养成良好的道德行为习惯。

三、完成各种能力教育的任务

能力是一种个性心理品质，是人们在活动中表现出来的直接影响活动效率的心理特征。人的能力不是天生的，是在先天生理条件的基础上，通过后天环境和教育的影响及主观努力而形成、发展起来的。人的能力是多方面的,不同的人具有不同的能力结构。学校的各门课程都讲究培养能力,但各门课程培养能力的要求是不尽一致的。思想政治学科所要培养的能力,有其特定的含义,不像其他课程培养专业技能,而是要培养学生运用马克思主义的立场、观点和方法,正确认识、分析和解决实际问题的能力。这一能力概括来说,一是指正确认识和改造客观世界的能力,二是指正确认识和改造主观世界的能力。

改革后的课程标准对各年级的教学有明确的要求。

1. 初中《思想品德课程标准》对能力目标的要求

初步认识和理解社会生活的复杂性,具有基本的道德判断和辨别是非的能力,能够负责任地做出选择。

形成自我调适、自我控制的能力,能够理智地驾驭自己的情绪。

能够初步掌握搜集、处理、运用社会信息的方法和技能,能够独立思考、提出疑问并进行反思。

能够理解法律的规定及其意义,遵纪守法,初步具备寻求法律保护的能力。

2. 高中《思想政治课程标准》对能力目标的要求

提高用马克思主义立场、观点和方法面对实际问题,做出正确的价值判断和行为选择的能力。

提高主动参与经济、政治、文化生活的能力。

提高在社会生活中正确处理竞争与合作关系的能力。

培养为未来生活而自主学习、选择、探索的能力。

增强依法办事、依法律己和依法维护自身权益的能力。

发展采用多种方法特别是现代信息技术,收集、筛选社会信息的能力。

四、完成心理健康教育的任务

关于心理健康的内涵,美国心理学家杰达认为,主要表现在对自我的态度、自我实现的方式和程度、主要心理机能的整合程度、行为的自主性和独立性等几个方面。我国学者认为,心理健康可概括为知、情、意、行等方面的健康状态,即发育正常的智力,稳定而乐观的情绪,高尚的情感,坚强的意志,良好的性格,完善的人格,和谐的人际关系等。目前,随着我国现代化社会高速度、快节奏地变化与发展,人们的心理健康受到了极大的影响,许多人存在着一定程度的心理问题。因此,对学生进行必要的心理健康教育,便成为思想政治课教学的重要内容和任务之一。思想政治课对学生进行心理健康教育所要完成的任务主要有以下几点。

一是促使学生保持乐观而稳定的情绪。情绪是一个人内心体验的流露,它反映一个人的心境,体现一个人对客观事物及其发展变化的态度。青少年学生情绪往往比较强烈,有发生快、变化多、控制差等特点,做事很容易出格或失常。

因而心理健康教育必须从这些特点出发,教育学生保持心情舒畅、轻松愉快,努力消除紧张感、嫉妒心,以平和的心态接受学习,以勇敢的精神战胜困难。

二是促使学生建立良好的人际关系。良好的人际关系在现代社会具有重要意义。然而在复杂的社会环境中,由于青少年的社会知觉能力和处理人际关系的能力较差,因而很难处理好各种复杂的人际关系。他们有的把“哥们儿义气”当作友谊,把“互相利用”当作友好;有的对人总是抱着怀疑的态度,形成一种排他、封闭、消极的心理。培养学生良好的人际关系,首先应为学生创造一个良好的人际环境,以使学生在一个好的人际关系中陶冶自己、发展自己。同时还要教育学生学会与人相处,能够正确认识和对待自己与他人。要教育学生努力做到:严肃不可孤僻,活泼不可轻浮,稳重不可呆板,尊重不可迁就,热情不可轻狂,和气不可盲从,沉着不可寡言。

三是促使学生形成健全的人格。人格是一个人的性格、气质、能力等心理特征的总和与做人的资格。中学生由于其先天和后天的条件不同,加上诸多因素交互作用的结果不一样,他们在人格上是存在着差异的。思想政治学科的教学对学生进行健全人格的培养,就是要教育学生由自然人转化为社会人,着重对他们进行社会化教育,促进他们个性成熟。也就是要教育他们对客观环境的态度和行为方式要符合社会规范,比较稳定,不出尔反尔;要教育学生能够自觉地调节和控制自己的行为和态度,对他人有责任心,对自己有自信心,提高抗挫折能力和忍受能力。

四是促使学生消除心理障碍。中学生心理健康问题最为严重的就是心理障碍问题的存在。心理障碍是指各种不同类型的心理和异常行为的总称。心理障碍有轻度和重度之分。轻度心理障碍是指人整体心理活动的某些方面或部分受到损害,心理活动的各个方面的协调性受到一定的影响,主体和周围环境的关系也出现某种程度的失调。重度心理障碍是指人整体心理活动瓦解,不仅心理活动本身的各个方面的协调一致遭到严重破坏,而且主体和周围显示环境之间的关系也严重失调。消除学生的心理障碍,要教育学生形成良好的集体心理态势,使其注意心理接触,注意转化心理劣势,巩固和发展心理优势,并使其善于解剖自己,增强理智,提高自我控制力。消除学生的心理障碍,可以通过对学生进行心理辅导、心理咨询、人格辅导、环境熏陶、有益活动等方式来进行。

第九节　思想政治学科的基本范畴

范畴是反映事物本质联系的思维形式,是各个知识领域的基本概念。它既是以往认识成果的总结,又是进一步认识的阶梯,是人们认识世界和改造世界的工具。思想政治学科的基本范畴,也是思想政治学科教学的基本概念,是人们在思想政治学科教学实践中形成的带有规律性的认识成果和理性符号,是人们认识和掌握思想政治学科教学“现象之网的网上扭结”,也是人们认识和掌握思想政治学科教学的理论和实践的工具。

思想政治学科自身的特征,决定了思想政治学科教学的基本范畴是丰富多彩的。

一、教师与学生

教育者与受教育者是思想政治学科教学活动的最基本因素,也是教学活动中最核心的关系。

在思想政治学科的教学活动中,教育者是指经过专门训练,掌握一定的马克思主义基本理论,具有一定教育能力,能对受教育者进行马克思主义基本理论知识传授、思想政治教育及道德品质培养的教师。我们把这一部分教育者称为思想政治课教师,也可称为德育理论课教师或德育教师。思想政治课教师是思想政治学科中的最重要因素,而这一因素主要又是指他们的政治思想、业务水平、个性修养、教学态度、教学能力等。在思想政治学科的教学活动中,受教育者是指思想政治和道德品质培养的对象,即各类中学生。思想政治学科的教学活动是为中学生而组织和安排的,所有的教学要素都是围绕中学生而展开的。他们是教学活动的出发点,也是教学活动的落脚点,若没有受教育者,也就没有组织教学活动的必要和可能。这说明中学生是思想政治学科教学活动中的中心因素,这一中心因素是指他们的知识结构、个性特点、能力倾向、身心发展水平和学习前的准备情况等。

教师和学生这两种因素,在思想政治学科教学中的地位和作用是不同的。思想政治课教师作为教学中的主导,是教育活动的组织者、设计者、指导者、帮助者和实施者。他们不但要对教学过程起主导作用,而且还要对学生的学习起疏导作用、激励作用、转换作用和示范作用。中学生作为学习的主体,在教学过程中并不是消极被动地接受,而是积极地、主动地、能动地参与教学过程,并在教学过程中通过积极主动的学习,提高自己的思想道德素质,发展各种能力,形成一定的思想观点、价值准则和个性品质。

思想政治课教师和学生虽然在思想政治学科教学中的地位和作用不同,但两者又具有统一性。这种统一性表现为两者不可分离。学生觉悟的提高、能力的增强、品德的形成,都离不开思想政治课教师的指导和帮助,若离开了思想政治课教师的指导和帮助,学生就无处接受思想政治教育;同样,思想政治课教师教学作用的对象是学生,若离开了学生和学生积极主动的学习,思想政治课教师的教学也就没有什么意义或取得不了什么教学效果。所以,两者共同构成思想政治学科的教学过程。总之,两者既是教与学的关系，也是主导与主动的关系。在这里，既要反对"教师中心论"，又要反对"学生中心论"。

二、教育与教学

教育与教学这两个概念都有广义和狭义之分。我们这里所说的教育和教学，不是指广义，而是从狭义上来说的。这里所谓的教育是特指思想政治教育，可称之为教学过程中的"教育性"；这里所谓的教学是特指传授知识的教学，可称之为教学过程中的"知识性"。

实际上，任何一门学科的教学都是教育性与知识性的统一。赫尔巴特认为，不存在无教育的教学，"教学如果没有进行道德教育，只是一种没有目的的手段"。也就是说，教师在进行智育即知识性教育时，必须进行必要的德育，即使是像数学、物理、化学这样的自然科学学科，也包含着许多重要的道德方面的教育性因素，因而也需要进行一定的德育性渗透。与此相反，无知识性的教育，恐怕也是不存在的。思想政治学科通常被认为是属于专门的德育课程，它所要完成的主要任务是对学生实施德育。这样一门课程并非与知识性无关，它既要对学生进行思想政治教育，同时还要对学生进行知识性教学，而且还必须以一定的知识性教学为前提。

教育性和知识性是思想政治学科的两种基本属性。

思想政治学科的教育性，是指通过本学科的教学，对学生进行必要的思想教育、政治教育、道德教育、心理品质教育等，通过教育培养学生的思想意识和道德品质，使学生学会做人。这也是这一学科区别于其他学科的特点。因为这一学科的教育比其他学科更有目的、更有计划、更有组织，而且也更有直接性，教育程序也更明确。

思想政治学科的知识性，是指通过本学科的教学，向学生传授马克思列宁主义、毛泽东思想、中国特色社会主义理论体系等基本理论知识。通过学习，学生完全可以把握这些理论知识。这些理论知识对学生的自身修养具有重要意义。苏格拉底认为，没有人喜欢和追求恶，作恶的主要原因是对善的知识的无知。培根说"知识就是力量"。特别是当代中国马克思主义基本理论知识则更能给人以力量，它不仅指导人们正确地认识世界和改造世界，而且指导人们提高觉悟、发展能力和形成良好的道德品质，而且又能有力抵制各种错误和腐朽思想的影响。

思想政治学科的两种基本属性，构成思想政治学科的特殊品质。但教育性和知识性不是并列的。知识性只是思想政治学科的一般属性，教育性也就是德育性才是它的根本属性。思想政治学科的教学之所以要向学生传授当代中国马克思主义基本理论知识，其根本原因就在于要通过知识的教学达到对他们进行思想政治教育的目的。

三、传授与接受

从前面的探讨中我们已经认识到,教育者作用于受教育者,目的是要完成对他们的"教学"和"教育"这一根本任务。而这一任务的完成,又离不开教师的传授和学生的接受这两个重要环节。因而,传授和接受便成为思想政治学科的一对重要范畴。

所谓传授也就是传递和教给,是人们以各种方式向他人传递和教给各种知识信息的过程。教给过程中的传授是发生在教育教学领域中的特定的传授活动。在这一活动中,教师要借助语言及其他媒介把特定的教学内容传授给学生,并由学生进行接受。这一点对思想政治学科来说更有意义。由于知识不仅仅表征信息,它同时还表征思想。因而,对思想政治课教师来说,他们在教学过程中对学生所进行传授的内容,一是马克思列宁主义、毛泽东思想、中国特色社会主义理论体系等基本理论知识的本身意义,二是这些理论知识中所蕴涵的丰富的内在教育思想。教师通过这些内容的传授,以实现对学生的思想政治教育和道德品质培养。

实际上,在教学过程中,教师的传授和学生的接受是同一过程的两个方面,教师向学生传授的内容,同时也就是学生所需要的内容。只有教师的传授而没有学生的接受,其教学任务是不能完成的。只有教师做到准确的传授,同时学生也做到准确的接受,其教学效果才能得到体现。因而,学生的接受在教学过程中又是至关重要的,而且教学主要决定于学生主体的接受程度。

所谓接受,就是认可和接纳,是指人们对语言及其他中介表征出来的信息或知识的择取、理解和整合过程。教学过程中的接受,是指学生对教师通过语言和非语言载体所承载的各种知识信息进行选择、理解、整合和内化的过程。对这一过程进行具体分析可知:在选择阶段,学生要依靠自身的接受特性,在一定期望价值目标的作用下,把那些与自己的"期待视野"相一致、相吻合的知识信息摄取出来;在理解阶段,学生要按照一定的思维方式和方法,将已经摄取出来的知识信息引入其"认识场",然后进行合乎目的的解码和复制,以形成动态信息集合;在整合阶段,学生要对知识信息进行思维再加工,以达到对其认识结构中的知识要素进行重新建构;在内化阶段,学生要在整合的基础上,将知识信息所蕴涵的合理性和真善美积淀在自己的主体意识中,以使自己的知识结构和思想结构得到强化。在思想政治学科的教学过程中,学生的接受也正是这样一个"选择、理解、整合和内化"的过程。也就是说,学生通过学习不仅要接受马克思列宁主义、毛泽东思想、中国特色社会主义理论体系等基本理论知识的真义和思想意识,而且还要对这一"真义"和"思想"进行再一次的加工、改造和提升,最终形成自己高尚的道德思想和养成良好的品德行为。

四、内化与外化

受教育者接受教育者所传出的教育内容,并对这些内容进行吸收,变为自己的思想和行为,还需要一个由内化到外化的过程。内化与外化是表示思想政治学科教学过程性质和阶段的概念。思想政治学科教学的主要目的是将社会化要求内化为学生的动机和意识,然后再由学生将这些动机和意识外化为他们的良好行为。因此,内化与外化便成为思想政治学科教学活动的重要范畴。

所谓内化,是指受教育者在教育者的教育、帮助或在其他社会教育因素的作用下,通过心理因素矛盾作用和情感的中介,将社会要求的良好的政治观点、思想体系、道德范畴等转化为自己的思想意识和信念。这是一个由外向内的转化与发展过程。内化作为一个过程,是实现思想政治学科教学过程中矛盾转化的第一次飞跃。这次飞跃主要是解决认知矛盾。它的实现有四个环节。第一个环节是兴趣。在学习过程中,受教育者具有积极主动接受思想政治教育的心理倾向,这种心理倾向会对外部教育信息的刺激保持一定的心理联系,如果外部思想政治教育信息符合受教育者的需要,则受教育者就容易对此产生兴趣或兴趣得到强化,反之就难以产生兴趣或兴趣消退。第二个环节是注意。在兴趣的基础上,受教育者具有对外部思想政治教育信息的刺激所产生的心理活动的指向性和集中性,这种指向性和集中性就是注意。而注意又与受教育者对思想政治教育所产生的肯定性或否定性情感有关,这两方面的情感会促使受教育者对外部思想政治教育信息产生注意或消退注意。第三个环节是认知。受教育者在注意的基础上对外部思想政治教育的知识和思想经过分析进行确认,以形成正确的认识。这可以使受教育者将良好的思想品德意识转化为个体意识,达到"知"的程度。这是受教育者自我信念确立的前提。第四个环节是吸纳。受教育者在"知"的基础上,对已知的教育内容再进行比较、鉴别、选择,最后进行自我摄取,以使自我信念得以形成和发展。这一环节已不是外部强制,而是在认知到认可情况下完成的,是受教育者的自觉行为,这时内化便得以完成。

所谓外化,是指受教育者将良好的思想意识、科学的马克思主义信念,通过意志的中介,转化为自己的行为实践,并形成良好的行为习惯。这是一个在内化的基础上再由内向外的转化与发展过程。这一过程是实现思想政治学科教学过程中基本矛盾转化的第二次飞跃。这次飞跃主要是解决知与行的矛盾。实现第二次飞跃,解决知与行的矛盾,需要一定的内部和外部条件。从内部条件来说,需要受教育者的价值观对行为动机的评判作用和对行为方式的选择作用,这两种作用发挥得好,就为顺利实现外化提供了充分的可能。从外部条件来说,需要由内化到外化的适当时机,即在一定的时间、地点和条件下,经过理性启迪、情感激发、行为训练、人格知觉等,才能使受教育者由"理想的自我"达到"现实的自我",即由内化达到外化。

内化与外化是思想政治学科教学过程中密不可分的两个过程，其中内化是基础，没有内化就没有外化；而外化是根本，它是内化的归宿和深化。思想政治学科教学的最终目的是要培养学生良好的思想意识和行为。实现了内化，思想政治学科的教学才算有成效；实现了外化，这一成效才算有价值。从一般情况来看，思想政治学科教学过程是沿着知、情、意、行的内在程序，以内化为开端，以外化为终端，这符合一般的思想品德形成规律。但是，思想政治学科的思想政治教育过程是十分复杂的，一个思想政治教育外化的终端，又会成为一个新的思想政治教育内化的开端。

五、理论与实践

任何一个学科都有其自身的特点。有的学科理论性很强，有的学科实践性很强，有的学科是具有理论与实践相结合的性质。思想政治学科是属于表面看来是一门纯理论课，而实际上是兼具理论性和实践性的综合性学科。

思想政治学科具有深厚的理论内涵和丰富的理论基础。

思想政治学科深厚的理论内涵，主要是指马克思列宁主义、毛泽东思想、中国特色社会主义理论体系等基本理论知识，具体包括马克思主义哲学、政治经济学、科学社会主义、政治学、法学、伦理学、社会学、社会主义市场经济理论、中国特色社会主义理论、社会发展简史等有关学科的基本理论知识，同时也包括党的路线、方针、政策等内容。当前特别是要学好当代中国马克思主义理论。这些基本理论，既是思想政治学科的主要教学内容，也是思想政治教育其他方面所不可缺少的。

思想政治学科教学丰富的理论基础，包括课程形式的理论基础和教学方法的理论基础。从课程形式的理论基础来看，是以教育学、心理学等教育基本理论为基础的。教育学是一般性教育原理，包括教学论、课程论、德育论等基本理论，是研究教育规律、教育原则、教育方法和教学管理的理论学科。这一学科的理论，不但成为思想政治学科的课程形式的理论基础，而且成为它的指导性原则。它要求思想政治学科的教学也必须以一定的课程形式、一定的教育规律、一定的教学原则、一定的教学方法等来进行。否则，思想政治学科的教学就难以取得实效。同时，思想政治学科的教学，还必须在心理学所提供的一般性结论的基础上，研究受教育者的政治、思想及道德品质的形成和发展规律以及进行思想政治教育的规律等。从教学方法的理论基础来看，思想政治学科的教学方法，离不开教育学、心理学、德育论、唯物辩证法等方法的理论指导，没有这些方法的理论指导，思想政治学科独特的教学方法就难以形成。

思想政治学科除了具有深厚的理论内涵和丰富的理论基础之外，其教学过程还具有广泛的实践性，包括课堂教学的实践、课外教育的实践、社会活动的实践。

课堂教学实践,是指教育者与教育对象和教育内容的有机统一,也就是教师把课堂教学的理论知识同学生的思想实际和社会实际结合起来进行教学,让学生学会用马克思主义的立场、观点和方法来观察和分析现实问题,从而提高思想政治觉悟和道德素质。课堂教学实践主要是课内活动型教学,如合作型学习、体验型学习、角色扮演、故事会、情境体验等。课堂教学的这一结合,既检查教育要求是否得当,又检查理论教育的效果。还有探究性学习实践,这是一种认知性的实践活动,它把实践与认知结合在一起。课堂教学实践所提供的丰富的经验和资料,使思想政治学科的教学充满了活力。

课外教育实践,是指课堂教学以外的全部教育活动。它是一个较广泛的领域,包括课堂教学以外的所有学校教育活动。如实践型活动课,组织学生参加一些课外实践活动学习课。课外教育实践也是教育者、教育对象、教育内容相统一的基本渠道之一。但这种渠道是直接的,如主题班会、班团活动、政治形式报告会、收集各种与教学内容有关的资料信息、处理一些信息、与别人交流合作等教学实践活动。但也有些渠道是间接的,如学校各项行政管理工作等。这种教育实践对配合课堂教学实践具有重要的意义。

社会活动的实践,是指学校以外的、与思想政治教育有密切联系的各项社会教育活动。学校思想政治学科的教学与外部社会环境是密不可分的,社会上各种政治的、经济的、思想的、文化的以及生活方式的状况等,都会对学校教育产生影响。因而,思想政治课教师或学校组织学生积极参加有教育意义的社会实践活动,将有助于学生的思想认识和政治觉悟的提高。这样,思想政治教育也才具有真正的生命力。

复习思考题

1. 传统的中华民族优秀的思想政治教育思想有哪些?
2. 世界上有哪些先进的思想政治教育思想?
3. 邓小平思想政治教育理论包括哪些内容?
4. 素质教育的特征是什么?
5. 素质教育的核心是什么?
6. 为什么说创新是素质教育的核心?
7. 为什么说实践能力是形成人才素质的基础?
8. 思想政治学科的功能是什么?
9. 思想政治学科的教学任务是什么?
10. 思想政治学科的基本范畴是什么?

教学建议

重点了解本章的教学内容,特别是掌握本章的德育理论思想和邓小平思想政治教育理论,深刻认识素质教育思想和思想政治课程的性质、地位及作用。本章是教学的重点内容。

第二章　思想政治学科课程论

我们这本教学论的主要功能是向高师学生传授教学的理论和技能，是从教师的角度来谈“课程问题”的，所以在这里我们是把课程问题作为教学论的一个重要问题来对待的，而不是把课程作为一个独立的领域来研究的。有人说，课程是教育工作的核心问题，是教学运行的手段，没有课程就没有用以传达信息、表达意义、叙述情境、说明价值的媒介。这句话是有一定道理的，从这句话可以看出课程问题是教学理论研究中的重要问题。

第一节　基础教育的课程改革

教育研究界的人士都认为，教育领域里最难下定义的一个教育术语就是“课程”，因为它的内容复杂，分歧也大，众说纷纭。

一、课程的定义

从事教育工作的教师和学生每天都要接触课程，但什么是课程？谁也说不太清楚，而且也没有大家都认可的说法。我们日常对课程的认识，可概括为四方面内容。

（一）课程是指学科

这是被普遍认可的一种课程定义，也就是说课程是指一门学问或教学科目的内容。广义的课程指所有学科，也就是教学科目的总和；狭义的课程指一门学科。如，中国古代的“六经”，《诗》、《书》、《礼》、《乐》、《易》、《春秋》，就是六门课程；宋代的“四书集注”，《论语》、《孟子》、《大学》、《中庸》；欧洲中世纪的“七艺”，文法、修辞、辩证法、算术、几何、天文、音乐等科目；现今中等学校的课程如：德育课、语文课、数学课、化学课、美术课等，这些都是狭义的课程。课程即学科或学问，这种定义是被世界和我国学术界多数人所认可的。

（二）课程是指教材或课程资源

在中国的学校里，人们普遍认为课程就是教材。在人们的心里，认为课程改革就是教材发生了变动。教材建设是课程建设的重要组成部分，但课程并不完全等于教材。由教材是课程，又扩展到有人以为课程是指课程资源。原因是教材是一种重要的课程资源，也就是教材是实现课程目标的因素。教材是重要的课程资源,但又不是唯一的课程资源。我们身边的课程资源已不仅仅是学生的书本。现在的课程资源很丰富,除教材之外,还有以下几方面:学习社会环境课程资源,如音像软件、网络消息、教学指导书、图书资料等;教师课程资源,如教师的思想品德和知识文化素质;学生课程资源,如学生的生活经验以及他们在学习中创造的鲜活经验,都是宝贵的课程资源。所以有人认为课程是指教材或课程资源也有一定的道理。

(三) 课程是指教学目标或计划

这个定义是说,课程是指教学的目标范围、进程和序列标准的安排计划,是一个教学进程设计实施方案,是书面教学策略的具体体现。课程也就是按教学计划实施的教学进程。学校课程就是培养学生的计划蓝图,只有蓝图设计得好,培养出的人才才是符合规格的合格人才。不同的人才,就需要不同的培养教育蓝图,也就需要不同的教学计划,也就需要不同的课程。否则就无法实现教育目标规定的人才标准。从这个角度看,课程作为培养人的蓝图,它的作用非常的重要。

(四) 课程是指学习经验或体验

这种定义认为,课程就是学生在教师指导下所获得的全部经验或体验。这些经验当然包括认知的、情感的、意识的、习惯的。也就是说,课程是学生在学校教学计划指导下获得的全部经验,包括课内外活动亲自获得的经验。显然,这个课程定义特别关注了学生实际学习到的经验或体验。这个定义的特点是,在观念上提示人们特别重视学生学习经验的重要性。从这个课程涵义取向来看,突出了学生在教学过程中的地位和学生学习自我获得经验的作用。这个定义取向突出了个人化追求,忽视了社会化需要。

关于课程的定义各有各的见解,各有各的角度,难以寻找到一个都认可的、统一的定义,所以关于课程的定义形成多样化的认识已成定局。由于以上各种定义、各种对课程的认识都有一定的道理,所以对课程定义采用一种综合的方式才更为现实,也可以使我们对课程涵义有一个宽泛的认识。所以,我们认为,课程是实现教育目的的中介和手段,是对教学目标、教学科目、教学内容范围、教学程序、教学活动、教学分量标准的规划设计,以及在教师指导下,学生获得促进自身发展的富有教育意义的文化和经验。这个课程的定义既综合反映了各家对课程的认识,又反映了课程的本质特点,避免了从某一个角度给课程下定义的片面性和过于抽象、难以把握的弊端。

二、思想政治学科课程改革是思想政治教育改革的核心内容

课程是实施教育目的的重要途径,它也是思想政治课实施素质教育的重要途径。思想政治课是组织思想政治课教学活动的最主要的依据,是集中体现和反映素质教育思想和观念的载体。因此,思想政治课居于思想政治教育的核心

地位。思想政治课改革,是我国思想政治教育改革的核心,是我国基础教育整体改革的重要部分,这个改革是我们对世界和我国政治经济发展的客观需要所做的积极主观反映。

（一）科教兴国的客观需要

21 世纪人类生产方式已进入知识经济时代,知识经济是建立在知识生产、分配和使用基础上的经济,知识已经成为最重要的生产要素。知识对于经济发展的意义相当于农业经济时代的土地、劳动力或工业时代的原材料、工具、资本,从而成为经济发展的直接原因。人是知识的载体,知识经济时代各国的竞争就是有知识、有技能的人之间的竞争。我国由于种种原因落后于发达国家,是一个科技文化水平偏低的国家,在国与国之间综合国力竞争的时代,我国要想赢得这场竞争的胜利,最大的障碍不是资源和资金问题,而是十几亿人口的素质问题。综合国力的竞争归根结底是人才素质的竞争,是国民素质的竞争。因为社会和经济的发展要求有高素质的国民,而我国的国民素质总体上并不高。就思想道德水平来看,目前社会上出现的贪污腐败,市场上的假冒伪劣,经营活动中的坑蒙拐骗,各种刑事犯罪,损人利己不道德行为等都是我国国民思想品质素质不高的表现。所以必须要提高国民的整体素质,培养数以千万计的有知识有技能的专门人才。而培养人才,教育是一个至关重要的因素,教育在把握人类自身命运、促进社会政治经济发展方面能发挥巨大的作用,教育在综合国力竞争方面起着基础的作用。所以,我国要想缩小与世界上发达国家的差距,或者超越它们,就必须发展教育与科学,把教育摆在优先发展的战略地位。人口多是中国的一个特点,如果通过教育提高中国的人口素质,把人口大国变成人才强国,那么中国就会在世界竞争中占有优势。

（二）改革应试教育和推进素质教育的需要

教育是当今世界各国综合国力竞争的制高点,谁主动占据制高点,谁就能取得竞争的胜利。为了取得竞争的胜利,各国都认识到提高国民素质的重要性,政府都参与并领导学校教育的课程改革。美国、日本、德国、英国、法国、俄罗斯等国家的政府不但关注教育课程改革,还在政策上发布有关课程改革的文件,并组织有关人员编制教育发展战略方案,认真组织人员编写课程标准、教材、教学参考资料等。目前世界各国课程改革的最大特点是,它们发展教育的目的,既是为了发展和增强综合国力的需要,也是为了学生自身发展的需要,并用当今世界最先进的教育观指导改革,用先进的课程观指导课程改革。国与国之间综合国力的竞争和国外教育改革的发展趋势都赋予了教育振兴国家的历史使命。

我国目前教育的现状,还不能使教育完成振兴国家的历史使命,必须对我国的教育进行改革,首先是对课程进行改革,包括思想品德课、思想政治课等德育课程。所以要对课程进行改革,一是学科本位、知识本位成了课程改革的大敌。

知识本位主义者认为,学校教师的中心任务就是传授知识,学生就是装载知识的容器。这样,学校教育必然出现以书本为中心,学生必然出现死记硬背知识的现象;由于每个学科都从学科本位出发,片面强调自己施教学科教学过程中的主要作用,为本门学科争取过多课时比重,造成了学生过重的课业负担,使教育、课程、知识脱离学生的生活实际,影响了学生身心的发展和妨碍了学生健康人格的形成。二是应试教育的惯性影响素质教育的落实。应试教育课程的功能是筛选少数的"精英",学生为考试而整日学,教师为考试而整日教,使学生学习负担过重,厌学情绪大,课程脱离社会和学生生活,使体现全面发展要求的课程方案得不到落实,造成人才培养目标同时代发展的需求不适应。如,思想政治课课程针对性、实效性不强;课程内容存在"繁、难、偏、旧"的状况;课程反映社会发展的新内容不够,脱离学生生活经验和社会生活实际;学生死记硬背政治词汇而不注意修养自己的思想品德;课程评价过于强调学业成绩和甄别,难以适应社会发展的需求和学生个性发展的需求;由于受科学主义的影响,对学校德育重要性认识不够等。这些问题的存在极不利于实施素质教育。对于社会发展的某些客观原因,造成人们,包括教育界、家长对素质教育的理解还不够,个别地方应试教育愈演愈烈,使推进素质教育举步艰难。有些教学改革也是表面热热闹闹,实则多是走形式。如果我们不推进素质教育,不调整人才培养目标,改变人才培养模式,提高人才培养质量,就难以增强国力,就难以落实科教兴国的伟大战略,教育就会辜负历史的责任。为了国家、民族的前途和命运,我们必须投入到改革基础教育课程,特别是改革思想政治教育课程工作中来。因为思想政治课对于塑造合格人才负有重大责任。课程是实现教育目的的重要途径,改革教育必须从改革课程抓起。教育改革必须"育人为本",而育人必须以"德育为先",以德育人是育人的根本,所以必须对思想政治课课程进行改革。这是实施素质教育的关键所在。

(三)迎接加入世界贸易组织对我国基础教育挑战的需要

中国加入世界贸易组织以后,面对的是一个国际化开放的大市场,面临从未有过的挑战。第一,面临教育服务观念的挑战。世界贸易组织成员国把教育列入开放服务的内容,把教育看成是一种服务,一种可以交换的服务产品。这就是说,学校、教师与家长、学生之间形成了一种权利和义务关系。家长、学生有权选择学校、选择教育形式,学校和教师有义务为学生提供合格的教育服务。第二,面临人才标准国际化的挑战。国际标准人才市场要有开拓创新精神,有高尚的品质和责任感,有较强的适应能力和解决问题的能力,有健康的个性,有与人合作、协调、国际交往的能力等。第三,面临教学质量的挑战。随着中国经济的发展,国内人才需求将上升,人才往国外输出也加剧,家长和学生对学校教学质量的要求将会更高。第四,面临教育市场的竞争。教育国际交流带动一些国内学生到外国求学，国外教育机构也到中国办学，外国学生到中国学习的数量也要增加，中国教育市场面临着同国际教育市场的竞争。这种竞争来临的同时，也给中国教育改革和发展带来了机遇。这个挑战要求我们，必须打破传统的落后的教育形式，使教育方法、教育内容、人才标准、人才素质发生根本性变化，特别要对传统的课程进行改革。只有这样，中国教育才能满足中国经济发展对人才质和量的需要，也才能提升中国教育在国际教育市场上的竞争力。所以，我们必须加快构建符合素质教育要求的新的教育课程体系。

三、新基础课程的培养目标

培养目标，是课程建构的指导方向，它根据的是邓小平教育思想，贯彻的是党的教育方针，推进的是素质教育，体现的是时代精神。新课程的培养目标是：要使学生具有爱国主义、集体主义精神，热爱社会主义，继承和发扬中华民族的优良传统和革命传统；具有社会主义法制意识，遵守国家法律和社会公德；逐步形成正确的世界观、人生观、价值观；具有社会责任感，努力为人民服务；具有初步的创新精神、实践能力、科学和人文素养以及环境意识；具有适应终身学习的基本知识、基本技能和方法；具有健康的体魄和良好的心理素质，养成健康的审美情趣和生活方式，成为有理想、有道德、有文化、有纪律的新一代。

确定这个培养目标，是基础教育贯彻落实邓小平"关于教育要面向现代化、面向世界、面向未来"的重要思想的体现，也正是基础教育承担提高全民族素质、增强综合国力历史重任的必要措施。这个新的课程培养目标主要体现了四个方面的内容：第一，加强德育，是加强国际竞争力和提高教育质量的首要任务；第二，突出创新精神、实践能力、人文素养、环境意识教育；第三，把基本知识和技能的学习及掌握与终身教育联系起来；第四，既强调健康体魄，又强调健康心理。

四、基础课程改革的目标

基础课程改革的目标确定为六个方面的内容。

（一）在课程目标方面，实现课程功能的转变，树立学生发展本位的课程教学价值观

根据对我国课程现状的反思和对国际课程改革的借鉴以及素质教育的要求，课程改革的首要任务就是要实现课程功能的转变。要改变传统课程目标过于注重知识传授的倾向，引导学生学会学习，学会生存，学会做人，学会合作。为了实现课程的目标，必须转变课程的功能。主要有三个方面的内容：第一，要关注知识的掌握，在基础教育阶段，传授知识仍然是课程非常重要的功能，应该以培养国民的基本素质为宗旨来选择知识和技能作为教学知识目标。第二，要关注对学生能力的培养，加强对学生学习方法的指导，并把取得好的学习方法当成学习目标。第三，要关注学生情感、态度、价值观的形成，形成他们对价值选择的能力，树立学生发展本位的课程教学价值观。这是从过分关注知识向关注"全

人”和人格的培养目标的转变。

（二）在课程结构方面，体现综合化课程特点，改变过分强调学科体系严密性的倾向

过去编写思想政治课教材时，参编人员总怕影响学科理论知识的系统性、严密性，结果造成课程内容过多和教学时间过紧，使学生课业负担过重。由于过去课程结构过于强调学科本位，使一些学科知识与培养目标脱节，与学生思想品德状况脱节，与学生基本要求和实际生活相脱节。课程内容应当从培养目标实际出发，把有作用于培养目标的内容综合起来，将学科中对培养目标无作用的内容和重复的内容从课程中剥离出去，把有利于培养目标的内容整合起来，发挥综合内容的整体功能，以利于促进学生完整人格的形成。

（三）在课程内容方面，密切课程同生活的联系，改变课程内容“繁、难、偏、旧”的现状

过去我们的思想政治课课程内容，脱离学生的实际水平和实际需要，用教育成年人的德育知识拿来教育知识还不多、心理还远不成熟的青少年学生。将一些抽象的原理、概念，不经过编写加工和教学加工直接灌输给学生，让抽象思维尚不发达的学生记忆，学生由于不理解其真正涵义，形成“假性认识”。学生学习这样偏深、偏难的教学内容当然不会形成道德习惯和道德品质。另外，有些教材和教学内容过多、过繁，把培养目标关系不大的内容也写进了教材。由于教材分量过大，造成学生课业负担过重。有的教学内容过于陈旧，传统思想和过时的观点多，不但浪费了学生的时间，也浪费了教师的精力；还有些教学内容，与现实社会生活、学生生活和时代联系不够，使教师教得没劲，学生学得没趣。课程改革，主张课程内容与社会、科技进步、时代及学生生活相联系。课程内容要反映时代精神，要反映最新的科技成果。要把那些同学生生活实际、社会生活实际关系密切的新思想、新概念、新事实纳入教材。

（四）在课程实施方面，改变学生学习方式，改革机械记忆的学习倾向

思想政治课的教学目的，是通过学生对德育知识的学习，内化为自己的思想意识，并在外化行动中形成自己良好的思想品德。但在思想政治课的教学中，教师主要是强调接受，就是教师讲，学生死记硬背，学习的结果是思想没深入，道德习惯没形成，或者得“道”而没有“品德”。为了提高学生的素质，让学生的学习真正有实效，学到真正的知识，必须改变机械的学习方式，倡导学生主动参与学习，开动脑筋主动地获取知识。培养学生勤于思考的能力，善于搜集运用信息的能力、获取新知识的能力、分析问题解决问题的能力。要想让学生改变学习方式，教师必须首先改变教学方式，在课堂教学中教师要引导学生主动讲一部分教学内容，让学生主动发现教学重点、难点和知识点，让学生主动探索教学规律，让学生自己选择一些问题进行研究讨论，让学生根据自己的学习兴趣和志向扩大

知识面，让学生联系经验、联系实际谈自己的理解、认识和判断。学生在学校里学习的知识，特别是在课堂里学到的知识是有限的，所以说改变学生的学习方法，使学生学会如何学习，是为他们终身学习打下基础，这是提高学生素质的关键。

（五）在评价方面，建立发展性的评价体系，改革过于重视终结性评价的做法

有了正确的评价体系，才能保证评价的方向性和科学性，防止评价有失公正和片面性。应试教育的课程评价，过分强调甄别与选拔的功能，重视终结性评价，按考试成绩给学生排队分类，既伤害了学生的自尊心，又会挫伤一部分学生的学习积极性。这种评价不利于教育面向全体学生，不利于促进学生发展和教师改进教学功能。要实施素质教育，就要建立评价指标多元、评价方式多样化的评价体系。这种评价体系既关注了评价结果，又关注了评价过程。教学评价在推行素质教育过程中起着很重要的作用，但评价改革的难度很大，应更多地总结自己的经验和借鉴国外的经验。

（六）在课程管理体制方面，实行三级管理制度，改革课程管理过于集中的现象

新的课程管理制度将实行国家、地方、学校三级课程管理，改革过去课程管理集中一家的状况，实行集权和放权的结合。三级课程管理，有助于教材的多样化，有助于教材优选，有利于满足地方经济、文化发展需要和学生发展的需要，让地方和学校拥有相应的选择余地，提高了课程的适应性和课程建立的民主化进程。

第二节 思想政治学科的课程标准

要实施素质教育，就必须构建素质教育的课程体制。作为基础课程一部分的思想政治课这个学科，也必须建立自己的《课程标准》。

一、《全日制义务教育思想品德课程标准》

2003 年 5 月 13 日，中华人民共和国教育部制定并颁布了《全日制义务教育思想品德课程标准（实验稿）》。这个《课程标准》共分为四个部分。

（一）前言

“前言”作为篇首，对《课程标准》的基本要义和原则问题作了阐述。

1. 课程性质

本课程是为初中学生思想品德健康发展奠定基础的一门综合性的必修课。其主要特点是：

（1）思想性。以马克思列宁主义、毛泽东思想、中国特色社会主义理论体系为指导，紧密联系社会生活和思想实际，帮助学生逐步形成良好的道德品质和心理素质，养成遵纪守法和文明礼貌的行为习惯，增强爱国主义、集体主义的思想情感，逐步树立中国特色社会主义的共同理想，为学生逐步形成正确的世界观、人生观和价值观奠定基础。

（2）人文性。注重以民族精神和优秀文化培养学生，关注学生的成长需要和生活体验，尊重学生学习与发展规律，不断丰富学生的思想情感，引导学生确立积极进取的人生态度，培养坚强的意志和团结合作的精神，促进学生人格健康发展。

（3）实践性。注重与学生生活经验和社会实践的联系，通过学生自主参与的、丰富多样的活动，扩展知识技能，完善知识结构，提升生活经验，促进正确思想观念和良好道德品质的形成和发展。

（4）综合性。从学生适应社会公共生活和思想品德形成与发展的实际出发，以成长中的我、我与他人的关系、我与集体、国家和社会的关系为主线，对道德、心理健康、法律和国情等方面的学习内容进行有机整合。

2. 课程的基本理念

（1）初中学生逐步扩展的生活是本课程建构的基础。人的思想品德是通过对生活的认识和实践逐步形成的。初中生生活范围逐渐扩展，需要处理的各种关系日益增多。本课程正是在学生逐步扩展的生活经验的基础上，为他们正确认识自我，处理好与他人，与集体、国家和社会的关系，促进思想品德健康发展，提供必要的帮助。

（2）帮助学生学习做负责任的公民、过积极健康的生活是本课程的追求。初中学生正处于青春期，并向成年人过渡，自我意识和独立性逐步增强。在初中阶段帮助学生形成良好品德，树立责任意识和积极的生活态度，对学生的成长具有基础性的作用。本课程的任务是引领学生感悟人生的意义，逐步形成正确的世界观、人生观、价值观和基本的善恶、是非观念，学做负责任的公民，过积极健康的生活。

（3）坚持正确价值观念的引导与启发学生独立思考、积极实践相统一是本课程遵循的基本原则。思想品德的形成与发展，需要学生的独立思考和生活体验，社会规范也只有通过学生自身的实践才能真正内化。本课程将正确的价值引导蕴涵在鲜活的生活主题之中，注重课内课外相结合，鼓励学生在实践的矛盾冲突中积极探究和体验，通过道德践行促进思想品德的形成与发展。

3. 课程标准的设计思路

本课程标准根据思想品德教育的目标，从初中学生的认知水平和生活实际出发，围绕成长中的我，我与他人、我与集体、国家和社会等关系，整合道德、心理健康、法律和国情教育等内容。课程标准的设计力求增强课程的针对性、实效性、主动性。

（二）课程目标

1. 总目标

本课程以加强初中学生思想品德教育为主要任务，帮助学生提高道德素质，形成健康的心理品质，树立法律意识，增强社会责任感和社会实践能力，引导学生在遵守基本行为准则的基础上，追求更高的思想道德目标，弘扬民族精神，树立中国特色社会主义共同理想，逐步形成正确的世界观、人生观和价值观，为使学生成为有理想、有道德、有文化、有纪律的好公民奠定基础。

2. 分类目标

（1）情感、态度、价值观。（2）能力。（3）知识。

（三）内容标准

1. 成长中的我

（1）自我认识目标。（2）自尊自强目标。（3）学法用法目标。

2. 我与他人关系

（1）交往与沟通目标。（2）交往的品德目标。（3）权利与义务目标。

3. 我与集体、国家和社会的关系

（1）积极适应社会发展的进步目标。（2）承担社会责任目标。（3）法律与社会秩序目标。（4）认识国情、爱我中华目标。

（四）实施建议

1. 教学建议

（1）坚持正确的思想导向。（2）强调联系生活实际。（3）引导学生自主学习。（4）注重学生的情感体验和道德实践。

2. 教材编写建议

（1）导向正确，内容科学。（2）选取现实生活中的素材。（3）体现思想品德形成和发展的一般过程。（4）呈现方式要生动活泼、丰富多样，有利于学生自学。（5）倡导以主题模块的方式呈现标准内容。

3. 评价建议

4. 课程资源的利用与开发

二、《普通高中思想政治课程标准》

2004 年 3 月 2 日，中华人民共和国教育部制定并颁布了《普通高中思想政治课程标准（实验）》。

（一）前言

1. 课程性质

高中思想政治课进行马克思列宁主义、毛泽东思想、邓小平理论和“三个代表”重要思想的基本观点教育,以社会主义物质文明、政治文明、精神文明建设常识为基本内容,引导学生紧密结合与自己息息相关的经济、政治、文化生活,经历探究学习和社会实践的过程,领悟辩证唯物主义和历史唯物主义的基本观点和方法,切实提高参与现代社会生活的能力,逐步树立建设中国特色社会主义的共同理想,初步形成正确的世界观、人生观、价值观,为终身发展奠定思想政治素质基础。

初中思想政治课与高中思想品德课和高校政治理论课相互衔接,与时事政策教育相互补充,与高中相关科目的教学和其他德育工作相互配合,共同完成思想政治教育的任务。

2. 课程的基本理念

(1) 坚持马克思主义基本观点教育与把握时代特征相统一

本课程要讲述马克思主义的基本观点,特别是邓小平理论和“三个代表”重要思想,紧密联系我国社会主义现代化建设的实际,与时俱进地充实和调整教学内容,体现当今世界和我国发展的时代特征,显示马克思主义科学理论的强大力量。

(2) 加强思想政治方向的引导与注重学生成长的特点相结合

本课程要重视高中学生在心理、智力、体能等方面的发展潜力,针对其思想活动的多变性、可塑性等特点,在尊重学生个性差异和各种生活关切的同时,恰当地采取释疑解惑、循循善诱的方式,帮助他们认同正确的价值标准、把握正确的政治方向。

(3) 构建以生活为基础、以学科知识为支撑的课程模块

本课程要立足于学生现实的生活经验,着眼于学生的发展需求,把理论观点寓于社会生活的主题之中,构建学科知识与生活现象、理论逻辑与生活逻辑有机结合的课程模块;在开设必修课程的同时,提供具有拓展性和应用性的选修课程,以满足学生发展的不同需要。

(4) 强调课程实施的实践性和开放性

本课程要引领学生在认识社会、适应社会、融入社会的实践活动中,感受经济、政治、文化各个领域应用知识的价值和理性思考的意义;关注学生的情感、态度和行为表现,倡导开放互动的教学方式与合作探究的学习方式;使学生在充满教学民主的过程中,提高主动学习和发展的能力。

(5) 建立促进发展的课程评价机制

本课程要改变过分注重知识性和单一的纸笔测验的评价方式,立足于提高学生的思想政治素质,建立能够激励学生不断进步的评价机制。既要考评学生掌握和运用相关知识的水平和能力,更要考查他们的思想发生积极变化的过程,采用多种方式,全面反映学生思想政治素质的发展状况。

3. 课程设计思路

本课程采取模块式的组织形态，分为必修和选修两部分。各课程模块的内容相对独立，实行学分管理。

- 必修部分是所有学生必须学习的课程，共 8 个学分，设 4 个课程模块。
- 选修部分是学生自主选择的课程，共 12 个学分，设 6 个课程模块。
- 各课程模块均为 36 学时，经考核合格，可获 2 个学分。
- 课程模块的开设顺序应根据学生的选择和学校的实际情况确定，必修模块的学习主要在高中一二年级完成。
- 本课程必修部分每周 2 学时，各课程模块的教学以一学期为单位。

必 修 课 程

思想政治 1 （经济生活）	思想政治 2 （政治生活）	思想政治 3 （文化生活）	思想政治 4 （生活与哲学）

必修课程围绕经济生活、政治生活、文化生活的主题设置三个模块，以马克思主义哲学常识为主要内容，设置生活与哲学模块。这四个课程模块的建构，贯彻了整体规划小学、初中、高中阶段德育课程体系的思路，既保持以生活主题为基础的系统联系，又体现内容目标的递进层次。对应社会主义物质文明、政治文明、精神文明协调发展的要求，社会主义市场经济、社会主义民主政治、社会主义先进文化建设常识，将成为本课程的重要内容。

选 修 课 程

科学社 会主义 常识	经济学 常识	国家和 国际组织 常识	科学 思维 常识	生活中 的法律 常识	公民道 德与伦理 常识

选修课程是基于必修课程教学的延伸和扩展，是体现课程选择性的主要环节。课程模块的设置，把先进性要求与广泛性要求结合起来，既着眼于学生升学的需要，又考虑到学生毕业后的就业需求；既体现本课程作为德育课程的特有性质，又反映本课程在人文与社会学习领域中的特有价值。

（二）课程目标

1. 总目标

知道中国共产党是中国特色社会主义事业的领导核心，马克思列宁主义、毛泽东思想、邓小平理论和“三个代表”重要思想是中国共产党的指导思想,“三个代表”重要思想是马克思主义在中国发展的最新成果;了解中国特色社会主义现代化建设常识;学习运用马克思主义基本观点和方法观察问题、分析问题、解决问题;具备在现代社会生活中应有的自主、自立、自强的能力和态度;具有爱国主义、集体主义和社会主义思想情感;初步形成正确的世界观、人生观和价值观。

2. 分类目标

知识

○ 知道中国共产党始终代表中国先进生产力的发展要求,代表中国先进文化的前进方向,代表中国最广大人民的根本利益。

○ 理解发展社会主义市场经济、社会主义民主政治、社会主义先进文化的意义。

○ 了解辩证唯物主义和历史唯物主义的基本原理和方法。

○ 理解当代中国的公民道德建设和法制建设的基本要求。

○ 获得正确选择人生发展道路的相关知识。

能力

○ 提高用马克思主义立场、观点和方法面对实际问题,做出正确的价值判断和行为选择的能力。

○ 提高主动参与经济、政治、文化生活的能力。

○ 提高在社会生活中正确处理竞争与合作关系的能力。

○ 培养为未来生活而自主学习、选择、探索的能力。

○ 增强依法办事、依法律己和依法维护自身权益的能力。

○ 发展采用多种方法特别是现代信息技术,收集、筛选社会信息的能力。

情感、态度与价值观

○ 热爱中国共产党,坚定走中国特色社会主义道路的信念。

○ 热爱祖国,热爱人民,关心祖国命运,增强民族自尊心、自信心和自豪感,弘扬中华民族精神,树立为实现中华民族伟大复兴而奋斗的志向。

○ 关注社会发展,积极参加社会实践,诚实守信,增强社会责任感和民主法制观念,培养公民意识。

○ 热爱集体,奉献社会,关心他人,乐于助人,倡导团结友善的精神。

○ 乐于学习,尊重科学,追求真理,具有科学态度和创新精神。

○ 热爱生活,积极参加健康有益的文化活动,保持昂扬向上的精神状态,追求更高的思想道德目标。

○ 热爱和平,尊重世界各民族的优秀文化,关注全人类的共同利益,培养世界眼光。

(三) 内容标准

1. 必修课程

(1) 思想政治 1:经济生活

以邓小平理论和"三个代表"重要思想为指导,帮助学生认识中国共产党始终代表中国先进生产力的发展要求,知道社会主义的根本任务是发展社会生产力,各项工作都要服从和服务于经济建设这个中心;了解我国社会主义初级阶段的基本经济制度,知道社会主义市场经济的特点;认识现实生活中常见的经济现象,获得参与现代经济生活的必要知识和技能,理解公平与效率的关系,珍惜诚信的价值,增强法律意识,培养进取精神,树立科学发展观。

(2) 思想政治 2:政治生活

以邓小平理论和"三个代表"重要思想为指导,帮助学生认识中国共产党始终代表中国最广大人民的根本利益,是中国特色社会主义事业的领导核心;了解中国特色社会主义政治制度,懂得建设社会主义政治文明,最根本的是把党的领导、人民当家作主和依法治国有机统一起来;了解公民在政治生活中依法行使权利,履行义务,参与民主选举、民主决策、民主管理、民主监督的意义、途径和方式;理解国际竞争与合作对于我国发展的影响,进一步增强公民意识和国家观念,坚定正确的政治方向。

(3) 思想政治 3:文化生活

以邓小平理论和"三个代表"重要思想为指导,帮助学生认识中国共产党始终代表中国先进文化的前进方向,认同面向现代化、面向世界、面向未来的,民族的科学的大众的社会主义文化;懂得文化传承、文化交融和文化创新的意义,大力弘扬中华民族精神;正确对待各种文化现象,辨识落后文化,抵制腐朽文化,积极参加健康有益的文化活动,投身社会主义精神文明建设,不断追求更高的思想道德目标。

(4) 思想政治 4:生活与哲学

以邓小平理论和"三个代表"重要思想为指导,帮助学生了解马克思主义哲学的基本原理,学习运用辩证唯物主义和历史唯物主义的观点和方法,正确看待自然、社会和人生的发展,知道实践是检验真理的唯一标准,坚持解放思想、实事求是、与时俱进,能够在社会生活中做出正确的价值判断与行为选择,树立和追求崇高的理想,逐步形成正确的世界观、人生观、价值观。

2. 选修课程

(1) 科学社会主义常识

中国共产党是中国工人阶级的先锋队,同时是中国人民和中华民族的先锋队。在新世纪新阶段,中国共产党高举的旗帜,就是马克思列宁主义、毛泽东思想、邓小平理论和"三个代表"重要思想的旗帜。青年学生应该懂得:自从《共产党宣言》发表以来,科学社会主义就成为共产党人的理想信念,并在实践中不断丰富和发展。"三个代表"重要思想同马克思列宁主义、毛泽东思想和邓小平理论是一脉相承而又与时俱进的科学体系，也是科学社会主义在中国的最新发展。

(2) 经济学常识

在市场经济发展的不同历史时期，经济学面对的问题、研究的任务有所不同，经济学的原理和方法也在不断丰富和发展。以近现代市场经济的发展脉络为线索，结合不同时期的政治、经济、文化条件，有选择地了解一些关于市场经济的理论与观点，评析这些理论建树对当时经济、社会产生的影响，有助于初步认识什么是经济学，把握马克思主义经济学理论的精髓，理解社会主义市场经济的探索过程，坚定建设中国特色社会主义的理想信念。

(3) 国家和国际组织常识

从我国国情出发，同时借鉴人类政治文明的有益成果，绝不照搬西方政治制度的模式，这是我国政治建设必须坚持的重要原则。维护世界多样性和发展模式多样化，提倡各种文明、不同社会制度和发展道路彼此尊重，在竞争比较中取长补短，在求同存异中共同发展，这是我国发展对外关系的明确主张。因此，着眼于"三个面向"，较为具体地了解西方主要国家的特点和问题，进一步明确我国人民代表大会制度的特点和优势，知道几个在国际社会中有重要影响的国际组织，有助于培养世界眼光和国家观念。

(4) 科学思维常识

人类活动是具有创造性的实践活动。人们在认识世界、改造世界的实践过程中发展着自己的思维能力，不断有所发现、有所发明、有所创造、有所前进。我们生活在现代社会，无论从事什么工作，无论面对什么机遇和挑战，每一个人都应该学会科学的思维，这就需要遵循逻辑思维的要求，把握辩证思维的方法，培养创新思维的能力，提升自己的思维品质，这样才能事业有成，更好地实现人生价值，共同创造我们的幸福生活和美好未来。

(5) 生活中的法律常识

随着现代社会生活的发展，人们的相互交往和联系必然要出现许多新变化，生活中的摩擦、矛盾、纠纷也会日益增多。人们在几乎每一个生活领域中，都会不同程度地面临一些法律问题。在建设社会主义法治国家的进程中，每个人都要依法行使自己的权利，依法履行自己的义务，依法规范自己的行为。只有知法、守法、用法、护法，把法律作为自己行为选择的准绳，依法律己、依法做事，才能有效维护自己的合法权益，切实把握发展的机会，真正成为生活的主人。

(6) 公民道德与伦理常识

现代科技和我国市场经济的发展，正在深刻地改变着社会生活，对公民道德建设提出了新的要求，包括社会公德、职业道德和家庭美德；同时出现的新的伦理问题，如经济、科技、环境伦理等，也需要认真面对。加强公民道德建设，探讨新的伦理问题，不仅是贯彻以德治国，建立与社会主义市场经济相适应、与社会主义法律规范相协调、与中华传统美德相承接的社会主义思想道德体系的题中应有之义，而且有助于丰富人的精神生活，提升人的道德素质，促进人的全面发展。

（四）实施建议

1. 教学建议

（1）注意学科知识与生活主题相结合

要恰当运用哲学、经济学、政治学、法学等学科的基本概念和方法，努力把基本观点、原理融入生活题材之中；结合应用性常识，围绕学生关注的社会生活问题组织教学，全面落实课程目标。同时还要注意内容目标中有关过程性目标与结果性目标的陈述，在教学中准确把握内容标准的要求。

（2）坚持正确的价值导向，采用灵活的教学策略

要坚持正确的价值导向，必须重视在教学活动中灵活运用教学策略；把教师主导的"目标—策略—评价"的过程与学生经历的"活动—体验—表现"的过程结合起来；引导学生在范例分析中展示观点，在价值冲突中识别观点，在比较鉴别中确认观点，在探究活动中提炼观点；进而有效地提高学生理解、认同、确信正确价值标准的能力。

（3）强化实践环节，丰富教学内容

要积极开展多种形式的社区服务、社会调查等实践活动；教学内容可从教科书扩展到所有学生关注的、有意义的题材；时事政策教育、党团活动、班级活动等也要与课堂教学建立互补关系；从而使课程的实施面向学生的整个生活世界，形成网络式的教学系统，以利于全面提高学生的社会参与能力。

（4）倡导研究性学习方式

在明确基本标准的前提下，要结合相关内容，鼓励学生独立思考、合作探究，为学生提供足够的选择空间和交流机会，能够从各自的特长和关切出发，主动经历观察、操作、讨论、质疑、探究的过程，富有个性地发表自己的见解，以利于培养求真务实的态度和创新精神。

2. 评价建议

本课程评价要贯彻教育部印发的《基础教育改革纲要（试行）》及《教育部关于积极推进中小学评价与考试制度改革的通知》的基本精神，对课程的组织实施和教学效果进行监控，使评价成为促进学生发展和提高教学质量的有效手段。

评价要求

（1）把对学生思想政治素质的评价放在突出位置。评价要全面、客观地记录和描述学生思想政治素质的发展状况，注重考查学生的行为，特别关注其情感、态度和价值观方面的表现。

（2）强调学生既是评价对象，也是评价主体。应重视学生参与评价，包括教与学两个方面。要采用多种方式培养学生的自我评价意识，发展自我评价能力。

如对学生在集体生活中的各种表现,各自不同的学习观念和学习效果,都可提供相应的自我评价的机会和要求。

(3) 对学生的能力发展给予肯定性评价。如学生的沟通、合作、表达能力,搜集与筛选多种社会信息、辨识社会现象、透视社会问题的能力,自主学习、持续学习的能力等,都要注重从积极的方面、用发展的眼光给予评价。

(4) 把形成性评价与终结性评价结合起来。学业的完成,需要经历必要的过程;思想政治素质的状况,更要在一定的过程中表现。终结性评价应建立在形成性评价的基础上,与形成性评价相结合,才能保证评价的真实、准确、全面。

(5) 采取多种学习评价方式。考试,包括结业和升学考试,作为高中学习成绩的重要评价方式,应注重考评学生理解和运用知识的真实能力,在提供多种题型的同时,倡导综合的、开放的题型。而对学生思想政治表现的评价,要更为关注其发展和进步的动态过程,采取更为灵活的方式,如谈话观察、描述性评语、项目评议、学生自评与互评、个人成长记录等。

(6) 采用开放的教学评价方式。对教师的教学评价,要有利于激发教师不断进取的积极性和创造性,更要有助于提高教师自身的思想政治素养,做出良好的行为表现,保持对本课程教学工作的热情和信心。开放式的教学评价,就是要采取以教师自我评价为主,学生、同事、学校领导、学生家长共同参与的评价方式;特别要关注教师是否认同并完成本课程教学目标,是否尊重学生的自主发展和人格完善,而不能以学生考试成绩作为唯一标准。

评价意义

(1) 对知识目标的评价。既包括理论观点和原理,又包括应用性知识及其操作规范。要注重考评学生对知识意义的实际理解和把握。要注意"内容标准"对有关概念、原理、观点、方法等内容目标的陈述,使用不同的行为动词在不同意义上表达了对相关知识评价的不同要求。

(2) 对能力目标的评价。主要伴随着相应的活动展开,根据学生在活动过程中的表现,进行动态的、综合的、有侧重的评价。既包括学习能力的评价,又包括实践能力的评价;既要注重对理论观点、原理的运用能力进行考评,又要强调对"动脑"思维、"动手"操作的能力进行评估。

(3) 对情感、态度与价值观目标的评价。评价既要坚持正确的价值标准,又要尊重学生的个性表现,关注学生情感和态度变化的趋向。评价主要依据学生在课程实施中参与各类活动的行为表现,以及学生对当前社会现象和问题所表达的关切、所持有的观点。

3. 教科书编写建议

(1) 鲜明地体现思想政治教育的目标要求

教科书的编写要用明确的语言表达思想政治的要求,突出课程的政治性与思想性,处理好知识性与思想性的关系,知识点的选择要为思想政治教育目标服务。在注重发展学生自主学习能力、鼓励学生自主进行价值判断、克服说教式和成人化倾向的同时,鲜明地为学生提供基本价值标准,有力地引导学生沿着正确的方向学习。

(2) 把握内容标准的要求与编写教科书的关系

教科书的编写要遵循教育部印发的《基础教育课程改革纲要(试行)》《普通高中课程方案(实验)》和《中小学教材编写审定管理暂行办法》的基本精神,以本《课程标准》为依据,表达课程改革的基本追求,反映高中阶段教育的特点,体现德育课程的基本要求。同时,要考虑城乡差异和地区差异,按照内容标准的规范和规则,参照有关提示和建议,创造性地编写有特色、高水平的教科书。

(3) 发掘教科书引领教学活动的功能

教科书要从学生的兴趣、能力和需要出发,结合学生的生活经验,遵循学生的生理、心理及认知发展规律,尽可能提供多种活动设计,引导学生主动搜集资料、寻找答案、澄清概念、领会知识的意义,发挥教科书主动、积极引领教学活动的功能。

(4) 满足不同层次和类别学生使用的需要

教科书素材的选择和运用,既要贴近学生生活,又要反映当代社会进步和科技发展的新成果;既要有利于教师进行创造性的教学,又要有利于促进学生发挥各自的潜能;既要表达教学的基本要求和标准,又应提供自主思考、交流、感悟、活动的机会和空间,从而适应不同层次和类型学生发展的需求。

(5) 倡导联系生活实际、活泼生动的呈现方式

教科书基本内容的表述,要注重语言文字的规范性、可读性,板式设计的可视性。在此基础上,应力求引用现实生活中有意义、有价值的案例和问题,采用能够启迪思维的活动设计,以利于在吸引学生阅读的同时,促进教学互动、合作探究。

4. 课程资源的开发与利用建议

课程资源是课程设计、编制、实施和评价等整个课程发展过程中可资利用的一切人力、物力以及自然资源的总和。

(1) 丰富、拓展课程资源

文字与音像资源。最主要的资源是思想政治教科书,其他涉及经济、政治、文化、哲学等各类社会科学以及时事政治等方面的报刊、书籍、图片、录音、录像、影视作品等,也是思想政治课程的重要资源。

人力资源。思想政治课教师是最重要的人力课程资源,教师的素质状况决定了课程资源开发与利用的范围和程度。学生是学习的主体,同时也是重要的课程资源。人力资源还包括家长及其他社会各界人士。

实践活动资源。广义的实践活动包括课堂讨论、辩论、演示等;也包括课堂外的参观、调查、访谈等。博物馆、纪念馆、文化馆、自然和人文景观、教育基地等,都是实践活动课程资源的一部分。

信息化资源。利用信息技术和网络技术,收集网络资源,包括文字资料、多媒体资料、教学课件等。

(2)主动开发课程资源

课程资源不会自动进入教学领域,需要能动地去寻找、认识、选择和运用。课程资源的开发和利用,不仅是特定部门和人员的专业行为,更是教师主导的活动。

自主开发。教师在课程资源的开发中要发挥主体作用,认真学习和领会课程的目标和内容;分析课程资源开发与课程目标实现的关系,评估课程资源的特点及其价值;根据实际情况选择和利用课程资源。

特色开发。学校要从具体的地域特点、学校特点、教师特点、学生特点出发,发挥各自的优势,使课程资源的开发呈现出多样性、丰富性、独特性,有效实现特色开发。

共同开发。教学活动是师生共同参与的过程,课程资源的开发与利用,要充分发挥全体师生的作用,鼓励他们积极参与、共同收集、处理、展示课程资源,有效利用课程资源。

第三节 思想政治学科教学目标

教学目标是教学论的基本问题之一,它在教学体系中具有很重要的地位。学校的教学是一项有明确目的、目标的培养人的实践活动,它对教学起着导向、聚合、激励、调控和评价等作用,所以人们说教学目标是教育的出发点,它关系着教学的价值,为教学指明了发展方向,教学目标也因此成为本章的重要问题。

一、思想政治学科教学目标体系

(一)教学目标的涵义

教学目标,是教者预先设想和拟定的,在教学过程中学生在教师指导和帮助下能够达到的学习结果,这个结果是指学生通过学习后自己身心素质发生的变化。做任何工作都应该事先设定目标,否则工作就没有了方向。教学也是如此,没有了教与学的目标,教师教学和学生学习都会失去导向。

在我们了解教学目标之前,必须首先了解教育领域中常遇到的几个目标的关系,也就是教育目的、教育目标和教学目标三者之间的关系。

教育目的,是指教育要实现的总体方向,它所体现和表达的是总体的、最终的教育价值。教育目的,对于教育价值来讲,它具有普遍性、宏观性、全体性的特点。它在本质上体现的是反映社会的意志和客观要求的教育观念、教育思想，是教育宏观的、长远的目标，一般是以指令性形式表现出来的。

教育目标，它所体现的是不同性质的教育和不同阶段的教育的价值，是不同性质教育和不同阶段教育的目标，如基础教育、高等教育、职业教育等，这种教育目标具有阶段性和专业性质，具有相对的普遍性。

教学目标，它体现的是某个学科或某门课程的教育价值，它指明教学过程中和教学过程结束后学生身心发生的变化。教育目的决定教育目标的方向和内容，教育目标决定教学目标的方向和内容，教学目标是教育目标的下位概念，教育目标是教育目的的下位概念，三者的关系如图 2-1 所示。

教育目的

↓

教育目标

↓

教学目标

图 2-1　教育目的、教育目标、教学目标三者之间的关系

（二）思想政治学科教学目标系统

思想政治学科的教学目标，体现了这门课的教育价值，指明这门课程的教学过程和教学结果以及学生身心发生的变化。

作为思想政治学科教学目标，对于这个学科来讲，它又是一个总的教学目标，它还应分为学段教学目标、年段教学目标、单元教学目标、课堂教学目标。学段教学目标指的是初中、高中年级思想政治课教学目标。我国设置的九年义务教育新课程方案，把初中德育课称为“思想品德”课，高中德育课称为“思想政治”课。初中“思想品德”课《课程标准》出台后，思想政治学科的目标系统分为年段教学目标、单元教学目标、课堂教学目标。但在新的初中《思想品德课程标准》没出台前，思想政治学科教学目标系统如图 2-2 所示。

二、思想政治学科教学目标的价值取向

课堂教学目标，被称为一般教学目标。我们在教学中说的教学目标就是指课堂教学目标。

教学目标的主要作用是指明教育方向，有利于教师选择教学内容、方法并为教学评价提供依据。

教学目标是一定教育价值在教学过程中的具体化，因此它有一定的价值取向，就是到哪里去寻找教学目标，教学目标是在什么方向和教育情境下产生的。

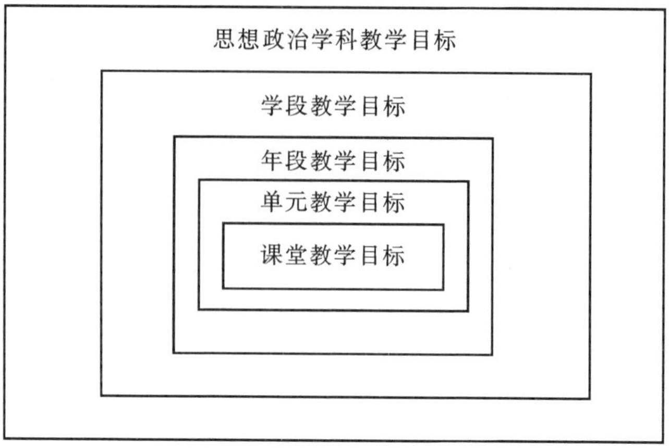

图 2-2 思想政治学科教学目标系统

如，是在不具体的随意中、在教学结果行为中、在教学过程中，还是在具体教育情境的个性表现中产生的。教学目标取向就是目标的选择倾向、方向和情境。同时，我们也需要了解这些教学目标取自哪些方面。目前典型的教学目标取向可归结为四种。

（一）“普通性目标”取向

这种普通性目标取向，给教学目标的是一般性的宗旨和原则，而不是具体的目标，目标比较一般、比较模糊、比较笼统，涵义不清晰。由于对教学目标的陈述缺乏具体性、明确性，教师往往对教学目标作出一些随意性的解释；或使教师把握不准教学目标，不知道要达到什么目的，这都影响了教学效果。

（二）“行为目标”取向

“行为目标”是以具体的、可操作的行为形式陈述教学目标，它指明教学过程结束后学生身上所发生的行为变化。“行为目标”对教学目标是以学生具体的、外显行为来陈述的，所以它具有明确性、具体性、可操作性特点。“行为目标”在 20 世纪课程和教学领域中占主导地位。

“行为目标”对于教学目标理论的贡献是很大的，但它也存在着一定缺陷。特别是随着教育科学的发展，人们又发现了它的不足之处。“行为目标”是以控制为本的，它用目标来控制人在教学中的行为。为了达到教学目标，对教师的教学设计、学生的学习过程都进行控制。事实上，这是不可能的，对教学价值的实现也有一定的负面作用。因为参加教与学活动的是人，人的活动是富有创造性的行为，这种行为具有很大的不可预知性。而“行为目标”把教学过程预先设计成一个可操纵的机械过程，割裂了目标与手段、结果与过程的有机联系，缺乏人的主体创造性。另外，人的高级心理素质，如价值观、情感、心意、态度和欣赏观点是很难用具体的、外显的行为表现的。

（三）“生成性目标”取向

“生成性目标”是在教育情境中随着教育过程的展开而自然生成的教学目标。它反映的是问题解决的结果要求，也是人的经验生长的内在要求。“生成性目标”最根本的特点是强调教学过程，而不是教学的终极目的。“行为目标”强调的教学目标是预先制定的行为结果，而“生成性目标”强调的教学目标，是在教学过程中生成的学生和教师的经验和价值观，这样教学目标就不是教学的结果，而是教学手段。“生成性目标”主张教育的本质是引导，教育是引导儿童进入知识之中的过程，在过程中学生不可预期的行为结果会增加。“生成性目标”将教学过程与结果、手段和目的内在统一起来。它的教学目标就是学生在教学过程中、在与教育情境的交互作用中所产生的自己的目标，而不是课程开发者和教师预先强加的目标。当学生按照自己的兴趣和目标学习的时候，他们就会主动挖掘、调动自己头脑的原有智能去解决新遇到的问题，当问题得以解决时，他们的心理就会充满价值感、满足感，学生就会对学习产生更大的兴趣和动力，这样就会推动学生不断地追求一个又一个新的学习价值，生成一个又一个新的学习目标，这个过程持续下去，就会促进人终身学习，促进人不断发展和进步。生成性目标符合人的学习发展规律，也有益于调动学生的学习主动性，但做到让学生自己去寻找学习目标还是存在较大难度的。

（四）“表现性目标”取向

“表现性目标”是指每一个学生在与具体教育情境的种种际遇中所产生的个性化表现。当在教学中学生的主体性得到充分发挥，个性得到充分发展的时候，他在具体教育情境中的具体行为表现及在教学中得到的收获是无法预先知道的。因此，“表现性目标”所追求的不是对大部分学生的共同要求，而是对每个学生的不同要求，对学生们的教学要求和反应不是同质的，而是反应和要求的多元性和个体性。“表现性目标”目的在于培养学生的创造精神，强调个性化。“表现性目标”并不期望指明学生在参加教学活动后能做什么，而是追求学生在与教育情境际遇中的表现，对学生的教学活动及其结果的评价也是一种鉴赏式的，依其创造性和个性特色对其进行评价。

我们对这四种教学目标取向进行了如下比较。

1. 四种教学目标取向流行的年代

“普遍性目标”取向是古老的，它流行于课程领域进入科学化之前。“行为目标”取向主要流行于20世纪初至20世纪60年代末、70年代初这段时间，也就是课程领域刚刚进入科学化年代。“生成性目标”取向流行于20世纪70年代。“表现性目标”取向是最新的，流行于20世纪80年代以后。

2. 四种教学目标取向的特征和区别

"普通性目标"取向和"行为目标"取向的特点是，它们都推行一种普遍性的价值观，都是控制本位的，只不过"行为目标"取向借助于科学手段，而"普遍性目标"取向处于经验水平。"生成性目标"取向与"行为目标"取向存在本质区别，它追求"实践理性"，强调学习者与具体情境的交互作用，主张目标与手段、过程与结果的连续性，否定预定目标对实际过程和手段的控制，主张尊重学生和教师在教学过程中的主动性和主体作用。"表现性目标"取向强调学习者和教育者在教学中的主体精神和创造性表现，体现的是人的个性解放。四种教学目标取向各有其价值及合理性，但教学目标理论的发展，体现了在教学领域是人们对主体价值和个性解放的追求，反映了时代精神发展的方向。在教学中如何确定教学目标的基本取向，要根据教学宗旨和自己的向度观来选择。但总的原则是要从教学价值实际和教育条件实际出发，实事求是地选择教学目标取向。

教学目标是通过手段来完成的，过程中也包含着部分结果，结果是在过程中形成的，既要重视结果，也要重视过程，过程本身所以重要，就在于它能带来教育体验价值，能使学生身心得到体验和发展。作为学习，应该有预见性，但也不排除发现性，应该把二者统一起来。教学追求的是教育的价值，目标体现的就是教育的价值。

三、国外教学目标分类理论

国外教学目标分类理论是美国教育家布卢姆和加涅开创的。

（一）布卢姆的教学目标分类理论

布卢姆和他同事的教学目标理论是1956年通过他的"教学分类学"提出来的。他用学生学习后发生变化的外显行为来陈述教学目标，使目标具体化，使教学目标可观察、可评价。另外，他兼顾了教学目标的各个方面，使教学目标全面反映学生的素质变化。布卢姆和他的同事把教学目标分为三大领域，即认知领域、情感领域和动作技能领域。

1. 认知领域下分为六个亚领域，教学目标分为：知识、领会、运用、分析、综合、评价。

2. 情感领域教学目标下分为五个亚领域，教学目标为：接受、反映、价值化、组织、价值与价值体系的性格化。

3. 动作技能领域下分为七个亚领域，教学目标为：知觉、定向、有指导的反映、机械的动作、复杂的外显反映、适应和创作。

布卢姆的教学目标分类学，是建立在美国的文化背景和教育条件下的，有可借鉴价值，但他的分类在科学性、适用性和动态性方面也存在不足，不可照搬。

（二）加涅的学习结果分类系统

美国教育心理学家加涅在《学习的条件》一书中，根据学习情景、学习水平和学习结果，将学习分为五种类型。他的学习分类其实是教学目标分类，因为教学目标就是学习的结果，不过教学目标是事先预定的，而学习结果是在教学过程中产生的。

加涅的教学目标是从学生学习的角度提出来的，所以他称为学习目标，这体现学生是教学主体的思想。因为教学目标确实是学习的目标和结果。加涅把学习目标分为五种类型：言语信息、智力技能、认知策略、动作技能和态度。其实他的五种学习类型，或者称为教学目标类型，多是从学习知识角度提出来的，对于教学目标来讲它欠缺全面性、系统性、准确性。

四、对教学目标的理解和认识

教学目标是教学论的一个范畴，它是人们的思维对教学目标这一事物的本质的和价值的概括和反映，只有正确理解和认识教学目标才能正确反映并运用教学目标。

正确认识教与学的目标对教学来讲是一件非常有意义的事情。因为教学目标对教学工作的影响非常之大，如果教学目标不明确或者定错了教学目标，就会出现糊涂而低效率的教学。教学目标是教学设计中的重要内容，它贯穿于教与学的全过程，是实施有效教学的重要策略。

一是教学目标对学生学习的导向作用。学生明确了教学目标，他们就避免了盲目学习，而是带着目标去学习，积极朝着学习目标去努力，这样的学习效果就会好；二是会促进教师教学朝着最大教学效果发展。教学目标对教师选择教学内容、教学方法、教学手段、教学形式都有非常大的指导作用。教学目标是教学整个系统的灵魂和指挥，它能使教学中各要素协调起来并发挥整体效能。

科学清晰和可操作的教与学目标对教学的导向功能非常大，它会促进教学效果和教学质量的提高。正确认识教学目标，深入研究教学目标和准确科学地制定目标对提高教学质量起着至关重要的作用。所以深入研究、认识教学目标是一件很有意义的事情。据有些教学研究部门调查和学校领导听课发现，目前能正确设定教学目标，特别是正确运用教学目标对教学施以导向的教师较少。而且由于一些教师不知道规定的教学目标指向什么和教学目标表述不确切，影响了教学效果，这样的教学目标等于虚设和摆设。缺乏准确性、可操作性和实用性的教学目标就不具有应用价值，就发挥不了应有的功效。

目前我们学校教师在设计教学目标和运用教学目标上存在的问题，根源在于我们没有正确认识和制定教学目标。导致这个问题的原因很多，主要有以下两方面原因：首先，我国对教学目标的研究起步晚，借鉴国外研究成果时又不结合我国教学和文化政治实际。由于各国文化和政治制度背景不同，教学价值指向有别，表述教学目标的内容和用语自然不同，有些国家的教学目标并不适合我国教育国情。其次，目前国外的教学目标理论并不丰富和完善，我们学习借鉴可以,但切不可盲目照搬。深刻认识教学目标的本质和价值对于正确地制定教学目标是非常重要的。

1. 教学目标是教学中教育内容价值的具体呈现,它反映的是学生素质发生变化的内容和水平

对于“价值”一词,虽然各个国家对它的理解不一样,对价值的表述也不一样,特别是各国对价值的意义指向更不一样,但共同的含义是重视、珍贵、可尊重、积极和有意义的意思。教学的教育价值,也就是它的积极意义在哪里呢?教学的教育价值,就在于教学能使学生通过学习过程身心发生变化,学生身心发生的变化表现在学生素质的提高上。也就是说,教学目标呈现出来的是学生素质提高和发生变化的内容。反映学生素质的内容,就是德、智、体、美几方面的教育内容。毫无疑问,教学目标几方面、几类或几个领域的内容,就是反映学生几方面素质的内容。构成学生素质的内容主要涉及四个方面、四个类别或四个领域,就是德、智、体、美。教学目标的构成成分,包括的是学生几方面素质的内容,教学目标内容的各方面成分,必须含有学生素质元素。

人的素质包括道德、智慧、技能、体质、审美几方面内容。形成这几方面素质的教育,就是:德育、智育、体育、美育。形成某些素质的教育内容也可包含在其他教育内容之中,如美育含在思想意识内容中,体育的某些内容包含在品德教育内容之中。

为了贯彻党和国家对社会主义建设接班人进行全面教育的方针,为了体现中国社会主义教育的特色,为了使德、智、体、美几方面教育都体现在教学目标上,我们把教学目标分成以下几个方面、几个类别或几个领域,即:情意方面、知识方面、能力方面、品德方面等几个教育内容领域,也可称为情意、知识、能力、品德领域。这几个教学目标,反映的是对学生进行全面教育的内容。这个教学目标分类,主要是符合中学思想品德、思想政治学科的教学目标分类,也符合其他学科的教学目标的分类。

2. 教学目标的取向指的是择取教学目标的方向和情境

教师在课前进行教案设计时,都要设计教学目标。教学目标,是教师在进行教学前预先设计的。他们预先设计的教学目标,实际上是教师为学生学习设计的预想目标。教师期望学生通过学习过程,在教学过程结束后能取得预先设想的收获,也就是教师预想的学生的发展和变化。由于专业不一样,学科不一样,每节课的教学内容不一样,学生在四大教学目标的每个方面取得的收获也不一样,每个学生的发展变化也不一样。学生取得的教学成果和发展变化,都表现在学生的内心和外显行为上。目标取向,也可称为目标选向,是教学目标选择的倾向,也就是目标纳入的方向,它为我们在什么情况下选择教学目标指明了方向。学生身心在教学过程中发生变化和表现的过程,也就是教学目标生成、发展和形

成的过程。教学目标是预先制定的行为结果,但由于具体教学情境变化和教师、学生素质发挥的程度变化,在教学过程中教学目标并没有像预先的那样出现,而在教学过程中生成一些事先没有想到的学生的发展、变化和经验、意识等,这反映了生成目标的取向。生成目标取向认为,教学的本质是引导,教育是引导学生进入学习内容领域的过程,在教学过程中,学生取得不可预期的教育结果,也就是说某些学生的知识、能力、情意和道德品质等素质在教学演进中会有增加和提高。这说明这些教学目标不是在教学结果中表现出来的,而是在教学过程中产生的。生成性目标取向在教学目标取向方面,把目标呈现在结果中和目标在过程中生成两个阶段统一起来、连续起来。它把教学结果和过程、目的和手段统一起来,而不以二元对立的方式出现。让教者和学生不但重视教学结果,也要重视教学过程和教学手段。在教学过程中产生的教学目标,不是教师预先设计好的,而是学生在学习过程中发挥学习积极性、调动自己头脑中的智慧和经验解决了教学中遇到的问题,取得的教学成果。还有一种教学目标取向,这种目标不是教师对全体学生的共同要求,而是对每个学生的不同要求。由于学生个性不一样,对每个学生的要求也是不同质的,而是反映对学生要求的个体性、多元性,目的在于培养学生的创造性,体现个性化培养的目标。人们把择取的不具体的教学目标称为普通性目标;把在外显结果行为中择取的教学目标称为行为性目标;把在教学过程生成时择取的教学目标称为生成性教学目标;把在学生个性表现中择取的教学目标称为表现性目标。明确了教学目标取向,有利于教师在教学时选择教学内容、教学手段和方法。但教学结果、教学过程都不是教学目标的内容,它们只是产生教学目标的取向、条件和情境。因为教学中学习力的方向是改变学生的素质,而不是改变教学的取向。我们说教学结果、教学过程是教学目标,就是说教学具体体现在教学结果和过程中。教学目标是一定教育价值在具体教学中的体现和具体化,教学目标的具体内容体现的是教育价值,也就是形成的教学成果,它体现在学生德、智、体、美四个方面素质中,具体呈现在教学目标的若干个类别里。教学目标类别决定于教育价值的形式,如情意目标、知识目标、能力目标、品德目标。教学目标中体现的是人的素质元素和教学内容方面或领域的内容。不具有教学内容元素和人的素质元素的教学过程不可能成为教学目标。教学过程是教学的阶段性概念,而不是反映人的素质元素的概念,它只反映“生成性教学目标”的教育情境,它是教育情境中“教学过程”阶段,它是选择教学目标的取向,而不是教学目标本身。

3. 教学目标的内容范围和目标要依据课程内容和目标来确定,要体现党的全面发展的教育方针

中学思想品德课和思想政治课的课程总目标,要体现党的德、智、体、美全面发展的教育方针。课程目标内容也应该反映教育方针的几方面内容,也就是思

想意识、情感、知识、能力、道德品质几方面教学内容。教学目标应该依据课程内容来确定,应该把课程目标内容纳入教学目标内容。

初中思想品德课的课程目标是以加强初中生思想品德教育为主要任务的。帮助学生提高道德素质,形成健康的心理,树立法律意识,增强社会责任感和社会实践能力,引导学生在遵守基本行为准则的基础上,追求更高的思想品德目标,弘扬民族精神,树立中国特色社会主义共同理想,逐步形成正确的世界观、人生观、价值观和以社会主义荣辱观为核心的社会主义道德品质,为使学生成为有理想、有道德、有文化、有纪律的好公民奠定基础。

高中思想政治课是系统地对学生进行马克思列宁主义、毛泽东思想、中国特色社会主义理论体系的基本观点教育,以社会主义物质文明、政治文明、精神文明建设常识为基本内容,引导学生紧密结合与自己息息相关的经济、政治、文化生活实际,经历探究学习和社会主义实践的过程,领悟辩证唯物主义和历史唯物主义的基本观点和方法,切实提高参与现代社会生活的能力,逐步树立建设中国特色社会主义的共同理想,初步形成正确的世界观、人生观、价值观,为终身发展奠定思想政治素质基础。

以上是初中思想品德课和高中思想政治课的课程标准,中学思想政治学科教学目标必须以上面两个课程标准为依据,反映和概括课程标准和教材的教育内容和功能。根据中学思想品德课和思想政治课课程标准的内容范围和目标,中学思想政治学科的教学目标可分为四个方面、四个类别或四个领域。

情感和思想意识领域,指包括马列主义、毛泽东思想、中国特色社会主义理论体系等重要思想理论;党的方针政策、中国国情、社会主义市场经济理论;辩证唯物主义世界观、人生观、价值观;健康的审美观、情感和兴趣等。

知识领域,指概念、范畴、原理、理论、法则、经验、知识体系等。

能力领域,指能胜任某项工作的主观条件、技能、本领、才干和方法等。

品德领域,指道德认知、道德观念、道德情感、道德品质、道德行为、道德习惯等。

教学目标的四个领域,既包括和反映了教材的内容、课程标准的内容范围和目标,也体现了人才培养的全面性和党的教育方针。

五、思想政治学科教学目标分类

教学目标体现的是教育价值,那么思想政治学科,也就是中学德育学科的教学目标还是应该用教育价值形式来表述才是合理的、科学的、适用的。思想政治学科的教学目标,追求的根本目标不是过程和结果,而是思想政治教育的价值,也就是思想政治教育对学生素质成长的有用性。从我们对教学目标理论的认识、从思想政治学科的教学任务、从本学科的教材内容、从教师和学生的实际素质出发,我们认为思想政治学科的教学目标应该分为以下几类:情意目标、知识目标、能力目标和品德目标，称为四维目标。分成四类目标，既全面，又不松散，使教学目标有的放矢。

（一）情意目标

情意是一种教学目标，我们所以把情意目标放在首位，是因为情意是德育甚至是整个教育工作的基础，它也是整个教育、教学工作的先导。列宁曾经说过，没有对人的感情，从来也不会有对真理的追求。情意教学目标，综合了情感和思想意识两个教学意图。我们之所以把情感和思想意识两个内容放在一个教学目标之中，是因为这两个教学内容在形成学生的思想意识形态和情感素质中紧密相连，具有伴生的关系。情感存在于人的思想意识活动之中，而人的思想意识的变化往往又以情感变化为背景，人的情感发生变化会影响人的思想意识，思想意识变化又影响人的情感。情感是与人的思想意识相联系的内心体验。

情感，是一种复杂的心理现象，是一种建立在人对人、人对物认识和感受基础上的心理体验和表情反应，它是一种高级的精神现象。如，亲近、疏远、尊敬、不满、欢乐、忧愁、赞扬、贬低、信赖、抗拒、高兴、自卑、喜爱、反对等都是人由于对事物和对人认识、感受、体验不同的情感反映。情感与人的思想意识联系紧密，有些情感带有思想性、社会性，如，荣誉感、正义感、责任感、义务感、美感、依恋感、归属感、道德感等。情感不但是人内心的感受和体验，它也有外部表情，如情绪、态度等。

思想意识是人类特有的精神活动，是处于社会上的人的观念的反映和表现。思想意识形态包括思想、政治、法律、宗教、经济、哲学、道德等思想观点。意识，是人脑对于客观世界的反映，是感觉、思维等各种心理活动的综合，存在决定意识，意识也是人的一种高级精神活动，具有美学价值。思想，也是人脑对客观存在的反映，是人的一种思维活动，它是人对事物的想法的表现和反映。思想的内容为社会制度的性质、人们的物质生活条件和政治经历及倾向所决定。和意识相比较，思想的社会性、政治性倾向更强。衡量一个人的思想性如何，往往是用政治倾向性来评价的。思想与意识形成体系，构成了一个人的思想意识形态，简称人的主体意识，是指作为实践和认识主体的人，对于自身的主体地位、主体能力和主体价值的一种自觉意识。学生主体意识的强弱决定着学生对自己身心发展的自主程度和自控程度，而且决定着学生自身的发展水平和发展方向。学生的自主意识越强，他们在学习活动中越能发挥主观能动性，对于他们建构知识、能力、道德素质越有益处。而积极的情感有助于学生自主意识的形成，所以我们把情感和思想意识放在一个学习目标领域。党的十七大报告中说：“积极探索用社会主义核心价值观体系引领社会思潮的有效途径，主动做好意识形态工作。”

我们之所以把“情意”这个教学目标放在首位，是因为情意目标是个高层次的目标，它是关系塑造人灵魂方面的教学目标，它是以人为本，教人如何做人的思想情感教育；而知识、能力目标则追求的是教人学会做事的教育，是在社会应用层面的教育。另外，情感和思想意识对道德观念的确立和施以行动具有很强的影响力。一个人如果在感情和思想意识层面对某些道德内容形成道德情感和道德认识就会发展并深化为道德行为，因为情意是道德情感、道德意识和道德行为的桥梁。

1. 情感教学目标。我们把情感作为教学目标，一是培养学生有一个有利于身心发展的健康情感；二是健康的情感有利于学生正确思想意识形态的形成，特别有利于学生世界观、人生观和价值观的形成。

在初中思想品德课中，教育学生热爱具体教学内容，增强对所学学科知识和教学活动的情感体验，如：热爱生命，养成自信自立的生活态度，乐观向上，意志坚强；爱护环境，亲近自然，珍惜资源，勤俭节约；热爱亲人，尊重他人，乐于助人；热爱劳动，热爱科学、注重实践，乐于创造；热爱集体，具有责任心；热爱社会主义祖国、热爱和平，增进关心社会的兴趣和感情，提高对祖国文化传统的认同感，增强建设祖国的使命感。

在高中思想政治课教学中，培养学生热爱社会主义经济制度、政治制度和正确政策的思想感情，培养学生全心全意为人民服务的情感，教育学生正确对待和处理好国家、集体和个人的关系，发扬热爱国家、集体和家乡的精神。增强学生的社会性情感。培养学生对所学政治经济学常识、哲学常识和政治学常识理论的热爱。通过教学内容的学习和资料介绍，使学生认识到改革开放是决定当代中国命运的关键抉择，是发展中国特色社会主义、实现中华民族伟大复兴的必由之路；只有社会主义才能救中国，只有改革开放才能救中国。

2. 思想意识教学目标。思想意识作为情意教学目标的一部分，它是人对社会、政治、经济、法律、宗教、民族、艺术等社会形态的认识和想法。意识产生于存在，存在就是人们的实际生活过程。学习过程也可以使学生产生意识并形成自己的思想观点。无意识的学习是不存在的。人的成功与否往往决定于其是否有健康、科学、正确的思想意识。人的理想、信念、尊严、观念、信仰、意志、精神、人生观、价值观、世界观都决定于人的思想意识。

在初中思想品德课教学中，培养学生具有以下思想意识：热爱生命的观念、保护环境的意识、遵纪守法的意识、责任意识、热爱劳动的思想、正确的学习观念、追求公平正义的思想、尊重规则的意识、助人为乐的思想、勇于实践的思想意识、团结互助的思想意识、热爱和平的思想意识、遵守纪律和道德规范的意识、树立为人民服务的奉献精神、热爱祖国的思想意识、树立宪法意识等。

在高中思想政治课教学中，学生通过学习政治经济学常识，将形成社会主义市场经济意识、竞争意识、等价交换意识、改革开放意识、以经济建设为中心意识，全面协调可持续发展意识、人与自然和谐发展意识、正确消费意识；学生通过学习哲学常识，具有唯物辩证意识、一切从实际出发的意识、联系发展地看问题的意识、透过现象看本质的思想，坚持正确的价值取向、选择高尚的人生观、坚持正确的辩证唯物主义世界观；学生通过学习政治常识，将形成马克思主义国家观念、政党观念、民族意识、民主意识、权利义务意识、宗教观念、一国两制观念，走和平发展道路思想、和平共处思想、尊重世界多样性思想、维护世界和平稳定的观念、国家走和平发展道路思想等。学生只有形成正确的经济、哲学和政治思想观念，才能更好地参与社会事务和社会主义建设。

情感和思想意识二者谁也离不开谁，没有思想意识作为认识基础，只靠情感的道德品质是不会持久的。思想意识是根、情感是叶，只有根深才能叶茂，所以情意构成了一个教学目标。

（二）知识目标

知识是人们在改造世界的实践中所获得的认识和经验的总和。学生在课堂学习的知识，主要是间接知识，包括概念、信息、原理、理论、法则、知识体系和事实。人们学习知识的目的不单是为了掌握经验，主要是为了提高认识事物的水平，掌握认识事物的方式和规律，提高人的智慧功能。知识是发展智力的基础，智力是掌握知识的条件。人可以通过掌握知识的过程发展人的智力；可以通过发展智力，也就是通过发展人的注意力、观察力、记忆力、想像力、思维力去更好地掌握知识、运用知识、发展知识。

1. 初中思想品德课主要是让学生学习以下知识

（1）悦纳自己的生理变化，促进生理与心理的协调发展；知道青春期心理卫生常识；理解情绪的多样性；客观分析挫折和逆境，寻找有效的应对方法；主动锻炼个性心理品质；了解自我评价的重要性。

（2）知道人类是自然界的一部分，认识自己生命的独立性，体会生命的可贵；知道应该从日常生活点滴做起实现人生的意义；懂得自尊和知耻，不做有损人格的事；知道如何树立为人民、为社会服务的远大志向；知道行为和后果的联系，人应该对自己的行为负责；知道如何分辨是非善恶，学会在比较复杂的社会生活中做出正确选择。

（3）知道法律是一种特殊的行为准则，理解它在社会生活中的作用；了解我国法律对未成年人的特殊保护，学会用法律维护合法权益；知道法律是由国家制定的，它是保护人民意志和利益的体现；懂得法律通过权利和义务规范人们的行为；知道法律对未成年人的特殊保护；了解一般违法和犯罪的区别；学习在日常生活中自我保护的方法，知道未成年人获得法律帮助的方式和途径。

（4）掌握基本的交往礼仪，学会人际交流与沟通；学会与人合作；知道礼貌是文明交往的前提；理解竞争与合作的关系。

（5）知道孝敬父母和长辈的道理；懂得对人守信、对人负责的基本要求，了解生活中诚实的复杂性,知道诚实才能得到信任;知道己所不欲,勿施于人的道理;知道应该平等待人的道理;懂得文化的多样性和丰富性。

(6) 懂得权利和义务的关系;知道公民有受教育的权利和义务;知道运用法律维护自己的人格尊严;知道法律保护个人隐私;知道法律保护私人财产;知道消费者的权益受法律保护。

(7) 正确认识从众心理和好奇心;知道如何正确对待心理压力、升学和择业;正确认识个人和集体的关系。

(8) 知道维护社会公平对于社会稳定的重要性;

(9) 知道宪法是国家根本法;学会行使自己享有的监督权利。

(10) 了解改革开放给国家带来的巨大变化;知道我国现阶段的政治、经济制度;了解我国在各方面取得的巨大成就;知道我国的人口和环境、资源情况;知道我国是多民族国家;了解当今世界发展趋势;知道我国各族人民的共同理想。

2. 高中思想政治课的知识目标主要包括以下几个方面

(1) 知道中国共产党始终代表中国先进生产力的发展要求,代表中国先进文化的前进方向,代表中国最广大人民的根本利益。

(2) 理解发展社会主义市场经济、社会主义民主政治、社会主义先进文化的意义。

(3) 了解辩证唯物主义和历史唯物主义的基本原理和方法。

(4) 理解当代中国的公民道德建设和法制建设的基本要求。

(5) 获得正确选择人生发展道路的相关知识。

(三) 能力目标

能力目标,是指通过教学过程的训练和培养形成的,学生运用所学知识有效地认识和处理某些问题的本领、理智、能力和技能。它体现了目标体系中能力本位的教育价值观,是教育价值外显的、可操作的表现目标形式。学习的价值和目的就是为了运用学到的思想理论和知识解决问题。能力凝集了科学思想和知识的理论内涵,使它实现了自己的应用和创造价值。如创新能力,内涵着创新境界、创新思想和创新思维。思想政治课的教学价值之一,就是为了培养和训练学生的思想政治行为能力。通过初中思想品德和高中思想政治课可以达到如下能力目标:对社会思潮的分析能力、社会信息的辨别能力、政治事务的评价能力、政治信息的筛选能力、政治态度的定向能力、政治行为后果的预测能力、政治思想观点的选择能力、政治事务的分析能力、涉法事件的处理能力、寻求法律保护的能力、创业能力、适应社会能力、参与社会共同生活的能力、竞争能力、政治思想理论的理解能力、道德行为评价能力、政治理论分析综合能力、探究和创新能力、政治观点的评价能力、自卫能力、政治事务观察能力、政治形势发展的想象能力、政治概念的记忆能力、政治事务参与能力、政治实践能力、与人合作共事和学习的能力、参与社会公共生活的能力、政策分析能力、国家政治交往能力、政治理论应用能力、观察和感受体验社会生活能力、承受困难挫折的能力、独立思考和反思能力、保护环境的能力、人际沟通能力、自我调适和自我控制能力和学习能力及方法，等等。

能力，是人的智能结构中重要组成部分，同时也是人的素质形成的基础。要形成学生的思想道德能力，只靠学习思想道德知识是无法形成的，必须参与知识理论应用活动和思想道德实践活动，否则我们培养的就是考试高分、实践低能的"优秀学生"。学生课堂上学习的思想政治知识是系统化、理论化了的知识经验，是以间接知识经验为主的知识，如果缺少直接经验或观察、练习、操作等认知性实践活动的支撑，是难以达到对知识深刻理解的。但认知性实践毕竟局限于学习知识的范畴，它对于形成学生的能力的助长作用是有限的，要达到学生的能力目标，必须使学生真正步入解决问题的实践领域。思想政治教育中的实践活动，是实现能力目标的关键环节和教学方式。

（四）道德目标

品德是指人的道德品质，是人的一个重要素质，它是人的道德素质在思想和行为中的体现。道德是人们依据内心的思想意识观念、社会舆论和传统习惯，来调整人与社会、人与人之间关系的行为规范的总和。道德是人在行为活动实践中显现出来的一种品行和素养。品行素质具有稳定特征。"道"是人行走的路，也就是事物运动发展的规律和理论。"德"是指人的品行，是"得道"的意识。道德是人将外在的"道"，也就是客观规律和理论转化为内在的品性和素养。"道德"，很多人认为它是人们的共同生活及其行为规范，其实它应该是人们在遵守社会行为准则和规范中表现出来的品性。规范是客体的，而道德是实践主体的一种素养，是人的一种实践规范的行为品质表现。品德是人的道德素质，它是人的重要内涵，决定着人生的价值和成就。青少年时期，是培养良好品德的关键时期。具备了良好的道德品质，不仅有助于人类文明的延续和社会发展，也会使青少年学生受益终生。所以党的十七大报告指出："坚持育人为本、道德为先"。现在世界各国都把品德作为教育的重要目标。无论从这门德育理论课的角度，还是从党和国家对学校教育的要求来讲，道德品质教育都是最重要且不可缺少的教学目标，无论对德育课还是其他课程都是如此。

中国也有很多流传下来的，具有影响力的，可以继承的，有益于后代的中华传统美德。中华民族优秀品德包括中华民族传统美德和现代优秀品德，它是我们中华民族的优秀品质，是民族精神、民族气节、民族情感的集中表现。党的十七大报告提出："加强社会主义公德、职业道德、家庭美德、个人品德建设，发挥道德模范榜样作用。社会主义核心价值观体系深入人心，良好思想道德风尚进一步弘扬。"

当今,美国、日本、新加坡等国家和地区都把道德课作为德育的重要课程。我国为什么要把思想品德课作为重要教学内容？一是因为处于中学时期的学生正是道德思想、品质和习惯形成的最好时期,也是他们学会做人的关键时期;二是在现代社会,公民具有良好的道德品质是保持社会秩序平安稳定的重要因素,也是一个国家公民文明进步的重要标志;三是社会主义经济建设繁荣发展和顺利进行也要求作为社会主义建设接班人的学生具有良好的道德;四是社会主义市场经济,不但是公平经济、法制经济,同时也是道德经济,只有提高学生的道德品质,才能使作为上层建筑的教育反作用于社会主义经济建设。胡锦涛在中国共产党第十七次代表大会政治报告中指出:“动员社会各方面共同做好青少年思想品德教育,为青少年健康成长创造良好的社会环境。”

思想品德课和思想政治课的品德教学目标主要分为三个方面内容:

1. 学会做人的道德品质教育。要教育学生做一名品德高尚的人、能与别人和谐相处的人,一个能以人为本、热心为人民服务的人。

2. 社会主义公德教育。为了维护社会上大多数人的利益,为了社会生活有一个良好安定的社会秩序,必须教育社会成员具有遵守社会公共生活准则的道德品质。

3. 道德习惯教育。一个人在对道德认知的情况下,不应停留在知识层面上,而应该用知识去指导和规范自己的行为,做到知与行的统一。只有经常去行动、去践行、去训练才能形成道德习惯。对学生进行道德教育,必须要坚持知、情、意、行这样一个过程才能养成道德习惯。人们常说,习惯成自然。道德习惯具有稳定倾向后,才能形成一个人的道德品质。

中学思想品德和思想政治课的教学目标,主要是学生通过学习后,形成以下品德:

爱人民、爱劳动、爱科学、爱集体、爱社会主义;尊重人、理解人、关心人、宽容人、与人为善、帮助不幸者;发扬社会主义人道主义精神、热爱和平、保护珍稀动物;提倡民族自尊心、自信心、自豪感;勇于创新、淡泊名利、实事求是、意志坚强、知难而进;刻苦学习精神、学习科学知识、学习科学思想、学习科学精神、学习科学方法、科学发展观;艰苦创业、勤俭节约、勤奋工作;文明礼貌、助人为乐、主持正义、爱护公物、保护环境、办事公道、以人为本、服务人民、勇于承担责任;公正、遵守法规、尊重权利、追求正义;平等、自省、自立、自重、正确行使权利和义务;顾全大局、珍惜荣誉、勇敢;尊师爱生、尊老爱幼、男女平等、家庭和睦、勤俭持家、邻里团结;拒绝不良引诱和嗜好,不贪不义之财,不做有损人格的事情;团结国际友人、注意国际交往礼节和保持良好国人形象;追求高雅生活情趣等品德。在现代社会里,像孔繁森、郑培民、雷锋这样品德优秀的人很多很多,但道德沦丧的现象也大量出现。人们呼吁应该加强道德品质教育。在新世纪全面建设小康社会,推进改革开放和社会主义现代化建设时期,必须加强道德建设,这是提高民族素质的一项基本工程,它对于消除不道德现象,弘扬民族精神和时代精神,形成良好道德风尚,促进物质文明与精神文明的协调发展,全面推进社会发展进步,具有十分重要的意义。

在思想品德和思想政治课教学目标中,知识目标是各教学目标的载体和依托;能力目标是其他目标的体现;情意目标和道德目标居于重要地位,因为这两个目标所包含的教育因素反映了思想品德课和思想政治课这两门德育理论的本质要求。知识、能力目标离不开情意目标,没有形成思想意识和情感态度的人的知识和能力是不会有价值的。人对知识和能力没有情感体验和追求意向,就不会有学习兴趣和学习热情。品德体现的是人的行为表现,只有具有良好品德的人才能认真学习思想理论、树立远大的志向并能刻苦学习知识和掌握技能。思想意识、感情和品德素质是人的本质素质,是人格的重要内涵,它决定着学生的人生方向、价值和成就,是人的素质的本质体现。思想意识是人的灵魂,道德品质是人立世之本。有人说得很对,“小胜靠品质,大胜靠德”。也就是说,小胜靠人原有的素质,而大胜则靠道德品质培养。情意和品德教学目标,是中国特色社会主义意识形态的反映,它反映着中国共产党人和当代社会主义中国人民的思想意识、情感、道德和共同理想,它对中国人民具有很强的凝聚力。用以爱国主义为核心的民族传统道德和社会主义核心价值体系为核心的思想意识形态鼓舞斗志,用胡锦涛提出的“八荣八耻”荣辱观引领风尚,就能够巩固全党全国各族人民团结奋斗的共同思想基础。

思想政治学科的教学四维教学目标既符合本学科的教学实际,也符合德育大纲对本学科的要求。

教学目标除了目标内容以外,还应包括表示达到教学目标水平、程度的内容,也称为标准。根据学习结果、学习情境和学习水平,知识目标分为:认知、领会、记忆、理解、分析、综合等;能力目标方面分为:掌握、操作、处理、熟练、比较熟练、创新等;情意目标分为:接受、树立、具备、坚定、追求、增强等;在道德目标方面分为:认识、反应、养成、爱好、形成、践行、提高、探索、优秀、发扬等。

目前在我国新一轮课程改革中,在实验“课程标准”中规定了三维教学目标,这个教学目标注意到了培养人才目标的全面性,兼顾了知识、能力和情感、价值的全面性;同时这个教学目标也注意到了目标的人文性,如注意把情感态度价值观作为教学目标。

我们认为,制定教学目标除了应该全面贯彻党的教育方针和教学任务,还应注意教学目标的科学性、适应性,体现各学科的特点。特别是进行德、智、体、美教育的几个大学科领域,它们的教学任务有明显的不同,它们的教学目标分类很难相同。采取整齐划一的办法规定教学目标,不但不利于发挥教学目标的功能,反而会取消了一些学科教学目标在教学中功能的发挥。由于一些教学目标定得不准或有错误,使不少教师在设计教学目标时摸不清教学目标的内容,自己认为对的教学目标又不被确认,所以使制定的教学目标很混乱,这是目前教改中的一个突出问题。所以在"课程目标"实验阶段应从实际出发,对教学目标进行认真的论证。特别是德育理论课不应没有品德目标,因为学习这门课的主要目的是帮助学生形成优秀的品德和习惯。

附录:关于中学德育课程改革若干问题的思考

回顾我国中学德育课程发展的历史可以看到,我国中学德育课不管各个时期以什么名称出现,它在新中国的思想道德建设中所起的作用是巨大的。但随着我国教育改革开放形势的发展以及国家各项事业的进步,我国在德育建设中有些问题还值得讨论和研究。下面就是我们对我国目前中学德育课程的一些思考。

一、关于中学德育课程的名称问题

(1) 自新中国建立至20世纪80年代,我国的青少年德育课以政治课命名,80年代以后更名为思想政治课,这基本上符合德育课程的实际设置情况和课程的内涵。但随着课程改革的深入,德育内容十分广泛,课程名称已经明显滞后,品德教育、心理教育、法律常识、经济常识、教育知识、社会知识、环保知识等许多内容已经不能用"思想品德"和"思想政治"名称所包容和替代,课程名称窄化,不能概括中学德育课程的全部内容。另外,由于初级和高级中学教学任务和教学内容交叉大、融合度强,用"思想品德"和"思想政治"作为初、高中德育课名称也不科学。变革课程名称已经是刻不容缓的事情了。因此,重新考虑思想政治课课程名称是我国德育发展形式的客观要求,它不仅体现本门课程目标和任务的一致性,而且符合国际德育课程的设置趋势。

(2) 综合世界各国设置德育课程的经验,用"德育课"取代"思想政治课"和"思想品德课"更符合本课程的实际状况。因为:第一,"德育"能较全面地概括课程目标,能把素质德育目标和人文培养目标统一于公民教育中。第二,"德育"能较全面地概括课程任务。如心理素质的培养、行为规范的养成既不属于政治范畴,也不属于思想范畴,无法用思想政治名称所概括,而用德育名称则能概括。德育概念可以概括各方面的道德教育。第三,德育名称更能表达社会主义现代化建设事业对青少年素质的要求。社会主义现代化建设事业需要具有较高德育素质和人文素质的公民,用"德育"命名本门课程,更能表达党、国家、社会及德育大纲对这门课程的要求。另外,这样的名称也同其他学科命名方式靠近,如语文、物理、化学、外语、数学等。

(3) 我国从小学至大学没有形成整体的德育大纲,德育目标、内容、名称缺乏整体考虑，由此带来的是名称不一，目标、内容混淆。所以，统一小学至大学的德育课名称，统称“德育课”十分必要，这样可以形成我国各级学校德育课的合力。

二、关于中学德育课程的地位问题

我们党和国家及国家领导人，历来非常重视德育课，一直把德育摆在首位，德育课本应受到学校、学生的重视。但事实上，在学校里，特别是在中学，德育课并没有受到领导和学生的重视，形成事实上德育课地位弱化的趋势。目前，在一些青少年身上出现了思想道德品质滑坡的现象，也与德育课地位弱化和淡化德育有很大关系。学生们不重视德育课与把德育课当作知识课、学科课以及高考有的类别考试不考思想政治课有很大关系。作为德育课的思想政治课，它不是知识课和学科课，它是负有特殊任务的德育课。这门课在“以德治国”中发挥着重要作用，它在改革开放和新时期的建设中起着强有力的思想道德保证作用，在课程表上德育课应该与所有学科课包括语文、数学、外语、化学、物理等整体单独并列。如果不摆正学校德育课的地位，不调整一些看法和做法，就很难扭转目前在一些学校中存在的智育硬、德育软以及说起德育重要，而事实上不被重视的冷漠道德建设现象。

三、关于中学德育课程的内容问题

德育课的内容是为实现德育目标而确立和安排的。德育课内容应该涉及人在社会生活行为中各方面应当遵循的道德内容，包括道德、思想、政治、经济、心理、法律、社会、教育、人口、国防、国际、生态、环保、文化道德等各方面社会生活道德行为规范和观念内容。人的社会生活是很广泛的，涉及不到哪方面内容要素，就规范不了哪方面的道德观念、行为问题。道德教育课程，应当涉及人在社会生活各方面的行为规范和思想观念问题，而不应当仅仅是涉及思想、政治、品德、法律和心理问题。大的德育内容应当是研究人的社会生活及其行为规范、观念和准则的问题，它涉及人的社会生活的各个方面。现在我国高中的德育课内容基本是苏联政治课程中马克思主义三大组成部分的内容；而初中课内容也只是涉及心理、法律、社会发展史及基本国情教育的内容。由于中学德育内容有缺失，势必影响中学德育任务的完成。

四、教学目标方面的问题

为了实现新课程改革的理论向教学实践转化，进一步提高中学德育课教学目标的科学性和时效性，我们认为现行中学“课程标准”实验稿应做进一步修改。

中学的《思想品德课程标准》、《思想政治课程标准》，这两个实验稿同其他学科“课程标准”实验稿相比，它有很大进步，它把根本不能成为“教学目标”的目标取向“过程与方法”从教学目标中去掉，这使教学目标去向科学化有了很大进步。“过程”不是教学目标,它是目标取向;“方法”即使指的是学习方法,也可归到能力中去。但我们认为,目前“课程标准”实验稿中的“情感、态度、价值观”教学目标仍存在值得商榷的地方。

复习思考题

1. 什么是课程?
2. 为什么要进行课程改革?
3. 新课程的培养目标是什么?
4. 基础课程改革的目标是什么?
5. 什么是教学目标?
6. 有几种类型的目标取向?
7. 叙述四种教学目标及其关系。

教学建议

1. 本章重点掌握基础教育课程改革的精神、内容及教学目标。
2. “关于中学德育课程改革若干问题的思考”,可以组织学生进行讨论。

第三章　思想政治学科教学过程论

教学过程就是培养人的过程，教学过程理论是教育基本理论的重要内容之一，是完整的教学理论体系的重要组成部分。在教学过程论这一章里主要讲授教学过程的本质、学习力、教学方针、教学规律、教学原则等内容。

第一节　思想政治学科教学过程的本质问题

教学过程及其本质问题是教学论中的重要问题。

思想政治学科的教学过程是学生在教师指导下，德、智、体、美全面发展的过程，是教与学的过程，是教师与学生双边活动的过程，是教学和教育过程的统一。思想政治学科的教学过程是学生获得知识、形成能力、修养品德和陶冶情意的过程。教学过程是教师教学活动与学生学习活动的流程。

一、思想政治学科教学过程的本质

（一）教学过程是教师和学生认识和实践的活动

1. 教学过程是教师的认识和实践过程

（1）教学过程是教师的认识活动。教师是教育者，是受过专门培养的人，有比较丰富的知识和职业修养，掌握了自己所教学科的知识，学习了教育理论，并且懂得教学原则和方法。但教师在教学活动中还要深入地钻研和认识与教材有关的知识，还要进行再学习、再认识。另外，教师还要不断深入地认识自己的教学对象，研究自己的学生。教师在教学过程中，要从学生对教学的反馈中深入地认识自己的教学策略、教学方法和教学目标是否适合教学对象。教师在教学过程中要对知识、教学对象进行再认识。

（2）教学过程是教师的实践过程。教师的教学活动主要是教学实践活动。教师在教学活动中，要贯彻国家的教育方针，了解教学目标，设计教学策略，选择教学方法，施展自己的教学技能，表现自己的教学风采和品德，还要对教材进行加工，使学生有效地接受教师传授的知识、信息、经验教育。教师这些教学活动都是教学实践活动。教师要通过教学实践活动改变学生的知识结构和思想品质结构。教师的实践活动是教育学生和指导学生求知和发展的实践活动。

2. 教学过程是学生的认识和实践活动

（1）教学过程是学生的认识活动。学生在学习过程中的主要任务是认识教材中的知识和理论，掌握前人积累的经验。学生处于成长和发展阶段，无论生活阅历、知识经验、能力水平、情意水平都不如教师丰富，学习能力也不如教师。学生在学习过程中需要教师的传授、启发、引导、帮助和指导。教师对知识的讲解、分析和认识能够帮助、推动学生对教材内容的认识。学生在教学中的认识活动需要在教师指导下进行。教师在教学中能够调动学生学习的主动性，使学生认识到学习的意义和价值，使学生能够在已有知识、经验的基础上形成自己的智力、能力和观点。学生在教学中的学习是一种认识活动，而且是在教师指导下的认识活动，否则学生的认识活动只能是学习活动，而不具有教学活动的意义。学生的认识活动的特殊性表现在以认识前辈积累的间接经验为主。

（2）教学活动是学生的实践活动。学生的学习活动也是一种实践活动。学生除了听教师讲授教材，还要自己动手做作业，还要参加实习、做实验、参加科技活动、社会调查活动、体验活动、模拟教学活动、创作活动等。学生的实践活动的特殊性，表现在他们的活动是在教师指导下和围绕教学内容进行的认知实践活动。

教师在教学中的活动首先是教学实践活动，如做教学准备活动，而后是教学认识活动，如总结教学中的经验；而学生在教学中的活动，首先是教学认识活动，而后是教学实践活动。教学过程是教师和学生的认识和实践过程。教师的教学活动和学生的学习活动两者不是孤立进行的，而是相互依存、相互作用，统一在教师的教和学生的学教学活动中，统一在他们的认识和实践活动之中，这是一种特殊的认识和实践活动，是教师与学生、教与学的认识和实践活动。

（二）教学过程是教师和学生继承和创造的活动过程

1. 教学过程是教师继承和创造的活动过程

教师在教学过程中，他们教授的知识、理论、观点是已知的，也就是继承前人积累的知识、经验和一切精神财富。但教师在教学过程中，不是对信息、知识、智力、能力和思想的“搬家”和复制，而是在继承前人已知精神财富的基础上的再创造。教学过程，是教师创造性的自我表现过程。教师在教学中对信息、知识、理论、观点、技能的“加工”过程就是再创造的过程。教师在教学中对教材认识的深刻性、独创性，讲课时阐述观点的探索性、丰富性，敢想敢说的精神，理论分析的洞察力、敏感度、联想力、求异性、综合性，运用教学方法的艺术性、灵活性，讲课的思维和语言的流畅性，理论观点和教学观念的新颖性，等等，都表现了教师在教学过程中的创造精神。另外，教师在教学中为学生创造良好的教育环境是培养人才的肥沃土壤。教师在教学中通过管理，创造的良好教育环境有利于学生学习，如有组织、有纪律的优雅的教室环境、通畅的信息环境、平等的师生交流环境、民主的课堂讨论环境、和谐的学生交际环境、愉快舒畅公平的竞争制度环境、尊重学生尊重教育规律的教学管理环境，等等，都是教师在教学活动中创造性的表现。他们的创造性，充分体现在开发学生的创造潜能方面。

2. 教学过程是学生继承和创造的活动过程

学生学习，首先是继承人类长期积累的精神财富，如知识、经验、史料等，因为学生的学习时间有限，利用短期时间学习、继承人类共同积累的丰富科学文化知识和精神财富是非常必要的。但学生在学习中，绝对不是被动地、机械地接受前人积累的知识。他们接受知识和观点是要通过自己的观察、判断、分析、综合、思维和选择，对前人的经验和知识进行自我消化，变成自我发展和成长的因素。学生通过学习过程，在教师的帮助下继承前人精神财富的同时，也在进行创造性地学习。学生有很强的创造潜能，而且他们希望在学习活动中，在学习竞争中展示、表现自己的创造能力和创造精神。学生在课堂发言中、讨论中、争论中、质疑中，在听课的思考中、判断中、观察中，在解答问题和完成作业中，在课余科研中，在综合实践活动中，在考试中，都会表现出他们的创造意识。有些学生对已知经验有好奇心，有的学生对课堂上讲的知识不满足，有些学生对传统或流行的观念、结论和分析持有疑义和批判态度，有些学生埋头搞科研实验，有些学生敢于对一些问题进行联想，有些学生对一些事情总能提出自己独到正确的看法和想法，有些学生富有表现欲，有些学生敢于向权威挑战，等等，这些现象都是学生在学习活动中创造意识和精神的具体表现。这些现象中体现了学生的创造意识、创造性思维、对问题的敏感度、独创性、流畅性、灵活性、适应性、应变能力和新颖性等创造潜力。教师在教学中就是要启发、培养学生的个性、独立性、创造意识，为学生创设新环境，调动学生的创造思维，重视学生的探索精神。俄国作家列夫·托尔斯泰曾说过，如果学生在学校里学习的结果是使自己什么也不会创造，那他一生永远是模仿和抄袭。爱因斯坦也曾说过，一个没有个人独立性和个人志愿的规格统一的个人所组成的社会，将是没有发展可能的不幸的社会。

所以，教学活动过程是教师和学生认识与实践、继承与创造的活动过程，而且这两方面是伴随和统一在一起的。认识和继承，实践和创造统一在一个教学活动的过程中。这就是教学过程的根本属性，是教学的本质问题，它体现了教学过程的功能和魅力。

二、思想政治学科教学过程的要素

所谓要素，就是构成事物的必要因素。构成思想政治学科教学的因素很多，而且构成了一个系统，如教师、学生、教学目的、教学内容、教学手段、教学组织形式、教学环境、教学评价等。对于教学来说，这些因素都是非常必要的。但有些要素是基本的要素。关于基本要素各家认识不一致，有三要素说：教师、学生、教学内容或教材；四要素说：教师、学生、教学内容、教学环境；五要素说：教师、学生、教学内容、教学手段、教学环境;还有多要素说。我们认为,教学的必要因素很多,而且都是必要的,少了哪个因素也不能构成教学的系统。但是,在诸多因素中,基本的要素有五个,就是教师、学生、教学内容、教学手段和教学环境。

(一)教师

教师,是整个思想政治课教学的指导者,组织者和引导者。教师是受过专门训练、掌握了系统的思想政治教育专业知识的成年人。教师的任务是向学生传授系统的德育理论知识,对学生进行基本政治观点、基本道德规范、基本文明行为习惯以及良好个性心理品质、品德能力的培养,使学生成为一个有健全人格和社会责任心的好公民。在学生接受国家规定的德育内容的教育,不断完善自己人格的实践过程中,需要教师的指导和帮助。教师在教学工作中,除了以智力和体力作用于受教育者外,还有道德的、人格的、情感的、艺术的力量参与教育过程并影响学生。所以教师不但要有丰富的知识,还要有好的人格和文化修养。

(二)学生

学生,在教学过程中处于主体地位。教学过程,也可以说是通过教育而培养人的过程。在教学过程中,学生是知识的接收者,也是教师教育和培养的对象。教学过程就是学生认识世界和改造自己主观世界的过程。学生在教学过程中起关键作用,学习的效果、教学的最终结果,都体现在学生身上。学生的基本素质,包括学生的先天素质、知识基础、学习方法、学习能力、学习态度、身心素质等,都对教学过程发生影响。

(三)教材

教材,是联结教师与学生、教与学的桥梁。教材是教学过程的客体因素,是教师教学的依据,学生学习的对象。教材规定了教学内容和教学程序。教学活动是以教材为依据而有计划地进行的。教学过程的中心就是学生对教材内容的感知、理解、掌握和运用。教材体现着教学目标,是教学过程的一个重要因素。教材体现着教学目标,教学目标是检查教学质量的客观标准。所以说,任何严格意义上的教学过程,都不能没有教材。

(四)教学手段

教学手段,主要是指在教学过程中教师采用的教学方法、各类教学工具、组织措施和直观教具、实验仪器等。教学手段在教学过程中的地位和作用是非常重要的,没有好的教材,没有好的教学手段,受教育者接受信息的效果就会减弱,教学也就达不到理想的效果。

(五)教学环境

教学环境,主要是指学校内部的环境,包括硬环境和软环境。如校园、班级的场所、设备、布置等,这些具体的物质和静态的景象属于硬环境;软环境包括动态的事物,如校风、班风、教学氛围、传统风貌、课外生活、管理程度等。教学环境对培养人来说具有教育环境功能。良好的教学环境可以引起学生的学习兴趣和学习需要。例如,悬挂在学校走廊的名人像、坐落在校园的名人题词、校友录、校训、模范榜、塑像等,都能起到激发学生的学习欲望,鼓励学生的学习精神的作用。良好的教学环境还能对学生的思想和行为起到指导和控制作用,有利于学生良好思想品德的形成。成功的教学,特别是成功的思想政治学科的教学往往寓于优良的环境之中。

三、思想政治学科教学过程中的主体问题

教学的主要因素是教师和学生,因为教学过程是教师与学生双边活动的过程,是人对人的关系,这两个因素同其他因素和基本因素相比是主要因素。那么教学中这两个主要因素,也就是教师和学生的地位和关系如何呢?这个问题被称为"教学主体问题",涉及教育、教学的方方面面,但对这个问题的认识众说不一。

(一)教学过程要以教师为主导

思想政治学科教学过程,是教师和学生共同参与的教与学的活动过程。没有教师指导的学习活动,不是教学活动。学生由于其身心发展和认识水平的局限性,不可能全面有效地掌握马列主义理论知识,也难于独立解决建构、完善自我人格的实践活动中出现的各种问题。学生在教学过程中,无论是认识活动,还是实践活动,都离不开教师的有效指导。教学过程不是学生自发学习的过程,它是教师根据国家的要求,有计划、有组织、有指导的学习活动。无论是学生对知识的接收、贮存、转化,还是学生对学科学习兴趣的提高,学习意志的增强,都是在教师的指导下进行的。教师负责对学生学习行为的启动、引导、调节、激发、定向的任务。学生的学习活动需要借助教师的"传道、授业、解惑"的中介指导作用来完成。在教学过程中学生要服从教师的教育和领导。教师从事的活动是一种社会实践活动,他在领导学生认识和实践活动中起主导作用。

(二)教学活动以学生为主体

教学活动,是培养教育学生的活动,学生是受教育者,学生是教学过程的主体。教学活动中"教"是为"学"服务的,教师不是教学过程的主体,而是主导。何为"主导",就是主要是"导",而不是"教"。因为教学最终目标的实现,取决于学生积极主动地参与认识和实践。教学过程中有很多矛盾,知识和认知也是一对矛盾,而且是教学过程中的主要矛盾。例如,教师与学生、教师与教材、学生与教材之间的矛盾等。在这几对矛盾中,主要矛盾是学生与教材的矛盾。因为教学过程的目的是让学生学好教材中的马列主义基础理论,并运用这些理论塑造自己美好的人格。教师熟悉教材、钻研教材、设计教学过程、组织课堂教学、运用各种教学艺术,都是为学生学好教材、运用好教材服务的,也就是为解决主要矛盾服务的。教材是学生认识的对象,是这对主要矛盾互相作用的基础。因此,教材对于学生来说是客体,学生是主体。学生在教学过程中的主体性,主要表现

在学习过程中的独立性、自觉性和主动性上。教学过程是教材中的马克思主义理论知识经过教师的指导,被学生内化为自己的思想、道德、能力的过程。所以,在教学中应当把学生当作学习的主人,应当调动学生的学习积极性,让学生充分参与教学活动。既然学生是教学过程的主体,在教学原则上就要确立学生民主参与的原则;在教学方法上,就要确立学生主体作用的教学方法,实行启发式教学,废止注入式教学方法;在教学评估上,必须改革单一的以分数为标准的评价模式,深入教学改革。

第二节 学生的学习力

在教学过程中,学生是教学的主体,是教学的决定因素。在决定学生学习成果中起作用的主要是学生的学习力。学生的学习力,是学习中最活跃、起决定作用的因素,是学生改变自身精神和知识结构状态的作用,是促进学生自身潜质发挥的力量,是人提高自身素质的力量。它的作用方向是改变学生的素质,作用点是学生本身,力的大小决定于每个学生自身的智力和非智力素质。教育、教学就是为了促进学生的素质发展,所以研究教学问题不能不研究学生的学习力。研究学生的学习力,无论对学生本身,还是对教育工作都是十分必要的。因为只有提高学生的学习力,才能达到理想的教学效果,才能促进学生成人、成才。我们认为,学生学习力的组成因素主要在学生自身,学习力是蕴藏在人本身内部的一种力量,它是由学生的非智力因素和智力因素两种力量因素聚合构成的。学习力是人智力因素和非智力因素聚合在一起,发挥聚合效应的反应。我们所以认为这两种来自学生身心的因素构成学生的学习力,是因为智力是学习的潜在能力,是认识的潜在力,是学习活动的操作系统;而非智力因素,不直接参与学习认识活动,但它是认识活动的推动者和调节者,是学习智慧活动力量系统的重要部分,是动力系统,它在推动和改变人的学习活动中起重要作用。非智力因素在学生学习活动中和促进学生智力因素发展中起指导方向和支持力的作用。这两种力都有大小,但决定力的方向和动力作用的是非智力系统。学习力中的智力和非智力因素,在学习过程中是结合在一起参加人的智力活动的。但智力因素和非智力因素在智力活动中所起的作用不同,智力因素非常重要,但对个人学习力的强弱起决定作用的还是非智力因素。

一、提高学习力的意义

1. 是综合国力竞争的需要

当前世界综合国力的竞争日趋激烈,各国之间的竞争和较量都表现在综合国力的竞争和较量上。各种社会制度的优越性,也体现在综合国力的竞争上。

综合国力竞争,归根到底是人力资源的竞争,也就是人才素质的竞争。培养人才的机构是学校,提高人才素质的途径是提高教学质量。教学的主体是学生,提高教学质量就要提高学生的学习力,这是教学改革的重要任务之一。

2. 是建设学习型社会的需要

中国共产党第十六次代表大会报告提出要"形成全民学习、终身学习的学习型社会,促进人的全面发展"。从先进生产力发展的要求来看,必须树立全民学习的理念,建设全民学习、终身学习的学习型社会,把我们国家从一个人口大国转变为一个人力资源强国。提高学习力,是国家、社会对每一位公民的要求,它是建设学习型社会的需要。

3. 是人类学会生存的需要

1992年联合国教科文组织发表的报告《学会生存》,从关注人类危机和未来命运的角度,提出要学会生存。人要适应社会的发展、要提高生存质量,必须要坚持学习。学会生存的途径就是提高学习力。未来的竞争是知识和才能的竞争,只有学习力强的人才能学得多、学得好,才能在生存竞争中取胜。另外,学习力也是人创造财富的基础,随着知识经济的到来,知识就是资本和财富。为了在未来精神文明的社会里过上健康的精神生活,必须获得丰富的信息,而这也要有很强的学习能力。学习力是人类自身生存和发展的需要,也是人生存和发展的看家本领。

二、学习力的要素构成

根据学习力各部分内容的作用和表现形式,学习力由五个方面或者五个类别内容构成。

1. 学习动机

学习动机,是学习力的内在动力,是学习者的动力源泉。人的动机是和人的主观需要以及与国家、社会、家庭及教师的客观要求相互联系的。学生的自我需要,主要是自我提高、自我交往、自我生存和自我价值展示的需要。国家、社会、学校、家长对学生的客观要求主要是希望学生学成之后能够成为对国家、对人类的有用之才。学习动机的形成,也受一个人的人生观和思想意识的影响。一名学生只有具有了正确的、科学的、上进的思想意识和良好的品德、情感及情操,才能具有社会责任感、义务感,才能有正确的学习动机。学习动机具有一定的指向性,它会形成学习的目标和一个人的远大志向。学生只有持有正确的学习目标和远大高尚的人生志向,才会催生出强大的学习动力、创造力以及对学习效果、对人生前途的不懈追求。我国著名数学家华罗庚先生从小认为自己天资没有什么过人之处,但他具有为祖国富强而学习的伟大理想和不懈追求,爱国的思想内化为华罗庚的学习动机,正确的动机生成了他的学习动力,使他在国内外学习时求知欲望非常浓,非常刻苦,最后终于成了伟大的数学家,为国家做出了杰出贡献。

2. 学习情趣

学习情趣,是由于对学习的价值有较深的认识和内心情感体验而产生的学习兴趣,情感和兴趣是学习的动力系统。情感是兴趣产生的心理基础,兴趣也是情感的表现。人如果对学习的知识、思想理论观点、道德规范、国家方针政策等教学内容没有形成正确认识,对学习它们的意义认识不清,对学习它们没有如意的情感,他就不会对这个学科产生学习兴趣,也就没有学习热情并且难以取得好的学习成绩。情感会激起学习者的学习热情和力量,并会对教学内容产生深刻的心理体验。情感也可以影响和调节人的认知过程,能促进人的观察、记忆、思维、综合能力的提高。学生对教学内容有了积极的情感,就会有一个积极的学习情绪。人的学习情绪好,学习思维就会特别活跃,思考未知的问题质量就会高,学习效果就会显著。人的情感能左右人的精神世界,特别能诱发人对某种事物的兴趣,兴趣是最好的老师。学习兴趣是指人在学习过程中认识事物并带有强烈色彩的积极心理倾向。学习兴趣对学习影响极大,它可以直接转化为学习动力,激起学生的学习积极性、主动性,推动学生去探究未知的事物,并从探究中享受获得成功和乐趣。兴趣会使学生在好学、乐学中度过美好愉悦的学习生活。杨振宁博士说:成功的秘诀在于兴趣,兴趣是学习的动力,是成功的先导。如果一个学生对某种学习内容产生浓厚兴趣,他的进取心就会大大增强,学习的信心也会大大增强,兴趣会促使他克服学习中遇到的各种困扰。

3. 学习毅力

学习毅力,是坚韧持久、百折不挠的学习意志力,是人在学习过程中表现出来的坚持性、持久性、坚韧性和坚强性,它是学习者在对学习的意义、目的有了正确认识的基础上产生的维持系统的能力。学习毅力,是人在学习中能否取得良好成绩和人能否成功的关键因素。一个人,如果真正树立了正确的学习目的,他就会在学习中表现出坚强的毅力,他就能克服在学习过程中遇到的各种困难和问题,坚决完成既定的学习任务。做任何事情都不会是一帆风顺和不需要付出艰苦劳动的,学习也一样。学习中会遇到各种各样的困难,学习也是十分艰苦的长期劳动过程。有了学习毅力的人,尽管天资一般,由于他在学习中不怕困难、不怕挫折、能克服懒惰,他在学习中就会获得成功。否则,天资很好的学生,如果缺少学习毅力,遇到学习困难就选择逃避,没有勤奋学习的精神和踏实的学习态度,这样的人在学习过程中一定不会取得成功,可见毅力是学习成功的重要条件之一。

4. 学习能力

学习能力是具备一定学习条件的人,掌握一定学习本领并能取得学习效率。掌握学习本领的人,就是具备了学习能力。学习能力是学生在学习实践中掌握学习本领,它是学生运用所学知识理论有效地处理学习问题的本领。学习能力凝结了人的智力和非智力因素的内涵，它能使学习理论和学习实践结合起来。人的学习能力有强弱、大小之分。学习能力既受人脑遗传细胞的影响，也受后天教育和社会学习环境的影响。人的学习能力大小，一方面受人的观察力、注意力、记忆力和分析、判断、比较、推理、抽象、概括等思维力和实践力的影响，另一方面，也受人的思想意识、道德、人格、情感因素的影响。学生对知识、思想、观念、技术、信息等的认识、反应、接受、掌握、运用、创新等能力，都是一个人的学习能力的体现。如，有的学生能运用在思想政治课堂上学到的马克思主义的立场、观点对社会主义建设过程中遇到的实际问题，做出正确的价值判断和行为选择，这就是一个人学习能力的外在表现。

5. 学习方法

学习方法，是指人学习时采用的手段、方法、方式、形式、途径、策略等。如同过河的桥和船，过河没有桥和船不行，办事情没有方法也是行不通的。学习方法是学习人的认知方法，也就是他吸收信息和加工信息的方式、方法和技巧。人常说，学习有法，学无定法，学习没固定的方法，人类长期实践积累起来的方法数不胜数。选择好的学习方法，对于人取得好的学习效果会很有帮助。生活中这样的例子很多，处于同样条件、环境下，并且同样努力学习的两个学生，由于学习方法各异，所获得的学习效果也就相差很多，究其原因是因为学习方法不同。一个学习勤奋的学生如果掌握不了好的学习方法同样不会取得优异的成绩。科学的学习方法和学习经验，还如同一把神奇的钥匙，能打开学生心智的锁，能活跃学生的思维，提高学生思维的创造能力，帮助学生以新的思路去思考学习中遇到的问题。我国宋代的大学问家朱熹在其《孟子集注》中说过“事必有法，然后可能”。学生要想取得好的学习成绩，必须掌握科学、艺术的学习方法，那样他们才能会学习、爱学习、善于学习。为了要提高学生的学习力，教师就要帮助学生掌握好的学习方法，如帮助学生掌握记忆的策略、思维调控策略、融会贯通的联系策略等，以及掌握听课、计划、质疑、复习、自学、合作、应用、快乐等学习方法。学生掌握了先进的学习方法，学习时就会做到费力少而成功多。

人类正在走向社会化学习时代，学习已经成为人们的一种社会生活方式，学习力则是现代人应具备的基本文化素质。为了提高我国学生的科学文化素质和竞争能力，必须重视对学习力的研究和开发，学生只有具有很强的学习力，才能追求学习效率最大化，成为新时代的创造者。

第三节　思想政治学科的教学规律

规律是事物之间内在的必然的联系，也叫法则。思想政治学科教学过程的规律,就是思想政治学科教学过程中必须遵守的法则。

一、知行统一规律

知与行,是形成学生思想品德的两个重要因素。知,是形成学生思想品德的基础和起点。行,是教学过程要达到的目标和归宿。思想政治学科的教师向学生传授马克思主义理论的目的,就是让学生用学到的马克思主义理论去指导自己的行动,这是思想政治学科教学的一条规律。按照这条规律,教师不但要重视学生的学,把理论教好;同时还要重视学生的行,要指导学生如何按理论的要求去做。只有学得好,做得好,才为真知,做得不好不算真知。就像古人所说的那样:真知即所谓行,不行不足以为知。教师只教学生学理论,追求学生政治学科获得多少分,那不是真教。真教是不但强调学好理论,还要强调真做,就是要行。有的教育家说:先生拿做来教乃真教,学生拿做来学乃真学。只学不练或只学不行,就是违背思想政治学科教学的规律,是不可取的。作为教师,在传播理论的同时,要注意提高学生的思想觉悟,提高学生的道德观念,加强品德修养,引导学生在实际生活中应用理论,改造自己的主观世界,使他们成为言行一致的人,也就是注意教学实效。当代,各国德育理论都重视德育的行动性,强调德育的具体实践和行动,强调参与社会实践。作为学生,要在学好理论的基础上,积极参加实践活动,注意把知识和行为统一起来,把知识变为行为,这样做才符合教与学的要求。

二、灌输与疏导统一的规律

灌输,作为思想政治教育的特定概念,它是指对人们进行正面的宣传教育。通过正面的宣传教育,使受教育者掌握马克思主义理论的基本观点,以达到影响人们的思想和支配人们行为的目的。把正面教育称为灌输,是相对于自发而言的。之所以要对青年学生进行正面的马克思主义理论基本知识教育,是因为马克思主义理论虽然在我国是占统治地位的思想体系,但青年学生知道的并不多,马克思主义理论也不会在他们的头脑中自发地产生。青年学生正处在世界观、人生观形成时期,在这个时期对他们进行马克思主义理论教育是非常必要的,否则他们就会接受一些错误的思想影响。灌输,不是"注入式"、"填鸭式",不是"我讲你听,不听硬灌"。所以对"灌输"二字不能做片面的理解。对学生进行思想政治教育,要克服说教的做法,要运用启发式教法,要用生动的典型事例开路。如进行"正确处理个人利益与集体利益、国家利益关系"的教育时,在讲好理论的情况下,可以用孔繁森等先进人物处理个人与国家、集体及他人关系的事迹为例,并结合宣传本校的先进人物事迹,使学生从耳闻目睹的先进人物身上受到教育。灌输,仅仅是思想政治教育的一种途径,另一种途径是疏导,在教学过程中必须把灌输和疏导结合起来进行。疏导,就是疏通引导的意思。对于学生难以理解的问题给予解惑答疑,引导学生按照正确思路认识问题,以排除他们学习中的障碍。灌输和疏导统一起来教学效果才好。只有疏导的成功,才能保证灌输的效果。有的学生对我们灌输马克思主义理论不理解,甚至产生怀疑。如果我们不去疏导,不把学生引导到正确的认识方向上来,学生就不会选择和接受马克思主义观点,灌输就会前功尽弃。

三、间接经验和直接经验相结合的规律

在思想政治学科教学过程中,以学习间接经验为主,这是学校教育的特点。但是,从人类认识的一般规律来看,间接经验和直接经验有着必然的联系,而且人的认识起点是直接经验,所以在教学中必须正确处理好直接经验和间接经验的关系,把二者统一起来。根据学校教育的特点,学生在学校里应以学习书本知识为主,也就是以学习间接经验为主。因为学生在学校里不能事事都去实践。人作为个体,他接受的知识都是以间接知识为主。一个人只有直接经验而没有间接经验,不但吸收的知识有限,而且知识也只能停留在认识阶段,而不能认识到事物的本质。教师课堂上讲的马克思主义基本知识和有关的社会科学知识,不是零散的,而是前人积累并整理的、有体系的理论知识,是人类宝贵的精神财富的一部分。但是课堂上教师讲的一些原则、概念、规范对学生来说都是抽象的,不易被学生接受和理解。因为一切间接经验都来自实践,来源于直接经验。教师教学时如果能把间接经验同直接经验联系起来、从感性认识上升到理性认识,学生就容易掌握教师所教的理论了。所以,教师在教学时要善于利用案例等直接经验解释间接经验,把直接经验和间接经验结合起来。教师教学时应防止两种倾向:一种倾向是只注重讲间接经验,书本至上,让学生生吞活剥书本知识,使学生只记住一些书本上的词句,在实践中却不会运用学到的理论改造自己的主观世界;另一种倾向是,讲课时只注意联系学生生活实际,不认真分析讲解理论,虽然讲得热热闹闹,但学生没有学到理论。这两种做法都割裂了间接经验和直接经验相结合的教学规律。

四、时代性规律

思想政治学科教学过程具有很强的时代特征,它能回答学生在现实生活中遇到的一些问题,并给学生指明方向,使学生的思想品德在实践中获得进步和提高。这一规律要求,思想政治学科教学要有时代感,要把教学过程同当代发生的事物、同当今世界、同我国社会主义现代化建设、同改革开放紧密联系起来,并为解决学生对现实问题的认识服务。教师要贯彻这一教学规律,就要广泛地收集当代的社会信息,利用新闻媒体中的信息,如利用政治刊物、报纸、电视、广播中的信息,将教学和现实生活联系起来。教师要用收集到的当今最新鲜的社会信息充实丰富教学内容,让学生积累生活经验,体验社会生活,把学到的理论运用到现实生活中去。在教学中不但教师要选择一些典型例子作为讲课的范例,同时也应鼓励学生举出生活中的例子,使学生用生活中亲身观察到的信息来补充

教师教学的例证。这样就会使学生了解我们时代发展的社会进程,把学习同现实生活及社会主义建设联系起来,这对他们认识社会和世界观的形成是有益处的。

思想政治学科教学过程应遵循的规律很多,但主要是以上几个规律,我们在教学过程中只有按照这些规律办事才能提高教学质量。

第四节 思想政治学科的教学方针

思想政治学科的教学方针,是教学工作的指导方向和追求的目标。中共中央《关于改革学校思想品德和政治理论课教学的通知》中指出:"改革马克思主义思想政治课的教学,关键是坚决贯彻执行理论联系实际的方针。"理论联系实际这个方针贯穿于思想政治课整个教学过程,决定着思想政治课教学的方向和目标。

一、理论联系实际的方针

(一)思想政治学科的性质决定要坚持理论联系实际的方针

思想政治课是对学生进行思想品德教育的德育课,它的教学目的不仅是为了教给学生多少马克思主义理论知识,让学生知道多少道德规范,而且要教会学生用理论指导人的行为,用理论指导学生去实践,去改造主观世界,去完善自己的人格修养。一个人的政治态度如何,道德品质是否高尚,最终都是通过行动反映出来的,而不只是反映在书面上,也不只是表达在口头上。理论联系实际方针是指引教师在教学中既密切联系实际讲好理论,又指导学生把已学好的理论知识用于实际,用马克思主义科学的方针解决一些实际问题。让学生通过实践、通过应用理论的过程,逐步增强社会责任心、民族意识和爱国主义情感。学生只有接触实际才能获得积极的情感体验和良好的行为习惯。思想政治学科要坚持理论联系实际的方向,不仅要重视知识传授,更要重视实践、重视应用,这种教法才会使这门课程收到实效,才真正体现了这门课程的性质。

(二)思想政治学科的内容要求坚持理论联系实际的方针

思想政治学科的教学内容是以马克思主义的基础知识作为教学内容的,这些内容对学生来说都是间接经验,它和学生的直接经验是有联系的,学生学习间接经验必须以直接经验为前提、为基础。思想政治课中讲的抽象概念、原理、观点对于缺乏生活经验和社会经验的学生来讲,是很难理解的。理论知识都是从实践经验中抽象出来的,在教学过程中教师只有通过联系实际、联系直接经验,以学生的直接经验,以学生对实际生活的了解、认识和感受作为认识理论的基础,用事实说明道理,寓事于理,才能以理育人。

（三）教学实践证明必须坚持理论联系实际的方针

我国开设思想政治课的历史经验证明，这门课程什么时候坚持理论联系实际的方针，思想政治课的实效就好；什么时候脱离理论联系实际的方针，只重视理论讲授，不联系实际；或者只联系实际，不认真讲授理论，思想政治课的教学任务就完成得不好。新中国建立初期，由于继承了老解放区开设思想政治课的经验，密切联系当时的政治形势，联系当时国家面临的经济任务，结合实际系统地进行革命传统教育和为人民服务、反腐蚀教育，思想政治课的任务完成得就好，培养出来的学生政治素质也高。到20世纪五六十年代，有一段时间由于忽视对学生进行马克思主义的理论教育，以政治运动代替政治课，使学生的思想政治水准下降，阻碍了马克思主义理论在中国青少年中的传播。“文化大革命”期间，以“大批判”代替学习理论，以运动代替思想政治课，使思想政治课遭到严重破坏。“文化大革命”之后又恢复了思想政治课的教学工作，特别是党的十一届三中全会以后，中共中央和教育部十分重视思想政治教育，再三强调要贯彻理论联系实际的教学方针，使思想政治学科走上了健康发展的轨道，这都充分证明这个教学方针的正确性。

二、理论联系实际的内容

在思想政治课教学中，理论联系实际主要有以下几方面内容。

（一）联系我国社会主义建设的实际

思想政治学科的教学目的是为了培养学生热爱祖国、拥护中国共产党在社会主义初级阶段的思想路线，初步树立为建设中国特色社会主义现代化事业奋斗的精神，成为有理想、有社会责任感的好公民。让学生成为建设社会主义的好公民，就必须让学生了解我国社会主义现代化建设的实际问题。在思想政治课教学中，应密切联系我国社会主义现代化建设的实际问题，这是使学生成为社会主义建设合格接班人的重要条件。通过联系实际，使学生能够了解我国社会主义现代化建设中政治、经济、文化方面的问题，以及方针、政策、法律、道德方面的问题；了解理论与实际的关系、个人学习与社会主义现代化事业的关系，明确理论对社会主义建设的指导作用和理论在社会主义建设中的具体应用问题等。教师要通过联系社会主义建设实际，引导学生运用学到的理论分析社会主义建设中出现的新情况、新问题，并用马克思主义观点作出科学的回答。中国特色社会主义现代化建设，没有现成的答案，唯一的办法就是用马克思主义理论结合中国社会主义建设的实际，进行创造性的探索。教学中坚持理论联系我国社会主义建设的实际，是锻炼学生、提高教学实效的重要方针。

（二）联系学生实际

思想政治学科的教学目的，是为了帮助学生树立正确的政治方向、正确的人生观和掌握正确的思想方法，培养良好的品德。教学的目的就是通过理论教育改造学生的世界观，塑造学生良好的人格。学生在接受教师传授的理论之后，经过对理论的认识、理解、选择，内化在观念中，学生的思想观念就会超越原有的状态，重构自己的主观世界，这是个换脑筋、换思想、换观念的过程，这个过程是创造性的活动。这个创造性的活动要以被改造对象的思想实际为依据，所以思想教育不能脱离现实性，不能脱离教育实际，不能脱离学生的实际。联系学生的实际，主要是联系学生的思想实际。只有联系学生的思想实际，思想教育才能做到有的放矢。学生的思想实际主要表现在他们对一些思想政治问题的认识上，如对国家的方针、政策的认识，对一些社会现象和一些政治问题的看法上。另外，还要联系学生学习、生活中出现的一些问题。通过师生共同对这些实际问题的分析、认识，去消化理解课堂上讲的理论问题，学生会从这个教学过程中提高思想和认识问题的能力。

（三）联系国际政治实际

思想政治课内容能够联系的国际问题很多。我们已进入21世纪，21世纪的世界，在它繁荣和进步的同时，还存在很多问题，如人口、环境、资源、地区冲突、恐怖活动、吸毒等，但主要的政治问题，是两种社会制度并存并进行激烈较量的问题。当今世界社会主义与资本主义制度并存，西方资本主义国家的目标是消灭社会主义国家，他们总是运用政治的、军事的、经济的以及思想文化的形式向社会主义国家发起进攻。冷战结束之后，目前西方资本主义国家主要是用“和平演变”的方式同社会主义国家较量。其主要方式有：一是利用经济贸易搞和平演变；二是加强资本主义意识形态宣传，对社会主义国家搞攻心战，利用大众传播工具，宣传所谓的民主、自由、人权和价值观念，利用宗教进行思想渗透，利用人员往来传播西方生活方式；三是支持反对社会主义的势力。面对复杂的国际环境，教师要注意学生的思想动态，结合教学内容，联系学生思想实际，帮助学生用正确的观点分析和认识这些问题，教育他们对西方资本主义始终应该保持清醒的头脑和高度的警惕，自觉地抵制国际上反动思想和腐朽生活方式对他们的腐蚀。

（四）联系人类优秀文明成果实际

联系人类优秀文明成果实际，有利于帮助学生更好地理解和掌握马列主义基础知识，有助于学生树立辩证唯物主义世界观。当前，我国科学技术发展的速度较以前提高很快，它不断推动着我国现代化建设的发展。一切自然科学、社会主义科学的文明成果，都丰富了思想政治学科的教学内容。讲解马克思列宁主义、毛泽东思想、中国特色社会主义理论体系，也需要引用文化科学成果加以论证。另外，人类文明成果也包括世界各国、各民族创造的优秀文明成果。对待外国的先进科学技术和其他文明成果，我们不但要学习和利用，而且还要在课堂上宣传介绍，因为那是世界人民共同创造的文明成果。我们要以“开阔的眼界，面向世界的态度”,对别国的优秀文明成果,包括政治思想方面的成果,“取其精华,弃其糟粕”。教师联系人类文明成果方法很多,可以收集一些资料,如可以从报刊、文学作品、电影、电视、小说、科技发明创造中收集。

三、理论联系实际的基本方法

要有效地贯彻理论联系实际的原则,就要掌握好理论联系实际的具体方法,也就是解决如何联系实际的问题。

（一）认真掌握理论

掌握好理论,是贯彻理论联系实际的重要条件。我们在教学过程中理论联系实际,一是把直接经验作为理解间接经验的前提;二是用学到的间接经验,认识直接经验,指导直接经验,也就是用理论指导实践。在这两个过程里,都离不开间接经验,即理论。我们指导学生学习理论的最终目的,是培养学生用学到的理论解决生活中和社会活动中遇到的实际问题。理论是解决实际问题的工具和武器。一个战士,只有掌握了武器才能去战斗;一个工人,只有掌握了工具才能去操作;一个思想政治课教师,只有掌握了马克思列宁主义、毛泽东思想、中国特色社会主义理论体系,才能很好地在教学中贯彻理论联系实际的原则。教师只有钻研理论,正确地掌握理论,才能正确、有效地联系实际问题,解决实际问题。教师掌握好理论,主要是掌握好教材之中的理论问题,只有把教材中的理论钻深、弄懂、融会贯通,才能真正做到理论联系实际。除钻研教材中的理论问题以外,广博地掌握马克思主义理论和人文知识是贯彻理论联系实际原则的基础。

（二）了解实际

贯彻理论联系实际方针,另一个条件就是了解实际。只有了解实际,掌握实际情况,才能同实际建立起联系。教学中了解实际有两个方面的内容:一是社会实际,二是学生的思想实际。了解社会实际,一个方法是广泛收集资料,通过报刊、书籍、新闻广播、文献等收集资料;另一种方法是师生亲自深入社会,到工厂、农村、机关、社团、企业中去收集信息。了解学生的思想实际,要通过同学生个别谈话、开座谈会、问卷调查、观察、课堂讨论等方式进行。丰富的社会实践材料和社会实践活动,不但会加深学生对理论问题的感性认识,而且会提高学习效果。

第五节　思想政治学科的教学原则

思想政治学科的教学原则,是指思想政治学科教学的基本要求和准则,它是本学科教学规律和教学实践经验的总结。教学原则虽然来源于教学实践经验,但它不是教学经验本身,而是教学经验科学的总结和升华。教学原则之所以成为教学中必须遵守的规则,是因为它是经过检验了的教学经验,是从教学经验中抽象、筛选、概括出来的,是有效的理论。

一、方向性原则

(一)方向性原则的含义

方向性原则,是指在思想政治学科教学过程中,始终要体现与社会主义精神文明建设中公民道德建设总目标要求保持一致,要与党和国家的教育方针保持一致,在理论教育上要用马克思列宁主义、毛泽东思想、中国特色社会主义理论体系武装学生,要使教学为实现公民道德建设总目标和党在社会主义初级阶段的基本路线服务。

(二)坚持方向性原则的意义

1. 思想政治课的性质决定它必须坚持为公民道德建设总目标服务

思想政治课是向学生进行思想、政治、道德和个性心理品质教育的课程,它对社会政治的依附,主要体现在对中国共产党政治路线的依附性上。无产阶级及其政党按照本阶级的观念形态来树立青年学生的社会理想、价值观念和道德、法律规范,提出并倡导无产阶级的思想意识。在中国共产党的领导下,思想政治课以马克思列宁主义、毛泽东思想、中国特色社会主义理论体系为指导,坚持四项基本原则,宣传党的路线、方针、政策。通过思想上、心理上和行动上的影响,使学生具备社会主义建设接班人所需要的政治方向、人生观、思想方法、行为规范,成为社会主义现代化建设事业的可靠接班人。这说明,思想政治课的教学不能脱离公民道德建设的总方向。

2. 思想政治课的任务决定它要坚持方向性原则

中学德育工作的任务是把全体学生培养成为热爱社会主义祖国的、具有社会公德和文明行为习惯的、遵纪守法的公民。这个任务是党对中学德育工作提出的要求,是党的教育方针的重要组成部分。中学德育工作应该认真贯彻党在社会主义初级阶段的基本路线,从社会主义初级阶段的实际出发,从基础教育实际出发,从中学生的实际出发,遵循青少年的身心发展规律,分层次地完成德育工作的任务,对中学生进行基本思想政治观点、基本道德、基本文明行为的教育,培养良好的个性心理品质和品德能力。思想政治课的教学工作,是党对青年思想政治教育工作的重要组成部分,所以思想政治学科教学工作必须从公民道德建设总目标出发,并为党的各个时期的思想路线服务。

3. 马克思主义理论教育本身要求思想政治课必须坚持方向性原则

思想政治课之所以用马克思主义基本理论知识武装学生,因为马克思主义是党的指导思想,是中国共产党的行动指南。没有马克思主义的革命理论,就没有无产阶级的革命政党。同样,没有中国共产党的领导,思想政治课也不会以讲授马克思主义基本理论知识为主要任务。因为马克思主义是指导中国共产党的理论基础,所以中国共产党领导的思想政治教育工作必须宣传马克思主义,这是无产阶级专政的社会主义国家思想政治教育的主要特征。思想政治课坚持宣传讲授马克思主义理论,就是坚持方向性原则的具体表现。因为学生只有用马克思主义作为指南,才能掌握事物的发展规律,判断国际国内的复杂形势,认识社会主义建设中出现的各种问题,树立坚定的社会主义信念。当前,思想政治课坚持方向性原则主要是宣传讲授科学发展观,因为这个理论是在总结了中国几十年社会主义革命和建设成功经验和失败教训之后,在中国改革开放和现代化实践的推动下不断发展并逐渐形成的。科学发展观是指导中国特色社会主义建设事业的理论基础,只有坚持科学发展观,贯彻和落实科学发展观,中国社会主义现代化建设才能取得胜利。

二、授业与传道相结合原则

(一) 授业与传道相结合原则的含义

授业与传道相结合原则,是指在思想政治课教学中,既要把思想政治理论知识传授给学生,又要注意对学生进行思想教育,就是既要进行智育,又要进行德育,把二者有机地结合起来。在思想政治课教学中,只有处理好授业和传道的关系,才能体现思想政治课的两种属性,完成思想政治课的教学任务。

(二) 贯彻授业与传道相结合原则的意义

1. 授业与传道相结合原则,是思想政治课两种属性的体现

通过思想政治课对学生进行马克思主义理论教育、社会科学知识教育和道德规范知识教育,是思想政治课的教学目的之一。但学生学习马克思主义的有关知识并不是思想政治课的主要教学目的,而是为了对学生进行思想政治教育。授业,就是向学生传授马克思主义基础理论知识,它是思想政治课教学科学性的体现。传道,就是通过理论知识的学习,向学生进行思想政治教育,它是思想政治课教育性的表现。科学性和教育性是思想政治课的两种属性,这两种属性在教学中缺一不可。在思想政治课教学中如果只强调理论知识的讲授,而忽视对学生进行思想政治教育,思想政治课就会变成纯知识课,就不能提高学生的思想政治觉悟;若讲不清理论,学生搞不清理论,失去马克思主义理论的指导,也就谈不上思想政治教育,形不成马克思主义的立场、观点和道德品质。只有在教学中把传道和授业很好地结合起来,才能做到既教书又育人。

2. 授业与传道相结合原则是贯彻党的教育方针的要求

党的教育方针要求教育必须为社会主义现代化建设服务,必须同生产劳动相结合,培养德、智、体、美全面发展的建设者和接班人。根据党的教育方针,要使学生成为有社会主义觉悟、有文化、有健康体魄的建设者。这就要求教育活动不但要讲知识、讲学问,而且还要对学生进行道德教育、人格教育。这个要求对学校各个学科都有意义,特别是对德育课程来说,更要把这一条当作教学原则贯彻。如果思想政治课只讲知识,不进行思想教育,忽视对学生德性的培养,就违

背了党的教育方针,同时也违背了授业和传道相结合的原则。

三、从学生实际出发的原则

(一)从学生实际出发的原则的含义

在思想政治课教学中,主要的目的不是为了授业而是为了传道,就是要对学生进行道德教育。对学生进行德育,就必须从学生的实际出发,要根据学生的不同情况,按照学生认识问题的规律,根据学生的不同个性,有针对性地进行教育。学生是教师实施教育的对象,教师用什么样的理论、思想、观点、途径、手段对学生实施教育,这不但要从教育目标出发,还要根据学生的具体情况来进行。因为学生的学习活动,特别是接受德育这种活动,是学生认识客观世界,改造主观世界的一种认识活动。学生作为认识的主体,他能否认同和接受教师的教育,最终只能靠他自己来实现。由于学生的知识水平、认识能力不同,他们接受教育的能力是有差别的。另外,由于学生的个性不同,心理状态不同,他们接受教育的情况也不会相同。所以教师在教学过程中进行具体操作时,不要搞一刀切,要针对学生的不同情况,从学生的实际出发,采用不同的教学方法,多方面调动学生的学习积极因素,这样才能收到良好的教学效果。教学中的这条要求,就是从学生的实际出发的原则。

(二)贯彻从学生实际出发原则的意义

1. 从学生实际出发的原则是马克思主义认识论在教学中的具体运用

实事求是,是马克思主义认识论的精髓,它告诉我们,矛盾的每一个侧面都有其特点,对于不同矛盾,采用不同方法来解决就是实事求是的方法,这是解决主客观矛盾的最好途径。在教学中,主观的一方是教师,而客观的一方是指被教的学生,解决教学中主客观矛盾的方法就是从学生的实际出发。学生的实际,就是指学生的知识、思想和个性心理发展特点。认清学生的实际,是寻找教学规律和方法的依据。在教学过程中,只有使教师的主观教学意图同学生的客观实际相符合,教与学的矛盾才能被解决,教学才能取得好的效果。在实际教学中有的教师不顾学生的实际知识水平、思想状况和个性心理发展特点,只按照自己的主观想法去教学,使主客观脱节、教与学脱节、所以就不会取得最佳教学效果。产生教学效果不佳的主要原因,是教师违背了主观要符合客观,教学意图和做法要符合学生实际的唯物主义原理。

2. 从学生实际出发的原则是克服教学上主观主义倾向的最好办法

有些教师在教学中,只研究自己如何教,不研究自己教学的对象,不掌握学生目前的知识水平,不考虑学生的不同接受能力,结果有的知识讲得过深过快,有的学生接受不了;有的知识学生已经掌握了,可教师还花费时间不厌其烦地讲解,浪费了学生不少宝贵的时间。有的教师在教学过程中不考虑学生的身心发展规律,不顾学生的天资、个性、家庭和社会环境影响上的差异,统一要求,同样施教。也有的教师,课前不了解学生学习中、生活中存在的问题,也不去调查学生的思想状况,讲课时盲目联系学生思想实际,学生不但没受到教育,反而对教师的做法产生反感。以上几种做法,教学效果所以不佳,其主要原因是教师在教学中犯了主观主义的毛病。主观主义不但是做一切事情的大敌,也是教学的大敌。克服教学过程中主观主义的毛病,最好的办法是贯彻从学生的实际出发的原则。在思想政治课教学中,不论是确定教学思想、教学内容,还是确定教学进度、教学方法,都必须考虑学生的客观存在,都必须从学生的实际出发,有的放矢地进行教学,否则教学就不会取得成功。

四、正面教育与积极疏导原则

(一)正面教育与积极疏导原则的含义

正面教育与积极疏导原则,就是指直接用正确的思想政治理论对学生进行教育,教育过程中要摆事实、讲道理,鼓励学生克服缺点,发扬优点,积极进取。

所谓正面教育,就是用正确的思想政治观点对学生实施教育,向学生灌输马克思主义理论,给学生讲道理,用事实说服教育学生,用正确的思想开导学生,使学生受到教育,又不感到有压力。

所谓积极疏导,就是指在对学生进行思想教育时,对他们想不通的问题,或者认识的障碍进行启发和开导,使他们的思想和行为向正面转化。疏,就是疏通化解之意,在思想工作中由不认识到认识的过程。导,就是开导、指引之意。思想工作是很复杂的,不经过仔细的疏导工作是很难做通的。疏导工作要采用多种形式来进行。首先,要从正面讲道理,使学生积极接受马克思主义理论知识,然后消除自己错误的思想和认识,促进思想和行为上的进步。其次,要循循善诱,启发引导,要从正面以理说服人,以情感动人,以事实教育人,不能采用“高压”和强硬的手段进行思想政治教育,那样做不但收不到好的教学效果,反而会引起学生的反感。再次,运用典型示范,从正面鼓励学生进步。典型示范,是通过一些具有代表性的模范人物,以他们的先进事迹和模范行为去感染学生,去影响学生。榜样的影响力量是很强的,它具有形象、生动、具体的教育特点,采用这种方法进行正面教育,不但说服力强,而且让人信服。

(二)贯彻正面教育与积极疏导原则的意义

1. 坚持正面教育与积极疏导原则,是思想政治教育过程的特点决定的

学生的思想品德形成过程,是知、情、信、意、行的过程。这个过程中的几个心理要素之间是相互联系、相互影响的,每个过程都充满矛盾。思想政治教育过程,就是认识矛盾和解决矛盾的过程。解决矛盾不是自然进行的,而是要做很多复杂的疏导工作。在这个过程中,主要是调动积极因素,促进思想矛盾的转化,这就需要进行正面教育。进行正面教育,就是调动学生的积极性和促进学生思想矛盾的转化。

2. 正面教育与积极疏导原则,是我国教育性质和任务决定的

我们的教育是社会主义教育,教育的目的是为社会主义现代化建设培养全面发展的建设者和接班人。在为社会主义现代化建设培养接班人的过程中,思想政治课承担着德育任务,即用马克思列宁主义、毛泽东思想、中国特色社会主义理论体系武装学生。当前,我们所以用马克思主义武装学生,是因为每个社会的意识形态,都有它的核心价值体系。而标志社会核心价值体系性质和方向的,便是它的指导思想。马克思主义是我们国家和党的根本指导思想,是我们所建设的社会主义核心价值体系的灵魂。以马克思主义为指导,是历史的选择。人民所以选择马克思主义,是因为马克思主义是科学的,是发展的,是与时俱进的。目前我们就是让学生学习马克思主义,使马克思主义有更大感召力。推动当代马克思主义大众化,是当代德育的主要任务。这个德育任务本身就要求必须要对学生进行正面的理论教育,在教学过程中要用理论、榜样和细致的思想工作启发引导学生。在进行教育时,教师要从培养社会主义事业接班人的目标出发,要对自己的工作充满社会责任感,要对学生怀有浓厚的情感,要关心和爱护学生,给学生讲清道理,指明方向,而不能采用欺骗、强迫和体罚等手段去驯服学生。坚持正面教育和积极疏导原则,实际上也体现了我们社会主义国家的教育性质。

五、师生民主合作原则

(一)师生民主合作原则的含义

师生民主合作原则,是指思想政治课教学中教师和学生以平等的身份参与教学活动,相互结成团结、协作的关系。

思想政治课教学应体现师生双向活动,即教师向学生传授马克思主义基本理论知识、道德规范、思想方法、学习能力等;而学生通过本身的心理活动接受教师传授的思想、观点、知识、方法和能力等,所以教学是一种双向活动。教学不是一种单向的知识和思想的传递,而是传递和接收的双向活动。只有教师的主动传递而没有学生的积极接收,这种民主合作的教学关系是建立不起来的,学习任务也不能完成。教学过程是一个师生共同参与、互相合作的复杂的双边活动过程。学生是认识的主体,而不是被动的接收器。所以在教学过程中,不但要发挥教师的积极性,改进教学方法,而且要调动学生的积极性,不断提高学生的学习能力,这样才能取得好的教学效果。

(二)贯彻师生民主合作原则的意义

1. 能调动学生的学习积极性

教师在学习过程中平等地同学生讨论一些学习问题,讨论一些社会热点问题,交流一些思想问题,少一些空洞说教,就会清除一些学生对思想政治课的反感和排斥心理。让学生在学习中发表不同意见,使他们在轻松活泼、民主的气氛中学习,就会提高学生学习这门课程的兴趣和积极性。学生会感到政治教师是

他们的知心师长,思想政治课能帮助他们指点迷津,分清是非,他们就会亲其师,信其道,愉快地接受教师的教育。

2. 能提高学生对实际问题的分析能力和语言表达能力

由于教师组织学生讨论教学难点、疑点,引导学生正确认识一些社会问题,而且鼓励学生发表自己的看法,不仅扩大了学生的知识面,也锻炼了他们的表达能力和认识问题、分析问题的能力。

3. 能培养学生的学习能力

教师尊重学生的主动精神,给学生阅读教材的时间,并在此基础上让学生分析教材的层次、掌握教材的基本知识点并列出知识结构表,使学生了解知识之间的内在联系。由于学生同教师互相合作,和谐融洽,互相支持,沟通了思想和感情,共同研究解决教学中的问题,久而久之也培养了学生的学习能力。

六、课内课外教学活动相结合原则

(一)课内课外教学活动相结合原则的含义

思想政治学科教学课内课外教学活动相结合原则,是指在思想政治课教学过程中,以课堂教学为主,坚持课内课外教学相结合,既要重视课内教学,也不忽视课外教学活动,把二者结合起来,共同完成教学任务。

思想政治课教学必须坚持以课堂教学为主,思想政治教育工作是理论性很强的工作,系统的德育理论为学生提供了德育认识的工具,对学生的思想道德成长具有重要的指导作用。所以,课堂教学在学生品德心理形成过程中起着重要作用,具体地说是灌输理论,提高道德认识的作用。但德育理论本身并不具有直接的应用性和可操作性,德育理论揭示人的道德成长的普遍规律,它只能对学生的道德发展起原则性的指导作用,而不能代替学生去接触社会、接触人群。德育过程同一般的教学过程相比带有更大的复杂性。有些知识学了之后很容易变成真知,如有些科学定理学了就可以应用它解题,而德育理论应用就比较难。一般的教学过程同德育过程既有联系又有区别。实践在德育过程中显得更为重要,实践活动和交往是品德心理形成的基础。思想和道德的培养寓于学生的活动之中、行为之中,寓于各种社会关系之中。学生的心理品德形成,离不开学生的直接的课外活动。学生在课外活动中可以和不同的个人、集体相接触,在这个过程中提高他们的认识水平、判断能力,培养感情、意志品质、行为习惯等。在接触实际生活中对他们原有的心理状态作出调整,在认识外部条件时,也使学生主体自身接受了教育,所以在德育中必须坚持课内与课外活动相结合的原则。

(二)贯彻课内课外教学活动相结合原则的意义

1. 贯彻课内课外教学活动相结合原则,是由思想政治课的实践性决定的

中学思想政治课主要是传授马克思主义理论基础知识,马克思主义科学最根本的特征在于它的实践性。它是革命领袖对社会实践所作的高度概括和总

结,并且是已被实践验证了的科学理论。但对于接触社会实践较少的中学生来说,它是间接的知识和经验。学生学习间接经验要以学习直接经验为基础,抽象的理论知识只凭教师课堂讲授是很难被学生接受的。通过课外活动可以充实、丰富学生的感情知识,从而加深学生对抽象的德育理论知识的理解。

2. 贯彻课内课外教学活动相结合原则,可以培养学生发现问题、提出问题、解决问题的能力

课内教学的一些弊端,特别是在培养能力等方面存在的缺陷主要靠课外活动来弥补和克服。课外教学活动是学校教育教学工作大系统中极其重要的部分,是教学活动不可缺少的部分。课外教学活动的显著特点是使学生能走出课堂到广阔的天地里去接触人群、社会和大自然。由于在课外活动中能发挥学生个人活动的独立性,个人活动的机会多,遇到的实际问题也多,促使学生自己动脑去思考问题。这样,学生的学习积极性、主动性和创造性就会在课外活动中得到发挥。由于课外活动内容丰富,并且具有复杂性、多样性,学生的思维能力、分析能力、交往能力、克服困难的能力、解决问题的能力也会得到培养和提高。

3. 贯彻课内课外教学活动相结合原则,有利于学生思想品德的培养和提高

培养学生良好的思想品德是思想政治课教学的主要目的。良好的思想品德的形成不仅要解决认识问题,还有一个由知到行的实践发展过程。课外活动的内容很丰富,集思想教育活动、兴趣活动、群体活动于一体,具有独特的教育功能。学生在参观访问、社会调查活动中,可以激发他们热爱祖国、热爱社会主义建设事业的思想感情;在访问先进模范时,他们会从先进人物身上学到一些好的思想和品德;在集体活动中,可以培养学生的集体主义观念、团结友爱的精神和遵守纪律的良好品质。德育活动是一种社会活动,而且是一种开放系统,所以德育课必须贯彻课内课外相结合的原则。

七、创新性原则

(一)创新性原则的含义

思想政治学科创新性原则,是指在师生社会实践和教学实践的基础上,遵循事物发展的规律性,在教学方法上和教学内容上,大胆想象,扩散思维,敢于求异,在教学中不断创新,培养学生创新才干和创新思维。鼓励学生对德育中的问题进行大胆探索,教师要尽可能为学生创设和提供创新情境。教师要充分信任学生,尊重学生的创造精神,对学生给予宽容和鼓励,让学生破除“唯书”、“唯师”的陈旧观念,彻底改变“教师说了算,学生课堂围着教师转”的现象,创造出宜于萌生独特见解的氛围。

(二)贯彻创新性原则的意义

1. 贯彻创新性原则,有利于开发学生的创造潜能

创造是人类特征之一,是人类生存发展的手段。如果不会创造只会重复,人

类就不能进步，就不可能有更好的生存条件和生活质量。作为人类特征之一的创造，不可能自然产生和显现，它必须通过恰当的教育，通过学校的各种创造性教育活动来开发学生的创造潜能。每个正常人都潜存着巨大的创造能力，学生也如此。每个学生都具有创造潜能，他们是创造教学的对象，创造教学的目的是培养学生的创造习惯、树立学生的创造观念、开发学生的创造潜力。

2. 贯彻创新性原则，有利于培养学生健康的个性

当前教育比较先进的国家都注重培养学生的个性，因为健康的个性之一就是创造性。要将我们的学生培养成创造型人才，就要塑造学生健康的个性。应试教育，以分数论英雄，判断一个学生是否优良，仅以分数而定，为了获取世俗意义的成功，为了取得好的分数，许多学生不得不尽力压制自己的个性，没有自己的兴趣和爱好。为追求分数，对什么问题也不敢提出自己的想法和见解，只好唯书、唯师。很多有才能的学生、有个性特长的学生被分数压得抬不起头，在有些靠死记硬背的高分学生面前显得“无能”。著名科学家杨振宁非常反对把学生培养成念死书的人，他认为念书不应是学习的目的，而应是创出新知识、新体系的手段，中国学生之所以固于书本，是因为分数与日后前程密切相关，这种以分数论英雄，对特殊才能的学生压抑就更为可怕。如果我们国家培养的学生不具备创造发明能力，那么对人类社会、国家和学生本身都是不利的。教育的使命是培养学生的创造力，发展学生健康的个性。教师在教学中坚持创新性原则，就能给学生个性发展提供一个身心自由的空间，让学生积极地表现自己的个性和优势。教师要通过教学做到：培养学生创新意识，保持好奇心，不满足现有知识，富于想象，大胆实践；培养学生创新毅力，不盲从权威，经得起挫折和失败；训练学生创新思维，对问题敢于刨根问底，求知欲旺盛，喜欢和别人争论问题，思维灵活、敏捷，善于多方位思考问题，爱幻想，以创新为己任。只要我们坚持创新教育原则，就会培养出有利于国家和学生个人发展的创新型人才。

八、以鼓励为主的原则

（一）以鼓励为主的原则的含义

在思想政治学科教学中，以鼓励为主的原则，是指在教学中，不论学生在学习中的表现，还是在思想品德中的表现，教师都要多给学生以肯定、鼓励和表扬。教师应以兴奋的情绪、热切的关注、殷切的期待、友好的感受去激励、唤醒、鼓励学生，帮助学生树立信心。鼓励是一条重要的教学原则。学生的成长、成功，离不开教师的鼓励。教师应当为学生每一个优点、闪光点、进步和成功鼓掌。学生在困境中，更需要教师的鼓励。学生应该在教师的鼓励和掌声中成长。教师的一个温暖的话语、一束期待的目光、一句激励的评语，可能会改变一名学生对学习的态度、对人生的态度。教育不该摧残人才，而是通过鼓励培养人才。

（二）贯彻以鼓励为主的教学原则的意义

1. 多鼓励学生，增强学生的自尊心

人活在世上，不但有物质需要，而且要有高层次的精神生活。对人来说，有时自尊比面包还重要。许多教师总是指责学生，挖苦学生，关键在于不尊重学生的自尊心。学生正处在成长中，犯点错误，有点毛病是极正常的事。学生需要教师的尊重和爱护。尊重好学生的自尊心容易，尊重差生的自尊心不容易，能做到尊重故意气教师的差生更不容易。对于差生，教师容易简单粗暴，但你一旦做到了尊重所有学生的自尊心，就显示了崇高的人格。教师对学生的尊重、鼓励、欣赏往往会改变学生的一生命运。如果学生在教师批评和指责中长大，他会冷漠一切，挑剔一切，他会在阴暗中看人生，也会痛苦一生。

2. 多鼓励学生，增强学生成长的自信心

鼓励是一种教学艺术。一个人必须感到成功，对成功有信心，才能够成功。教师在教学过程中，应该多给学生鼓励，强化学生成功的信心。教师对学生每一点成功都要给予鼓励，使学生感受到自信的见证，成功的喜悦，获得克服困难的勇气。有的教师，以为教育是针对学生的缺点、错误，给学生以批评、指责，学生才能成长；看到的总是学生身上的缺点，而很少去发现学生身上的长处。如果学生是一朵玫瑰花，他们看到的总是花下的刺。教师如果整天苦口婆心批评学生，恨铁不成钢，学生会由服从转向对立，由敢讲真话到讲假话，对进步、成功失去信心，永远不能上进。教师加强对学生的管理和批评，要讲究方法，以诚相待。教师对学生的教育，应该针对学生的“优点”。教育的功能在于开发学生的潜能和个性、优点，通过教师的教育，学生认识到自身的潜在能力、个性、长处，增强自信心，增加成长的动力。人人需要鼓励，没有鼓励，学生进步成长的精神就会失落，就会失去信心。学生在学习中特别需要取得教师的赞赏，赞赏是对学生进步的一种鼓励，鼓励是学生成长的精神助长剂。

3. 鼓励学生上进，塑造学生善良的人格

教师必须用善良的心，塑造学生善良的人格。有的教师，脸总是阴云密布，板着脸面对学生，没有丝毫善良喜悦的情绪；有的教师，总是挑学生的毛病，对学生缺乏爱心。学生见了教师就觉得恐怖，听了教师的话就烦。这样的教师教育出来的学生，心中也缺少善良和美好的东西，对周围的人也会麻木、冷漠。

教师教书育人，对学生首先是善良和关爱。教师首先应该用自己真实、善良、美好的精神去塑造学生心灵中真实、善良、美好的东西。教师应该让学生因为你的存在而感到鼓舞和快乐。教师应该用仁爱之心，激发学生的上进心。教师的善良、关怀是学生自信心、自尊心、上进心的基石。教师应该用自己的善良的鼓励，塑造学生对人的亲近、友善、团结、宽容和义务感。教师应该用自己善良的人格去塑造学生良好的人格，使他们关爱世界上一切美好的东西。

复习思考题

1. 什么是教学过程的本质?
2. 教学过程有哪些要素?
3. 为什么说学生是教学的主体,教师是教学的主导?
4. 学习力包括哪几方面内容?
5. 思想政治课有哪些教学规律?
6. 思想政治课的教学方针是什么?
7. 思想政治课有哪些教学原则?

教 学 建 议

重点掌握教学规律和原则,有些观点可以组织学生进行讨论、争论。学习力是个较新的概念,应该在学习后给学生一次讨论的机会。

第四章　思想政治学科教法论

好的教材，如果没有好的教学方法，也不会有好的教学效果。教学方法直接影响教学质量，是教师组织学生进行学习活动的操作体系。本章主要讲课堂教学的基本形式、教法、教学模式、教学准备工作、说课等内容。这些内容对于掌握好的教学方法、提高教学质量有很重要的作用。

第一节　思想政治学科的教学组织形式

教学组织形式是教学活动所采取的方式，它是教学工作的重要组成部分，是完成教学工作任务的重要保障。思想政治课的教学组织形式有两种，一种是教学基本形式，即课堂教学组织形式；另外一种是教学辅助形式，即课外活动。

一、思想政治课的课堂教学组织形式

（一）课堂教学的含义

课堂教学，就是把一定数量的学生，按知识程度编成固定的班级，教师根据一定的教学计划，规定教学内容和时间，在教室里对全班同学同时进行教学的组织形式，也称班级授课制。课堂教学在中国始于清朝晚期。这种采用课堂教学组织形式，就是中国最早的班级授课制的组织形式。我国最早的课堂教学组织形式，是清朝政府在北京创办的同文馆。民国以后，这种班级授课制逐渐在全国推广，一直沿用到现在。

（二）课堂教学是思想政治课的基本教学组织形式

思想政治课的教学任务，主要是靠课堂教学来完成的，它是教学组织形式的基本形式。

1. 以课堂教学为基本形式，与学校教育“以学为主”的教学规律相符合

学生在学校的学习时间是有限的，他们要在有限的时间内学习大量的前人积累的经验，即以学习间接经验为主，因此不以课堂教学为主是不行的。

2. 以课堂教学为主能充分发挥教师的主导作用

教学认识论认为，教学过程在本质上既是一个认识过程，又是一个创造性的实践过程。教学的认识过程具有自己的特点，就是它有指导性、间接性、教育性。在这三个基本特征中指导性最重要。教师就是教学过程中的指导，教学认识就

是教师指导学生的一种认识。教师的指导作用只有通过课堂教学组织才能充分发挥出来。在课堂教学中，教师通过指导学生进入教学活动，指导学生分析教材、解疑、讨论、练习和布置作业等教学环节，使教师的“教”和学生的“学”得到很好的结合和统一。

3. 课堂教学是思想政治课全部教学的中心环节

思想政治课的教学结构是由两个教学系统构成的，一个是课堂教学系统，另一个是课外活动系统。其中，课堂教学是中心环节，因为马克思主义理论知识的教学任务主要是通过课堂教学来完成的。学生在课外活动中运用和体验理论，都是以在课堂教学中学到的理论为基础的。另外，课堂教学同课外活动相比较，是经常的、大量的，它是保证教学质量的关键。所以，课堂教学是思想政治课教学的基本形式。

（三）课堂教学的主要类型

课的类型，是指课堂教学的授课的课型分类，也称“课型”。课型是根据教学内容、任务划分的授课种类。一般的课型，按教学任务不同，主要分为两大类。一节课内完成两种或两种以上教学任务的课，称为综合课或混合课；一节课内以单一的教学任务为主的课，称单一课。思想政治课的课堂教学由于任务不同，一般分为以下几种课型。

1. 绪论课

这种课型是讲授某一门新课所采用的授课类型，亦称导言课。绪论课的教学内容主要是讲授某门课程的性质、教学任务、内容范围、学习方法和意义等。讲授绪论课的目的是使学生认识到学习这门课程的重要性，从总的方面知道学习哪些内容，也教育学生应以什么态度和方法学习这门新课，主要目的是认识新课，调动学生学习新课的积极性，为学好这门新课打下良好的基础。

2. 授新课

这种课型主要是教师集中时间向学生讲授新课，保证教学的完整性和连贯性。一般情况下，教师采用此种课型是因为教材分量比较大，教学任务比较重。

3. 讨论研究课

在讲完某一课或某一单元之后采用的或采用研究方式进行的课型。主要目的是通过讨论，加深学生对所学的知识的理解，调动学生参与教学的积极性，培养锻炼学生的思考能力和表达能力，使学生各抒己见，互相启发。

4. 复习课

这里所说的复习课，不是指一般课后随时进行的复习巩固，而是在教师讲授一个单元或一册书之后要进行复习或总复习时采用的课型。复习课是利用整堂课时间来复习讲过的知识，目的是帮助学生将学过的知识系统化、条理化，并起到巩固所学的知识的作用。

5. 考查课

这种课型的教学主要是为了了解学生对学过的知识的掌握程度,了解教师教学中存在的问题以及学生学习中存在的问题。

6. 讲评课

这种课型主要是在对学生学习情况考查之后进行讲评时采用的。如在考试之后进行的讲评。采用讲评的目的,是使学生了解考试中存在的问题,教师帮助学生分析产生问题的原因以及改进的途径。

7. 综合课

综合课型,就是通过一堂课完成两个或两个以上的教学任务的课型。一般情况下,教师上课时采用的多是综合课。综合课的教学环节比较多,一般有复习旧课、导入新课、讲授新课、巩固新课、结束新课、布置作业等。

前六种课型是单一课型,后一种课型为综合课型。一般教学都采用综合课课型。

(四)课堂教学的基本环节

课堂教学的基本环节,就是课堂教学中链锁式结构的组成部分,或课堂教学过程的步骤,思想政治课课堂教学有如下几个基本环节。

1. 组织教学

组织教学这个环节,是为教学做好组织准备工作,是教学的准备环节。目的是为教学活动创造一个良好的教学环境,使学生停止非教学活动,收回分散的精力,做好上课前的准备工作。这一环节包括检查清点学生人数,安定学生情绪,检查学生的课前准备工作,并告诫学生要遵守课堂纪律等。组织教学是保证教学正常进行和有一个良好的课堂秩序的重要环节。如果在教学过程中发生影响教学的事件,如学生随便说话或出现突发事件等,教师要及时组织教学,目的是不让不良现象影响学生听课的良好心境和教学效果。

2. 检查复习

检查复习,是指教师在讲新课之前,用口头、书面或板书等形式检查学生学过的知识,特别是要检查前一堂课学过的内容以及与本节课内容有关的知识。目的是防止对旧知识的遗忘并使新旧知识建立起联系,为学习新知识做好知识准备。复习旧知识不要过多,选题要精,提出的问题要有启发性、代表性和衔接性,使问题能起承上启下的作用。检查旧课环节不要安排时间过长,否则会影响新课的进行。

3. 导入新课

导入新课,就是把学生引入学习新的教学内容的教学步骤,有承上启下的作用,以引起学习新课的兴趣,为学生学习新课创造一个良好的心境。

4. 学习新课

学习新课，是指教师指导学生学习新的教学内容的环节。教师讲授教学内容的方式很多，可以采用教师讲授，也可以采用指导学生阅读教材或组织学生讨论新的教学内容。指导学生阅读教材可以培养学生发现问题、认识问题的能力并提高他们的抽象思维能力，从而达到提高学生自学能力和培养他们创造能力的目的。组织学生讨论新知识，可以培养学生的思考能力、论证能力、语言表达能力、教学参与能力，并能调动学生的学习积极性。学习新知识，教师要注意把教材中的概念、原理、知识之间的逻辑联系和思想教育内容交代清楚，教师要精讲，多注意指导学生学会学习。

5. 巩固新课

巩固新课，是复习巩固当堂学习的新知识的重要步骤，它也是信息反馈和教学中查漏补缺的重要措施。在这一教学环节中，可以由教师小结当堂学的知识，也可以通过提问、练习等方式联系一些实际问题，以发挥学生在学习中的创造能力，使他们求得发展。

6. 布置课外作业

布置课外作业，是一个教学的巩固环节，其作用在于使学生进一步消化和运用新学到的知识。这个环节是课程进行完之后，教师给学生布置练习题或思考题的环节。给学生留的练习题或思考题一定要有启发性，不要让学生在练习中简单重复课堂学习的教学内容。作业的形式可以是练习思考题、小论文、社会调查、心得体会，也可以是行为要求作业。

二、思想政治课的课外活动

（一）思想政治课课外活动的含义和作用

思想政治课的课外活动，是指课程标准规定以外的，由学生自愿参加的多种教育活动，它是课堂教学的辅助手段，是一种教育实践现象。通过实践活动，让学生感知知识信息和体验学过的知识。它包括正式课堂以外的校内外各种思想政治教育活动。目的是：培养学生学习思想政治课的兴趣，以适应社会的需要和个人发展的需要；扩大学生的知识领域，增进学生的创造才能；提高学生的思想道德修养，陶冶情操，丰富精神生活。课外活动同活动课不一样。活动课是同学科课程一样进入课程编制、纳入课程计划的，是每个学生必须参加的一种正式课程，如科技文体活动、班团队活动、晨会等。而我们这里讲的学科课外活动，是从学科教学需要出发的，它服从和服务于学科教学的需要，是学科教学的组成部分，是学科教学的补充和延伸，它是由学生自愿参加的。所以不要把学科课外活动混同活动课，活动课比课外活动高一个层次，活动课是学科课外活动的发展与升华。活动课程是有教学计划、有教材、有教学参考书和有师资的正式课程，而课外活动则做不到以上几点，它是服务于学科的教学手段。如果作为课程，课外活动还属于学科课程的辅助形式。

（二）思想政治课课外活动的主要形式和方法

1. 报告会

思想政治课的报告会，可以结合各种学习内容来举行。报告人可以请校外的，也可以请校内的；可以请学校领导、教师，也可以由学生来作报告。报告场所要根据条件来定，可以定在礼堂，也可以放在教室，还可以到报告人所在的单位去听讲。报告会之后，可以组织学生进行讨论或者写听报告的感想。通过讨论或写感想，既能给学生提供理论联系实际的好机会，又能提高学生的思想觉悟。

2. 读书报告会

读书报告会，能够丰富、充实学生在课堂上学过的知识，同时还可以为学生提供新鲜的学习内容。教师要引导学生坚持经常性地阅读有关的书籍、杂志，帮助学生选学一些有教育意义的书报。教师也可以向学生推荐一些与课堂教学内容有关的政治理论书籍和青少年思想政治修养读物、革命领袖传略、革命故事以及政治评论文章等。教师要经常了解学生的读书情况，并选择适当的时机举办学生读书报告会。读书报告会要选好报告人，报告内容要有鲜明的主题，要使报告内容与思想政治课的学习内容有关。报告会之前，教师要对报告人加以指导。报告会应让学生自己组织，这样可以锻炼学生的独立工作和组织能力。

3. 写小论文

写小论文，是培养学生理论联系实际、提高思想觉悟的有效形式。所谓小论文，就是说这种论文要短，一事一议，文章不要过长，议论的问题不要多，议论要围绕一个中心展开。论证时，学生要运用自己掌握的理论知识。写小论文，文章要观点鲜明，主题要有教育意义。小论文可以布置为课外作业，也可以召开小论文宣讲会。通过写小论文，可以促进学生学习的兴趣，也可以提高学生的学习能力和创造能力。

4. 参观访问

参观访问，是思想政治课理论结合实际的重要形式。参观访问可以使书本知识与社会实际有机结合起来，可以使学生直接了解社会实际，了解现代化建设与改革开放的伟大成就和先进人物的事迹。通过访问，学生可以了解我国社会主义建设事业的发展情况，学习先进人物的思想品德。参观访问这种活动形式，由于学校所在地条件不同，参观访问的对象要根据具体条件选择和确定。参观访问前，要明确参观的目的。参观访问的单位或个人要事先联系好，并确定参观的时间。参观访问过程中，学生要守纪律、懂礼貌，并适当作记录。参观访问结束后，要布置学生整理参观访问的材料，也可以召开座谈会、报告会等，要巩固参观访问的成果。

5. 社会调查

思想政治课的社会调查,是指学生在教师指导下,有意识地参加考察和分析社会现象,并提高学生的思想觉悟和社会交往能力。社会调查是指收集社会资料。学生在收集社会资料的过程中,可以丰富、补充课堂的教学内容。在收集材料过程中和收集材料之后,需要组织学生对收集到的资料进行分析整理,这样可以提高学生观察和认识社会问题的能力。搞社会调查,首先要制订周密的调查计划,计划中包括调查的题目、对象、时间、形式、方法和注意事项等。调查结束后,要写调查报告。搞社会调查的形式,可以采用访问个人、直接观察、召开座谈会、抽样调查、问卷调查、文献调查,也可以组织旁听司法部门的公开审判等。

总之,思想政治课的课外活动,是学校与社会相结合、理论与实践相结合、个人与集体相结合、课内与课外相结合的一条纽带。它是学生增长知识、扩大信息量、提高思想觉悟、培养社会交往能力的重要途径,也是提高人才素质的重要方法。

(三) 思想政治课课外活动的原则

根据学校的培养目标和青少年学生的身心特征以及课外活动的特点,教师组织和指导学生进行课外活动时,要遵守以下几项原则。

1. 实践性

使课外活动为学习教学内容服务,成为教学的补充手段。要让学生充分利用课外活动的机会来广泛参加社会实践,在活动中学习,在实践中学习课堂上学不到的知识,在做中了解社会、了解生活、认识自己、改造和完善自己。

2. 自愿性

课外活动不同于课内活动,以同学自愿参加为原则。每个学生是否参加活动,都由学生根据自己的条件和情况来决定,别人不得强制。

3. 独立性

课外学习活动必须坚持独立性原则,就是教师不得包办或代替学生组织活动,而由学生独立进行活动。学生是活动的主人,教师在活动中只能给学生当参谋,给学生以启发、帮助和指导,这样可以锻炼学生的组织能力和增强学生的社会责任感。

4. 灵活性

组织思想政治课的课外活动,要采取灵活机动的办法,要根据各地的经济、文化和教育差异状况,利用各地有利条件,因地制宜地搞些课外活动。只要我们对课外活动的意义和作用有足够的认识并认真去做,就一定会把这项活动搞好。

第二节 思想政治学科的教法和教学模式

一、教法和教学模式

（一）教法

教法，就是教师为完成教学目标和教学任务，在教学时采用的教学策略、手段、方式、途径和操作程序。简言之，就是教师教学生时采用的方法。教无定法，教师面对不同的教学内容和教学对象，教法也各不相同。教法是教学的工具，是教学水平高低的标志。先进的教法就会带来良好的教学效果，所以要想取得教学的成功，必须不断学习和改进教法。

总的来说，教法中有科学，也有艺术。我们这里讲的教法，“法”是指科学的部分，就是教学规律这部分，也就是说教学是有规律可循的意思。关于教法中的艺术部分，在“教学艺术”那一章节里将进一步阐述。

教学方法一般分为三类：(1) 原理性教学方法，如启发式教学法、探究式教法等；(2) 技术性教学法，如讲授法、谈话法、讨论法等；(3) 操作性教学法，如美术课写生教学法、外语课的听说教学法以及各科教学中的教具演示等。

思想政治学科属于德育课，它与一般的教法还有不同之处。思想政治课教法，是通过思想道德知识、理论、规范，使之转化为思想道德素质。所以思想政治学科的教法，是为达到教育学生的德育目的，完成德育任务，而采用的策略、方式、途径和操作程序。是要使“道”内化为学生的信念和观点，再外化为学生的“德”的行为。德育与智育不同，它的方法主要靠教师的思想道德观点和道德影响力，以德育德。

（二）教学模式

教学模式是比较稳定的、特殊的教学方法。但教学模式不是一般的教学方法，它比一般教学方法层次高，它把教学方法模式化了。它不是教学环节的简单组合，而是一定的教学思想和教学规律的反映，它规定了教学的程序、原则和运用的操作程序及策略。教学模式，是一定的教学思想、教学理论和方法的综合反映。也可以说，教学模式是一定的教学思想理论的稳定的结构、教学活动程序的教学活动系统。我们给教学模式的定义是：教学模式是依据一定的教学思想、教学理论和教学规律而形成的比较稳定的、比较典型的教学程序和教学方法的策略体系。教学模式的结构包括，教学思想、理论；教学目标；教学操作程序；教学策略；师生在教学中的地位和角色等。

教学模式的特点是：优效性，具有很好的教学效率；可操作性，便于把握和运用；稳定性，因为它符合教学规律，又是从大量教学经验中总结出来，所以比较稳定；参照性，它可供参照使用，具有处方性。

二、启发式教学模式

（一）启发式教学模式的含义

关于启发式教学，我们是比较熟悉的。我国很长时间以来就提倡启发式教学，所以有的人认为启发式教学没有研究和实用价值了。其实这是不对的。启发式教学，是我国古代教育思想的瑰宝，其起源可以追溯到孔子生活的时代。“启发”一词源于孔子的“不愤不启，不悱不发”。“启”是通过教师开导后，学生对不清楚的问题有了正确认识的意思。“启发”，就是经过了开导而有所领悟的意思。“启”与“发”是因果关系，“启”是前提，“发”是结果。启发式教学，要求教师运用具有启发性的教学方法，而不要用向学生“灌知识”的“填鸭式”教学方法。虽然启发式教学法的提出已有两千多年时间，但它作为同“注入式”教学法相对的一种民主的科学的教学方法，时至今日仍有很强的生命力。而国外提出的一些带有启发性的教学方法，如“设疑法”、“问答法”、“谈话法”、“启读法”、“启研法”、“点拨法”、“发现法”等，使启发式教学的思想内容更加明确和丰富。但我国教育界对启发式教学法的研究却不够深入。

（二）启发式教学与启发式教学方法的关系

启发式教学是一种教学思想，它是各种带有启发性的具体教学方法的总称，或者说它对于各种具体启发式教学方法是一种指导思想，它决定着启发式教学方法的性质、方向和方式，它的基本思想都体现在各种具体教学方法的步骤和操作程序中。它同各种具体启发式教学方法之间是共性和个性、一般和特殊的关系。凡是启发式教学方法，在性质上都要体现启发性质；在思维方向上要体现“内因论”，认识主体是学生；在操作方法上，要通过教师的启发、诱导，通过学生自己的活动来实现教学目标。启发式教学没有指定的、固定的操作程序和环节，它的基本教学思想都渗透在具体的启发式教学方法之中。如果不能很好地认识或理顺启发式教学与启发式教学方法的关系，各种启发式教学方法在运作过程中就容易忽视启发的原则性和规律性，启发式的共性就不能通过个性表现出来。

（三）启发式教学的特征

1. 确定了在教学过程中教师主导和学生主体的地位

启发式教学认为学生是学习的主体，教学活动必须依据学习的客观规律和学生自身发展的规律，灵活运用各种具体的教学方法，充分调动学生学习的积极性、主动性，最终通过学生自身内部的学习力解决学习中的问题。这就确定了学生在教学过程中的主体地位。在启发式教学中，学生主体作用得到了充分的发挥，发现了问题，带着教材中的问题，产生了疑点、有了认识的障碍和自己的想法，于是向教师请教，与教师交流、沟通、探讨。在这种教学中，学生提出问题、提出疑点，动用自身已有的知识经验，使自己的思维处于主体积极的思维状态。教师在启发式教学中，处于主导地位，运用引导、答疑、解惑等手段进行“启发”，教师用自己的智慧之火点燃了学生的智慧之火，引导学生进入积极思维状态，教师的主导作用是点燃学生智慧之火，使学生在自己燃烧的火光中前进。教师通过指导，调动学生本身的潜能，发展学生的素质。启发式教学的本质特征，是体现了主导主体性。

2. 启发式教学体现了学生学习力的能动性的作用

人的认识过程，教与学的过程，是内外因辩证统一关系在学习过程中的反映。唯物辩证法认为，事物发展的内在矛盾是事物发展的运动源泉。启发式教学认为，教学过程，是矛盾发展的过程，在这一矛盾运动中，学生是学习认识活动的主体。学生发展的原因，学生学习新知识和精神的根本原因在学生自身内部的矛盾性，也就是根本原因在于学生原有的知识和他自身的学习能力。但在学生学习过程中，外因的条件作用也不容忽视。教师主导作用是学生发展的外因，它对调动学生运用已有的知识和智力与非智力因素参与教学活动起着非常重要的作用。学习是认识主体学生的内因和认识活动的外因教师的共同活动的结果，但主要是内因积极作用的结果，是学生积极参与的结果。在学生学习活动中，最积极的因素是学生的非智力因素，它不但能调动、控制、支持智力因素进行认识活动，它还能同智力因素辩证地统一在一起，提高学生整个的学习力和改变人的整体素质。在人本身的潜力中，起积极地、能动作用的因素主要是人的非智力因素，在人的非智力因素中，人的价值观的能动作用最大。人只有在教育中、在教学中找出自身的价值，确立正确的人生理想和目标，有了远大而正确的价值目标和价值追求，才会产生追求真理、学习知识的信念，才会产生不懈的学习力量。价值理想，是激发学生学习精神的内驱力，但学生树立的理想和价值观必须正确，这就需要教师给予指导。教师在启发式教学中的主导作用，就是启发作用，就是指导、调节、调动、启发学生智力因素和非智力因素能动性的作用。

3. 启发式教学是提高教学效率的形式和途径

提高教学效率的途径是教会学生学习，如何提高教学效率，通过什么样的形式和途径提高教学效率，是教学过程所探索的问题。启发式教学回答了这个问题。启发式教学为提高教学效率提供的途径是，教师通过指导，启发学生的思维，帮助学生学会思考、点拨思路、引导方法；启发的途径和方法是，目的启发、问题启发、形象启发、情意启发、事例启发、比较启发、联想启发等。启发式教学的功能主要体现在对问题的发现、探索、认识的过程中，而不单是对结果的启发。启发式教学主要是通过教师的“启”，也就是教师的“教”，达到学生的“发”，也就是会学。教师的作用在于教会学生学习如何思维，掌握科学的思维方法，使学生不但“要学”，而且会学。学会学习，是每个现代人必备的素质之一。启发式教学，为教会学生学习提供了一种途径和手段。这也是这种教学指导思想生命力的所在。因为学习是每个人一生的需要，特别是对于现代人更是如此。

三、陶行知“教学做合一”教学法

有人认为，中国近现代教育是落后的，教育思想也是落后的。这种说法是不正确的。中国现代伟大的人民教育家陶行知，1922年就提出了“教学做”的教育思想和教学模式，就证明中国的教育思想并不落后。陶行知的教育思想并未得到贯彻和开花结果，是与当时中国的经济落后和政治原因有关，也和我们教育界本身没有认真实践和提倡这个教育思想有关。至今看来，陶行知的教育思想是现实的、先进的、现代的和富有创造性的。如果从当时旧中国的教育情况看，陶行知的教育思想也是超前的。今天我们重新学习陶行知的教育思想，实践陶行知的教育思想仍有很强烈的现实意义。

陶行知“教学做”教育思想主张是针对旧中国传统的重师、重道而不重视学生、不重视实践和漠视创造而提出来的。他的教育方法，也是针对当时中国盛行重教不重学的教学模式弊端提出来的。陶行知的教育思想，具有革命性、民主性、创造性，在教育上具有现实性。在我们提倡、借鉴国际上先进教育思想的今天，切不可忘记继承、弘扬和实践我们自己伟大先进教育家的教育思想。

陶行知“教学做合一”教学模式的主要思想是：教学做是一件事，不是三件事，我们要在做上教、在做上学。先生拿做来教，乃是真教，学生拿做来学，方是实学。不在做上下功夫，教固不成学，学也不成学。陶行知是一位伟大的教育思想家，也是一位伟大的教育实践家。陶行知“教学做合一”教学模式是一个具备现代教育思想的教学模式。

（一）教学目标

1. 强调知识是做“真人”的基础

作为学生，在学校多学些知识是非常必要的。因为前人长期积累的知识对于后人也是十分宝贵的。陶行知从培养改造自然、改造社会、具有生活力和创造力的人，以及培养“追求真理”的“真人”的教育目标出发，提出了传授知识、培养学习能力、创造力的教育目标。陶行知重视知识的理论在今天的知识经济时代具有很重大的现实意义。因为知识无论对个人还是对社会来讲都是财富，而人的知识的增长中有五分之三是由教育引起的。所以陶行知认为知识是做“真人”的基础，必须把知识的传授作为重要目标。

2. 主张培养学生的创造能力

陶行知认为“儿童是新时代的创造者，不是旧时代的继承者”，因此教学是要在儿童自身的基础上，运用环境影响来培养和加强创造力，使他长得更有力量。他还引证范例，把爱迪生、达尔文、伽利略、牛顿、瓦特、法拉第等伟大人物作为培养具有创造力人才的例证。陶行知在其创造教育理论中分析到，中国有几千年的历史，现在却落后于发达国家，原因在于学生充其量是一个活书橱而已。

只装知识，不会创造。他呼吁：要教人创造。他主张继承，认为知识是做“真人”的基础，但他特别强调对学生学习能力的培养。陶行知先生虽然为中国的创造教育大声疾呼，并进行了创造教育实践，但由于当时的中国处于四分五裂状况、科技教育落后等原因，中国教育并没有得到真正改造。新中国建立以后，由于极“左”的思想影响以及僵化的教育体制，陶行知创造教学思想也没有得到贯彻。

3. 主张培养学生学习的能力

陶行知认为先生不可能把所有知识都教给学生，何况“世界上新理无穷”。他认为正确的做法是，把学习方法教给学生。他指出，好的先生不是教书，不是教学生，乃是教学生学，学生具备了学习能力，才能摆脱被动地位，做到自得、自动，提高分析和解决问题的能力。他的主张是，教师主要任务是教会学生学习，而不是将自己所有知识教给学生。他认为传统教学方法的弊端是“学校专重书本，讲书便成为教，读书便成为学”。他对传统教学方法的批判是非常准确的，“以讲为教”的做法到今天也很普遍，所以陶行知对旧教法的批评直到今天仍有现实意义。

4. 主张把学生培养成为对国家和人类有责任感的人才

陶行知说，儿童是新时代的创造者……使他长得更有力量，以贡献于民族和人类。他是要把学生培养成具有爱祖国、爱人类的精神，学成之后把自己的力量贡献给国家和人类作为培养现代人才的标准。人不但要具有爱自己的祖国的思想和情感，而且要具有对人类、对国际社会负责、尽义务的情感。人才，首先是国家的人才，是个国民；同时，人才也是人类的人才，是国际社会的人才，是个国际人。所以学校培养出来的人才，不但要为国家服务，也要为人类服务。陶行知提倡人才要具备对国家和人类的高度责任感，从全人类的整体利益出发，使创造型人才造福于人类。

（二）教学程序

陶行知“教学做合一”的教学模式的教学程序包括三种教学过程和两个阶段。

1. 三种教学过程

（1）以工作或问题为中心的“教学做”过程。

（2）以事物的历史发展为中心的“教学做”过程。

（3）以各学科系统的学习和研究为中心的“教学做”过程。

这三个“教学做”过程在教学中可参照综合运用。

2. 两个阶段

（1）在教学的低级阶段，儿童的知识还不丰富、独立学习能力不强时，教学就体现为学生在有知识的教师的指导下，开展各种活动，从而获得知识，提高学习能力。

(2) 在学习的高级阶段,当儿童知识不断丰富时,教师的作用是由传授知识逐渐转向对儿童的学习活动进行指导、启发,使儿童独立获得新知识,提高学习能力。

在教学过程中,这个"教学做合一"模式,根据学生知识积累和生活经历的不同阶段,采用"领导学习"和"指导学习"不同的学习方法,这符合教学实施的规律性。

(三) 教学策略

1. 因材施教

陶行知在教学中主张量力而行、因材施教的原则。他看到了当时学校中教师只管按照自己的意思去教学生,对于学生的兴趣、能力不闻不问,造成收效不大、学生苦恼多的不良现象。于是他从提高教学效果的角度,提出"教的法子根据学的法子"的主张,要求教师从学生的实际出发,学生怎样学就需怎样教,学得多教得多,学得少教得少,学得快教得快,学得慢教得慢。他认为只有这样教学,才会在教学中取得实效。

2. 在"做"中学

陶行知的教育思想如其人一样,主张"行知",主张把"教学做"统一起来,他主张在做中学。他说,单纯的劳力,只是蛮干,不能算做;单纯的劳心,只是空想,也不算做,只是在劳力劳心。他主张学生要手脑并用,在"做"中学。教学是接受和实践的统一,这反映了教学过程的本质。

3. 在教学实践中培养学生的创造力

陶行知认为,儿童都具有创造力,教育的任务是把儿童的创造性解放出来。为此,他提出了通过"五大解放",培养学生的创造力。解放儿童的头脑,把儿童从迷信、成见、曲解、幻想中解放出来。解放儿童的双手,让孩子有动手的机会。解放儿童的嘴,让孩子"每事问","发明总是千千万,起点是一问"。解放儿童的空间,让孩子接触大自然、大社会,扩大眼界。解放儿童的时间,把他们从过分的考试制度中解放出来,腾出时间接触人生,从事创造。他认为"在劳力上劳心,是一切发明之母"。在育才学校里,在他的倡导下,学校不仅重视课堂教学发展学生的创造力,而且特别强调通过实践,通过开展丰富多彩的创造性活动培养学生的创造能力,如举行创造晚会、开展"谈天会",观察天象、讨论天文;设"鸟类迎宾馆"、"昆虫招待所"、"水族馆"等;组织美术团、合唱团和实验剧团等,使师生把"教学做"合到一起,共同努力、共同实践、共同交流、共同创造。

(四) 师生角色

1. 教师在"教学做合一"教学中起主导作用

陶行知在《育才学校教育纲要草案》一文中指出,在师生关系上反对两种倾向:一种是将教与学的界限完全根除,忽视教师的领导作用;另一种是只管教,不问学生兴趣，不注意学生所提问题的倾向。他在反对传统教育忽视学生主体性的同时，主张充分发挥教师的主导作用。这种教育思想，充分肯定了教师在教学中的主导作用，正如邓小平说的“只有老师教得好，学生才能学得好”，学校培养人才“关键在教师”。

2. 学生是教学的主体，儿童是学习的主人

陶行知在《育才学校教育纲要草案》中谈到育才学校总的教育过程时指出，教学过程是以儿童为行动的主体，在教师的领导下所进行的行与知不断连锁过程；以儿童为行动主体，同时以儿童自身之知为领导，所发展之行与知不断连锁的过程。在这段话中，他认为学生是教学过程的主体。他还认为，教师和学生之间是民主平等的关系，主张儿童是学习的主人。通过这样的教学，先生就费力少而成功多，学生一方面也就乐学习。陶行知在育才学校工作期间竭力主张教学要以儿童为主体，重视学生“自得”，成为学习的主人。

（五）陶行知“教学做合一”教学模式的特征

1. 具有批判现实性

陶行知的“教学做合一”的教学模式，是从批判当时传统的师道尊严出发。当时的教学情况是，由教师统治课堂，教师一言堂，学生在课堂上没有发言机会，没有学习积极性，只能背老师讲述的知识和思想，只能唯师唯书，而没有自己的思想，学生很容易失去自我。学生变得麻木，没有了自己的思想，也就没有了尊严、未来、希望和发展。陶行知看到这种可悲的教育现象，严厉批评这种落后的教育，大声呼吁改革旧教育。虽然由于当时中国的客观情况，陶行知的教育思想无法贯彻实施，但他的先进的教育思想对我们今天的教育改革仍具有指导意义。因为他的现代教育思想符合中国时代发展的客观要求，另外他的教育思想符合中国的教育实际，具有本土性。

2. 具有教育民主性

陶行知认为在教学过程中师生的关系是民主平等的关系。其实从历史上看，“平等”的思想可谓源远流长，孔子早在两千多年前已提出“有教无类”的思想。近代某些国家把阶级平等思想引向教育，谋取教育平等。马克思、恩格斯又把教育平等思想向前推进一步。如果教育没有平等和民主，教育方法仍是教师一言堂，学生就不能以平等的方式参与教学，学生和教师就不能平等地进行双向交流，学生的思想、观点就会受到压抑，学生的发展就会受到极大损伤，学生的头脑就不会得到真正的解放，教学质量就不会得到真正的提高。陶行知教育民主的思想，今天仍有很强的现实意义。

3. 具有教育创造性

陶行知主张解放学生的创造力，在教学中开展创造性活动。他能在 20 世纪 30 年代就提出创造性思想，这是难能可贵的。首先，创造教育是一种更新观念

的教育，特别是在八十多年前的旧中国提出创造教育，更给人一种耳目一新的感觉。其次，陶行知提出的创造教育是一种全方位的综合性的教育，包括课内创造教育，让学生动脑思、动嘴问、动手做。再次，还包括课外创造教育，让学生从单一课堂回归生活，解放儿童的空间，让学生到自然中、社会中去扩大眼界；主张减轻学生过重的课业负担，让学生参加社会实践，让学生在认识世界中成长。最后，陶行知的创造教育理论符合时代挑战的需要。在21世纪的今天，在各国综合国力的竞争归根结底是人才竞争的时候，在人才竞争特别是创造性人才竞争的时候，陶行知注重培养学生创造能力的理论，对我们今天的教育改革具有非常重要的教育意义。

4. 具有师生主导主体性

在陶行知的“教学做合一”的教学模式中，他主张学生是教学的主体，是学习的主人，而教师是教学的主导。我国长期以来形成的传统的师生关系，实际上是教师专制的师生关系。特别是在陶行知执教期间的旧中国，教师不仅是教学过程的控制者，而且是居高临下的权威者，是教学的主体。在教学中教师搞课堂垄断，学生不能主动参与教学，不能捍卫自己的理想。在这种情况下，陶行知先生能提出儿童是教学的主体，教师的“教”主要是为了指导、启发学生学习，“乃是教学生学”，这是很了不起的。因为他排除了传统教学对学生思想的障碍和桎梏，使学生从被动听和啃书本的束缚中解脱出来。这种教育思想把学生摆在了学习主人的地位。在教学中，不是教师的“光”照亮了学生，学生也是光，是一片光，应该让学生大放光彩。陶行知先生就是让学生大放异彩的人。

四、探究式教学模式

探究式教学模式，也可称为研究式教学法。下边介绍的这两种教学模式就是探究式教学模式的代表。

（一）发现式教学模式

1. 发现式教学模式的含义

发现式教学模式，是由美国教育家布鲁纳提出来的。教学过程是在教师指导下学生自我发现的过程。学生利用教师提供的事例、问题和材料，通过主动地研究、学习，而不是被动地接受知识，经过独立探究，亲自去发现问题的结论和规律，成为发现者。

2. 教学程序

（1）创设问题情境。教师向学生提出要解决的问题，可能是概念、原理或疑难问题。

（2）学生提出假设或答案。学生通过亲自阅读有关教材、参考有关书籍、观察、实验、思考、讨论和听讲等途径去独立研究，自行发现并得出答案或假设。

（3）检验答案或假设。学生运用分析思维，对得出的答案、假设，通过求证、讨论等形式进行检验。

(4) 得出结论。在学生经过充分验证和讨论的基础上,对答案、假设进行修正、补充之后,得出结论。如图 4-1 所示。

创设问题情境——发现答案——提出假设——检验答案或假设——得出结论

图 4-1 发现教学模式图

3. 发现式教学模式的特征

(1) 摆正了教师与学生在教学中的地位。教学模式让学生在教学中发挥主体作用,重视发挥学生的主体性、积极性,让学生自己去发现问题和解决问题,让学生主动完成学习任务。该教学模式认为,教师在教学过程中永远是主导者,教师不仅是知识的传授者,更是指导者和楷模。

(2) 能帮助学生学会学习。学生在发现学习中,通过自己的积极参与,不仅获得了新知识,而且对新的知识进行了信息转换、整理、归类、掌握、改组和系统化,这就能提高学生的学习能力,使学生掌握了如何思考,如何识别信息,如何分析问题和解决问题的能力。

(3) 能培养学生探究问题的精神。发现式学习模式,按照学习的认知规律,通过教师的精心设计,引导学生积极参加教学实践,激发了学生探索的好奇心,培养了学生对科学知识本身的兴趣和热爱,形成了自我学习和探索的精神。

(4) 能培养学生的现代思维能力。发现教学法,以过程为学习取向,在发现过程中也充分显示了学生的思维过程,注重过程思维的结果。在学生探究、发现问题过程中,需要得出答案和提出假设,在这个过程中,还需要进行直觉思维、分析思维;在验证过程中,在解决问题中,又要求学生具有分角度、多方位的思维和集中、发散的思维。所以发现式教学法有利于培养学生的现代思维能力。

(二) 探索式训练教学模式

1. 探索式训练教学模式的含义

探索式训练教学模式是由美国探究教育家萨其曼提出来的,他坚信利用学生对一切事物都感兴趣的心理动力和求知欲望,甚至让学生在教师的帮助下,通过调查、尝试、说明、解释某种现象,以帮助学生有效地组织知识,增强学生的认知和探索能力的教学模式。在探索过程中,教师可以利用这个机会指导学生如何提问、如何搜索资料、教给他们一些必要的思维方式和探究方法,形成发现新事物的习惯。

2. 教学程序

(1) 呈现疑难情境。教师创设和选择的问题必须是使学生产生困惑的疑难问题,只有疑难情境才会激发学生求知、探究的兴趣和好奇心及求知的欲望,假如教师呈现出来的问题不具有疑惑性，没有探究的价值，当然也就不存在探究活动。

（2）提出假设和收集资料。学生根据教师提出和创设的问题，开始收集与问题有关的资料，学生在观察到信息的基础上进行解释和推论，有意识地验证某种假设，并根据资料对假设作出解释。假设是对教师创设、选出问题和疑难情境的假定的说明。一般的探究程序是，先提出假设之后收集资料，对所收集的资料进行推论、推理，以验证先前提出的假设。也可以先收集资料，后提出假设，在对资料认识的基础上对疑难情境作出假定的说明。

（3）得出结论。根据调查收集的资料，对假设进行思考、推断、验证，在验证假设的基础上，学生将假设组织起来，表达自己的感觉，作出结论性的解释。当所有现存的资料能准确地说明问题时，最后作出结论。结论的得出，必须经过实践证明是正确的。如图 4-2 所示。

呈现疑难情境——提出假设——收集资料——得出结论

图 4-2　探索训练教学模式图

3. 探索式训练教学模式的特征

（1）教师与学生平等地参加活动。在探索式训练教学模式中，教师与学生处于平等的地位参与活动。教师在这种教学模式中的作用是为学生选择和创设情境，帮助学生确定探究的重点，并对学生收集的资料作出反应以及参与问题讨论。教师的任务是帮助学生探究，而不是代替学生探究。教师在教学中扮演着教学管理者和指导者的角色。学生在该教学模式中，同教师处于平等地位，学生的人格得到了充分的尊重。学生的任务是对教师创设的疑难情境提出假设并收集与情境有关的资料，学生的行为虽然是在教师的指导下，但探究行为是自主的，学生可以充分表达自己的观点，提出自己的假设和结论。

（2）通过探索训练，促进学生思维技能的发展。在探索式训练教学模式中，学生在探究过程中，接受了收集资料、提出假设、得出结论等研究性训练，特别是学生收集资料的方法得到了充分的训练。在探究中学生要进行发问、想象、思维、辩证和分析，因而促进了学生创造思维技能的发展。

五、案例教学法

（一）案例教学法的含义

案例教学法，就是用案例进行教学的一种教学模式。具体地说，案例教学法是通过对一个具体的教育情境的描述，引导学生对这种典型、特殊事情的情景和境况进行讨论的一种教学方法。它是由教师和学生共同直接参与、共同对案例或疑难问题进行讨论的教学方法。案例，就是指实例、范例、个案、事例、实情、事实、状况等，它是对具体事物、现象及其发生过程所进行的描述情境，作用是作为典型真实的素材供人们研究。这些案例以书面形式展现出来。学生在自行阅读、研究、讨论的基础上，通过教师引导进行全面讨论，最后得出认识结论。这种教学方法为教学提供了一个真实的场景，缩短了教学与实践的距离。这种教学方法，从某种意义上讲，它同传统注入式教学模式是相对立的。

（二）案例教学法的教学程序

1. 案例课程设计阶段

（1）确定教学内容和教学目标。确定教学内容之后，根据教学内容确定教学目标的途径。

第一，行为教学目标。

通过案例教学，学生要对案例情境表现出一种决策能力、说服能力，学生要能够利用案例对教学内容作相当深入的分析。在谈对问题看法时，思维要有严密的逻辑性、清晰性和连贯性。

第二，过程教学中的目标。

在案例教学过程中，学生要能参与到案例教学中去。课前要做好准备，在教学中学生要能口头表达自己的思想观点。

（2）教学目标。

第一，认知目标。

识记：认识和记忆所学概念、原理、事实等。

运用：用所学理论分析案例中的具体情境，最后用案例中的事实得出结论。

第二，情意目标。

通过案例教学，让学生从思想意识和情感方面接受所学教学内容的观点、理论或结论。使学生通过学习，增强社会责任感，在思想意识、情感、世界观、人生观、价值观方面有所改变。

第三，技能目标。

通过案例教学，使学生观察事物的能力、思维能力、评价能力、学习参与能力、口头表达能力有所高。

2. 选择案例阶段

确定了教学目标之后，就要按下列指导思想来选择案例。

（1）案例是一个故事，有事情发生的时间、地点和人物；（2）案例内容要和教学内容及教学目标相适应，案例选择教学目的性必须明确；（3）案例要有典型性；（4）案例是真实的、近几年发生的故事。

3. 案例教学阶段

（1）准备阶段。第一，教师的准备工作。认真掌握教学内容，熟悉教材内容，了解案例，收集与案例有关的材料；掌握教学中的重点，准备好案例分析中的思考题;制订好课堂教学计划。第二,学生的准备工作。通读案例,对案例进行思考,每人都做好发言的准备,了解案例都讲了些什么问题,这个案例要解决哪些问题;班级进行案例分析前可以进行小组讨论。小组讨论人数最好是5~6人为宜。

(2) 案例分析阶段。第一,组织教学。宣读这堂课要解决的问题,引入案例。第二,进行案例分析。在进行案例分析前教师要对学生提出要求,要求学生积极参与教学,热情发言。教师要引导学生实事求是地全面分析问题,提出新见解,在学习中认真听取别人发言、学会与别人合作学习。

(3) 作出案例分析结论。在学生进行案例分析后,得出结论。在学生作结论时,教师不当裁判,教师要相信学生会正确分析案例。

4. 布置作业阶段

在课堂讨论结束后,为了巩固案例分析的结果,教师可以给学生留有思考和创意价值的思考题,作为学生写案例分析总结的题目。要求学生把作业写成一篇小的论文。写书面作业对提高学生的能力作用很大,所以不能轻视书面作业。

5. 教学的评价与反馈阶段

教学的评价和反馈是案例教学的最后一步。教学评价一般分为两个部分。一是评价学生,二是教学评价。

(1) 评价学生。评价学生分两个方面,一是教学参与评价,另一个是案例分析评价。评价学生参与讨论的情况,如参加讨论的质量:第一,是否把平时学到的理论同案例具体内容结合到一起进行分析,分析的水平如何;在讨论中的参与程度如何,讨论中发言是否普遍和积极;第二,是否把案例中的主要问题都辨别出来了,分析的方法是否正确;第三,学生在案例分析结束时作的结论意义如何,对人们是否有启发和教育意义等。教师评价学生,可以在每节课后,在办公室通过回忆作出评价;也可以当堂作出分析结论后作评价,但最好是作课后评价,并把学生在案例分析中的表现作为学生平时学习成绩记录下来,作为本学科学习总成绩的一部分。

(2) 教学评价。教学评价,可以分为两个方面,一方面是评价教师选择或制作的案例质量,另一方面是课堂教学评价。学生可以评价教师,教师也可以作自我评价。第一,评价案例质量要看使用的案例是否激发了与教学目标相应的讨论;第二,是否能够使学生通过分析讨论掌握了有关的概念、理论、技能和思想品德;第三,该案例对教学目标的哪些方面反映得好,哪些方面反映得不好;第四,在讨论中出现的不同意见,是否通过同学之间的相互交流、启发,使问题得到了解决;第五,讨论的热点是否一直与案例材料的核心问题密切相关;第六,讨论中是否把学生参与的积极性都调动起来了,等等。

在教学评价中,教师自我评价主要体现在以下几个方面。第一,评价自己在课堂上表现如何,课前准备是否充分;第二,通过上课学习到了什么东西,从学生身上学到了什么；第三，在讨论中对学生的关注是否全面，是否激发了学生的学习动机；第四，案例是否真实；第五，教学中是否有一种自由民主平等的氛围；第六，教师在讨论案例时对学生探索精神和思维灵活性的调动如何等。

案例教学法的教学程序如图 4-3 所示。

案例课程设计阶段——教学案例选择阶段——案例教学阶段——布置作业阶段——评价反馈阶段

图 4-3 案例教学法模式图

（三）案例教学法的特征

1. 增强了教学情境的凝聚力

在案例教学中采用的是集体讨论方式，它能吸引学生集体主动参与教学，把学生集体的学习精神都凝聚到案例分析的情境中来。这种教学情境为学生学习创造了一个宽松和谐多维互动的教学氛围。

2. 提升学生分析问题和解决问题的能力

案例教学是一种动态的开放性的教学方式，教学以案例为媒体向学生传输各种信息。学生通过自己学习形式，运用已掌握的知识并结合自己的生活实际经验，对案例进行分析，可以帮助学生增加分析问题的实际经验。通过学生积极主动思维，并吸收他人和集体的智慧，在解决问题的过程中和教师引导下，加强了对理论的运用和学习，使他们不断提高进行事实判断、经验概括和逻辑推理的能力。

3. 有利于促进学生的互相沟通和合作，提升了群体的智能开发力

每个学生都有潜在的智慧和长处，但每个人又都不是完人。在案例教学中，要求学生之间互相启发，互相沟通，互相合作。学生们在讨论中，思维互相撞击，互相交流，这不但使学生学会了互相合作，也使群体潜力得到开发。

4. 有利于改变传统教学

传统教学以教师为中心，教师从书本到书本，从概念到概念，关注的是向学生注入教材的内容，忽视理论联系实际，忽视自己能力的提高。而在案例教学中，教师为了编写案例，必须收集案例资料，必须调查研究社会和学生，这样不但提高了教师的业务水平，也提高了教师理论联系实际的水平。另外，在传统教学中，学生只听老师讲，学不深，学不透。而案例教学，注意引导学生主动参与案例分析，使学生较好地运用原理、概念解决社会生活中的实际问题，最后由学生自己得出结论。学生由被动学习到主动学习；由不会学习到学会学习；由个人学习到学会互相合作学习。

六、情感教学模式

（一）情感教学的含义

所谓情感教学，是指在教学过程中，教师借助一定教育手段，有目的地引入

或创设具有一定情感色彩的,以形象为主体的生动具体的场景,以引起学生一定的态度体验,激发、调动和满足学生的情感需要,从而帮助学生理解教学内容,并使学生的知识、情感、意识、行为等方面得到积极变化的教学活动。情感教学能改变学生在教学中情感活动的状态,使学生以积极状态参与教学。情感教学,对完成教学任务作用很大,能调整师生之间的距离。情是沟通心灵之间的桥梁,是打开心扉的钥匙,能增强教育的可接受性,能加强师生关系,所以能最大限度地提高教学效果。

（二）情感教学的建构

情感教学模式是由构建教学目标、过程、原则、实施策略及评价几方面因素构成的。

1. 优化教学设计,构建情感目标

情感目标,是指通过教学使学生心理情感方面发生变化,如兴趣、意识、价值观、个性、性格、人格等方面的发展。

（1）情感目标水平层次有以下几个方面的内容。

接受——是学习活动引起的感情积极变化的状态,它是学生通过观察以及师生沟通和控制取得的。

反应——学生通过情感体验,把积极、健康的种子播在心田。这是教育活动或情境引起学生知识或道德共鸣的积极情感表现。

态度——这是由教育因素和活动引起的学生心理"内化",形成追求和价值观,进而促进学生产生行为动机的个性化表现。

接受、反应和态度的培养,便组成了感情培养的连续体,它反映了感情目标的水平层次。

（2）确立思想政治学科的情意目标的内容。第一,道德感。个体对社会的情感,如爱国主义、国际主义情感;个人对周围人群的态度,如友谊感、同情心、怜悯心、责任心、眷恋心等;个人对自己行为的态度,如良心、荣誉心、自尊心、羞耻心等。第二,美感。美感是人对客观事物美的特征的情感体验,如肯定、满足、愉悦、爱慕等情感。第三,理智感。理智感是人对认识活动成就进行评价时产生的情感体验,如新意感、成就感、怀疑感、惊讶感、热爱感、追求感、坚定感、憎恨感、惋惜感、自豪感等。第四,学习情感。是指对政治、道德、思想、心理、法律等学习内容的积极求知欲望,具有强烈的学习兴趣,勇于探索的精神,良好的学习习惯和认真的学习态度等。第五,人生价值感。包括积极的人生态度和良好的个性品质。

2. 建立民主的师生关系,营造愉快和谐的情感氛围

建立民主的师生关系,必须转变教学观念,发扬教学民主,这样才能营造出愉快和谐的情感氛围。转变教学观是指转变传统的学生观、教学质量观;发扬教学民主,就是要求在教学过程中师生相互尊重、相互配合,创造一种宽松的教学

氛围，使学生对教学有一种愉悦感，使学生敢于真实表现自己，敢思，敢说。教师要放下架子，同学生打成一片，融洽师生感情。

3. 挖掘教学内容的情感因素，实施情感教育

要挖掘思想政治课教材的真理性，把握学生求真、求实、求新的心理，调动学生对教学内容的情感。根据学生对当前社会问题、国际问题、政治问题的关心情感，及时对学生进行有针对性的教育，满足学生的精神需要。

4. 选择情感教育方法，激发学生情感需要

在教育过程中，只有当外部的教育因素触及学生内在精神需求的时候，才能使受教育者处于一种积极的接受状态，从而产生良性的内化过程。思想政治课教学必须重视学生的精神需求，注意调动一切教学方法和手段，激发学生的感情需要，学生感到有需求时才能愿意学，感到有迫切需要时，才能认真学、主动学，真正把"要我学"变成"我要学"。为了增强学生对教学方法的情感，要选择科学性、诱导性、形象性、情感性、和谐性、艺术性强的教学方法，增加教法的感情色彩。另外，还要灵活运用教学媒体，利用现代教学媒体的新颖、形象、直观、艺术化的特点，可以创造出悦目、悦耳、悦心的教学情境，使学生产生如见其事、如临其境的感受。做到像鲁迅先生说过的"意美以感心，音美以感人，形美以感目"。

5. 创造学生自主活动情境，培养学生积极参与的情感

创设情境是引导学生自主活动的前提。教师要在教学实践中创设激趣、激情、激疑的教学情境，起到启智培德、促进学生情感发展的作用。首先，让学生自我定向，制订自我学习活动目标，安排学习计划；其次，指导学生进行自主活动，如自我去读、想、做、说、写、议、画，让学生通过动手、动脑、动口进行自我探索。如课堂讨论活动、案例辩论活动、角色体验活动、社会调查活动等。学生自主活动要课内、课外相结合，特别要重视学生的社会实践活动。思想政治课是一门明理导行的课，学生情感丰富且富于激情，他们不满足于被动的听讲，他们需要参与教学，表现自己，关键是教师要多给学生创设学生自我表现的情境。学生的自主性教学活动要坚持自主性、体验性、尊重性、协同性原则。

6. 通过评价活动，体验情感教学

情感教学的效果必须通过评价来检验。教学评价是把教学结果与教学目标相对照，找出差距进而调整教学行为。通过情感教学的评价，首先可以确保情感教学目标的实现；其次，是能促进学生认知和情意目标的和谐发展；再次，是能促进学生自我情感教育能力的发展。在评价中增强人们对情感教学重要性的认识。目前我国还没有单独的、系统的情感目标体系和实施办法，而只是把情感教学作为促进智力发展的一种手段。如我国出现的"愉快教育"、"情境教育"、"应当重视非智力因素培养"、"成功教育"和"积极学习"等都属于情感教育，但在对这些教学方法进行评价时，都采用了认知评价的方法。情感教学的评价方法更

主要的应当侧重于对思想行为变化的评价和思想意识反映的评价。

（三）情感教学的特征

1. 以智育情

情感与认识是相互促进的。学生的道德情感是以道德认识为基础的，没有一定的认识，就不可能产生情感；相反，没有对事物产生情感，也不可能深刻地认识事物，如果学生对马克思主义理论没有产生感情，他们也不会认真去学习这门理论。进行情感教学要做到以知育情，就是要提高学生的认识水平，以便加强学生对德育理论的倾向性、深刻性和稳定性理解，做到以理智支配情感。

2. 以意育情

情感激励意志，意志调控情感。要培养学生坚强的意志，以便使其主动地调控自己的情感。学生要真正成为感情的主人，只提高认识还不够，还必须有克服困难的意志，从而追求成功与胜利。

3. 以情育情

情感具有自行扩散的规律，它可以是时间扩散，也可以是空间扩散。进行情感教学就要变情感的自行扩散为自觉扩散，以情育情。教师要以身作则，善于调控自己的情感，力求用高尚健康的情感去影响学生，感染学生。另外，要培养学生自制力，以便他们能自觉地调控自己的感情，避免不健康的情感影响集体和别人。

4. 以境育情

情感具有受所处情境制约的规律，任何情感活动都与情境有关，人的情感总是在一定情境中产生的，情境中的各种因素对情感的产生具有综合作用。在情感教学中应当重视以境育情，在授课中要尽力给学生创造引起情感的情境。首先，要利用教材内容创造情感情境；另外，要在课堂教学中创造一个愉快活泼、乐观向上的、高尚的情感气氛，使学生精神振奋，努力进取。

（四）思想政治学科运用情感教学的必要性

1. 情感教学能促进学生的思想品德发展

思想品德教育，必须解决外在的行为规范与内在的道德需求的矛盾，而这种矛盾的解决有赖于培养一定的情感作为中介来发挥其催化和调节的作用。在思想政治课教学中，道德情感会显示出一种情感的内驱力，它会对学生的道德选择产生推动的作用。情感可以使思想和道德行为规范深入学生的心灵深处，变为一种深层次的理性认识，它可以加速道德认识转化为道德行为的进程，它是学生思想品德发展由他律到自律的必要条件。

2. 情感教学是基础教育改革的需要

当前的基础教育改革，强调对情感和思想意识要素的价值追求，情感和思想意识成为新课程教学目标的重要组成部分。因为任何一个学科都必须致力于培养情感丰富的人,特别是思想政治学科,更重视对学生人文素质的培养,更注重把学生培养成感情丰富、生活态度积极和具有正确人生观的人。情感、态度和思想意识,渗透到思想政治学科的字里行间,成为该学科课程教学内容的血和肉,成为教学过程的灵魂。在新的课程改革中,课程也是过程,课程作为过程,就意味着进程、运动、发展和变化,课程就是人的认识的展开过程,是学生获得情感体验的过程。情感体验是对认识体验的升华和超越,是课程过程的重要价值。认知的目的不是停留在知道客体是什么,而是将这种认识、知识内化到主体自身的知识结构和情感体系中去。只有对知识产生了情感,有了情感体验,才能产生思想道德态度和信仰。情感不仅对学习过程有启发、激励、维持的作用,而且与学生思想、道德、信仰、世界观的形成息息相关。

3. 加强情感教学,是改革思想政治学科现状的需要

目前,思想政治学科教学还处在说教型教学阶段,还是教师用生硬的大道理教育学生,而学生只是被动地接受。当前说教型教学的主要问题是“缺情”。因为思想政治课是德育学科,它教学的主要目的不是传授知识,而是帮助学生形成高尚的道德情操,树立科学的世界观、人生观和价值观。从教师来说,目前,思想政治学科教师很少做到“以情优教”,多数人是“重说教、轻情感”。所以,思想政治课教学改革的任务之一是变说教型教学为情感型教学,减少空洞的理论说教,增强真实情感,把思想政治课教学与情感陶冶融为一体,寓教育于情感之中,使情感陶冶作为健全学生人格和完成思想政治学科教学任务的重要手段。

第三节 思想政治学科常用的教学方法和模式

一、教学方法

(一)讲授法

讲授法是教师通过口头语言向学生系统连贯地传授知识的方法。根据讲授法在每堂课使用的角度不同,承担的具体教学任务不同,讲授法又分为:讲述、讲解、讲读、讲演、讲评五种方式。

1. 讲述

讲述就是教师向学生叙述事实材料,或用形象、生动、通俗的词语描述所讲对象。此法多为讲例证、举事实材料和讲社会发展过程时应用。

2. 讲解

讲解是教师对概念、定律、公式、原理等,进行说明、解释、分析、论证等。讲解理论性很强、内容很抽象的教学内容时多用此法。用此法讲课要尽量有启发性,否则容易形成向学生注入知识的现象。

讲解法与讲述法既有联系又有区别。就教学内容而言，讲述侧重于叙述与描绘教学内容；讲解偏重于解释、分析和论证教学内容。就认识顺序而言，讲述侧重于从感知到理解；讲解偏重于从已知到未知。讲述，主要是叙述；讲解，主要是解释，这是二者的主要区别。

3. 讲读

讲读就是把讲和读结合起来进行教学。既可以边读边讲，也可以普遍读，重点讲，扫除读中遇到的疑难问题。

4. 讲演法

讲演法即教师以演说或报告的形式，用较长的时间来口述较多的教学内容。它的显著特点是阐述问题的知识面比较宽，语言生动、活泼、形象，并注意运用态势语言。

5. 讲评

在教学中，教师对某一事物或现象进行客观的评论和评价。

（二）谈话法

谈话法，是通过教师与学生之间对话问答形式而传递知识的教学方法，所以也称“问答法”。采用这种方法，教师要根据学生已有知识进行提问。这种教学方法的优点是：(1) 能使学生集中注意力，并能根据教师提出的问题进行积极思维；(2) 这种教学方法能使教师传授知识的效果及时得到反馈；(3) 能培养学生独立思考的习惯和分析、判断及语言表达能力。利用谈话法必须有启发性，紧扣教材，学生答错的地方教师要予以纠正，含混的答案予以澄清。

（三）讨论法

讨论法，是教师指导学生以班级或小组形式围绕某一问题各抒己见并进行争论、商讨以弄清问题或提高认识的方法。这种教学方法的优点是：(1) 课堂气氛比较活跃，能使学生在愉快、兴奋的讨论中吸取知识；(2) 由于学生在讨论中经过独立思考，所以对问题的认识就比较深刻；(3) 通过讨论，能提高学生自我思想评价的自觉性。

（四）读书指导法

读书指导法，是教师指导学生通过阅读教材而获得知识和发展智力的方法。学生在阅读时，教师要加强指导，让学生在阅读中找出难点、疑点，提出问题并依据教材和参考书力争自己去解决难点和难题。还要教会学生在书上作记号、画重点、提问题、谈见解、批注等。

（五）演示法

演示法，是教师运用教具或实物向学生展示，而使学生在观察中获取知识的方法。演示法的特点是，学生通过对实物或感性材料的认识，以加深对理性知识的认识。演示的方法很多，有图表、幻灯、录像、电影、照片等。演示前，教师要根据教学内容确定演示目的，选好演示材料，做好演示准备；演示时，教师要使全班学生能够清楚地观察到演示活动，学生运用各种感官去充分感知学习对象，以形成正确的观念；演示后，教师要指导学生把观察到的认识同教材中的知识联系起来并及时得出观察结论。

（六）社会调查法

社会调查法，是使学生通过深入社会、观察社会、认识社会，而取得知识或验证知识的方法。这种方法的特点是，用事实向学生证明理论的正确性，它具有生动、形象、认识深刻的特点。参观前，要做好计划和充分准备；参观时，教师要根据教学目的提出不同要求，组织学生注意观看，仔细听、主动问、认真记；参观后，要整理材料，写出报告并及时总结。社会调查法不但能加深学生对知识的理解，还能拓宽他们的知识面。

二、教学模式

（一）八字教学法

八字教学法，即“读读—讲讲—议议—练练”。八字教学法实际是由四个教学环节组成的教学系统，每个教学环节都有确定的内容。八字教学法，强调“读、讲、议、练”的综合运用，体现了启发式教学的思想，它强调学生的主体作用和教师的主导作用，能充分调动学生学习的主动性。

在运用八字教学法的时候，必须注意以下几个问题。

（1）必须事先设计好每一课时的“读、讲、议、练”的具体内容，不能有任何的随意性和盲目性。

（2）教师必须认真钻研教材和有关资料，对教学中可能出现的认识问题和思想性问题，要作充分的估计和认真准备。

（3）“读、讲、议、练”这几个教学环节的顺序可以根据教学内容的特点作必要的调整。

（二）“预议导练”教学法

“预议导练”教学法，也称为“四学”教学法，有“预学、议学、导学、练学”四个教学步骤。

1. 预学

新课开始时，教师指导学生独立阅读课文，自我质疑、思疑、记疑。具体做法是，以趣话诱预学，引起学生的阅读兴趣，增强预学的自觉性；给提纲引预学；教学方法助预学，预学前要求学生手里拿着笔，脑手并用，边读边做记号，并运用工具书扫除不熟悉的字句；评效促预学，自读结束后，让学生填写“预学效果自查卡”，让学生填上要点理解、概念比较、重点、难点划定等。

2. 议学

教师将学生在预习中提出不解的问题，按照教学要求拟成教学提纲，组织学生公开讨论、争论或议论。

3. 导学

经过议学,学生们有解决不了的问题期待老师给讲解。教师要抓住这个机会,导其所需。教师的"导"学要注意"五性":重点性、示范性、启发性、趣味性和鼓动性。

4. 练学

在学生基本掌握和理解课文的基础上,通过多种练习形式,使学习知识不断深化并转化为应用能力。练习形式有:小结练习、拟题练习、撰写练习、调查练习等。

(三)讲读法

讲读法的特点是有讲有读,讲读结合,使学生重视教材,准确地理解、掌握教材内容;同时也可以调动学生学习的积极性,改革政治课老师一讲到底的局面。

读,是学生在教师指导下带着问题读;讲,是在学生读的基础上,由教师来讲。教师在讲时,要运用启发式讲解,让学生边听边思考问题。运用讲读法,在学生阅读时,也可以事先拟好阅读提纲,以供学生读书思考。

(四)"读书—议论—讲解—练习—总结"五步教学法

这个教学模式提出的目的是,发展学生的思维能力,培养学生的自学习惯。这个教学方法共有五个教学环节,十个字,所以简称"五步十字"教学法。这个教学模式体现了教师是教学的主导,学生是学习的主体的精神。

1. 读书

在课堂教学中首先让学生自己阅读教材,了解和分析教学内容。在阅读前教师先给学生提出阅读提纲,让学生带着学习任务去读书,边读边思考,边做笔记。这种教学手段能促使学生主动地去学习,能激起学生学习的欲望。

2. 议论

学生通过阅读,每个人对教材都有不同程度的认识和理解,在这种情况下,教师要给学生创造一个发表见解的机会和场合。教师要鼓励学生在议论中各抒己见,取长补短。互相交流议论的过程,是学生头脑对教材知识重新组织吸收的过程,是学生把学到的政治理论知识内化为学生个人精神财富的过程,也是学生发展的过程。

3. 讲解

讲解能体现教师在课堂教学中的主导作用。教师对教学内容比学生了解得多、深入,而且在课前又经过充分的备课。在对知识和经验的掌握上教师也优越于学生,所以教师的讲解对学生加深对教材的认识是十分必要的。教师的讲解应注意以下三点:一是要针对学生在读书时或议论中发现的问题有的放矢地讲解;二是要通过讲解对学生起到启发和释疑的作用;三是通过教师讲解使学生找到获得知识的背景意向、途径和方法，讲解是提高课堂利用率的有效途径。

4. 练习

这是巩固所学知识和发展能力的阶段。练习形式有：(1) 教师口头提问；(2) 书面做练习；(3) 请学生到黑板前用板书回答问题；(4) 提出问题引导学生辩论等。

5. 总结

通过教师总结，能使学生明确这样几个问题：(1) 通过这节课的学习，学到了哪些概念、观点和理论，学生上完课要做到心中有数；(2) 在学生学习态度方面，哪些值得表扬，哪些应该克服纠正；(3) 教师要为学生在实践中应用理论解决实际问题指出方向。

(五) 五字教学法

"学、疑、思、讲、解"为组成要素的教学模式，是提高学生的自学能力、思维能力及发现问题、解决问题能力的有效方法。

学，即自学，采用这种学习方式的目的是要打破以往教师的满堂灌的教法，给学生留有学习"自主权"，培养学生在自学过程中获得知识的本领。自学是学生学习过程中既重要而又不习惯的一个环节。为了保证自学效果，在开课前应向学生讲明自学的目的、要领及方法，使学生有充分的准备。依据课程目标编写出自学提纲，主要包括自学内容、教学要求、课堂讨论题、思考题、作业等。

疑，即发现问题的能力。培养学生在自学过程中善于发现问题，自始至终保持求知欲望和探索精神。要培养学生在自学过程中以怀疑的眼光看待熟悉的事物，要善于问"为什么"，要带着疑问学习。对于疑问尽量通过自己思考来解决。对已学过的基础知识未经复习不问；自学内容未完成不问；对问题不经思考不问；找不到矛盾所在不问。这样做的目的是培养学生发现问题的能力，起到强化自学的效能。

思，即思考问题的能力。鼓励学生积极思维，发展学生的创造性，让学生从多角度发现和认识问题。在课堂上要鼓励学生发表自己的意见。

讲，即针对教材中的难点和学生在自学中产生的某些疑问进行讲解。讲解要"少而精"、"脉络清"。可采用教师讲和学生讲相结合的方式进行。学生讲，就是让学生在自学、思考的基础上把自己对一些难题的认识讲清楚。教师要以讲"理"为主，不要以讲答案为目的。所谓"脉络清"，就是讲解的内容要按照教材内容的严密逻辑系统，分清主次，突出重点，抓住关键，解决难点，既有针对性和现实性，又要考虑知识的连续性和结构性。

解，即通过解决各种问题的尝试，使学生在学习心理和认识事物方面产生飞跃。学生经历一段时间自学，不仅自己能够解决某些问题，更重要的是学会解答、认识问题的方法和思路，培养他们知道什么时候应该独立思考，什么时候去查参考书籍或同别人一起讨论。

以上五个方面并非独立的,它们是学习过程中必不可少的因素,这几个要素之间是相互联系的。在这个教学模式当中,教师的主导作用并没有减弱,其任务不是直接向学生指明问题的答案,而是教会学生如何发现和解决问题的方法。

第四节 思想政治学科多媒体教学

自教育部在2000年10月召开的“全国中小学信息技术教育工作会议”上提出的,从2001年起,用5至10年左右时间,在全国中小学基本普及信息技术教育,全面实现“校校通”工程以来,以信息化带动教育现代化,努力实现基础教育得到跨越式发展。推进了信息技术与其他学科教学的整合,全国大多数学校能把信息技术教育融合在其他学科的学习中。利用多媒体进行思想政治课辅助教学,成为提高本学科教学和学生信息技术意识的很好途径。

一、多媒体教学的含义

“多媒体”是多媒体计算机技术的简称,它是用计算机交互地综合处理文字、图形、图像、动画、视频及声音等多种信息,并使这些信息建立逻辑连接。多媒体教学,是以多媒体计算机为主要教学媒体所进行的教学活动。多媒体教学根据教学目标和教学对象的特点,通过教学设计,合理选择和运用电脑多媒体技术,并与传统教学手段有机组合,共同参与教学过程,以多媒体信息作用于学生,形成合理的教学过程结构,以达到最优化的教学效果。

二、多媒体在思想政治学科教学中的作用

(一)多媒体辅助教学的作用

1. 增强对抽象理论的理解和感受

多媒体计算机教学通过文字、图像等功能,将有关思想政治课程内容表现为多种多样的形式,进行灵活多样的形象展示,可以使抽象的概念具体化,深奥的原理形象化,缩短了学生掌握知识的过程,加深了对知识的感受。如,有的教师在讲“我国仍处于社会主义初级阶段”的内容时,先组织学生看录像片《神州吟》第四集《漫长的跑道》,使学生看到了新中国取得的成就,特别是改革开放以来的巨大成就,然后看第五集《不平衡的舞台》,使学生看到了广大山区生产力落后,人民生活水平还不高的现状。在学生看完录像的基础上,教师又结合教学内容进行分析,使学生了解我国基本国情。教师再将教材观点以幻灯形式投影出来,这样学生就容易理解、掌握教材的观点,思想感染性也很强。

2. 激发学生的学习热情

多年来，虽然很多教师不断地进行探索和改进，但思想政治课教学未能从整体上改变“粉笔加黑板”、教师“一言堂”的教学状况。这样学生的思维和认识水平就受到限制，学生的学习热情也不高，使教学缺乏活力和兴趣。多媒体教学可以借助它的声、像、图、文字创建出与课堂教学相适应的情境，能唤起学生的注意和兴趣，诱发好奇心，使很多枯燥的教学问题趣味化，这样就会提高学生的学习热情。例如，有的教师教高中二年级《思想政治》课中的“物质”概念时，由于这个概念比较抽象，学生费解。于是，教师运用多媒体计算机辅助教学进行突破。首先，用计算机展示一组有关自然界、人类社会中各种物质现象的生动画面：日月星辰、山川河流、花草树木、声光电磁、城市乡村、车船飞机等，通过声情并茂的画面，让学生真切地感受到“物质”现象的客观多样性。之后，再展示一组“意识”现象的文字性材料，如定理、公式、路线、方针、政策、计划、方案等，引导学生比较“物质”现象与“意识”现象的根本区别。让学生在思考的基础上，经过教师的巧妙点拨，最后总结出“物质”的唯一特征是客观实在性。这种教学，化抽象为形象，变静态为动态，使复杂问题简单化，提高了学生的兴趣和热情。

3. 通过创设情境，促进学生思想觉悟的提高

思想政治课教学的根本目的不在于教给学生多少政治思想理论，而是为了提高学生的思想觉悟和道德水平。但如果只靠教师的说教和理论灌输是很难完成这个任务的。有了多媒体计算机介入中学思想政治课，就为学生的知识转化为思想觉悟架起了一座桥梁。创设教学情境，增强学生求知欲，是促进学生思想觉悟提高的有效途径。多媒体计算机教学通过它的视频功能、模拟功能，在大屏幕上展示教学有关内容的真实情境。情境展示后，在荧光屏上以文字形式提出问题，或随情境展示过程的某个环节提出问题。然后根据情境特定出的问题引导学生进行思考、开展讨论，最终促成学生思想觉悟和认识的提高。如，有的教师在讲高中二年级《思想政治》课“人生的真正价值在于奉献”这一观点时，选择“孔繁森”、“郑培民”等影视片段，编辑成一组录像教材配合教学进行放映，模范人物的先进事迹和感人情景极大地触及和震撼了学生的心灵，陶冶了学生的情操，提高了学生的思想觉悟。

4. 具体化、形象化的形式有助于学生理解教学难点

在思想政治课的教学中，有很多浅显的教学内容学生自己就可以理解，但让学生理解教学难点，特别是让他们理解一些比较抽象的概念和他们在生活中接触比较少的事情，就很困难。用传统的教学方法解决教学难点确实存在困难，但利用多媒体教学可以将视、听、说融为一体，把鲜明的色彩、生动的画面、形象的声音安排在不同界面上组合，创设出生动直观的情境。这样既能以形式多样的

信息调动学生多种感官的参与,激发其浓厚的学习兴趣和强烈的学习动机,唤起学习热情,又能引导他们对所学知识进行仔细观察、反复思考、认真分析,进行综合理解,从而达到对难点问题的理解和认识。例如,有的教师在教高中三年级《思想政治》课"民族及其基本特征"一课中"共同的心理素质"时,学生们对什么是民族的"共同的心理素质"很难理解。于是教师精选了我国的蒙古族、维吾尔族、藏族、苗族等少数民族的共同爱好、历史传统、风俗习惯等方面的画面和材料,并配以反映不同民族风格的音乐、民歌播放。视听结合,文图并茂,让同学们在和谐、愉悦的课堂气氛中耳闻目睹,从而体验和悟出了"共同的心理素质"的含义,而这个特征是民族的四个基本特征中最主要的特征。

(二) 多媒体在教学技术方式上的有效作用

1. 利用计算机制作多媒体课件提高了教学效果

大力推进计算机技术在教学过程中的应用,能够促进多媒体技术与学科教学的整合,使计算机成为学生主动学习和探求知识的认识工具。利用多媒体计算机做录音、幻灯、录像等多媒体课件,对于提高思想政治学科教学效果作用很大。因为多媒体课件不但能活跃学生的思维,而且能调动学生学习的积极性和求知欲望,有助于学生观察、记忆、理解一些抽象的理论概念、观点、理论和事实。

2. 利用计算机建立图表、图片、漫画等手段,提高教学效果

图表、图片、漫画等直观教具具有生动性、直观性、简约性特点,使教学内容由间接变直接、由抽象变具体、由枯燥变有趣、由深奥变浅显,并且节约了教师讲解、板书、作图的时间,从而有利于学生理解教学内容并增大了单位时间内接收的有效信息量,提高了教学效果。例如,有的教师在讲高中二年级《思想政治》课"主要矛盾和次要矛盾"时,在计算机上展示两幅漫画:一幅是一位小孩用绳子牵着牛鼻子往前行;另一幅是一位农民用手抓住牛的尾巴前行。漫画播出后,学生思想活跃,加上教师的讲解分析,学生对主要矛盾和次要矛盾这一内容有了较深刻的认识。利用多媒体计算机制作课件和图表这种教学方式,改变了教师讲、学生听,老师讲、学生记的单调教学方式,增强了对学生的感官刺激,从而增强了教学效果。

三、思想政治学科多媒体课件的制作程序

教学第一线的教师制作课件,需要教师懂得一些计算机知识并具有一定的教学经验,因为多媒体课件是集计算机应用、多媒体制作工具、教学经验和学科知识为一体的综合产物。多媒体课件制作程序应当包括以下几个步骤。

(一) 稿本设计

1. 分析教学问题

通过分析思想政治课课程的教学问题,在现代教育思想和课件开发理论指

导下,根据当前教学活动需要解决的问题,提出课程改革的目标和方向。

2. 分析教学内容

认真钻研教材,根据单元教学的重点、难点,确定开发选题,并说明该课件所要包括的主要知识和内容,保证内容呈现的科学性。要对教学内容所需要的信息媒体的形式作出选择,并确定信息媒体的播放顺序和控制方式。

(二)课件脚本编写

编写课件脚本,是制作一个好课件的关键,也是制作好课件的根本。因为教学课件的细节问题要通过课件脚本的形式来加以体现,脚本是制作课件的蓝本。脚本应根据稿本设计的内容及体现的教育思想,结合创意进行编写。课件脚本分为文字脚本和制作脚本。文字脚本编写要体现教学思想和对课件内容呈现形式的要求,包括题目、教学目标、教学内容、知识点和教学媒体的呈现形式,制作脚本是按照课件系统设计要求进行描述的一种形式。制作脚本要把教学的各方面内容和相关信息,按选定的教学策略在计算机上通过怎样的视角形式、辅助的声音形式表现出来,包括软件的系统说明、知识单元分析、屏幕设计、链接关系的描述等,制作脚本应根据多媒体语言的特点进行构思,包括界面设计、文本、交互、动画、色彩、声音、进入和退出、按点链接和风格定位的构思。画面设计除要求美观、生动、形象和有可视性之外,还要求所传递的信息具有教育性和符合学生欣赏的心理特点。

(三)课件的素材准备

素材是课件中视角和听角的重要元件,也是课件表达一定教学思想的各种元素。恰当地选择多媒体课件的素材,能使课件的表现力更丰富多彩、生动,有利于激发学生的学习兴趣,扩大学生的直接经验。课件的素材包括文字、数字、图画、照片、解说、音乐、效果声、动画、电视、录像等。获取素材的一般途径是:一是采用原有图像资料,二是自己动手制作。素材的准备工作包括文本的录入,图形的制作,图像的扫描和后期处理,动画的制作和视频的截取等。素材的准备要根据教材的内容和选择设计的媒体的内容。教师平时应注意多了解、掌握和收集一些素材,免得花大量时间制作。

(四)课件的编辑合成

课件的编辑合成是课件制作的核心。编辑合成就是根据脚本要求将各种素材有机地结合起来,编辑成交互性强、操作灵活、视听效果好、能吸引学生学习兴趣的多媒体课件。当文本、图像、图形、音频、动视频等多媒体素材准备好后,便要根据实际情况和课件的设计要求利用媒体制作工具和编辑软件来组织编排、集合编制成课件。

(五)课件的试用和评价

首先,对于编辑好的课件要进行调试运行,检验测试教学课件和制作水平,在使用中发现课件设计和操作的不足。其次,要对多媒体课件进行评价。一是评价分析教学课件本身对教学效果的影响,二是对学习内容和学习水平的确定以及媒体内容的选择、设计与教学过程的设计对教学效果的影响。必要时可邀请本学科教师、计算机教师一同听课,共同进行评价,请大家提出修改意见,最后设计者根据大家提出的不足进行修改、完善。

四、思想政治学科多媒体课件开发的原则

(一)整体性原则

所谓整体性原则,就是要求制作的多媒体课件要在整体上保持统一和谐。媒体的表达形式与教学内容要协调一致。设计者在设计脚本时,选择的媒体应做到形式和内容统一。如果不从整体性出发,在制作时过分夸张地使用不恰当的媒体造成过分的刺激,由于它分散了学生的精力,不但不能增强学习效果,反而会降低学习效果。另外,界面风格要有整体观念,要统一,避免界面上对象安放杂乱无章,出现画面色彩不协调,或声音与内容不统一等现象。

(二)重点性原则

重点性原则,就是要求教师要有重点地进行课件开发,选择一些特别需要用视频来表现重点知识的内容作为开发主题,将其制成形象生动的课件。把不需要制成课件的教学内容制成课件是没有必要的。因为制作课件要投入很大的精力去收集资料,还要花费时间去制作,这样就会浪费教师很多钻研教材的宝贵时间。

(三)艺术性原则

艺术性原则,就是要求把课件制成精品,要有艺术表现力和感染力。要使学生在学到知识的同时,还要受到美的熏陶和情感的感染。这就要求内容要精选,界面颜色的搭配、标题的协调、固定区域的处理等都要体现艺术性。另外,屏幕上文字的大小、颜色、图像的位置、出现、消失方式、声音的选择等也都要体现艺术性。

附录:《市场交易的原则》多媒体教学设计

吉林省实验中学　郑××

一、教学目标

(1)知识目标:通过本节课的学习,使学生了解市场交易的原则。

(2)能力目标:传统教学过于强调结论而忽视过程,把生动的学习、探究过程变成了枯燥理论死记硬背,因此,我们必须重视学生的自主学习的过程,通过对相关理论的探究和体验过程,提高学生学会学习、学会理论联系实际的能力以及搜集、处理信息的能力。

(3) 情意目标:学生的学习过程是在复杂的心理活动的基础上的认知过程和情意过程的统一。我们的教学活动应十分重视学生的内心体验和情感变化,通过生动活泼的课堂教学和讨论,调动学生的学习热情,激发学生的学习兴趣,进而使学生的思想和价值观不断得以完善和趋于正确。对这节课而言,就是要使学生学会尊重别人,讲诚信,为走好人生之路打下坚实的思想意识基础。

(4) 品德目标:通过教学,培养学生公平正义、诚实守信、尊重别人的道德品质。

二、教学内容及重点、难点分析

1. 教学内容

本节是统编教材,高一政治下册,第七课第一节第二框题《市场交易的原则》,"平等、自愿、公平、诚实信用",这不仅是市场交易的原则,也是做人应具备的基本品质。因此,本节课是进行能力培养和情感、价值观教育的极好题材。

2. 教学重点、难点

"平等、自愿、公平和诚实信用原则"是本节课的主干知识,也是重点和难点,因为本节课是第七课的核心知识,在课程标准中是要求理解和运用的,并且这一内容也是进行情感教育和价值观培养的载体;学生也很容易抓住我国市场经济发展中的不讲诚信、不公平的现象而产生错误的认识,这就必须通过讨论和辩论来澄清。

三、教学对象分析

高一的学生正处在身体及心理逐渐走向成熟的时期,对于许多的社会问题十分关注并反应敏感,但由于知识和阅历所限,对一些问题必然存在认识上的偏颇,这就有待于在日常的教学中得以解决。

政治课往往是学生认为容易或死记硬背的科目而不加以重视,但通过本节课的讨论,学生一定会对政治课有一个新的认识。

四、教学方法

1. 以学生为中心的探究教学方法

2. 讨论与辩论相结合的方法

五、教学媒体设计

《市场交易的原则》课件贯穿于本节课的始终,由图片和文本组成,采用PowerPoint方式放映,具有直观、具体、可操作性强的特点,并借以激发学生的学习兴趣,帮助学生理解重点和难点问题,提高课堂的教学实效。

六、教学过程设计与分析

(一) 课前准备 让学生初步预习教材内容并搜集相关信息或做简要调查。 (二) 导入新课(故事导入) (三) 自主探究知识的过程 (1) 分组进行阅读,分析教材内容,为讨论和辩论做好理论准备。 (2) 结合相关教学信息的搜集和处理,讨论或辩论相关问题,如:第一,怎样理解"平等、自愿、公平、诚实信用原则"?(分别请几位同学阐述自己对这四个原则的理解,并讲述发生在身边的故事,通过多媒体演示漫画《朦胧价》和《客高一尺,商高一丈》以及市场上很常见的"搭配"销售现象。)第二,做人是否也应该讲平等、讲诚信?通过对这一问题的讨论甚至辩论,使学生回想、体验、思考周围人对这一问题在实际行动上的回答,使学生不仅可以正  确地评价别人,也可以客观地评价自己,对照别人,检查自己,使学生从思想上到行动上都有所感悟,从而纠正自己的错误思想和行为,走好自己今后的人生之路。第三,现实生活中你是否遇到过不被尊重的情况,你又是如何处理的呢?通过对这一问题的了解和交流,使学生从自身的体验出发,能够准确描述事件经过,并对现象有所分析,提出自己的处理意见,从而培养学生的思辨能力和分析、处理问题的能力,并从中受到人生观和世界观教育,更重要的是学会自己如何尊重别人。郑板桥曾给一茶馆题联,上联为:"坐 请坐 请上坐",下联为:"茶	由学生自己编导故事,激发学生的参与意识。 在这一环节,学生可以充分地讨论,各抒己见,以达到德育目的。运用多媒体展示相关的课件,帮助学生理解问题。 通过课件图片的展示,让学生更加直观地体会市场上违背交易原则的现象,加深对有关问题的认识和理解。 以古鉴今,对学生进行世界观、人生观和价值观教育,学会尊重别人,在市场经济发展的今天,更有时代意义。

续表

泡茶 泡好茶”，嘲讽了一些势力小人的丑恶嘴脸，我们不妨也引以为戒。第四，从古至今，在市场上不讲交易原则的人屡见不鲜，而更多的时候他们都是凭借着手中的权势来欺压百姓，如《卖炭翁》，这又给我们什么启示呢？  “一车炭，千余斤，宫使驱将惜不得。 半匹红纱一丈绫，系向牛头充炭直。” （四）课后总结与实践 （1）发挥自己的特长，用美术、摄影、写作等方式展示你对本节课的理解和运用。 （2）同学们可以分工协作，展开社会调查与实践，调研长春市的市场上市场交易的四个原则的贯彻情况，并做具体分析。	媒体图片展示，再现历史的画面，并请学生背诵相关的课文情节，使学生深刻体会知识之间的内在联系，加深对理论问题的理解。 课后的理解和运用、总结和实践在某种意义上说比课堂教学更重要，它能帮助学生更好地回味课堂知识，总结运用相关知识与信息，尤其是能使学生把学到的知识转化为自己的技能。

七、教学过程流程图

教学过程流程图，如图 4-4 所示。

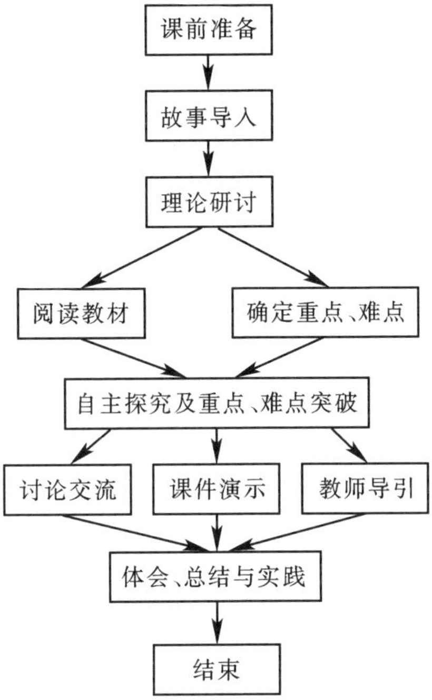

图 4-4　教学流程图

第五节　思想政治学科教学准备工作

教学准备工作，主要包括制订教学工作计划、备课和编写教案三项工作。

一、制订教学工作计划

思想政治课的教学工作同其他工作一样，事先都应制订计划，然后按计划安排教学工作，否则教学工作就会处于盲目状态。

（一）制订教学工作计划的准备工作

为了使制订的工作计划既符合实际又切实可行，在制订教学计划之前要做好以下准备工作。

1. 学习国家的教育方针、政策

制订教学工作计划，必须要有一个正确的指导思想。党的教育方针、政策对学校工作具有指导作用，它是从事具体教学工作的指南。教师在制订教学工作计划时，只有认真学习党和国家有关的方针、政策，才能使自己的教学工作有明确的政治方向，在指导思想上同国家保持一致，把党和国家对教育的要求贯彻到教育和教学工作中去。特别是以宣传国家方针、政策、路线为己任的思想政治课,更应及时地把每年党和国家重大会议的精神贯彻到教学中去。

2. 熟悉学校工作计划

思想政治课的教学工作是学校工作的一部分,部分工作计划必须同学校整体工作计划保持一致。班级教学工作计划同学校整体计划保持一致的目的,是为了避免同学校工作出现碰车现象。只有学科教学工作同学校的行政、党、团、后勤等工作协调起来,学校教学工作才不会落空。

（二）教学工作计划的内容

教学工作计划,分为学期或学年工作计划。一般教师主要作学期教学工作计划。学期教学工作计划主要有以下几方面内容。

1. 分析课程标准、教材和学生情况

分析课程标准,主要是明确教学目标,落实教学目标。分析教材,主要是了解教材的知识结构,教材的内容特点和深浅程度,这是教师了解教学任务、确定教学原则、选择教学方法的根据。分析学生情况,主要是为了更好地因材施教,调动全体学生的学习积极性。

2. 说明

说明是教学工作计划的主要部分。“说明”主要写出以下几方面内容:制订教学工作计划的目的、授课的班级、使用的教材、教学总课时数、教学措施、课外活动的安排等。

3. 制订教学进度表

教学进度计划一般用表格的形式来表示。表格的项目有年份、周数、节数、教学主要内容、教学形式、备考等。备考,主要写需要特殊说明的问题。

二、备课

教师上课前的准备工作称为备课。备课是全部教学工作的基础,是提高教学质量的重要环节,教师要上好课,课前必须备好课,备课是根据教学工作计划制订课时计划方案的过程。只有制订出好的教学方案,教学才能取得最佳教学效果。有人把教师备课的过程,比喻为工程师的设计工作,教案就如同施工的设计图纸。工程师设计图纸是精心细致的,教师备课也要精雕细刻。教师如果因备课不仔细,哪怕在教学中写错一个字,念错一句话,那错字或错话都可能会永远留在学生的记忆中。所以,在备课这项工作中千万马虎不得。

教师在备课过程中,主要抓好三个环节,一是备《课程标准》;二是备教材;三是备学生。

（一）备《课程标准》

所谓备《课程标准》,就是认真学习领会中学思想政治课《课程标准》。《课程标准》体现了国家意志和教育行政部门对教学内容和基本要求的干预,是国家制定的指导教学的纲领性文件。《课程标准》不仅规范了具体的教学内容,明确了对教学目标和程度的具体要求,还规范了教师如何使用教材。所以教师备课时必须认真学习和领会《课程标准》,树立《课程标准》意识。通过它了解课程的德育内容,明确德育途径,认识德育导向。只有认真“备”好《课程标准》,才能在深层次上把握教材、驾驭教材、教好学生。备《课程标准》要抓住教育点和知识点,因为“标准”不但反映教育目标,而且限定了水平要求,也就是“标准”。它不但体现了对知识的基本要求,而且体现了对觉悟、能力、心理的具体要求。所以备课时要备好教育点和知识点。

(二)备教材

所谓备教材,就是分析教材,从各个方面把教材内容弄通、弄懂,使教材中的知识完全化为教师自己的知识。另外还要研究传授这些知识所运用的方法、原则、手段和艺术。教师在钻研教材过程中,主要解决以下几方面问题。

1. 掌握教材的知识结构

马克思主义是一门科学,它是有一定理论体系的学问。中学思想政治课教材虽然属于马列主义理论的常识性知识,但每课、每节、每个框题,也都有严格的知识结构。这个知识结构是指学科理论整体与部分之间的关系;概念、观点、原理之间的内在联系和逻辑关系;知识之间的关联性、过渡性和系统性。教师掌握教材的知识结构,有利于结构式的输入知识和掌握知识;有利于认识各部分知识在整个知识结构中所处的地位、作用;有利于对知识的认识和记忆。

2. 分析教材各部分的中心思想

教材的课、节、框、段,每一部分都有一个中心思想,也就是编者通过教材要向学生传授的中心意思。每一部分的中心思想,就是每部分教育内容的核心。所以,教师抓住了中心思想,也就抓住了教学的重点内容,抓住了教材编者的主要意图,抓住了教学的根本。

3. 弄懂基本概念和基本原理,备好知识点

思想政治课传授马克思主义基本知识,主要是通过讲解基本概念和原理来完成的,所以钻研教材时必须把概念和原理弄明白。基本概念构成原理,原理是教材主要传授的理论。教师只有在备课时把基础理论的根扎得深一点,课堂讲课时才能做到胸有成竹。在分析概念和原理的基础上找出重点和难点。

4. 把精力用在解决重点和难点问题上

重点和难点是教学过程中要解决的关键问题,备课时要把主要精力放在解决这两点上。重点、难点问题解决了,就为解决其他问题创造了条件。政治课的难点问题往往是当今社会的焦点问题、敏感问题,所以教课时是回避不了的。另外,在备课时,还要找出教材中的教育点、能力点,以便在教学中采取具体教学手段对学生实施思想道德教育和注意能力培养。

5. 选学一些与教学内容有关的教学参考资料

人们常说,教师要给学生一杯水,就要自己准备一桶水,用来比喻准备知识与教

授知识的关系。这“一桶水”不能都来自备教材,还需要备与教材内容有关的教学参考资料。学习教学参考资料主要有以下几方面内容:首先,要学习教学指导书。教学指导书或称教学参考书,是教材编辑部门组织编写的与教材配套的教学指导性资料。教学指导书的内容,有教学内容的目标要求、教学提纲、教材分析、教学重点、教学难点、教学建议、名词解释、问题解答和教学参考资料。这种书反映教材作者的意图,具有指导作用,作为教者要尽量参考指导书中的内容。但也可根据自己对教材的正确分析和对学生具体情况的了解,对教参内容做些变动。其次,要查找一些与教材有关的参考资料。备课时只掌握教学参考书的内容是不够的,还要选学一些与教材有关的资料,如报刊上的文章、有关的教学研究成果、教育部门的文件、经典著作、词典、历史书籍等。教师要想把课讲好、讲活、讲深刻,必须要掌握丰富的资料和信息,那样才会使学生对学习内容产生兴趣,才能有强烈的求知欲望,才能缩短课程内容同学生接受能力之间的距离。平时积累教学参考资料对于教师来讲是非常必要的,我国古代就有平时注意积累资料的典范。唐朝大诗人李贺,每次出门带个锦囊,在外遇到什么事物或随时有所感时,就把它写下来放入锦囊里,晚上回来对它加工成篇。据说,他的不少著作就是这样加工而成的。我们的政治教师也应该把平时接触到的同教学有关的资料收集起来,做个积累资料的有心人,那么备课的资料就会非常充足,课也能讲得好,就能成为一位受学生欢迎的教师。

(三)备学生

备学生,就是了解学生实际。学生是教师的教学对象,教学对象的情况如何,如何根据教学对象制订出好的教学方案,这是教师在备课时必须考虑的问题。我们强调在教学中必须贯彻理论联系实际的方针,联系实际就包括联系学生的实际。只有备学生,了解学生的实际情况,才能很好地联系学生的实际。了解学生实际,包括以下几方面内容。

1. 了解学生的知识水平和对知识的需求

了解学生的知识水平,是为了在备课时把握教学的深度和广度。首先,要了解学生现在已经掌握了哪些政治理论基础知识以及对知识掌握的程度。其次,还要了解他们学过哪些与本学科相关的知识,如文学、历史、物理、化学等方面的知识。因为在政治课的讲解、举例过程中,需要利用其他学科的知识解释一些马克思主义原理和现象,利用一些数理化知识解释一些哲学现象。再次,了解学生对知识的需求点。此种做法是根据学生对知识的需求从而调控教师对信息的输出,也就是因需施教。

2. 了解学生的思想状况

政治课教师备课要对学生思想状况进行调查了解。了解他们思想的闪光点和弱点,以便选择教育点。学生对来自社会上的一些信息,对来自家庭的一些思想倾向,对党的方针、政策和国内外形势往往都有自己的看法。学生对一些事物的看法有的是正确的,是闪光点;也有的看法带有片面性和偏激情绪。要通过思想政治课引导学生掌握正确的思维方法和科学的判断是非的能力。对他们正确的看法要加以肯定,对他们错误的看法要加以纠正和引导。要提高他们认识问题的能力,增强他们抵制错误思想的能力。要教育学生,必须了解学生。要了解他们对当前一些政治问题的看法和国内外形势的看法,了解他们对教学的意见。了解学生思想时,可以进行个别谈话,也可以召开座谈会,还可以进行抽样、问卷调查。

第六节 思想政治学科教学设计

教学设计是从事教学工作的教师为完成、优化教学目标,运用系统方法整体组合各教学因素和环节,为学生设计的教与学的操作计划方案,是课堂教学进行的程序,它是教学准备工作的重要组成部分。教学设计的特点是它能发挥教学因素的整体系统教学效应。教学设计主要是为学生学习而设计的,它是以学为本的,是为学生的学习服务的。

一、教学设计的原则

1. 主体性原则

教学设计要体现主体性,教学中就要充分发挥学生的主体作用,要使学生积极、主动地参与到教学中来,要发挥学生积极探索、合作和创新的精神,要让学生在教师引导下自己去发现知识和经验,使学生成为学习的主人。所以在教学设计中,从教学目标、教学内容、教学手段、重点、难点到教学操作过程都要考虑从学生的知识、心理、思想道德实际出发,真正体现以学生为主的原则。教学设计虽然是由教师预先作的,但要把学生当作设计的出发点,因为教学设计归根结底是为学生学习服务的。

2. 系统性原则

教学设计是个教学系统,在进行教学设计时要从系统的角度整体组合教学设计的每个环节。教学过程涉及多种教学因素,如学情、教材、教学目标、教学重点、难点、教学流程、教学工具、教学效果训练等,这些教学因素及环节都是很具体化的,它们之间要上下贯通,互相联系、相互制约,并成为一个完整的系统。各个教学因素在这个系统中的最佳合理组合才是好的教学设计,只有这样才能取得优化的教学效果。

3. 灵活性原则

教学就是一个有开端、过程和结果的动态过程,设计这样一个过程必须体现弹性、灵活性、动态性,不能一成不变。教学设计是教师根据教学任务、教材内容、学生情况、教学环境和条件预先设计的,具有一定稳定性。但学生是鲜活的、课堂也是动态的,教师意料不到的事情随时可能发生。在师生双边活动中,常常会使教学偏离原来的教学设计。所以在实施教学设计方案中要有一定灵活性,要根据教学运行动态对设计方案进行一定调节,使教学设计在动态中生成教学效率。

4. 创新性原则

教学设计是教师的一种创新活动,也是一种思维活动和实践活动的组合,它既有教学思想观念的创新,又有教学方式方法的创新。进行教学设计时还要运用教学理论、学习理论、教学技术理论和心理学理论等多种理论方法。在进行教学设计时,要以各种教学理论作为思想基础,破除传统教学设计的旧观念,根据教学实际大胆创新,使设计出的教学方案体现先进教育思想和教改精神的新思想、新举措,让创新意识、创新精神在设计中呈现,并有利于创新人才的培养。教学设计的创造性主要体现在你设计的教学有个性、有独特风格,使学生学得自主、学得轻松,教学有可欣赏性。创新是教学设计的闪光点,是教学改革的突破点。

二、教学设计的内容

教学设计应该涉及哪些方面的内容,说法和做法都不统一,由于对教学过程关注点不一样,也难以统一教学设计的内容。教学设计的内容可根据自己的教学实际来确定。但好的教学设计要体现出逻辑美、秩序美及和谐美。

(一)教材简析

教材是教学的根据和基础,设计教学必须要对教材情况做出简单介绍和分析。首先,要介绍教材的版本。由于现在教材编写是开放型的,有国编、省编和校本教材,各种版本教材具体内容、风格各有特点,所以设计教学时一定要交代所用教材的出版社、版本、课节、教学单元等内容。其次,说明本节教材内容在本课节中的地位及作用。再次,对教学任务进行分析,了解教材的结构、知识点、教育意图等。

(二)学情分析

学生是教学设计的对象,对于他们情况的了解是教学设计为了做到教学有的放矢。教师首先要了解学生对本节课知识和内容的熟悉掌握情况,学生对学习该内容的态度、能力以及学生的社会心理情况、该阶段学生的心理特点等。在教师设计教学方案时都应掌握这些情况,便于寻找教育点和妥善合理处理教学内容。

(三)教学目标

教学目标是教学活动的指针,是教学中师生预期达到的学习结果和标准。教学目标具有这样几个特点。

第一,指向性。它对教学设计有指导作用,指明教学的努力方向,是教师处理教学内容及选择教学方法的依据,也是教学评价的依据。

第二,客观性。它是根据课程标准、教材和学生情况而定的,不具随意性。

第三,整体性。它体现教学目标的整体性,包括的教学内容比较全面,如它既包括在知识、能力、品德方面应达到的目标,还包括情意目标,体现了各教学目标的整体性。不能错误地把《课程标准》中的教学“基本要求”当作教学目标的具体内容。教学基本要求中的“识记、理解、运用”不是教学目标内容，而是要求目标达到的标准、水平和程度。在描述教学目标时，不但要描述要求达到教学目标的具体内容，也就是标的，还要描述达到的水平，也就是标准。描写教学目标时，主语必须是学生，是学生通过学习取得了哪些进步和提高。

思想政治课教学目标，可分为以下四个方面内容。

(1) 知识目标：通过教学，使学生应掌握的知识，包括概念、原理、观点、事实等。知识是育人的基础，它是人形成思想意识、能力、道德的载体，是提高人素质的基础。

(2) 能力目标：通过教学，学生在思维能力、学习能力、创新能力、实践能力等方面应得到的表现和提高。具体来说，教学主要是培养学生以下这几方面能力，如：分析能力、推理能力、想象能力、记忆能力、观点选择能力、判断能力、观察能力、理解能力、感知能力、辨别能力、知识运用能力、综合能力、比较能力、概括能力、语言表达能力、政治参与能力、道德评价能力、自学能力、知识探究能力等。

(3) 情意目标：通过教学使学生在心理情感和思想意识，包括世界观、人生观、价值观等思想观念发生的变化和提高。如，法律意识、环保意识、自救意识、开放意识、竞争意识、效益意识、市场经济意识、辩证唯物主义思想意识、政治信仰、友谊感、热爱感、追求感、自尊心、道德感等，都属于情意目标。

(4) 品德目标：通过教学，学生在道德品质和道德行为习惯方面发生的积极变化。品德目标是德育课最重要的目标，学习这门课程主要目的是形成学生的优秀道德品质。作为德育课，没有此目标是不可想象的。这一目标追求的是行为变化，如形成了什么品德和道德习惯、道德修养等。通过课堂的道德品质方面的教育，使道德规范、道德观念真正变成学生的道德行为和品质。如，诚实善良、公平正义、礼貌待人、遵纪守法等。

(四) 教学的重点和难点

在教案中写出教学重点，目的是使教师在教学过程中能把握住教学的主要方面和关键问题。主要方面不明确，平均使用力量，教学任务就不能很好地完成。教学重点的确定应从以下两个方面考虑：(1) 要根据课程目标的要求和教材的知识体系来确定教学重点。所谓教学重点，是指教材中经常出现、是目前和今后非常有用的知识，它是教材中关键性的知识，如关键性的概念、观点和原理等。教学重点在教材中具有重要的影响作用，它能统帅其他知识，是基础知识中的主要部分，它在形成学生知识、能力和提高学生思想觉悟方面具有较重要的作用。(2) 学生中普遍存在的、带有倾向性的思想理论认识问题，也是思想政治课的教学重点。思想政治课的教学任务重点在于教育学生，应把对学生的思想教育放在首位，所以在学生中存在的典型的理论认识问题也应作为教学的重点。

教学难点，是指学生在学习过程中遇到的主要障碍，即多数学生难以理解和掌握的知识或理论问题。教学难点的确定应以学生的接受程度为依据。确定教学难点的依据是:(1) 教材内容中学生最难接受、最难理解的知识或思想理论观点,特别是比较抽象的教学内容。如高中一年级政治经济学中的“价值”概念,高中二年级哲学教材中的“物质”概念等。(2) 在理论上容易理解,但在思想上较难接受的理论认识问题也可以作为教学难点。如,资本主义民主的狭隘性问题、资本主义走向腐朽的问题等。(3) 容易混淆的概念也可以作为教学难点。

在教学过程中,教师要集中精力解决重点和难点问题,而不要平均使用力量,对于学生易懂的一般问题不要花费过多时间。

(五) 教法选择

设计教学过程主要是选好恰当的教学方法,使它与教学内容相统一。教学过程主要是教学方法综合运用的过程,选择好教学方法是顺利完成教学任务的关键。教课不能总是用一种方法,优秀的教师教学效果之所以显著,是由于他们以综合的、辩证的观点对待各种教学方法的选择和运用,而不是始终用一种方法教学或生搬硬套某种方法。选择教学方法时应考虑如下问题:(1) 选择教学方法要从教学内容出发,要根据教材的特点和教学任务来选择教学方法。如有的教学内容比较容易接受,或学生对此内容比较熟悉,就可采用自学辅导法或谈话法来进行教学,而有的教学内容理论性比较强就可采用讲解法。(2) 每节课选用什么样的教学方法还要根据学生的接受能力、身心特点来确定,也就是从学生的学习可能性来确定;另外还要根据学生的发展需要来确定。教学方法一旦触及了学生的学习情绪和意志,触及了学生的精神需要,便能发挥高度有效的作用,能强化学生情感参与教学目标的实现。(3) 设计教学方法,要端正教学思想,要贯彻以教师为主导和以学生为主体的教育思想,要有利于调动学生的学习积极性,尽量让学生参与教学活动,达到提高学生素质的教学目的。

(六) 设计板书

黑板是目前教学经常用的教学工具,板书则是为教学服务的好方式。教师设计板书时,一般应符合以下几项要求。

(1) 板书要完整、概括地反映一节课的教学内容。在设计板书前,教师要很好地钻研教学内容。板书要用简练的文字、标题式的语言把教学的知识体系、理论内容和知识点反映出来。

(2) 板书的内容要有条理、有系统。教学内容是一个有逻辑联系的统一体,知识之间是互相联系的知识结构。板书要反映教学内容的逻辑顺序和结构层次,让学生通过板书就可概括地掌握教学内容。

(3) 板书的设计要合理。板书分为正板书和副板书。一般正板书的字写在黑板左侧,主要按教材结构顺序写出概念原理、知识等。正板书写完之后不能随意擦掉。副板书为辅助板书,可写在黑板右侧,随写随擦。副板书主要写些解释教学内容的字、词、事件和人物等。

（4）板书要写得规范、工整。新教师为了使板书的字写得美观，应当潜心练字。

（七）教学资源

课堂所用的教学资源要在教学设计时事先考虑好并在上课前准备好，如：录像内容、模拟活动的道具、多媒体课件、录音机、实物投影仪、电脑、与教学内容有关的图书资料、图片；配合教学要调查的社区、机关等。

（八）教学设计理念

教学设计是在一定教学思想观念和理论指导下进行的，也就是在一定理念指导下设计的。教学设计理念就是教学设计的理论依据。"理念"最早用于哲学理论，是一个哲学概念，是指理性领域的概念，生活中称观念。理念与观念相比，给人的印象是理念更注重理性思考，它对实践有指导意义。教学设计所用观念，主要是以下教育观念的运用：课程观、教材观、知识观、学生观、教师观、质量观、人才观、现代教学观等。

（九）教学流程

课堂的教学过程是由各个教学环节构成的。按着教学环节的程序和步骤把教学环节连接起来的程序和有逻辑的教学进程结构就是教学流程。把各个教学步骤按一定的顺序衔接起来，就是课堂教学流程的结构。做任何事情都要有计划有步骤地进行，教学是个很复杂的过程，它更应该有合理科学的程序和步骤。教学流程设计的主要内容有：组织教学、复习旧知识、导入新课、讲授新知识、巩固新知识、布置作业等。每个环节教什么内容，用什么方法，花多少时间，板书什么内容，提什么问题，怎样处理重点或难点问题，各个教学环节如何衔接，这些内容都要求授课教师在设计教学流程时考虑好。各个教学环节的衔接要合理、紧凑，有一定密度，不要出现漏洞，也不要安排得太满，在时间安排上要留有余地，在课堂节奏上要给人轻松、和谐的感觉。在整个教学流程中要充分贯彻以教师为主导、学生为主体的教学理论，充分展示学生主动学习的场面和过程。

（十）教学效果训练

教学效果训练是教学信息反馈和为了克服遗忘、强化理解、巩固教学效果的教学环节。如，"通过某某故事给你什么启示？结合自己实际，你打算怎样培养和树立自尊心？"；也可以从行为方面提出巩固内容，如"通过《人生难免有挫折》的学习，请把自己成功战胜挫折的经历记录下来，一周后我们将举行'成功战胜挫折交流会'"等。教学效果训练是巩固教学环节，但训练中也可以学到新知识，获得新态度。

（十一）教学资料拓展

教学资料拓展，是在课程结束后补充一些与本课教学内容有关的课外资料给学生，让学生在阅读学习补充拓展的资料中有更大收获。如学习《防范侵害，保护自己》一课后，可以给同学补充学习一些与本课有关的"社会生活安全知识"、"自我保护八要领"等。

（十二）教学反思

教学反思，是一个总结教学实践经验和检查反思教学问题的过程。教者教完一节课后，可以对自己课前设计、课堂教学进行课后反思。如，哪些设计合理，哪些设计有问题，是否达到了设计意图，设计是否符合教改方向等。反思主要是对自己的教学设计进行科学分析、总结经验教训，及时发现问题，及时补救。

思想政治教学课堂教学设计内容要根据教学实际来确定，不要整齐划一，但设计得要合理。教学设计除上述十一项内容外，也有提出“教学建议”的，这要根据自己需要而定，另外教学设计可贵之处在于创新。

思想政治学科课程教学设计的内容

↓

教材简析	学情分析	教学目标	重点难点	教法选择	板书设计	教学资源	设计理念	教学流程	效果训练	资料拓展	课后反思

附录：

教案（一）

<table>
<tr><td>课题</td><td>价值规律作用</td><td>授课班级</td><td>高中一年级</td><td>教者</td><td></td></tr>
<tr><td>课型</td><td>授新课</td><td>教具</td><td>挂图</td><td>教学方法</td><td>“读书、议论、讲解、练习、总结”五步教学法</td></tr>
<tr><td>教学目标</td><td colspan="5">1. 知识：价值规律的作用
2. 能力：养成自学能力，提高透过现象看本质的能力
3. 情感和思想意识：树立竞争意识；增强对邓小平“科学技术是第一生产力”理论的赞赏
4. 品德：更好地理解国家的经济政策和按价值规律办事</td></tr>
<tr><td colspan="6">教学重点：价值规律调节生产资料和劳动力在生产部门的分配</td></tr>
<tr><td colspan="6">教学难点：如何看待企业的优胜劣汰</td></tr>
<tr><td>教学环节（时间分配）</td><td colspan="4">课堂教学过程</td><td>备注</td></tr>
<tr><td>组织教学（1分钟）</td><td colspan="4">了解学生出席情况</td><td></td></tr>
</table>

续表

教学环节 （时间分配）	课堂教学过程	备注
复习提问 （2 分钟）	教师：什么是价值规律？请一个同学回答。 教师：请一个同学在黑板上，指图说明什么是价值规律发生作用的表现形式。 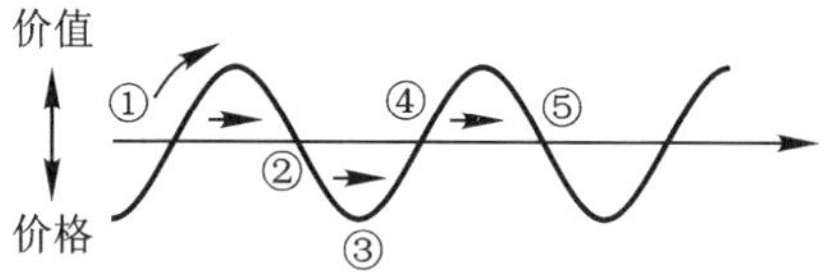 学生指图说明： （1）供不应求，价格上涨，高于价值； （2）供过于求，价格下跌，低于价值； （3）价格下跌导致供不应求； （4）价格上涨导致供过于求； （5）价格不会偏离价值太远，总是围绕价值上下波动。	教师出示小黑板上所绘挂图
导入新课 （1 分钟）	教师：价值规律是商品经济的基本规律，它就像一根无形的指挥棒，哪里存在商品经济生产和商品交换，价值规律就在哪里起作用。这节课我们就学习价值规律的作用。	
学生读书自学 （12 分钟） 学生议论 （15 分钟）	教师：请同学们阅读教材，边读边圈划重点词语概念、知识点、疑问点；边学边思考这样几个问题： 1. 价值规律在商品经济规律中处于什么地位？ 2. 为什么说价值规律是客观的？ 3. 价值规律有哪三方面作用？ 学生经过议论弄清楚了阅读提纲中的前两个问题。 教师：谁能回答前两个问题？ 学生甲：价值规律是商品经济的基本规律，因为只要哪里存在商品生产和商品交换，价值规律就会在哪里起作用。 学生乙：价值规律是客观的，因为人们不能创造它，也不能取消它，只能遵循价值规律的要求，自觉地利用它。 教师：请同学们根据挂图，说明价值规律的作用。	在学生议论价值规律作用时，教师为学生提供三张画好的挂图。

续表

<table>
<tr><th>教学环节
（时间分配）</th><th>课堂教学过程</th><th>备注</th></tr>
<tr><td>学生读书
自学
（12 分钟）

学生议论
（15 分钟）</td><td>学生:价值规律的第一个作用是调节生产资料和劳动力在各个生产部门的分配。
学生指图说明:（1）供不应求,价格上涨会吸引生产资料和劳动力。（2）供过于求,价格下跌,会减少劳动力和生产资料。
学生:通过对挂图的分析说明,商品的价格是围绕价值上下波动的。当某种商品供不应求,价格高于价值时,由于有利可图,许多商品生产者就会被吸引来生产这种商品,从而使生产资料流入这个部门,导致这个部门生产的扩大和商品供应的增加。反之,当某种商品供过于求,价格低于价值时,由于无利可图甚至亏本,许多商品生产者会减少或放弃这种商品生产,从而使某些生产资料和劳动力从这个部门退出,导致这个部门生产的缩小和商品供应的缩小。这样通过市场价格的调节,使生产资料和劳动力在各个生产部门之间可以大体上保持适当的分配比例关系。最后得出的结论是,价值规律是商品生产和商品交换的调节者。
学生:价值规律的第二个作用是刺激商品生产者改进技术,改善经营管理,提高劳动生产率。
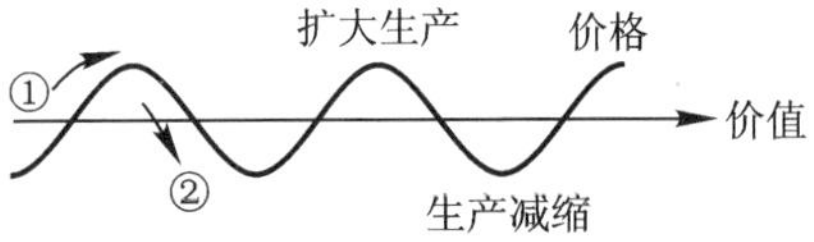

学生指图说明:（1）个别劳动时间低于社会必要劳动时间,它的商品价格高于价值,就有利可图,会刺激商品生产者改进技术,改善管理。（2）个别劳动时间高于社会必要劳动时间,它的商品价格低于价值,就无利可图,迫使商品生产者改进技术,改善管理,尽快提高生产率。整个图说明:每个商品生产者都想方设法提高劳动生产率。
学生:价值规律的第三个作用是导致商品生产者优胜劣汰。
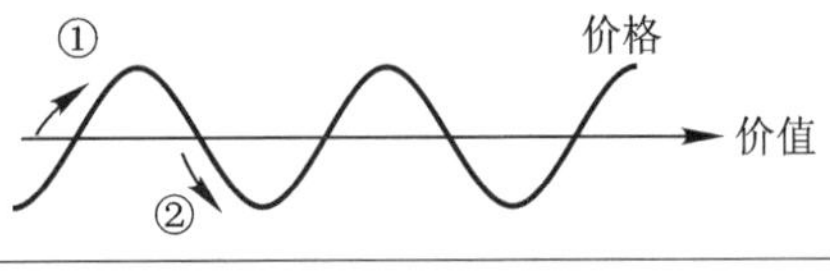
</td><td></td></tr>
</table>

续表

教学环节 （时间分配）	课堂教学过程	备注
学生读书 自学 （12 分钟） 学生议论 （15 分钟）	学生指图说明：（1）生产条件好，经营管理好的生产者，生产商品的个别劳动时间低于社会必要劳动时间，因而获利就多，能够不断扩大生产，更新设备，进一步改善生产条件，在竞争中处于有利的地位，会不断因优而取胜。（2）生产条件差，经营管理水平低的生产者，个别劳动时间高于社会必要劳动时间，就亏损，在竞争中就会遭到失败，以至被淘汰。	
教师精讲 （8 分钟）	教师：同学们经过自学和议论，在这节课里，我们学习到这样几个问题。 一、价值规律的客观性（板书） （1）价值规律是商品经济的基本规律。只要存在商品生产和商品交换，就存在价值规律。（板书） （2）价值规律是客观存在的。（板书） 因为人们不能创造价值规律，也不能消灭它，只能遵循价值规律的要求，自觉地利用它。 二、价值规律的作用（板书） 价值规律共有三方面作用： （1）调节生产资料和劳动力在各生产部门的分配；（板书） （2）刺激商品生产者改进生产技术，改善经营管理，提高劳动生产率；（板书） （3）促使商品生产者在竞争中优胜劣汰（板书）	
练习 （4 分钟）	教师：请同学们阅读教材《阅读与思考》中的“价格不能太离谱”这个材料，我们把这个材料作为我们这节课的练习材料。 同学们经过练习认为：材料中的价格确实有点离谱无度。谱与度指的就是商品价值。大家认为，商品价值决定商品的价格。价值规律决定，商品价格围绕商品价值上下波动是正常现象，但是如果价格远离价值，就违背了价值规律，违背了商品交换以价值量为基础，违背了等价交换原则。离谱的价格不但对消费者不利，而且对经营者也不利。由于它属于暴利，价格远远超过商品价值，消费者就不会购买这些商品，造成商品滞销、积压，最终受害的还是经营者。所以，经商还是要遵循价值规律。	

续表

<table>
<tr><th>教学环节
（时间分配）</th><th colspan="2">课堂教学过程</th><th>备注</th></tr>
<tr><td>总结
（2 分钟）</td><td colspan="2">教师：通过这节课的学习，我们知道价值规律是商品经济的基本规律。我们搞社会主义市场经济，搞商品生产和流通必须遵守价值规律，不能违背价值规律。另外，就是我们认识到了价值规律的三方面作用。它使我们知道，要想在社会主义市场竞争中处于不败之地，不被淘汰，必须改进技术设备和经营管理，提高劳动生产率。通过这节课的学习，使我们对邓小平提出的“科学技术是第一生产力”这句话有了更深刻的认识，说明这句话是符合客观规律的。</td><td></td></tr>
<tr><td rowspan="3"></td><td colspan="3">［板书设计］</td></tr>
<tr><td>正板书</td><td colspan="2">副板书</td></tr>
<tr><td>一、价值规律的客观性
（1）价值规律是商品经济的基本规律
（2）价值规律是客观存在的
二、价值规律的作用
（1）调节生产资料和劳动力在各部门的分配
（2）刺激商品生产者改进生产技术、改善经营管理，提高劳动生产率
（3）促使商品生产者在竞争中优胜劣汰</td><td colspan="2">例：
假定 1 尺布＝1 元
（1）个别人 0.5 尺布/小时
10 小时＝5 元
（2）大多数人 1 尺布/小时
10 小时＝10 元
（3）个别人 2 尺布/小时
10 小时＝20 元
（盈利）</td></tr>
</table>

教案（二）

《矛盾就是对立统一》网络教学设计

一、教学设计依据

（一）在教材中地位与作用的分析

对立统一规律在唯物辩证法中居于实质和核心的地位，是全面把握唯物辩证法的“钥匙”和关键，同时也为学习和理解全书其他各课题提供了根本的方法——矛盾分析法。矛盾的概念作为本课的理论起点，不但为以后关于矛盾问题的一系列基本观点的学习奠定了理论基础，有利于学生形成科学的世界观；而且从方法论意义上讲，有利于学生掌握矛盾分析的方法，为培养学生辩证思维能力奠定坚实的基础具有重要意义。可见，本节内容在本课，甚至在全书中都处于非常重要的地位。

（二）教学重点和教学难点的分析

1. 教学重点

“矛盾的含义”既是本书的重点，也是本节和本课的教学重点。这是因为：(1)矛盾概念是本课最基本的概念，只有真正搞懂了什么是矛盾，才有可能进一步理解和把握关于矛盾问题的一系列基本观点，掌握矛盾分析的方法；(2)对立统一的观点是培养学生辩证思维能力的起点。尽管高二学生在学习自然科学和社会科学知识中，已广泛接触过事物自身所包含的既对立又统一的关系，但毕竟还没有从哲学的高度来进行思考和把握。因此，引导学生深入理解和把握矛盾概念，对于培养学生的辩证思维能力，有着“奠基”、“启蒙”的重要意义。

2. 教学难点

关于矛盾概念的教学，既是重点，也是难点。这是因为：(1)哲学上矛盾的概念高度概括和抽象，对于刚刚接触这一概念的中学生来说，理解起来有很大难度；(2)从以往的教学实践来看，学生在理解矛盾概念时，疑难点较多。

（三）学生情况的分析

通过前面的学习，学生对哲学概念的理解与把握已经具有了一定的基础，并初步具备了相应的辩证思维能力和抽象概括能力。但由于哲学上的矛盾概念高度概括和抽象，学生在理解上还会出现一定困难。在方法论上，由于社会现实生活中不良现象的存在与影响，加之认识问题的片面性，因而培养学生发挥主观能动性，创造条件，使矛盾向有利方向转化和发展，也会有一定难度。

（四）理论依据及构想

坚持以建构主义理论、人本主义理论、系统论原理为理论基础，将信息技术与研究性学习有机整合，贯彻主体性教学原则，充分调动学生学习的积极性、主动性、创造性，注重对学生学习探究的过程，增强学生的情感体验，注重对学生学习方法的指导。教学过程中，以“创设问题情境—提出问题—探究问题—解决问题—强化问题”为线索，发挥信息技术的强大优势和独特的功能，将研究性学习方式渗透于课堂教学中，从自然现象和社会现象入手，采用从具体到抽象、再从抽象到具体的方法，全面、深刻地理解矛盾的含义，培养学生的辩证思维能力，对学生进行科学世界观、人生观、价值观的教育。

（五）教学流程图

教学流程图如图 4-5 所示。

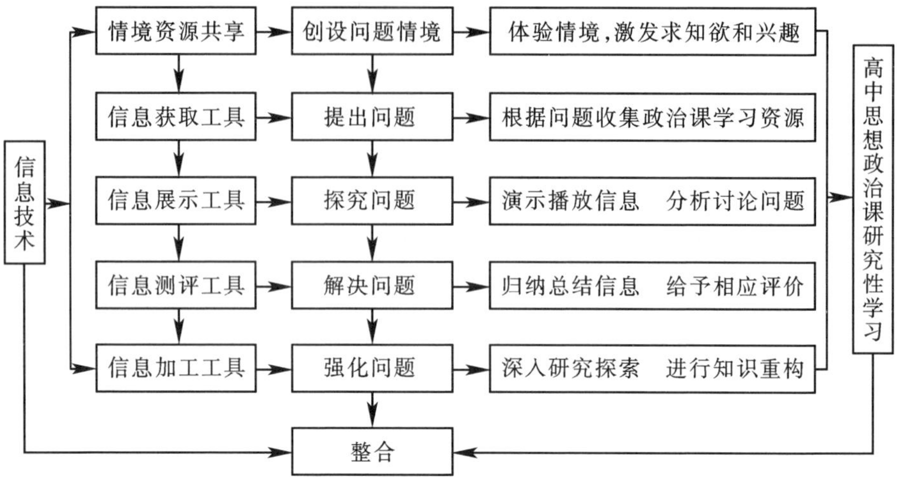

图 4-5 教学流程图

二、教学设计方案

方案 1

课 题	矛盾就是对立统一	课 型	授新课
授课人	长春市第二实验中学贾××	课 时	一课时
教学目标	知识目标	识记“对立”、“统一”的基本含义,使学生对矛盾的概念有较为深入的理解,并能通过多种实例对矛盾的概念加以阐释。	
	能力目标	以创设问题情境为切入点,引导学生积极主动地开展学习,培养学生自主研究、运用信息技术开展研究性学习的能力,掌握科学的学习方法,进行有效学习,并提高学生信息整理的能力。	
	情感意识目标	使学生明确矛盾在一定条件下可以相互转化,从而认识到要发挥主观能动性,努力创造条件,促使矛盾向有利方向转化,使学生具有自我探究后获得成功的情感体验,具有与人合作交流的思想观念和积极的学习态度。	
	品德目标	通过合作学习,培养学生善于与人合作和热爱学习的品质以及敢于面对矛盾、促进矛盾转化,不断进取的优秀道德品质。	

续表

课 题	矛盾就是对立统一	课 型	授新课
重点	矛盾的含义		
难点	信息技术与研究性学习整合能力的培养		
关键	1. 自主探究、研究性学习能力的培养 2. 学生自身的情感体验和思想观念的形成		
教具	微机		
创设问题情境	通过计算机播放那英的歌曲《白天不懂夜的黑》创设问题情境，引出矛盾含义。	体验问题情境，认真领会歌词，提高有意注意，产生探究矛盾含义的积极欲望，主动进行研究。	情境资源共享	以信息技术特有的功能，调动学生的各种感官，激发学生的求知欲和学习兴趣。
提出问题	提出问题：哲学上的矛盾是什么？它和我们日常生活中所说的矛盾是否一样？同时给学生提供相关网址。	根据教师所提供的网址，在课前通过网络的检索功能或其他手段多渠道地收集信息资源，并形成自我观点。	信息获取工具	丰富政治课学习内容，使学生根据自己的知识结构、阅历、理解力提出自己的问题。
探究问题	教师指导学生围绕矛盾的含义进行分析、讨论，发表自己的见解，要有效地控制教学过程，促进学习者积极主动地探究，为学生充分展示各自的认识提供空间。	利用信息技术的播放演示功能展示自己的研究成果，围绕矛盾的含义展开分析、讨论，各抒己见，充分发表自己的见解，并能够从不同的视角进行相互交流和补充。	信息展示工具	将研究性学习渗透于课堂教学，增强学生的信息整理能力，提高学生的研究学习能力，加强合作学习能力。

续表

课 题	矛盾就是对立统一	课 型		授新课
解决问题	教师针对学生的研究结果进行归纳总结,并要对学生做出相应的测评,也可将自己看法和研究结果通过多媒体对学生进行展示。	和教师共同对探究的结果进行归纳总结,对矛盾的含义形成全面的理解,做到深刻地把握,并对自己和他人的研究结果进行相应的评价。	信息测评工具	使学生能够从多角度理解和把握知识,完善自我认识,而且可以提高评价的科学化、客观化。
强化问题	课后,教师指导学生将对问题的归纳总结,通过文字处理工具、网页制作工具进行信息加工。	在教师的指导下对问题的归纳总结通过文字处理工具、网页制作工具进行信息加工,从而进行知识的重构。	信息加工工具	强化学生对问题的进一步认识和理解,从而将研究与探索深入下去。

方案 2

课题	丰富多彩的情绪	课型	授新课
授课人	长春市:关××	课时	一课时
教材分析	本课选自人民出版社出版的《思想品德》七年级上册(2003 年 8 月第 1 版)。情绪虽说是人的心理活动,但它与个人的学习、工作和生活等方面都息息相关。积极、向上、快乐的情绪有益于个人的身心健康,有益于个人的智力发展,有利于发挥个人的正常水平;相反,消极、不良的情绪会影响个人的身心健康,抑制个人智力的发展和正常水平的发挥。初中学生的不同心理表现以及存在的问题绝大部分受到情绪的影响,因此,关于情绪的内容在学生的学习中占有重要位置,也是第一册教材的重点课题。本课是对学生进行心理品质教育的重要环节,是提高学生思想和心理素质的重要一课。		
学情分析	喜、怒、哀、惧等情绪对初一学生来说都有过体验,但如何理解,对他们来说有一定难度。同时,初一学生探究欲望强烈,具有表现欲,处于感性思维阶段,但对问题的理解往往比较片面。因此,在教学过程中,要紧密结合学生的体验,创设学习情境,使学生达到由感性到理性的认识。另外,初中生的情绪表现很不稳定,不成熟,容易冲动且肤浅、强烈、不协调,两极性明显,自我控制能力较差。因此,指导学生根据自己情绪变化的特点,合理宣泄不良情绪,主动调控情绪,保持积极、良好的情绪状态,克服消极情绪又是当务之急。		

续表

<table>
<tr><td>课题</td><td>丰富多彩的情绪</td><td>课型</td><td>授新课</td></tr>
<tr><td>教学资源</td><td colspan="3">多媒体、书签、画纸、画笔等。</td></tr>
<tr><td>教学目标</td><td colspan="3">1. 知识目标：
(1) 认识人类情绪的丰富多样，知道喜、怒、哀、惧是情绪的四种基本类型。
(2) 理解情绪对于个人行为和生活的影响和作用，包括情绪的积极作用和消极作用。
2. 能力目标：逐步掌握一些情绪调节的有效方法，形成自我调适、自我控制的能力，继而能够较理智地调控自己的情绪。
3. 情意目标：通过本课学习，使学生持有乐观的生活态度、树立远大的理想和学会辩证的思维方法。
4. 品德目标：通过本课学习，培养学生与人为善、乐观进取的优秀道德品质。</td></tr>
<tr><td>教学设计理念</td><td colspan="3">本课的主要目标是让学生理解情绪的多样性，明白不同情绪有不同的作用。在教学中采用了探究式教学法，通过设置生动、直观的情境活动来充分调动学生的学习兴趣，使学生在能力上、情感上获得成功的体验，建立自信心。同时，在设计课堂提问时，遵循学生的认知、心理规律，充分体现了学生的自主、合作、探究的学习方式。在教学中让学生联系生活实际举出一些具体例子，使他们切实感受到情绪的多样性及不同情绪的不同作用；通过对问题的探究、思考，不断获取成功的体验，学会辩证思考问题的方法。</td></tr>
<tr><td>教学重点、难点</td><td colspan="3">教学重点、难点是“不同的情绪有不同的作用”。说它是重点是因为只有认识到这一点才能正确对待情绪，学会调控情绪，这是完成教学目标的基础；说它是教学难点是因为这一问题比较抽象，学生的理解往往不是很全面、很深刻。教师可以通过向学生提供材料，让学生进行探究分析来突出重点、突破难点，从而培养学生丰富的情感，拓展学生的兴趣爱好，使他们树立乐观的生活态度和远大的理想。</td></tr>
<tr><td>教学流程</td><td colspan="2">第一课时
（一）体验情绪，导入新课
教师：今天老师先让大家欣赏一段音乐，我有一段导语，大家可以按照我的导语尽情地发挥自己的想象，希望大家能产生身临其境的感觉。
[多媒体镜头 1：播放轻音乐]
导语：我躺在水清沙白的海滩上，沙子细而柔软，我感到非常舒服。我能感受到阳光的温暖，耳边能听</td><td>由音乐创设一种轻松愉悦的氛围，体验情绪，自然导入</td></tr>
</table>

续表

<table>
<tr><td>课题</td><td>丰富多彩的情绪</td><td>课型</td><td>授新课</td></tr>
<tr><td>教学流程</td><td colspan="2">到海浪拍岸的声音，思绪随着拍岸的节奏而飘荡，涌上来又退下去。温暖的海风轻轻地吹来，又悄然离去，它带走了我所有的思绪，只剩下那一片金黄的阳光和不停地拍打着海岸的海浪。我能感受到细沙的柔软，阳光的温暖，海风的轻缓。我的心浸润在这一片蔚蓝的海天之中。（音乐止）
教师：欣赏了一段优美的音乐，我们的情绪似乎都有一种飞扬的感觉，大家感觉怎么样？请同学们用最简单的词语表达你此刻的感受。（学生说出自己此刻的情绪体验）
教师：在我们的学习、生活中，时常会感受到这样或那样的情绪，今天我们就以“丰富多彩的情绪”为话题来学习、探究、交流。
[多媒体镜头 2：丰富多样的情绪]
（二）创设情境，探究学习
1. 活动名称：自画像。
[多媒体镜头 3]
想一想，做一做：
我最高兴、最生气、最伤心和最害怕的各是什么？
画出自己当时的面部表情。
步骤：
（1）前后左右的同学之间按照问题进行表演，然后各小组推荐几名同学上台表演，要求其他同学认真观察。（可以一个人表演，也可几个人进行情境表演）
（2）通过实物投影仪展示特征明显的劳动成果，要求学生认真观察。
（3）讨论分析这些面部表情的主要不同之处。（主要从眼睛、眉毛、嘴巴等方面分析）
（4）通过分析高兴、生气、伤心、害怕的面部表情后，得出它们就是人类最常见的情绪，用书本上的文字来说就是喜、怒、哀、惧。</td><td>新课，激发学生学习的欲望，调动学生的思维。

联系学生的生活经历与感受，引导学生认识喜、怒、哀、惧四种最常见的情绪。在活动过程中培养学生的合作意识和动手实践能力，并满足学生的表现欲。</td></tr>
</table>

续表

<table>
<tr><td>课题</td><td>丰富多彩的情绪</td><td>课型</td><td>授新课</td></tr>
<tr><td>教学流程</td><td colspan="2">［多媒体镜头 4］
最常见的情绪：
喜、怒、哀、惧
（引导学生阅读教材，认识常见的喜、怒、哀、惧四种情绪及其面部表情）
小结：其实，在日常生活中，人们的情绪是复杂多样的。
如明天要进行阶段测试，今天晚上的心情会怎样？（同学回答略）
这里面就有兴奋和不安、自信和担忧、跃跃欲试和害怕等不同性质的情绪。所以，在这四种常见情绪的基础上，又可以组成很多复杂的情绪。
2. 活动名称：举一反三。（小组竞赛）
教师：四种情绪的主要特征我们已经概括了，现在大家想想都有哪些词汇可以表达这些情绪。得分最多组为胜。（全班分成四组，要求每组代表一种情绪，且每说一个词汇，小组成绩加一分。但若用词典，则视为作弊，成绩倒扣。）
过程：学生们积极举手、踊跃发言，参与率较高，课堂气氛活跃。
各组的分数统计出来后，分别提问得分最多和得分最少的两组同学：你们现在各自有什么样的情绪？
再向大家提一个问题：在比较过程中，每个小组的成绩在你追我赶时，你们的心情是什么样的？
学生：胜——高兴；负——沮丧。
教师：在比赛过程中，有高兴（成绩领先），有伤心（成绩跟不上其他组），有害怕（自己组落后），有妒忌，有紧张等情绪的交替出现（或是综合出现）。
小结：从这个活动中我们可以看出表达情绪的词汇是丰富多样的，情绪表现是有程度差别的（例如：喜有开心、高兴、开怀大笑、欣喜若狂等程度之别）。
再从比赛过程中大家的情绪变化我们可以得出情绪是随着情境的变化而变化的。</td><td>通过问题，引导学生探究学习，明确人的情绪是复杂多样的。

让学生对四种情绪有一个更深的了解，同时充分发挥个人的记忆力，懂得知识积累的重要性；体现同学们的合作精神、团队精神以及集体荣誉感。

学生对本节课所学到的知识及自己的表现、同学的表现、教师的表现发表自己的看法。</td></tr>
</table>

续表

<table>
<tr><td>课题</td><td>丰富多彩的情绪</td><td>课型</td><td>授新课</td></tr>
<tr><td>教学流程</td><td colspan="2">归纳:通过这节课的学习,我们知道常见的情绪是喜、怒、哀、惧。不同性质、不同程度的情绪的组合构成了我们丰富多彩的、多姿多彩的生活。让我们试着对自己说一些正面的、理性的话语,乐观的态度可以带来更积极的想法,让自己生活得更快乐。
(三)自评互判,进行小结
教师:通过今天这节课的学习你们有什么收获?这堂课中给你印象最深刻的是什么?(教师适时展示小结性板书)
(四)布置作业,学以致用
结合这节课所学的知识,回顾自己上周体验过的情绪,分析其中最难忘的一次,从中总结出经验和教训,并在班会上进行交流(形式不限,可以是文章、诗歌、小品等)。
第二课时
(一)激趣导入
教师:同学们,你们喜欢画画吗?下面就请同学们根据这两个小朋友的情况,结合上节课学习的知识,画出他们此刻情绪状态下的面部表情。
[多媒体镜头 1]
小明:与同学合作,刚刚赢了一场足球比赛,这可是他最喜欢的运动了。
小亮:考试没考好,垂头丧气地看试卷。
(学生活动,并展示合作小组的成果)
教师:这样的情绪会给小明和小亮的生活和学习带来什么影响呢?今天就让我们一起来探索“情绪与生活”之间的奥妙。
[多媒体镜头 2]
情绪与生活
(二)探究学习
1. 活动名称:猜一猜</td><td>引导学生将学到的知识运用到实际的学习、生活中,培养学生理论联系实际的能力。
学生通过画画,再次明白喜、怒、哀、惧四种基本情绪,并调动学生学习的积极性,培养学生动手实践的能力和多方面的才能。
进一步设问,引起思考,导入新课。</td></tr>
</table>

续表

<table>
<tr><td>课题</td><td>丰富多彩的情绪</td><td>课型</td><td>授新课</td></tr>
<tr><td rowspan="1">教学流程</td><td colspan="2">[多媒体镜头3]
材料:心理学家用猴子做实验。把两只猴子同时关在笼子里,一只被捆住,不能动;一只可以在笼子里活动。实验者每隔20秒对猴子进行一次观察,每次观察前5秒钟,笼子里的红灯就会亮。笼子里有一个开关,每当红灯亮起,只要按动开关就可以逃出笼子。活动的那只猴子发现了这个开关。实验在不间断地进行,结果有一只猴子倒下了。
请问:是哪一只猴子倒下了,为什么?
学生活动。(学生们热烈讨论并积极举手回答。有说不能动的那只猴子倒下,有说可活动的那只猴子倒下,理由多种多样)
小结:答案是可活动的那只猴子倒下,原因是它长时间地高度紧张,需要时刻注意红灯的闪动,最后先于那只不可活动的猴子而倒下。猴子的反应是和不良情绪相联系的,用动物做实验是这样,人在受到不良情绪影响时,也有负面作用。
总之,情绪影响着人们的行为和生活。
2. 比一比
指导学生阅读教材第63页"法拉第的故事"。
提问:从这则材料中可以得出什么结论?
(学生讨论回答)
小结:分两个方面来说。从开始的"工作紧张,用脑过度",以致"身体虚弱",说明情绪对人的身体和生活有消极影响;从后来的"经常保持愉快的情绪",以至于"身体逐渐康复了",说明情绪对于人的身体和生活有积极影响。即情绪对身体既有积极影响又有消极影响。
3. 谈一谈</td><td>通过材料提出问题,引导学生探究学习。培养了学生的逻辑思维能力。

运用事例认识情绪对健康的消极影响。

通过真实的故事,引导学生认识情绪对人的身体和生活的积极影响和消极影响。培养学生分析问题的能力。</td></tr>
</table>

续表

<table>
<tr><td>课题</td><td>丰富多彩的情绪</td><td>课型</td><td>授新课</td></tr>
<tr><td>教学流程</td><td colspan="2">[多媒体镜头 4]

谈一谈，在什么情绪状态下，你觉得自己思维活跃？在什么情绪状态下，你觉得自己思维迟钝？
当你情绪不好时，你的食欲如何？如果一个人长期处于消极的情境中，会对他的身体健康有什么影响？

（学生结合自身经历，踊跃回答）
小结：情绪不仅对身体健康有影响，而且对正常水平的发挥也有积极影响和消极影响。
（在此基础上，指导学生填写教材第 63 页的表格）
归纳：从以上活动中可以看出，情绪犹如双刃剑。一方面，情绪对人的身体和生活是有积极影响的，情绪可以充实人的体力和精力，提高个人的活动效率和能力，促使我们健康地成长；另一方面，情绪对人的身体和生活是有消极影响的，情绪会使人感到难受，抑制人的活动能力，降低人的自控能力和活动效率，以致做出一些令自己后悔甚至违法的事情。
[多媒体镜头 5]

情绪对人的积极影响
情绪对人的消极影响

（三）运用知识
教师：请同学们设计一句关于情绪作用的格言，并把它写在老师发给大家的书签上。同学们可以把你设计的书签送给自己，也可以送给同学，送给亲人，真希望通过这样的“真情传递”，使我们身边的每个人都能改变自己的心情，掌握自己，成为情绪的主人。</td><td>联系自身经历与感受，全面认识情绪对人的积极影响和消极影响，培养学生理论联系实际的能力。

运用所学知识，设计格言，培养学生运用知识的能力，通过书签互赠，进一步增进同学之间的情感交流。</td></tr>
</table>

续表

课题	丰富多彩的情绪	课型	授新课
教学效果训练	活动一：结合所学的知识，回顾自己上周体验过的情绪，分析其中最难忘的一次，从中总结出经验和教训，并在班会上进行交流。（形式不限，可以是文章、诗歌、小品等） 活动二：请同学们设计一句关于情绪作用的格言，并把它写在老师发给大家的书签上。同学们可以把你设计的书签送给自己，送给同学，送给亲人，希望通过这样的“真情传递”，我们身边的每个人都能成为情绪的主人。		
教学资料拓展	1. 情绪：情绪是人心理活动的重要表现，它产生于人的内心需要是否得到满足。情绪是人的内心活动，它是和人的内心需要相联系的。 2. 中学生情绪的特点：情绪不稳定；情绪反映强烈，易动感情；情绪的外流和表达已趋于理性化。 3. 情绪的作用。 （1）动机作用：适度的情绪兴奋性可使身心处于活动的最佳状态，进而推动人有效地完成工作任务，因此积极情绪是人活动的强大推动力；但如果人的行为受到阻碍而产生消极情绪时，这种情绪就会妨碍活动的进程，并降低活动效率。 （2）适应作用：情绪的一个很强的社会性功能是适应。随着周围环境的变化，新情况的出现时，人可能因为不适应而产生焦虑、恐惧等情绪困扰，干扰正常的学习和工作。通常情况下，当我们出现情绪困扰时，就需要对情绪进行自我控制、引导和调节。 （3）信号作用：情绪是人与人之间相互影响的重要方式，它主要通过情绪的外在表现——表情来实现。我们在生活中与他人交往时，应有意识地利用情绪的这种信号功能，使我们的表达更容易为他人感知和理解，并能更有效地接收他人的信息。		

方案 3

课题	人生难免有挫折	课型	授新课
授课人	东北师大附中 刘××	课时	一课时
教材简析	《人生难免有挫折》选自全国统编教材人民教育出版社出版的初中《思想品德》第七册的第五课。我们每个人在人生道路上都难免会遇到这样或那样的挫折，所以要注意培养自己承受挫折的健康心理和坚强意志，掌握有效克服挫折的方法，迎难而上，开拓进取。本课围绕这个主题共讲了三个问题：首先用发生在学生身边的事例来体会什么是挫折；其次具体分析了造成挫折的因素有自然因素、社会因素、家庭和学校因素、个人因素等；接着分析了面对困难和挫折的三种人。最后得出结论：对待挫折的态度不同会有不同的结果，而作为中学生，我们应该学习后一种人，做一个意志坚强、有坚定信念的人。		
学情分析	备课就像在教材和学生之间“架桥”，既然是“架桥”，就要一头扎在此岸——教材上，另一头直通彼岸——学生的实际。既要钻研教材，又要研究学生，才能备好课。如果只在一岸动工，轻视另一岸的工程，是不可能把桥架好的。所以，备课的另一个基本环节就是研究学生。 1. 从学生的心理、生理特征看，他们大多数正处于十二三岁的年龄，有着强烈的求知欲和好奇心，接受能力比较强。 2. 从学生的思维特征看，他们的兴奋点仍主要集中在直观感觉上。 3. 从学生的认知结构看，由于他们刚刚升入初中，没有坚实的理论基础，所以鉴别是非对错的能力比较差，需要教育者给予正确的引导。 课前了解这些是非常必要的，可以缩短学生与教材之间的距离，达到教材—教师—教材—学生的有机衔接与统一。		
教学目标	1. 知识目标：通过学习，帮助学生懂得任何人都会遇到挫折，“万事如意，心想事成”只不过是人们的良好愿望而已，并且了解造成挫折的多种因素。 2. 能力目标：让学生结合自己的实际谈谈所遇到的困难、挫折，以加深他们对挫折的理解，并帮助学生分析自身遇到的这些挫折，从而提高他们承受挫折的能力。 3. 情意目标：通过本课学习，学生会增强战胜挫折的思想意识和正确对待挫折的态度。 4. 品德目标：学生通过本课的学习，会逐步形成战胜困难的坚强的道德品质。		

续表

课题	人生难免有挫折	课型	授新课
教学建议	1. 列举现实生活中遇到挫折的事例，让学生讲述他们都遇到过什么样的困难或挫折。 2. 学生列举自己现在所面临的挫折，在此基础上让学生谈谈他们对挫折的理解。 3. 利用书上一些名人、伟人的故事，帮助学生分析在社会生活中遇到挫折的原因。 4. 利用一些图片或录像，使学生直观感受造成挫折的原因，进一步了解造成挫折的有些原因是不可避免的，有些是可以通过自己的努力避免的。		
教学设计理念	思想支配行动。教学思想指导着教师的教学行为，决定着教师的教学方向，是教师教学的灵魂。正确的教学思想是搞好课堂教学的前提条件，是教师教学活动的指挥棒。新课程的核心理念是“一切为了每一个学生的发展”，这里的“发展”是指学生的全面和谐发展，个性分层发展和可持续、终身发展。为了更好地贯彻这一宗旨，在教学设计中努力做到“四个调整”：即调整教学目标，调整师生关系，调整教学方式和学习方式，调整教学内容的呈现方式。		
教学重点、难点	“挫折为什么是难以避免的”是本课的教学重点。现在的青少年生活条件比较优越，而且在家里也是备受宠爱，很容易使他们错误地认为人生的旅途会事事顺利，畅行无阻。因此，“挫折为什么是难以避免的”这个问题就显得很重要，讲好这个问题也为后面内容的讲解打好了基础。 “人们对待挫折的不同态度会导致不同的结果”是本课的一个难点。它包含了哲学上“因果联系具有普遍性和客观性”的道理，对初一学生来说，理论难度较大，再加之初一学生心理知识欠缺，因此讲解这一问题稍有难度。为了突破这一难点，我们结合情境剧《生命之歌》进行教学，采用夹叙夹议的讲解方法，把道理渗透在事理之中。		
教学流程	运用案例教学法，导入新课： 1. 有个学生，在小学时学习成绩一直很好，他自己也很喜欢学习，小学教师经常表扬他。但上了中学后，他发现自己的学习成绩明显下滑，考试成绩常常排在20名外，这令他非常惶恐，父母也因他的成绩问题而责备他。他渐渐地对各种考试都感到害怕。 2. 放学了，有个学生常常磨磨蹭蹭地不愿意回家。后来老师一了解才发现，原来这个学生的父母离婚了，冷冷清清的家庭令他难受。		

续表

<table>
<tr><th>课题</th><th>人生难免有挫折</th><th>课型</th><th>授新课</th></tr>
<tr><td>教学流程</td><td colspan="3">
3. 有个女生被同学怀疑偷了钱包,自感委屈难当,百口难辩,结果以自杀来表达自己的清白。
师提问:这三则材料说明了什么问题?
生回答:略。
师总结:这说明人生的道路不是一帆风顺的,我们每个人由于种种原因都不可避免地会遇到一些困难和挫折,面对困难和挫折,我们应该怎样做呢?这就是我们今天要探讨的问题。
(板书:人生难免有挫折)
提问:哪位同学能谈谈你是如何理解“挫折”一词的?
(板书:什么是挫折)
师:人们常说的“挫折”,即人们所遇到的失利、失败和阻碍等。
生举例:如农民会遇到自然灾害而颗粒无收,工人会因为企业经营困难而下岗,机关干部也会面临精简、裁员,我们青少年也可能会在学习成绩、升学考试、同学关系、身体健康等问题上遇到挫折。
师提问:是不是只有平凡的人才会遇到挫折,你能否举例说明?
生举例:顺境、成功并不是永远围绕在伟人、名人的身旁。孔子从小生活贫寒,但他孜孜不倦地求学,最终成为著名的教育家。蒲松龄文采过人,满腹经纶,但他在科举考试中却屡屡落第。面对打击,他并未悲观,怨天尤人,而是立志写一部“孤愤之书”,遂有《聊斋志异》这部百世流芳的佳作。还有屈原、贝多芬、张海迪等古今中外名人,无不是经历过种种坎坷、磨难和挫折。
师:世界上不存在没有遇到过困难的人,我们常说的“万事如意”,“心想事成”等,反映的都是人们的美好祝愿。挫折、困难是普遍存在的,任何人都无法避免。
(板书:任何人都会遇到困难和挫折)
生谈一谈:你印象最深刻的挫折是哪一次?原因是什么?
师:从刚才同学们的谈话中可以看出,造成挫折的因素是多方面的,人们不可能完全避开这些因素或不让这些因素发生作用,这就决定挫折是难以避免的。
(板书:造成挫折的因素)
造成挫折的因素是多方面的,可分为自然因素、社会因素、家庭和学校因素以及个人因素。
(1) 自然因素
请观看图片:洪水、地震、沙漠化等自然灾害。
</td></tr>
</table>

续表

课题	人生难免有挫折	课型	授新课
教学流程	师:这些自然灾害都会给人们带来不可避免的创伤和挫折。随着科技的不断发展,人们对自然的认识会越来越深刻,我们抵御自然灾害的能力会越来越强,但是要想完全避免是不可能的。 (2) 社会因素 请观看图片:“9·11”事件、巴以冲突。 师:战争给人民、社会、国家带来的危害相当大,因此和平一直是当今世界两大主旋律之一。亲人在战争中离去,对生者是精神上的打击;平民在战争中受伤,是肉体和精神上的双重痛苦;还有的人由于受到政治、宗教等社会因素影响惨遭迫害。大诗人屈原,受到贵族保守势力的反对,改革终遭失败,被流放到沅湘流域,最后在悲愤忧郁中自投汨罗江而死。哥白尼、布鲁诺为坚持真理,被教会视为异端邪说,布鲁诺甚至被活活烧死。这些都是社会因素造成的挫折。 (3) 家庭和学校因素 师:家庭变故、教育不当等因素都可能造成青少年心理上的紧张、焦虑、恐慌和失落。 生:谈一谈家庭和学校给自己带来了哪些挫折和不适? 生讨论:略。 (4) 个人因素 生:谈一谈个人会有哪些产生挫折的因素? 生:略。 师:同学们谈到体力、智力、外貌以及生理缺陷等方面会让个人产生挫折心理,除此之外,个人的知识和能力,对自己估计不当,期望值过高、意志薄弱、情绪不稳定等也会导致个人的挫折心理。 师:通过分析,我们了解了造成挫折的因素是多方面的,而且心理不健康的人更容易产生挫折心理。因此,我们在日常生活中要认真分析产生挫折的原因,用正确的态度和方法面对挫折,经受考验。 过渡:多媒体播放乐曲《命运》。(创设情境,吸引注意,激发兴趣) 在听完这首乐曲后,思考:这首乐曲的名称是什么?它的作者是谁?你能否讲述一下他的人生经历? 学生回答:略。 师:这首动听、激昂、优美而又跌宕起伏的旋律向我们倾诉了这样一个道理——贝多芬之所以能够取得如此伟大的成就,在于他面对挫折时选择的是奋起。 (板书:不同的态度,不同的结果)			

续表

课题	人生难免有挫折	课型	授新课
教学流程	师:那么,亲爱的同学们,当你们遇到困难和挫折的时候,该如何去面对呢? 生表演:请看情境剧表演《考砸之后》。(情境设置:9月22日,进入初中后的第一次语文考试我就不及格)通过部分学生的即兴表演,真实地再现学生生活的实际,促进学生自我了解。 然后,教师引导学生讨论并得出结论:我们每个人在生活、学习和工作上遇到的各种意想不到的困难和挫折是完全正常的。面对挫折,任何人都会引起一定的心理和态度上的反应。概括起来,大体上有三种人:第一种是胆怯、懦弱的人;第二种是意志不坚定或者容易满足的人;第三种是意志坚强、有坚定信念的人。 教师特别指出:"在发现困难确实难以逾越时,放弃原有的目标,确定新的追求也是一种对待挫折的积极态度。"教师举例讲解。 师:那么,是什么原因造成人们对待挫折有不同的态度呢?请看情境剧表演《生命之歌》。具体活动要求如下: 1. 请同学们观看情境剧《生命之歌》,了解剧情。 2. 比一比:第一,比较剧中人物,谈谈当挫折来临时,他们为什么会有不同的态度和行为;第二,把自己与剧中的人物相比,谈谈如果是你,你会怎样面对。 3. 讨论归纳。(1) 生活目标不同;(2) 生活态度不同;(3) 生活阅历不同;(4) 心理准备不同;(5) 身体状况不同;(6) 得到帮助的情况不同。 师小结:我们只有成为六个方面都有所准备的人,才能在挫折中奋起。反之,承受挫折的能力就会小,甚至没有承受挫折的能力。		
教学效果训练	通过上述教学,帮助学生认识到自己以前之所以不能勇于战胜挫折,是因为自己没有作好准备,从而进一步促使他们以积极的态度面对挫折,把挫折当成生活的大课堂,看成是自己宝贵的锻炼机会,是为未来取得成功所作的准备。 1. 当堂深化。(留言簿)请同学们用一句话概括地说出你将如何面对困难与挫折,并把它作为箴言送给在座的其他同学,希望大家一起成为战胜挫折的勇士。多媒体播放《真心英雄》,师生齐唱,产生共鸣。 2. 行为深化。(行为作业)请同学们根据今天所学内容,以积极的态度去面对挫折,并把自己成功战胜挫折的经历记录下来,一个月后,我们将举行"成功战胜挫折经验交流会"。		

续表

课题	人生难免有挫折	课型	授新课
教学资料拓展	《生命之歌》(故事梗概)。 我出生在海南省的一个普通人家。我们一家五口过着清贫而又幸福的生活。我6岁那年,不幸降临了这个家庭。姐姐和弟弟都患上了一种病,碰伤了就会流血不止,都要输血治疗。我们家里很快就一贫如洗,而且经常向亲友借钱。1990年,好心的二伯父带着我们一家来到广州大医院抽血化验,结果表明爸爸和妈妈是血友病携带者,姐姐和弟弟是患者,并且是罕见的“十三因子”缺乏症! 从广州回来,家里是死一般的寂静。妈妈率先打破这种压抑,她说我们家还有一个孩子是健康的,这个家还是大有希望的!妈妈每天凌晨4点钟就起床到码头上菜、卖菜,中午不休息,下午回来还要做家务,累得直不起腰,眼睛经常布满血丝。1993年,一个台风季节,弟弟皮下又出血,可家里没钱。妈妈用雨衣裹起家里唯一值钱的电视机就往外走,卖了400元钱,给弟弟输了血。1996年,我以优异的成绩考进了海南华侨中学。在那里,我第一次为穷感到自卑。妈妈知道我的心事后说:“这么多年委屈你了。以后我争取多卖点菜,让你穿得体面些。”之后,家里发生了很大变化:妈妈回来得明显晚了,每次去上菜数量也比平常多了,拉菜时腰更弯了,爸爸更是早出晚归。一天下午放学,我回到空荡荡的家,心里很不是滋味。那晚,我失眠了。妈妈来到我的身边,轻轻搂着我,安慰我说:“没有过不去的河,咱们家里虽然穷,但也有让人羡慕的地方,比如说,咱们家和睦、姊妹姐弟团结。咱们家除了缺点钱,什么都不缺!”妈妈的一番话让我轻松了很多。每每不能承受困难的时候,妈妈的安慰就成了灵丹妙药。看到妈妈衰老却刚毅的面容,我很难受,因为给我力量的妈妈也是病人啊!既然我是这个家唯一健康的人,我就不应该辜负苍天“意外”的眷顾,不能辜负亲人的寄托啊!我暗暗发誓,一定要成为家里的支柱,今天的精神支柱,明天的经济支柱! 此后,我不再羡慕别的同学,而是埋头读书。2000年夏天,我被保送到华侨中学高中部,姐姐也考进酒店管理中等专业学校。妈妈要姐姐考虑自己的身体条件和家里的实际情况,放弃读中专。经受不起这样的精神刺激,当天深夜姐姐自杀未遂,又一次导致皮下出血……二伯听说姐姐要辍学,连忙对我爸爸、妈妈说,我出钱供她读中专吧。更让我感动的是,知道家里供不起3个孩子,成绩也不错的弟弟坚决要放弃自己上学的权利。不久,小小年纪的弟弟离开家,到一个茶艺馆当学徒。偏偏这时候家里接二连三地出事:先是爸爸不小心摔坏了腿,躺在床上不能动;姐姐和弟弟竟在不到一天的时间里,先后皮下出血住院;而我需要补交的学费却迟迟交不上,我又一次不争气地想到了退学。就在这时,我的班主任李老师帮我申请了助学金,学校减免了我的全部学杂费用。高二,李老师又跟海南电信公司的助学机		

续表

课题	人生难免有挫折	课型	授新课
教学资料拓展	构联系，为我争取了每学期800元的奖学金。同学们知道我爸爸是修理自行车的后，竟纷纷故意扎破车胎，排队等着爸爸修车。我被爱心围绕着，置身于这样温暖的集体，我觉得自己好幸运！ 高三下学期的一天，在三亚一个酒店实习的姐姐因病被人送回家了。妈妈责怪姐姐不在三亚住院，姐姐说："妹妹要读大学了，我哪能多用钱，能省就省一点儿。" 姐姐和弟弟身患血友病，但他们还坚强地活着，都在为我实现梦想默默地准备着。我不禁想："姐姐和弟弟把对我的爱都藏在了心里，那么深沉，那么热烈，而他们却被病魔折磨得这么凄惨，难道就这样认命了吗？我要是考上大学走了，姐姐和弟弟怎么办？"这时，一个信念在我心里升腾；是血友病这个恶魔剥夺了姐姐和弟弟以及千千万万血友病人的幸福，我一定要考上医学院的药学专业，将来研制出治疗血友病的特效药，我要还姐姐和弟弟的健康，我要让被血友病折磨得过早衰老的妈妈和爸爸重现笑颜，我要让我的家圆满起来！ 我有了被浓烈的亲情燃烧起的一种对生命和前程的旺盛激情，学习更有劲儿了。2003年7月28日，我终于接到了华中科技大学医学院药学专业的录取通知书。高兴之余，我家又陷入苦恼之中：上大学学费高昂，我们怎么承担得起，学费在哪里？我做梦都没有想到，幸运会再次眷顾我，让我柳暗花明。2003年8月初，由中国扶贫基金会主办的特困大学生社会救助活动"新长城2003大学生关爱行动"启动，我作为海南省优秀特困生代表之一，受到该组织海南内唯一联动单位——《南国都市报》的资助。 看着这振奋人心的消息，我露出了幸福的笑容。2003年9月4日，我将会变成一只"凤凰"飞向武汉深造，我将开始新一轮的人生拼搏。我再次发誓：我将一定要有所作为，完成回报亲人、社会的所有心愿！ [摘自《知音》2003年第19期《"血雨腥风"之家，那个"723分"的高考女孩》]		
教学反思	1. 课前思考：注重学生的心理特征、年龄特征与认知水平；在教学设计与课堂教学中渗透新课程改革的精神与理念。立足于基础教育，关注学生的发展，教学设计力图体现"四性"——主体性、活动性、开放性、合作性。 2. 课堂反思：利用课堂观察（观看情境剧表演、名曲欣赏等）、学生讨论等反馈方式，了解学生对所学内容的把握情况。教学中随时注意学生的学习状态，并且对初一学生应该多肯定，多引导。课堂教学本身就是一个生成性的动态过程。 3. 课后反思：对自己的教学进行分析，总结，获取教学经验，及时发现问题。		

第七节　优化课堂教学

实现思想政治课堂教学的最优化，是提高课堂教学效率的重要途径之一。

一、教学最优化的含义

所谓教学最优化，是指根据国家规定的教学目标，选择最佳的教学方案，使教师和学生耗费最少的教学时间，取得最佳的教学效果。教学方案的优化，包括教学目标、教学内容、教学原则、教学过程、教学环境、教学手段、教学方法、教学环节、教学形式、教学艺术等整体的优化。

二、课堂教学最优化的原则

在实施优化教学的过程中，应遵守以下几条原则。

（一）目的性原则

目的性是人们参加一切活动的本质属性，明确教学活动的目的是优化课堂教学的根本原则。作为教学过程的目的，就是为了达到教学目标。最优化的教学效果，就是对教学目标的符合度最大。为此，在优化思想政治课课堂教学时，要围绕思想政治课的课程标准进行优化，要很好地落实各学段、年段的课程标准。判断是否优化的标准，也是看是否有利于实现课程标准。

（二）整体性原则

整体性原则，就是在优化教学过程中把各种教学因素当作一个有机整体，发挥系统的整体功能。在优化教学过程中，不但考虑对教材、教师、学生的优化，还要考虑对教学方法、教学环境、教学设备等的优化，使系统的各要素形成一个真正意义上功能互补的合理结构，达到优化教学的目标。

（三）和谐性原则

课堂教学是一个教与学双边活动的过程。教与学处于相互联系、相互作用状态中。教与学和谐互动，会使教学过程成为一个动态平衡的结构。在课堂教学中，如果教师的教挤占了学生学的时间，或者片面强调学而失去了教师教的时间，都不是和谐的教学。课堂教学并不是要求教与学从量上做到平分秋色，教与学是教学过程系统的两大主要因素。优化教学过程主要是调动这两大因素的积极性、主动性与和谐性。只有积极性、主动性而没有和谐性，就不会使人心理产生美的感受，教学就处于无序而纷乱的状态，学生就不会主动参与教学，教学就不会引起学生的兴奋和热情，教学就会流于平淡，教与学就不会相互配合，效果就会降低。“应试教育”的缺憾就在于忽视学生的身心和谐，教师只顾教，强迫学生记忆、理解，教学引不起学生兴趣，超过学生心理负荷，使教与学脱节、达不到和谐，丧失了最佳教学时机，所以达不到优化教学的目的。

三、优化思想政治课教学的标准

如何优化思想政治课教学,是要根据一定的标准和原则来确定优化方案的。标准指的是能用来判定质量的说明。思想政治课的最优化标准包括以下几个方面。

（一）质量标准

在素质教育思想观念指导下,通过最好的教学方式,在全面培养、提高学生思想品德素质方面,使每个学生尽量达到最好效果。具体标准是:(1) 在思想政治观念方面达到:热爱祖国、热爱人民、关心祖国前途和命运,具有民族自豪感。拥护党的基本路线和改革开放政策,关心社会主义建设,能为振兴中华而勤奋学习。学习上要求达到思想政治课《课程目标》的要求。(2) 在道德行为方面达到:热爱集体、维护集体利益、团结友爱、助人为乐、见义勇为。(3) 文明礼貌方面达到:《中学生日常行为规范》的要求,遵守《中学生守则》,遵守国家法律和社会公共秩序。(4) 在意志品质方面达到:具有自我控制能力和克服困难的毅力。贯彻思想政治课的教学质量标准,要着眼于思想品德素质的形成,不能单从学习政治理论知识着眼,要改变传统的质量观念。

（二）效率标准

为取得最佳教学效果,教师与学生要耗费最少精力并花费最少的时间。要减轻学生的课业负担,不增加学生的额外负担。

（三）教学标准的相对性

选择最佳教学方案和评价最佳教学效果,要根据学校、教师、学生的具体条件,如学校的教学环境、教学设备;教师的知识、能力、教学水平;学生的基础知识水平、能力水平等。由于学校教学条件不同,师资水平不同,学生水平不同,对这些学校、教师、学生是最佳教学方案或教学效果,而对另一些学校、教师、学生来说,就不是最佳教学方案或教学效果。所谓最佳教学方案或最佳教学效果的标准是相对的,它是要根据一定具体条件来确定的,这是一个相对概念。

四、优化思想政治课的教学内容

优化教学的因素很多,范围很广,但主要是优化教学内容和教学过程。根据教学优化的经验,主要应从以下几方面优化教学内容。

（一）根据《课程标准》突出重点内容的讲授

所谓教学重点内容,就是能体现《课程标准》的内容,也就是能揭示教材重点和本质的内容。对优化选出的重点教学内容要重点教、重点练,多花一些时间和精力;而对陪衬重点内容,说明、解释重点内容的非重点内容就应少花一些时间和精力。如果教学不考虑重点与非重点内容,平均使用力量,就不会取得最佳教学效果。

(二) 删除和简化陈旧、重复和交叉的教学内容

尽管新编的思想政治课教材在教学内容方面避免了重复现象,但无论是在各年级教材之间,还是同其他文科教材之间仍存在少部分重复和交叉的教学内容。陈旧、重复、交叉的教学内容进入课本会浪费不少教师教学及学生学习的时间和精力。从优选教学内容角度出发,对该删掉的内容可以不去讲,有的教学内容可以简化,这样做不但可以节省教学时间和精力,也可以免除学生对重复教学内容产生乏味的心理。

(三) 学生熟悉的内容讲课时可以从略

在上课时教师讲学生熟悉的教学内容,不但会浪费教学时间,也不会使学生对教学内容产生新鲜感,不能引起学生的学习兴趣。对于这样的教学内容,不论是概念、原理,还是事例资料,在教学中可以从略,而把节省下来的教学时间用在学生不熟悉的内容上去,做到合理分配教学时间。

(四) 根据政治形势的变化,随时补充新的教学内容

作为一门学科,思想政治课有自己特定的教学内容,这些教学内容应该是相对稳定的。但思想政治课有一个不同于其他学科的突出特点,就是它必须与国内外政治形势紧密联系,只有这样才能具有生命力。国内外形势是不断变化的,思想政治课的内容也应不断调整、补充,主要是补充新的材料、信息。另外,随着社会科学的发展,思想政治课涉及的一些理论观点也会不断丰富和发展,所以,对一些理论观点也应做慎重调整。为了使学生及时了解国内外形势发展的变化,应把国内外的新闻和党的方针政策及时传达给学生,为课堂教学补充一些新的信息。

五、优化思想政治课的教学过程

针对目前思想政治课教学中存在的弊端,应该从以下几方面优化教学过程。

(一) 加强主体性,培养学生自学能力

在学习过程中,学生是主体,只有充分调动学生的积极性,才能促进其学习能力的发展。学生积极性的调动,主要是树立学生的主体意识。学生在学习中有了主体意识,才能产生学习主动性,他们才能在学习中根据自身发展的需求、社会发展的需求和自身的知识水平,有目的、有计划、有选择地学习教学内容,形成自我教育能力。学生的道德认识、道德情感、道德观念、道德行为的形成,只有通过学生一系列自我心理作用和亲自实践才能完成。在教学中培养学生自学能力的方法是:首先,要设法让学生“多思”,培养学生的思维能力。在教学中教师要相信学生有自学能力,要多给他们创设自学机会。授新课时,应当让学生自己先阅读教材,在阅读中发现问题;阅读后,由学生提出“疑难”问题;然后由学生互相议论,教师加以点拨;最后由学生自己得出结论。其次,培养学生自我学习习惯。教学过程中,学生的自我教育能力的高低,取决于学生是否具有好的学习

习惯。在培养学生学习习惯方面,好的方法是:(1)课前自学教材,不依赖教师先教,而是坚持自己先学。自学可以培养学生对新内容的兴趣,并根据新教材的难易程度自己去控制学习时间、调节精力和翻阅参考资料。(2)上课时集中精力专心听讲,并认真思考教师和学生提出的每一个问题,抓住要点、难点,边听边思。(3)要根据教师的要求争取积极提问和发言,要想好以后再讲,要力求做到叙述有序,有条理,有见解。语言要简明扼要,语句完整。(4)学后小结。每学完一课后,由学生自己进行小结,列出知识结构表,或设计出一些理论结合实践的问题。(5)课后学习。课后学习一些与教学内容有关的知识。学习方式有读报、听广播、看电视、参观等。

(二)学生带着社会责任感自觉接受思想政治教育

学习活动是带有很强的目的性的活动,学习的目的性会形成学习的内在动机,学生学习的内在动机中很重要的是求知动机。求知动机是学生为学得知识,并指向学习活动本身的一种学习动力。学生在这种动机驱动下的学习,是为了从学习活动中获得积极的情绪或成功的体验。学生有了求知动机,就能从心理释放出学习的热情,还能产生排除学习困难的毅力。目前学生中对思想政治课产生的“厌学心理”和“应付心理”,都是对这门课程缺乏求知动机的表现。学生的求知动机是一种稳定性强、强度大、层次高的内部动机。学生的求知动机是我们必须刻意培养的。培养学生的求知动机,有以下两种具体方法:(1)认识到学习这门课程与实现理想和前途的关系。中学生随着年龄和知识的增长,对理想和前途都有自己的思考和打算。一旦学生认识到学习思想政治课,对于他们实现伟大政治抱负和个人美好前途作用重大,就会把报效国家的责任感和实现个人前途的愿望变成求知动机,变成学习的内驱动力,就会为祖国、为家乡、为个人美好前途发奋学习,矢志不渝,孜孜以求。(2)使学生对学习内容产生求知欲望。如果教师没有计划性动机策略,就可能使有趣的学科变得死气沉沉。所以教师要利用学科的特点和教学手段来激发学生的学习兴趣。思想政治课的内容涉及政治、经济、哲学、伦理、法律、心理等各方面内容,它会使学生产生求知需求和成就需求。久而久之,求知需求会转化为学习爱好。而爱好是一种积极的强大的内驱动力。这种爱好和驱动力主要来自学生对教材价值的认识。在教学过程中,为了引起学生对这些学习内容的重视,讲解概念或原理时,可利用新闻传媒和青年文化中引人注目的人物事件和资料。

(三)提高思想政治课的可信度,排除学生学习的障碍

当前,一些学生对思想政治课学不进去的原因很多,但主要的心理障碍是对教师所讲的教学内容缺乏信任感。教师硬“灌”,学生就会对学政治课产生一种“逆反心理”。在这种心理状态下进行的教学,会出现学生学得没情绪,教师教得没信心,教学效果显然会受到影响。当然,学生产生这种“逆反心理”,有学生

认识的问题,但也存在政治教师讲课内容的真实性问题。作为政治教师,不但为人要正直,讲课的内容、举的例子、提供的教学资料都应该是真实的。政治教师要实事求是,不讲假话。教师教导学生要真实诚恳,教师就要带头讲真话,讲实话。为了清除学生的"逆反心理",首先,教师要有摆事实、讲道理和调查的教学方法,论证书中所讲的理论的真实性;另外,也要用科学的认识论帮助学生克服在认识事物过程中的偏激情绪和片面性。这样做的结果,不但会增强政治课教学的可信度,也会提高学生的学习兴趣和教学效果。

（四）通过引导在教学中开发学生的智力

教学过程具有巨大的作用,就在于它既能传授知识,又能开发学生的智力。人有巨大的智力潜能,通过引导加速开发学生智力来优化教学过程是完全可能的。在教学过程中,开发学生的智力不能放任自流,教师必须加以引导。如果放任自流,就会走向反面。在教学过程中开发学生的智力,教师的适时引导对学生的思维起"诱发"和"引爆"作用。以下几种引导方法对课堂上开发学生智力很有好处。

1. 示范性引导

对于思想政治课教材中的原理和概念,教师的讲解要有深度,要源于课本而高于课本,为学生学习新教学内容起示范作用。教师为学生讲课,不仅要从学生已有知识水平出发,而且要高于学生的现有水平,引导学生在知识能力方面向更高层次发展,使得学生在听讲后,不仅在知识上释疑,更重要的是在如何观察、分析、思考问题方面受到教师的引导和启发。

2. 实证性引导

在课堂教学中,教师为了使学生能够理解一些概念、原理和法规,列举正反两方面的具体实例进行证明,帮助学生认识知识。这种引导不仅有利于学生对知识的理解,而且能培养学生的思维能力,也有利于学生思维具体化能力的发展。

3. 逻辑引导

课堂学习是逻辑性极强的学习,学生的智力活动是按照一定逻辑机制进行的。因此,教师在教学时加强对学生的逻辑引导,就会培养学生的逻辑思维能力,这对学生认识事物的本质和认识事物之间的联系很有作用。在思想政治课教材里,有些理论知识和概念之间有很强的逻辑关系,概念之间互相联系并组成一定的结构;部分知识结构和整体知识结构也有一定的逻辑关系。教师要引导学生分析这些逻辑关系,锻炼学生的思想方法,提高学生的智商和学习成绩。

4. 反驳性引导

学生在课堂上讨论问题时,有的答案距正确答案过远、过宽;有的答得不到位,也就是答得不准确。为了对学生进行严格的思维训练,提高他们严谨周密、仔细思考问题的能力,教师要引导学生通过举反例进行反驳,进而启发学生寻找正确完善的答案,以提高教学效果。

5. 探索性引导

发展学生的创造能力是提高学生素质的重要内容。在课堂上发展学生的创造能力,就要不断提高人的思维水平。在课堂讨论中或学生回答问题时,当学生的思维发展到某一点上出现停滞时,教师要提出一些现象或设想,引导学生产生强烈的求知欲,从而让学生富有激情地、兴致勃勃地去思考和钻研问题,直到有所发现。用这种引导方式不仅学生的思维不会停滞,而且学生自始至终参与思维的形成,不断地由原有思维水平提高到新的思维水平。久而久之这样引导,学生的创造能力就会得到良好的培养。

(五) 优化课堂教学结构,提高教学整体效益

有些教师课堂教学随意性很大,对课堂教学时间缺乏统盘的考虑,导致课堂教学结构松散,教学指标落不到实处。学习先进教师经验时,也往往偏重于学习他们的教学艺术而忽略对他们的教学模式的研究。教学的艺术性是附于教学科学性上的,只有重视教学结果的研究,才能充分揭示课堂教学的普遍规律。首先,课堂的结构要合理。我们在研究课堂教学的时候,不能只重视局部的优化,而应当着眼于整体的优化。从整体的目标出发,研究课堂教学的各个组成部分的相互联系、相互结合、相互制约的规律,使各个要素之间相互协调、形成一个整体。这个整体形成的质量如何,关键是"结构"如何。事实上,很多教师都具有局部的优势,如知识渊博、擅长表达、教风严谨、善于启发等,但要想上出高效率的课,必须依靠课堂结构的整体优化。许多优秀教师的课,具有重点突出、衔接自然、起伏和谐等优点,关键是教学结构的合理。因为教学结构可以把教育思想、教学原则、教学方法、教学手段以及教师、教材、学生统一组织起来,形成一个综合体,具有整体系统教学效益。

(六) 教会学生在运用中学习和培养能力

在思想政治课教学中,有些教师单纯强调学生死记硬背理论知识,而忽视让学生在运用中学习,这对提高教学质量是极为不利的。学生靠死记硬背,不但记忆效果不好,也不利于对知识的理解,更不利于对学生进行思想政治教育。离开理解的学习,就不能真正掌握知识。首先,教师只有通过指导学生运用知识,积极思维,从认识概括、抽象的知识,到认识具体、生动的知识,才能全面、完整地认识知识,才能通过知识认识事物的本质。其次,通过运用知识接触实际,可以获得积极的情感体验和良好的行为习惯。最后,只有运用知识,学生才能很好地受到思想教育。运用知识的过程,是强化认识的过程,也是重新认识知识的过程。只有运用知识,才能更好地以理育人,使学生从运用知识的过程中受到更深刻的思想教育。为了培养学生运用知识的能力,教师要在教学中,通过指导学生做应

用题、讨论问题、写小论文、做社会调查等活动形式，使学生将学到的知识同实践结合起来，加深对知识的理解，培养运用知识的能力。优化思想政治课教学过程的做法很多，此处只谈以上几种。

第八节　说　　课

说课，是教师教学业务活动的重要内容，也是提高教师教学素质的重要手段。说课属于教学设计内容。当素质教育的观念逐渐深入教学领域时，人们便进一步认识到了提高课堂教学效果的必要性和重要性。当前，教师在教学实践中充分认识到了说课在提高教学效果中的作用。通过说课把教学的成功建立在教师教学工作的规范化、合理化、有序化的基础上。通过说课的过程，会使教师的教学目标更明确、程序更清晰、针对性更强、可行性更好。所以，说课对于各学校提高教师教学水平和进行“优师工程”都是一条必要的途径。

一、说课的含义

所谓说课，就是在备课时或在评课前，由授课教师谈谈课时教学的设计情况。通过这一教学活动，可以使参与备课的同行或参与评课的人了解授课人的教学设计整体情况，以便有关人员进行学术和业务交流。它也是对说课人业务水平评价的一种方式。

二、说课的内容

作为课时设计，不仅要考虑一堂课的各个要素，还要考虑各个要素之间的相互联系，相互结合，相互制约，它追求的是教学设计系统的整体优化。教学设计是要把很多教育教学因素组装在一起，如使教学思想、教学目标、教学过程、教学方法、教材、教学重点、课时划分、教学结构、教学顺序、教学评估、教师学生互动性等因素形成一个综合体。下边的内容供教师进行教学设计时参考，也就是说一堂好课应从以下几方面进行设计。

（一）说教材

介绍教材的版本、地位和作用。

（二）说学情

介绍学生的知识、能力、道德、思想和心理情况。

（三）说教学理念

教学理念，指导着教师的教学行为，决定着教师的教学方向，是教师教学的灵魂，正确的教学观念是搞好课堂教学的前提条件，是教师教学活动的指挥棒。如果教师设计教学时教学思想不端正，他的教学目标、思路、方法等都会出现偏差。

讲好一堂课，关键是增强改革意识，更新观念，克服“应试教育”的影响，努力树立新的教学理念。进行教学改革，实施素质教育，主要应该更新以下几个方面的教育理念。

1. 树立正确的人才观

教育是培养人才的工作，教学是培养人才的具体教育过程，所以在教学过程中教师必须要树立正确的人才观。人才观，即什么是人才的问题，这涉及教育者对育人规格、目标的看法。传统的教育观念，认为学校培养的学生上了大学，成了专家、教授、学者等，才称得上是“人才”。这就把成才与升学画上了等号。这是一种狭隘的人才观，持这种观点，在教学中就会把与升学无关的教学要求抛在一边，对升学无望的学生置之不理，一切教学活动都是为了与升学考试对口径。把基础教育引向只为升学服务，为少数尖子学生服务，忽视了大多数学生素质的全面提高。如果我们的教师只把眼光放在少数学生身上，势必会忽视甚至牺牲大多数学生，将许多有一技之长、有前途的人排斥在“人才”之外，以致延误了一大批高水平的劳动力，给未来的社会主义建设事业造成损失。

有些人将“人才”这一概念的外延狭窄化、单一化。人才，就是具有一定科学文化知识和社会需要的品德，能担负一定工作并能做出贡献的人。人才，就是对社会有用的人。社会主义建设需要多方面人才，不但需要各方面的高级人才，而且迫切需要千百万受过良好职业技术教育的初、中级技术人员和其他受过良好训练的城乡劳动者。上述两类人才处在不同层次，但并无轻重贵贱之分。事实上，不少未升入大学的人，通过多种途径和方式同样走上了成才之路。未升学可能成才，也有升了学没有成才的，就是那些高分低能者或者有才缺德者。但所有成才者，必须是有品德有才能的人。进行教学设计时，一是不能从应付升学的角度考虑，二是在教学设计中不能忽视思想政治课的德育功能。

2. 树立全面的质量观

质量观，就是如何评价学校的办学质量、教师的工作质量，归根到底是如何评价所培养的学生的质量问题。当前，很多考试主要是考查一个人对知识的记忆程度，所以“考分”不仅不能标志人的全面素质水平，甚至也难以标志人的智能发展状况。因为，为了使我们培养的学生能符合时代的要求，教育工作者必须从用分数标志质量的狭隘的质量观念中解放出来，建立素质全面发展的质量观。升学率高并不意味着教育质量高，它只表示教育质量的一个方面，并不是教育质量的全部。实际上，衡量教育质量的总标准只有一个，那就是看为社会培养了多少合格的人才。当前，特别是要看为当地经济建设的发展输送了多少能够发挥作用的合格的毕业生。所谓“合格”，要看其各方面的素质是否全面、和谐地发展，我们就应该树立这样的质量观。如果用“升学率”和“高分数”作为衡量质量的唯一标准，那么在这种观念的指导下，在教学设计中就会舍弃同这些率无关的教学活动,也会加重学生的学习负担。正确的质量观是,全面提高学生的素质,提高全体学生的素质。

3. 树立现代教学观

现代教学观主张在教学中,教师与学生积极互动、共同发展;要处理好传授知识和培养能力的关系;注重学生自主性,引导学生质疑、探索、调查,在实践中学习,促进学生在教师指导下主动、富有个性地学习。教师要尊重学生人格,注重学生个性差异,满足不同学生的学习需要,教师要为学生创造主动参与的教学环境,激发学生的学习积极性,培养学生对知识的情感、态度,培养学生运用知识的能力,使学生素质得到全面发展。

(1) 把学生发展作为课堂教学的起点和依据。将学生视为富有个性的不断发展的个体,对学生要充分信任,对学生要尊重、关怀;给每个学生提供思考、创造、表现和成功的机会;相信每个学生都能学会学习,尊重学生个性差异;实施有特色的教学,充分调动学生的积极主动性和创造性。

(2) 突出对学生创造精神的培养。培养学生创造精神是教学改革的动力和灵魂。要把创新精神贯穿到教学的各个环节中去。在教学目标上,要突出创新精神培养;在教学过程中,要引起学生好奇心;在教学组织上要推陈出新,体现师生互动。

(3) 构建互动的师生关系。师生交往包括信息、体验、情感、意识、态度、需要、价值观方面的交流。教学是教师教和学生学的统一,统一实质是师生的互动交往。教师是教学的主导,学生是教学的主体,双方都是具有独立人格价值的人,师生通过交往建立平等、民主、和谐的师生关系。

(4) 采用多种教学方法。教师要采用多种恰当的教学方法,杜绝千篇一律的教法。让学生在课堂上思想活跃,有发言的机会,教师要用自己充沛的情感、高尚的思想感染学生,使学生有积极的情绪体验。

(5) 要教会学生学习。教师要充分调动学生主动参与教学,鼓励学生学习能动性的发挥,善于动脑、动手、动嘴,学会合作学习,让学生掌握学习的主动权,学会同教师配合,自主学习、自觉学习。

(四) 说教学目标

教学目标,是教学活动所要达到的结果和标准,是教学工作的出发点和归宿。确定教学目标,其意义在于能使教师工作方向明确、教学中有所遵循,有利于教师克服教学的盲目性,增强自觉性。教学中,教师能按目标要求调控自己的教学活动方向,能使教学质量要求有标准,便于正确评价教学工作。教师对教学目标期望程度越高,教学效益就越好。

思想政治课教学目标的内容,要严格执行初中、高中的《课程标准》。当然,目前公布的中学《课程标准》是具实验性的,大家可以执行,也可以提出自己的意见和看法。《课程标准》体现了中学思想政治课的基本任务,重视通过教学过程对学生进行思想品德教育,发展学生的非智力因素和个性,强调加强实践环节,具体明确了各节课的教学要求和要达到的程度,这些都为教师设计课程目标提供了具体依据。作为教学目标的内容,也就是标的,必须是学生素质领域的内容,如知识、能力、思想、情感、观点、道德品质、心理、体质等。因为教学的目的是提高学生的素质,而教学的结果、过程、手段等都不是教学目标,而是目标的取向和选择的情境内容。教学目标取向是目标选取的方向和情境。因为一定教学目标都是在一定情境中产生、生成的,如行为目标,以行为结果为目标取向;而生成性目标以教学过程为目标取向;表现性目标以学生在教学过程中个性表现为目标取向,它不追求学生在教学结果中能做什么,而追求学生在教育情境中的表现如何。学生的个性表现是目标取向,而表现出来的思想、知识、道德、能力等才是教学的目标。如,一位教师在她设定的"能力目标"中说:"传统教学过于强调教学结论而忽视教学过程,因此我们必须重视学生的学习过程。通过对相关理论的探究和体验过程,提高学生理论联系实际的能力,搜集和处理信息的能力。"这里"过程"是目标取向,"能力"是教学目标。我们认为思想政治课的教学目标应该具有以下四方面或四个领域内容。

(1) 知识目标,是指学生通过教学过程获得的知识,包括概念、原理、规律、法律、经济、政治、心理、道德等方面的基本知识。

(2) 能力目标,是指通过教学过程,学生形成的做事能力,主要是指认识能力和解决实际问题的实践能力。具体来说,思想政治课教学能形成的智能,包括辩证思维能力、概括抽象能力、观察能力、注意能力、记忆能力、思维能力、想像能力、分析综合能力、构思能力、自我评价能力、信息处理能力、学习能力、创造能力、调查能力、交往能力、自律能力、反馈能力、比较能力等。

(3) 思想品德目标,简称德目,是指通过教学过程要提高学生哪些方面的道德习惯和培养学生哪些道德品质。品德,是个人经过一定培养教育而形成的具有一定社会价值的道德品质,它分为道德认识、道德情感、道德意志、道德行为。如,乐观向上、自尊自立、意志坚强、勤俭节约、孝敬父母、乐于助人、诚实守信、热爱劳动、热爱科学、爱集体、家庭美德、社会公德、尊敬教师等品德。作为德育课,主要是培养学生具有良好的道德品质,形成良好的道德行为和习惯,学是为了行、为了做。

(4) 情意目标,也就是心理情感和思想意识因素目标,是指通过教学过程提高了学生哪些思想意识和情感。如法律意识、道德意识、社会主义市场经济意识、辩证唯物主义意识、国家意识等以及爱国主义、国际主义、集体主义情感、关心社会的情感、民族情感等。世界观、人生观、价值观等也属于思想意识的范畴。

(五) 说教学流程

在课堂教学过程中,教师主要的任务是处理好教学流程。教学流程主要是处理好教学过程中各教学环节的衔接、教学情境的指导和调控、学习线索的安排等。在教学流程中主要应处理好以下几个问题。

1. 教学指导要精当适度

所谓精当,就是教师要驾驭好教材,指导学生科学正确和深刻地领会教学内容。要做到这点,教师要深入领会教材。教材内容不等于教学内容,教师课堂上要做到深入浅出,准确把握好知识点、能力点。讲课时做到概念表述准确,原理论证充分,举例真实可靠,重点突出,对教学内容有取有舍。所谓适度,就是课堂教学的容量要适度,安排的内容不能过多或过少。教学传授知识的数量和深浅要适度,切忌贪多求全、偏深、偏难。学生课堂的练习,如发言、讨论、作业等也要精当适度,不能浪费时间。

2. 要注重知识之间的联系

学生学到的知识不能是零碎的,而应是形成结构的、网块的。教师要驾驭好教材,其中也包括能把握知识点、能力点和它们之间的联系。如新教的知识同以往学过知识的联系,即承前联系;现在的思想政治课新授知识同其他学科新授知识之间的联系,互相渗透,即同步联系;新授知识同将要学到的知识之间的联系,即超前联系。教师只有把握好知识点及知识之间的联系,才能更好地驾驭教材,传授好教学内容。

3. 教学节奏要和谐

教师要想使自己教的课具有特色、具有魅力,必须会调节教学节奏和师生情感,为课堂教学创造一种和谐的节奏和气氛。

教学节奏张弛要和谐。“奏”为作,“节”为止;“张”为紧张,“弛”为宽松、平缓。节奏,就是有规律的变化。教学节奏,就是指在教学中,教师各种教学表现形式的张、弛、快、慢及其有规律的变化。教学节奏的表现形式很多,主要有以下几种:(1) 教学内容之间的起承转合的过渡节奏。如段与段、原理与原理、概念与概念之间的衔接与过渡。为了让知识点之间衔接自然,有时可用逻辑性语言“搭桥”,有时也可以在提出思考题之后留下“空白”,让学生静心整理思维。(2) 教学环节之间的衔接过渡。要想使教学环节之间过渡自然和谐,就要考虑教学内容的特点和学生的心理状态。教学环节不能安排得过密或过疏。过密会使师生都感到紧张,过疏又使师生处于松散无事可做状态。只有教学环节安排疏密得当,衔接自然,才能使学生感到轻松自然,紧张而又和谐。(3) 语言节奏的和谐。如语言的声音高低、语速快慢、语调抑扬顿挫的和谐。语言的和谐节奏要根据教材内容和师生的情感相协调。阐述概念的语言要吐字清晰;举富有感情的事例,也就是进行情境教学时,教师就要情真意切、激昂动情,以激发学生的情感和思维,达到一定的教育目的。(4) 师生情感要和谐,这需要教师用恰当的感情、语言、手势、身姿、服饰等来表达。教师上课时对学生要表情和善、亲切,要用期望的目光面对学生,要用关爱和鼓励的语言教育学生,使师生在自然、亲切、和谐的气氛下进行信息交流、情感交流。温馨和谐的教学气氛会带来良好的教学效果。

4. 教学时间的分配策略

为了保证圆满完成教学任务,一堂课各个教学环节所用时间分配必须合理。所谓合理分配时间,就是要科学地分配时间。既然课堂教学是在一定时间内进行,反映教学过程的时间无疑是课堂教学中的重要结构因素之一。正确分配时间,是一堂课成功的重要保证。初次上讲台的新教师,往往对教学时间掌握不好,容易出现虎头蛇尾、前紧后松、草草收场的现象。要想使时间分配合理,教师编写教案时必须要进行精心设计。

首先,明确教学主要任务,合理分配各个教学环节的时间。分配教学时间时,要摆正主攻方向,哪些地方是重点、非重点,难点、非难点;哪些地方讲,哪些地方练,哪些环节该占用多少教学时间,教师都要做到心中有数。只有明确教学任务的轻重和主次,才能做到合理分配教学时间。对重点内容和教学环节,要多花些时间,对非重点内容和非重点教学环节就要少花些时间。

其次,明确教与学的关系,恰当分配讲练时间。有的教师不能合理分配教学时间,主要是受传统教学思想支配,有重教轻学的思想。一堂课几乎由教师一人独占讲台,一讲到底,学生没有发言的时间和机会。有的教师,把教学过程变成向学生"灌"知识的过程,忽视对学生的智能训练。从时间安排上看,用在学知识的教学时间过多,用在训练学生解决问题能力、创造能力和培养学生道德情感方面的时间过少,这就是没有摆正教与学、讲与练的关系。合理的分配是少讲多练,就是给学生多安排些训练时间,教师要少占教学时间。课堂训练是教学的重要组成部分,它是巩固知识、培养情感、发展能力的重要途径。所以课堂上不但要让学生练,而且要精心设计教学内容、选择训练方式,要有的放矢地练。

最后,掌握教学实际,合理调整教学时间。合理分配教学时间,还要符合教学实际。课堂教学时间结构,要根据教学内容的要求、教学环境的变化、学生的学习情况做一定调整。例如,有的知识学生基础好,接受得快,花在讲上的时间就可以少些;如果遇到学生感到困难的问题,就可以多花些时间讲;如果教学环境好,教学手段先进,可缩短认知时间。如果前一段教学时间超过预定的教学时间,在进行后一项教学活动时就应设法调整教学时间,把前面超出的教学时间弥补上,以防止出现拖堂现象。

(六)说教学方法

为了实现教学目标,必须采用恰当的教学方法。只有教学方法选择恰当,才能取得事半功倍的教学效果。

教学过程是个很复杂的过程,应有多种多样的教学方法和教学模式与之相适应。教学中不存在一种可以适合于所有教学情境的方法。教学方法的功能都是相对的，每种教学方法既有长处也有短处，都有各自的特点和运作范围。世上没有一种万能的最佳教学方法，所以不能套用某一种方法。但在同一教学情况下，确实有些先进的教学方法与模式可以采用，它能给讲课者提供达到教学目的的条件、策略和程序，便于人们运用它取得好的讲课效果。选择好的教学方法的依据是：

（1）根据教学内容的具体情况选择教学方法，如课型、难易程度等。

（2）根据学生的学习情况和心理特点来选择方法，如学生的知识基础如何，学生能力如何，学生之间的学习水平差异大小等情况。要考虑学生思维活动规律，根据学生课堂思维变化规律来选择教学方法。如果学生的基础好，学习习惯良好，教师就要发挥“主导”的作用，选用“自学指导法”。根据学生的思维规律，上课后10~30分钟内学生思维最集中，所以教师应尽量把传递新知识的时间放在上半课时，利用学生精力集中这段时间加大输入信息强度，教学效果就好。教师应利用后半课时组织学生练习，练习的方式应该多样，这样做，一是为了让学生精力集中，二是为了减少学生大脑疲劳。

（3）根据教学情境和教师风格选择教学方法。影响课堂教学的因素和条件是不一样的，所以选择教学方法也要从教学条件和环境出发。不同的教师有不同的教学风格，选择教学方法也要考虑教师的教学风格。

有的课可以用一种方法，有的课可以综合运用几种方法，有的课还可能以一种方法为主，其他方法为辅。教学方法要灵活多样、实用，能体现新的教学思想并有自己的特色。

（七）说学法指导

素质教育要求学生“学会”变为“会学”，正确的学法指导是实现转化的重要手段。教学的主要矛盾方面是学生的学，学是中心，学生学会是目的，因此在教学中要不断指导学生学会学习。首先，教师要指导学生做学习的主人，主动学习知识，学会自己探索知识，要学生在学习过程中善于动脑、动口，遇到问题多“想一想”“问一问”。其次，要指导学生养成良好的学习习惯，鼓励学生将所学知识运用到教学情境中去形成良好的学习德育习惯，并形成思想品德。再次，教师还要激发学生学好思想政治课的热情，使学生产生求知的欲望和创新意识。最后，教师要培养学生学会科学的思维方法。人类科学发展到今天这样高的水平，是依靠科学家运用科学思维方法创造出来的。所以教师切不可忽视对学生进行现代科学思维方法的指导。如让学生掌握归纳和演绎、分析与综合、抽象与具体等辩证思维方法，还要让学生掌握一些现代思维方法，如求异思维、发散性思维、扩散性思维、逆向性思维、多向思维、创造性思维、群体思维、超前思维等。

（八）说教学效果训练

根据本堂课的学习内容，为了巩固学习成效，应当组织学生进行巩固性和实践性的训练。如,出一些题目让学生结合生活实际阐述自己的观点,也可以出一些题让学生做。

（九）说资料拓展

为了消化和深化本课的学习内容,可以搜集一些与本课内容相关的材料推荐给学生学习阅读,以拓展学生的知识面和加深对学习内容的理解。

教学重点、难点,教学资源等可说,也可不说,要根据教学的实际需要确定说课的内容。

附录:《要从整体上把握事物的联系》说课教学设计

长春市第二实验中学　贾××

一、教材分析

（一）本节在教材中地位与作用的分析

普遍联系的观点是唯物辩证法的一个总特征,是辩证法部分的逻辑起点,也是第二课内容的逻辑出发点。整体与部分的关系作为联系的一种重要形式,是事物普遍联系的具体体现。因此,本节内容不但为以后辩证法内容学习奠定了理论基础,有利于学生形成科学的世界观;而且从方法论意义上讲,有利于学生树立整体观念、全局思想,促使学生从整体上把握事物,立足整体,统筹全局,选择最佳方案,实现最优目标。可见,本节内容在教材中地位非常重要。

（二）教学重点

教学重点是整体和部分的关系。因为这个关系问题是本框的理论中心,是事物联系的重要形式,也是培养和树立全局观念、整体观念的理论基础。只有抓住这个重点,并突出这个重点,才有利于学生正确认识和处理整体与部分的关系,学会从整体上把握事物,立足整体,统筹全局,选择最佳方案,实现最优目标。

二、学生分析

通过前面的学习,学生已经认识和把握了联系和因果联系的相关知识,具有了一定的知识储备,并初步具备了辩证思维能力、应用理论知识分析和解决问题的能力。但是,由于教学内容中涉及系统论的问题,培养学生在比较中辩证地认识问题,形成抽象思维能力,则会出现一定的困难。在方法论上,由于受到社会、学校、家庭一些不良思想的影响,往往一切事情以自我为中心,过分强调个人利益的得失,因而培养学生整体观念和全局思想要增强可信度和说服力,加强思想政治教育的实效性,也会有一定难度。

三、设计理念

坚持以主体性教育为指导,贯彻“以人为本”的原则,充分调动学生的学习积极性、主动性、创造性,注重学生学习探究的过程,注重学生学习方法的指导,以“基本事实—基本结论—基本应用”为线索，根据“整体和部分”的基本哲学观点，以邓小平建设中国特色社会主义理论为指导，对学生进行科学世界观、人生观、价值观的教育，增强学生的情感体验，引导学生利用唯物辩证法的理论去观察事物、分析问题，提高学生参与社会实践的能力和愿望，使学生在改革开放的社会生活中能够进行正确的价值判断和选择，确定正确的人生目标和道路。

四、教学目标

1. 知识目标

使学生了解整体与部分的概念，理解整体和部分的辩证关系，让学生明白办事从整体上着眼、寻求最优目标和搞好局部、使整体功能得到最大限度发挥的知识。

2. 能力目标

培养学生运用实例表述整体与部分关系的理解能力，按照整体优化原理设计方案的应用能力；培养学生在实际生活和工作中以整体为重、又能搞好局部工作的能力。

3. 品德目标

培养学生办事顾全大局的品德、主动学习的品德和热爱学习的好习惯。

4. 情意目标

培养学生运用实例表述整体与部分关系的思想观点，培养学生在实际生活和工作中以整体为重、又能搞好局部工作的思想观念。培养学生学习的积极性、主动性，激发学生的学习兴趣、增强学生主动学习的思想意识，关注学生自身的情感体验和思想观念的形成。

五、教学流程

基本环节	主要内容	教师活动	学生活动	设计意图
激趣导入	引入整体和部分的关系	讲述《太子丹赠手》引发学生思考	开动脑筋，积极思维，回答教师提出的问题	引起学生有意注意，激发学生学习兴趣
读书指导	整体和部分的含义	提出问题：整体和部分的含义	学生产生疑问，引发进一步的思考	培养学生阅读的能力，分析综合的能力，语言表达能力，理论联系实际能力
		指导学生有目的阅读教材，对个别学生进行必要的辅导	阅读教材，解决疑问，回答教师提出的问题	

续表

基本环节	主要内容	教师活动	学生活动	设计意图
		请学生结合实例说明	联系日常生活的实例	
主题讲析	整体和部分的关系	区别：教师遵循由具体到一般的原则，结合生活中的实例，分析整体和部分的关系，强调二者地位和功能不同	学生认真倾听教师的讲解，积极思考，仔细领会，可以发表自己的见解，也可质疑、询问	培养学生严谨的逻辑思维和周密的思考问题能力，培养学生的问题意识和分析综合的能力，培养学生在辩证思维中感性认识上升到理性认识的能力
		联系：提出问题，通过对学生的回答进行补充和总结，明确二者联系，重点突出部分对整体的影响	学生积极思考，敢于发表自己见解（引导学生联系自己的生活实际进行说明）	
主题探究	方法论意义	提出问题：方法论是什么？其理论依据是什么？组织讨论：对我们的现实生活有什么指导意义？	思考问题，发表自己的见解，说明理论依据；小组讨论，选派代表发言，其他同学可以质疑、评价	培养学生独立思考问题的能力，培养学生合作交流的能力，使学生获得成功感受
应用发展	优化方案设计	以植树为例，请学生根据题中所给的具体数字，设计出一个最优的实施方案	学生根据所学的内容，立足整体，统筹全局，选择设计最佳方案，以求实现最优目标	强化、深化知识，加强学生的创新意识

续表

基本环节	主要内容	教师活动	学生活动	设计意图
知识结构	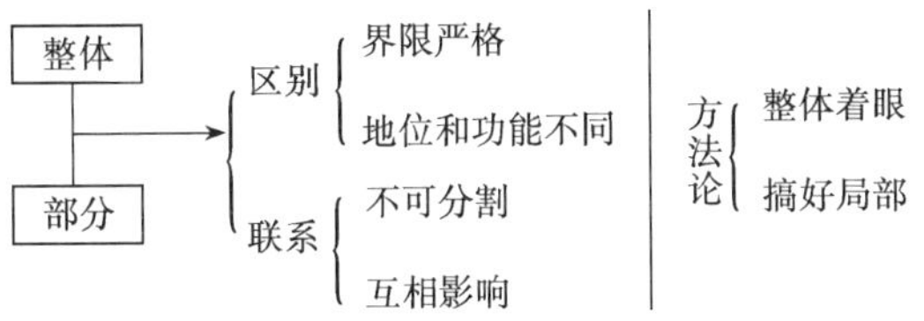			

六、课后反思

本课设计中，按照“激情导入——读书导入——主题讲析——主题探究——应用发展”的教学环节展开教学过程，为学生积极主动、自主探究、全面发展创设了和谐的教学情境，学生的主体性得到充分发挥，教师成为学生学习的组织者、指导者、管理者和合作者，学生的主体地位和教师的主导作用实现了有机的统一。在开放性的教学活动中，注重学习方法的指导，关注学生能力的培养和自身的情感体验，尤其注重创新精神和创新能力的培养，为学生综合素质的全面提高提供了活动的平台。在整个教学过程中，贯通了新的观念、新的角色、新的行为，将学生新的培养目标落到了实处。在教学过程中值得反思的是：由于受客观条件的制约，信息技术手段没有得到有效地运用。如果能够将信息技术与政治课学科教学有机整合，对于课堂教学情境的创设、学生学习状态的调整、教学效果的最优化等都会有更大的作用。

复习思考题

1. 思想政治学科课堂教学有哪几种主要课型？
2. 思想政治学科课堂教学有哪些基本环节？
3. 思想政治学科课外活动有哪几种主要形式和活动原则？
4. 启发式教学有哪些特征？
5. 什么是“教学做合一”教学模式？
6. “教学做合一”模式的教学策略和特征是什么？
7. 什么是发现式教学法？其程序和特征是什么？
8. 什么是探究式训练教学模式？其教学程序、特征是什么？
9. 什么是案例教学法？
10. 案例教学法的教学程序和特征是什么？
11. 什么是情感教学模式？运用情感教学模式的必要性是什么？
12. 思想政治学科常用的几种课堂教学方法和模式是什么？

13. 多媒体教学课件制作的程序是什么？
14. 如何备教材、备学生？
15. 教学设计包括哪几方面内容？
16. 思想政治课优化教学的内容和教学过程是什么？
17. 说课时都说哪几方面内容？

教学建议

本章教学内容实用性和操作性特别强，特别对没有从事过教学工作的学生来说，学好这章内容更为重要。所以教学时，对学习这章内容需多分配教学时间。但有些内容不一定采用讲的方式，可以让学生自己读，然后采用讨论课的方式进行教学。

第五章　思想政治学科教学艺术论

教学艺术论是理论与实践相结合的学问,对于教学实践有重要的应用价值。人们常说:"教师教学要讲究艺术,成功的教学能给人一种美的享受。"这充分说明了教学艺术的重要性。那么,什么是教学艺术?为什么说教学是一门艺术?思想政治课的教学艺术具体表现在哪些方面?这些正是本章所要探讨的问题。

第一节　教学是一门艺术

教学究竟是不是一门艺术?如果是一门艺术,那么其本质、特征、功能何在?它与教学科学是怎样的关系?如何形成教学艺术风格,等等,这些是我们研究教学艺术论首先要解决的问题。

一、教学是一门艺术

关于教学是一门艺术,古今中外许多思想家、教育家早有论述。捷克教育家夸美纽斯在其著作《大教学论》中就写道:"大教学论是阐明把一切事物教给一切人类的全部艺术。"①卢梭在《爱弥儿》一书中提出:"教育的艺术是使学生喜欢你教的东西。"②苏联教育家苏霍姆林斯基认为:"教学和教育过程有三个源泉:科学、技巧和艺术。"③科学家爱因斯坦在谈到教师的修养时,也提出三条基本要求:一是"德",即崇高的思想品德;二是"才",即知识渊博;三是"术",即高超的教学艺术技巧。他认为教师的创造性活动同尊重学生的独立性结合起来,才可能掌握真正的教学艺术。④

在中国,早在春秋时期,伟大的教育家孔子就提出了启发式教学思想。启发式就是创设启发意境,开启学生的思维闸门,它体现着高超的教学艺术。集孔子教育思想之大成的《学记》更是处处闪耀着教学艺术的光辉,书中写道:"善歌者使人继其声,善教者使人继其志。其言也,约而达,微而臧,罕譬而喻,可谓继志

---

① 阎承利:《教学最优化艺术》,教育科学出版社 1995 年版,第 3 页。

② 苏霍姆林斯基:《和青年校长的谈话》,上海教育出版社 1983 年版,第 4 页。

③ 卢梭:《爱弥儿》,商务印书馆 1978 年版,第 349 页。

④ 夸美纽斯:《大教学论》,人民教育出版社 1957 年版,第 1 页。

矣。"①"君子之教喻也。……道而弗牵则和；强而弗抑则易；开而弗达则思。和易以思，可谓善喻矣。"②其中强调的"善"字，主要就是指教学艺术。此后，我国许多教育家都相继提出并论述了有关教学艺术的思想。

虽然中外教育家、思想家早就重视教学艺术，但尚缺乏对教学艺术的有力论证。关于教学是一门艺术，我们可以从以下两方面去认识。

（一）教学与艺术有相通之处，教学具有艺术的一般特征

"艺术"有多方面的涵义，一是指文化领域的艺术创造，包括音乐、舞蹈、绘画、雕塑、书法等自由艺术；二是指物质生产领域的艺术创造，如建筑、工艺等实用艺术；三是指人们在各种活动中富有创造性地完成其任务的方式方法，如谈话艺术、管理艺术、领导艺术等。教学之所以被称作一门艺术，首先是因为它与艺术有相通之处。

第一，从对象上看。艺术描写整个现实世界，反映各种社会生活，其对象包罗万象。但现实社会生活中的主体是人，因而，艺术描写的中心也是人，是人的精神世界及人所创造的精神财富。艺术家只有深入生活，充分认识其创作对象，才能创造出一流的艺术作品。同样，教学的主体也是人，而且是思想情感富于变化的青少年一代，教学的目的就在于促进青少年健康成长。教师在教学中，只有深入了解学生的知识基础、能力水平、思想状况、心理活动、个性特征等情况，才能灵活确定教学方案，设计教学步骤，选择教学方式方法，取得较好的教学效果。

第二，从手段上看。艺术是用语言、动作、线条、色彩、音响等手段构成形象来反映社会生活，表达思想情感。而教学同样也运用语言、动作、线条、色彩、音响等手段。教学主要是借助语言、文字传授知识、交流思想，运用动作传情达意，采用图像、色彩、音响等提供感性材料、吸引注意、辅助教学。尤其是随着现代化教学手段的运用，图像、色彩、音响等直观因素越来越多地在教学中得到利用和发展。

第三，从特征上看。艺术具有形象性、情感性、创造性。艺术要借助各种艺术手段形象地描绘和反映社会生活，并通过形象去表现人的感情和思想，引起人们情感上的共鸣。同时，艺术贵在创造，艺术塑造的形象来源于生活，又要高于生活。

同样，教学也具有这些特征。首先，教师的教学不仅要语言生动、教态恰当，而且要充分运用直观教具和现代化教学手段，以求图文并茂，形象直观，使学生更易于感知和接受，显然具有形象性。其次，教学不只是晓之以理，也要动之以情，注重师生的情感交流，创造和谐的感情氛围。再次，教学也是一种创造性的

---

① 《礼记·学记》。

② 《礼记·学记》。

活动,没有千篇一律的固定模式。教师必须从学生、教材等实际出发,合理确定教学目标,恰当处理教学内容,灵活选择教学方法,有效解决教学中的各种问题,等等,这些都包含有多样性、灵活性、技巧性和创造性。可以说,教学的生命力在于创造,优秀教师之所以被称为教学艺术家,是因为教师的劳动是创造性的劳动。

第四,从功能上看。艺术具有认识、教育、审美三大功能。借助艺术,人们可以认识客观世界,在精神上得到充实,思想上受到感染,情感上发生共鸣,从中受到真善美的熏陶。同样,教学也具有这三大功能。首先,教学以传授知识为本,教学的首要目的在于使学生系统掌握人类积累起来的各种知识,其认识功能鲜明突出。其次,教学永远具有教育性,通过教学,不仅要使学生掌握有关科学知识,而且要帮助学生树立正确的思想观点,形成高尚的道德品质,养成良好的行为习惯,促进学生身心和谐发展,其教育功能理应具有。再次,为取得最佳的教学效果,教学中教师要讲究语言、仪表、板书等方面的形象美,注重教学氛围、教学进程等的和谐美,使学生在美的感受中受到感染和熏陶,提高审美能力,显然,教学的审美功能也不可缺少。

（二）教学本身具有丰富的艺术因素

教学是一门艺术,在于在教学的各因素和各环节中都充满着美的因素,体现着对美的追求。

第一,从教学主体看。教学具有双主体性,师生皆为教学的主体,教师是施教的主体,学生是学习的主体。在教学中,师生双方所从事的活动都有独特的创造性,都具有美的因素。从教师来说,要针对不同的教学对象,恰当设计教学目的、合理选择教学内容、有效调控教学过程、创造性运用教学方法等;从学生来说,要结合教学内容和自身实际,合理制订学习计划,恰当运用学习方法等。师生的这些活动,都表现着他们创造的天赋,且可供人们欣赏,使人们从中受到启示、感染和教育。

第二,从教学内容看。教学内容中有极其丰富的美的因素,如语文教材中出现的美的语言、美的诗词、美的文章;政治教材描绘的美的思想品德、美的祖国河山、美的社会风尚;历史教材中反映的美的历史文化、美的英雄形象等。自然科学也含有美的因素,物理学有美的因素,著名物理学家杨振宁提出物理学包含“现象之美,理论之美,理论结构之美”;数字也有美的成分,英国哲学家罗素说,数字,如果正确地看它,不但拥有真理,而且具有至高的美。

第三,从教学过程看。教学过程是师生双边活动的过程,在这一过程中,师生都注重美的教学语言、适当的教学节奏、完美的教学程序、有效的教学方法等,这些都表现了师生的独创性和对美的追求。可以说,教学过程也是一种艺术创作的过程,是审美和美育的过程。

二、教学艺术的本质

所谓本质，是指事物的根本性质，是一事物区别于它事物的根本特征。教学艺术的本质，则是指教学艺术本身所固有的、区别于其他艺术形式而独立存在的规定性和根本特点。关于教学艺术的本质，古今中外，人们对此提出过多种不同的理解和看法：有人把教学技能技巧看做教学艺术的本质，认为教学艺术“就是培养人才的能取得最佳效果的一整套娴熟的教学技能技巧”①。有人把教学中的审美性理解为教学艺术的本质，认为教学的艺术性表现在教学的审美之中，教学艺术是指“遵循美的规律、贯彻美的原则而进行的创造性教学”②。有人把教学中的表演性理解为教学艺术的本质，认为“教学是一种具有特色的表演艺术，它区别于其他任何表演艺术，这是由教师与那些观看表演的人的关系所决定的”③。有人把创造性理解为教学艺术的本质，认为创造是艺术的生命所在，“教师之所以称为艺术家，是因为教师的劳动本身就是创作，而且比艺术家的创作更富有创造性”④。也有人把激励、乐学等看做教学艺术的本质。应该说，这些理解都有其合理性，在一定程度上反映了教学艺术的特征，但尚未完整准确地揭示教学艺术的本质。

一般来说，教学作为一门艺术，应是一门综合艺术，既有多种教学艺术形式和内容，也有多种教学艺术手段。教学艺术的综合运用应具有一系列的基本要求和特征，归结起来，大体有实、活、情、美、趣、新、育等七个方面。“实”即实际，要遵循教学的基本规律，结合教师自己的特点、学生和社会的实际来进行教学；“活”即灵活，要注意灵活处理教学内容，灵活分析教学对象和教学条件，灵活运用教学手段、方法和技巧；“情”即情感，要注重师生情感的交流，反映师生双方对客观事物的爱憎好恶、对教学内容的理解体验及师生之间的融洽关系；“美”即审美，要遵循美的尺度，追求和创造教学环境美、教师形象美、教学语言美，以及灵活处理教学中出现的问题的教学机智美、师生在教学中密切配合的教学和谐美等，从而诱发和增强学生的审美感，培养他们积极向上的审美意识和情趣；“趣”即兴趣，教学艺术要能激发学生的学习兴趣，使学生变被动学习为主动学习，对教学内容乐学、善学；“新”即创新，要注意在他人经验的基础上，融入自己独特的、新颖的、个性的东西；“育”即育人，教学艺术的运用旨在追求好的教学效果，在规定时间内培养出合格学生。

纵观上述七个方面，创新和育人应是教学艺术的两个根本要求和特点，是教

---

① 苏灵扬：《教师，塑造新一代人的工程师和艺术家》，《教育研究》1981年第3期，第7页。

② 郭海云等译：罗伯特·特拉弗斯：《教师——艺术表演家》，《山西师院学报》1983年第2期，第92页。

③ 《教育理论与实践》1987年第2期，第12页。

④ 关魁霞：《教学论教程》，陕西师范大学出版社1987年版，第234页。

学艺术的本质所在。

第一,从创新特征看,教学的生命力贵在创造,创新特征贯穿于整个教学过程、各种教学活动和教学艺术的其他各个特征之中。首先,创新贯穿于整个教学过程之中。不可否认,教学有着共同的原则、规律和方法,这是千百年来许多人教学智慧的结晶,但这些原则、规律和方法毕竟只是总体的、一般意义上的概括,在实际教学中,需要把这些共性要求与具体教学结合起来,进行创造性运用。事实上,在教学中面对多样的教学内容、复杂的教学对象,教师不可能用固定的公式去解决教学中的各种问题。教学方案的设计、教学内容的处理、教学过程的调控、教学方法的选用、教学效果的测评等,都需要不断创新。正是教师教学的独创性决定了教学艺术风格的千姿百态。其次,创新也贯穿于教学艺术的各个特征之中。教学艺术要具有"实"、"活"、"情"、"美"、"趣"等特征,就必须要有创新的成分,离开了创新,就无所谓其他的特征,也就不会有教学艺术。例如"活",灵活的实质在于创新,只有创新才表现出灵活性。在教学中,灵活处理教学内容、灵活选用教学方法、灵活调控教学过程等,都意味着不墨守成规,不固守经验,而必须不断有效地创新。再如"美"的特征,无论是美的教学环境、教学语言、教学板书、教学节奏,还是美的教学机智、教学风格等,都离不开创新。

第二,从育人特征看,教学艺术是培养人的艺术,它以育人为出发点和归宿点,旨在促进学生全面和谐地发展。正如俄罗斯教育家乌申斯基所说:"任何一种力求满足高度的道德要求和人的一般精神需要(即只属于人和构成人性特征的那些需要)的实践活动,就已经是艺术了。就这个意义上讲,教育学当然就成了最高级的一种艺术,因为它力求满足人类最伟大的要求——人的本性的完善。"①事实上,教学艺术所运用的材料和工具很多,但都围绕着育人展开,贯穿教学艺术过程中的最突出因素便是人,教学艺术所创造出来的艺术品,乃是学生美的心灵。因此,教育性应是教学艺术的本质特性;促进学生全面和谐发展,应是教学艺术的根本所在。

基于上述认识,我们给教学艺术下一个定义:教学艺术就是教师遵循教学规律,为取得教书育人的最佳效果,而综合运用各种教学技艺进行的创造性教学方式。

三、教学艺术与教学科学的关系

研究教学艺术,必然涉及它与教学科学之间的关系。一般来说,教学艺术与教学科学之间既有区别,又有联系,二者辩证统一于教学活动和教学过程之中。

教学艺术与教学科学之间的区别主要表现在:

第一,研究的目的不同。教学科学主要研究教学的本质和规律性问题,如教

---

① 转引自阿·德米特里耶娃:《美学伦理学》,知识出版社1983年版,第45页。

学性质、教学规律、教学原则、教学内容、教学形式、教学方法等，这些问题都是教学中具有普遍性、一般性、共性的问题，是教学的理性活动，是教学主体必须遵循的原则。而教学艺术主要是研究如何提高教学技艺的问题，如组织教学的艺术、备课的艺术、板书的艺术、教学语言艺术等。这些问题更具有具体性、特殊性、个体性、可操作性的特征，教师难以固守一般模式，必须表现出极大的灵活性和创造性。

第二，研究的范围不同。教学科学研究的范围涉及教师的教和学生的学两方面问题，如教师教的准备和学生学的准备、教师教的方法和学生学的方法、教的评价和学的评价等。而教学艺术则主要研究教师教的方面，如教师备课的艺术、板书的艺术、讲授的艺术、导入的艺术、提问的艺术等，旨在使教师的教学充满魅力，形成良好教学氛围，从而在轻松愉快的师生交流中圆满完成教学任务。

教学科学与教学艺术之间也存在内在的联系与统一，主要表现在：

第一，教学科学是教学艺术的理论基础。教学艺术作为一种以育人为目的的创造性教学方式，可视为教学科学新开辟的一个领域或一个分支，它必须与教学科学的基本理论相一致。教学科学提供的一般教学规律、确定的一般教学原则等，理应成为教学艺术的理论基础。离开了教学科学，教学艺术将寸步难行。如离开了教学准备，就不会有备课的艺术；离开了教学过程，就不会有导入、提问、启发、小结等教学过程的艺术；离开了教学组织，就不会有教学组织的艺术等。可见，教学科学是教学艺术的基础，必须在教学科学基本理论的指导下研究和运用教学艺术。

第二，教学艺术是教学科学的深化、丰富和发展。一般来说，教学科学只是提供了有关教学的一般规律和原则，这种“一般”往往难以很好地适应具体的教学，而教学艺术正是在教学一般理论的指导下探讨具体、有效的教学方式，显然，它是教学科学的深化和发展，是教学科学充分发挥作用的必要条件。没有教学艺术，教学科学难以显现实践的生命力。例如，提问是教学中常用的方法和手段，有一位教师遇到一名怯场的同学回答问题结结巴巴时，他把手一挥：“你坐下吧，别浪费时间了。”这样，必然会严重打击学生的积极性；而另一位教师遇到同样情况时，不仅耐心听学生把问题答完，而且经常予以鼓励，终于使他克服了怯场的心理，并能积极举手回答问题。同样的情况，不同的教学效果，前一位教师所缺的是对“人”的关心，而这恰好是教学艺术的灵魂所在。可见，没有教学艺术，教学科学在实践中就难以有好的效果。

四、教学艺术的功能

教学艺术之所以成为衡量教师教学能力和水平的尺度，成为无数教师执著追求的目标，就在于它具有非常重要的功能。

（一）提高威信功能

教师的个人威信是教师对学生实施良好教育的有效条件,有威信的教师能引起学生的信任、信服和信赖,并愉快地接受教育。教师威信的确立,不是靠对学生的批评、训斥,而是靠教师自身渊博的学识、完美的人格、高尚的情感、独特的教学等,其中教学艺术是重要的因素。教师高超的教学艺术能更好地确立其在学生中的良好形象,形成强有力的威信,并使学生对教师所讲授的内容确信不疑,对教师所进行的教导全面接受,从而强化对学生的影响作用。

(二) 激发动机功能

教学艺术能有效地激发学生的学习动机。学习动机是学生学习的内在动力,它能更好地使学生明确学习方向,集中注意力搞好学习活动。而教学艺术由于其形象性、情感性、审美性等而产生的魅力能吸引学生的注意力,激发学生的学习兴趣和动机,并调动各种非智力因素参与学习过程,有利于提高学习效率。

(三) 全面育才功能

教学艺术能有效地促进学生的全面发展。首先,教学艺术能激发学生学习动机,有效掌握教学信息传递的速度和强度,并及时根据实际情况调整和控制教学,有利于学生掌握所学理论知识。其次,教学艺术能给学生以示范、启发、点拨、诱导,让学生动脑、动眼、动耳、动嘴、动手,有利于开发学生智力,培养学生多方面的能力。再次,教学艺术集科学美与艺术美于一体,能引起学生的美感,激起学生爱美、感受美、理解美的强烈意愿,发展学生的审美知觉,丰富学生的审美情感,健全学生的审美判断力,有利于净化学生的心灵,培养学生正确的审美观点和审美情操。

(四) 优化氛围功能

教学艺术能创造出师生和谐、平等相待、情感融洽的良好教学氛围,使师生之间能够上呼下应、上传下达、情真意切、配合默契,在教学相长、愉快交往中完成教学任务。即使教学中出现偶发事件,如个别学生违纪等,教师通过教学艺术也能机智、恰当地妥善处理,从而提高教学质量。

五、教学艺术风格

(一) 教学艺术风格的含义

在中国古代,风格一词最初是指人的风度和品格。“风”即风采、风姿,“格”即人格、德性,合起来正好全面反映人的品貌。人们也常用风格一词来对人进行评价,《世说新语·德行》就说“李元礼风格秀整”,《晋书·和峤传》说“峤少有风格,慕舅夏侯玄之为人,厚自崇重”,由此可见一斑。后来,风格一词逐步进入文学艺术作品中。现在,风格一词被广泛运用于一切艺术领域,用以说明艺术家在创作中表现出来的创作个性和艺术特色,具体表现在题材的处理、体裁的驾驭、形象的塑造以及表现手法和语言运用等方面。具有独特的艺术风格,这是艺术家在艺术上走向成熟的标志,也是艺术作品达到高度成功的标志。

所谓教学艺术风格，是指教师在一定理论指导下和长期教学实践中形成的富有成熟的教学思想、教学技巧和教学风度的独特结合和稳定表现。这里，我们尤其应明确两点：第一，教学艺术风格的形成有其基础。一方面，教学艺术风格以一定教学理论为指导，一定的教学理论是其形成的理论基础，如以启发式教学理论为指导，就会形成极具启发特色的教学风格。另一方面，教学艺术风格离不开教学实践，教师的教学实践是其形成的实践基础。教师只有在教学实践中长期努力、不懈探索、总结教学经验、吸取失败教训，才能形成独具特色的教学艺术风格。第二，教学艺术风格是教师稳定的教学思想、教学技巧和教学风度的有机结合。教学思想体现一个教师所具备的教学理论，是教学艺术风格的基础；教学技巧反映教师教学中的形象性、审美性、创造性、灵活性等，是教学艺术风格的具体表现；而教学风度主要体现教师的言行举止、性格品质等，也是教学艺术风格不可缺少的重要方面。只有这三方面稳定结合、和谐统一，显示出不同的个性特征，才有了教学艺术风格。

（二）教学艺术风格的特征

1. 独特性

每个教师都有着各自不同的知识基础、个性特征、思维方式、行为习惯等，这种主体自身的特殊性，就决定了教师教学艺术风格的独特性，这种独特性主要表现在以下几方面。

第一，独特的教学思路。教学思路就是教师在研究教材、了解学生的基础上，对教学内容进行加工处理的基本考虑。教学艺术风格不同，必然会导致对教学内容的难易理解、轻重把握、深浅认识、详略处理等出现差异，这些差异来源于教师的素养和个性特点，也正是这些差异才体现了教师各具特色的教学艺术风格。

第二，独特的教学方法。在教学中，由于教学对象的复杂性、教学内容的多样性、教学条件的差异性等，为取得良好的教学效果，教师必须讲究教学方法，一方面要对现有的教学方法恰当选用，另一方面要根据教学实际创造新的教学方法。对教学方法的灵活运用和合理创造，体现了教师富有创造性的教学实践，形成了教师独特的教学方法和各异的教学风格。

第三，独特的表达方式。教学表达方式主要有语言表达和非语言表达两类。语言表达包括口头语言和书面语言表达，由于教师自身条件的不同，使得他们语言的音色、音量、气势、节奏等各有差异，甚至造成语法、词汇、修辞等也有差别。从口头语言表达来说，有的清澈、明快，有的深沉、凝重；有的生动形象、优美动听，富有感染力和鼓动性，有的层次分明、逻辑严密，富有论辩性和说服力；有的词汇华丽，有的朴素简洁；有的庄重典雅，有的幽默诙谐。从书面语言表达（主要是板书）来看，有的善用提纲式，有的善用线索式，有的善用图解式等。同时，辅助教师语言表达的非语言表达,包括目光、表情、手势、体态、教具等的运用,也都具有各自不同的特征。因此,各个教师独特的表达方式,也是教学艺术风格的重要特征和表现。

2. 多样性

在教学中,由于每个教师自身的知识结构、思想水平、性格气质、审美情趣、教学追求等方面的不同,加之教学对象、教学内容各有差异,必然导致各个教师有不同的教学方式方法,体现他们各自不同的教学特点和教学艺术创造,从而形成教学艺术风格的多样性。根据教学艺术风格在教学中的不同表现,我们可从总体上把它划分为以下两大类。

第一,理智型。这一类教学艺术风格的特点在于:在教学内容上,理论知识的比重较大,而且对这些内容的处理合乎知识结构和系统的逻辑,层次清晰,线索分明,系统性较强;在教学语言上多用概括和推理,逻辑严密,结构严谨,有较强的论证性和说服力。具有这类教学艺术风格的教师,一般具有较敏锐、准确的判断能力,在教学中追求科学的态度,理智的力量。

第二,情感型。这一类教学艺术风格的特点在于:在教学内容上,既重理论知识,也重事实材料,而且事实材料所占比重较大,对教学内容的组织处理富有艺术性效果,能做到主次分明、详略得当、重点渲染;在教学语言上善于演绎和分析,注重情感色彩,有较强的形象性、鼓动性和感染力。具有这种教学艺术风格的教师,一般在教学中注重以情感人,情理交融,力求通过情感的陶冶、精神的感染来达到教育学生的目的。

上述对教学艺术风格类型的划分只是粗线条的,如果具体细分,还可分出若干种。应该说,每种教学艺术风格都各有特点,很难说有优劣之分,只要能取得好的教学效果,都应予以肯定。因此,对教师个体来说,要鼓励他们形成独特的教学艺术风格;对教师整体来说,则应提倡教学艺术风格的多样化,以适应不同教学对象和教学条件的需要。

3. 稳定性

教学艺术风格是教师教学特点的稳定表现,因此,它一旦形成后,就会在一定时期内基本保持不变,具有相对稳定性。这种稳定性是非常重要的,一方面,它是教师教学艺术风格形成的基本标志。每个教师都只有经过不断的探索、总结和积累,逐步具有了自己完善的教学思想、富有成效的教学方法和定型成熟的教学个性,并使它们在教学的各个环节、各个方面稳定地表现出来,才能形成独特的教学风格。基于此,教学艺术风格的稳定性也成为我们识别每个教师独特教学艺术风格的基础和前提。另一方面,教学艺术风格的稳定性也是学生有效学习的重要条件。不可否认,学生的学习要求教师的教学方式方法要不断创新,但决不意味着要无休止地变化多端。教学艺术风格的好坏,关键在于是否能促进学生高效率地完成学习任务。如果缺乏必要的稳定性,过于追求教学形式上的场面变化,难免使学生应接不暇,穷于适应,是难以取得好的教学效果的。

4. 发展性

任何事物都是不断发展变化的,教学艺术风格也不例外。教学艺术风格的发展性主要体现在两个方面:第一,教学艺术风格的形成是一个不断探索发展的过程。教师从开始教学,经过不断摸索,到逐步成熟,最后形成自己独特的教学艺术风格,并非一天两天就能完成,而需经过一个长期的发展过程,这个发展过程大体要经历模仿教学、独立教学、创造教学、有风格教学等几个阶段。第二,教学艺术风格形成后,也还需要进一步完善和发展。教学艺术风格要有稳定性,但这种稳定性只具有相对意义。如果教学艺术风格成为固定的模式,拒不吸收新的教学经验,必然会使它日趋老化,变得毫无生命力。因此,教师的教学艺术风格形成后,也要注意在稳定中求发展,以保持其活力,更好地适应教学的改革和发展。

(三)教学艺术风格的形成

1. 教学艺术风格的形成过程

教学艺术风格的形成,是一个长期艰苦的教学艺术实践过程,这一过程大致要经历以下四个阶段。

第一,模仿教学阶段。模仿教学是指能依照书本上的经验和他人的做法按部就班地去开展教学活动,基本上属于自己独立操作。教师在教学之初,总会有一个模仿的过程,模仿他人的教学方式方法、教学语言、教学风度,搬用别人的教学成功经验,而且这种模仿对青年教师也是极为必要的,它可以使青年教师吸收他人的成功经验,缩短自己的探索过程,更好地适应教学的需要。

第二,熟练教学阶段。熟练教学是指经过经常性的模仿教学,积累了一定的经验,以至于能针对不同情况,根据自己的需要,熟练地独立完成教学工作的各个环节,熟练地对待和处理教学中的各种问题。在这一阶段,教师基本上摆脱了模仿的束缚,而能将书本经验和他人的做法消化吸收,变成自己的东西,并在教学中恰当地熟练运用。

第三,创造教学阶段。创造教学是指具有创新精神,能够运用自己的经验和能力创造性地去组织和开展教学活动。在这一阶段,教师的创造性不断地在教学中表现出来,如教学设计不断优化、教学形式不断突破、教学方法不断改革、教学手段不断更新等。这种创造教学体现着教师的独立探索和实践,也意味着教学艺术风格的即将形成。

第四,风格形成阶段。风格形成是指教师经过独立探索和创造,积累了一整套极具个性特色的教学经验和做法,并使这些经验和做法在教学的各个环节、各个方面稳定地表现出来。形成教学艺术风格,既是每一位教师刻意追求的最高境界,也是教师在教学艺术上成熟的重要标志。

2. 形成教学艺术风格的基本要求

教学艺术风格的形成不是一朝一夕的事,它需要经过长期不懈的追求和磨炼。一般来说,任何一位教师,要形成个人独特的、卓有成效的教学艺术风格,必须做到以下几点。

第一,要对事业充满爱。爱因斯坦曾说:"热爱是最好的老师。"教育,就是要从爱出发;教师,也必须处处体现爱的精神,要热爱教育事业,热爱从教的专业,热爱学生。如果教师不喜欢教育事业和所教专业,就不会去深入钻研教学内容,不会结合学生实际进行创造性教学,也就难以形成自己的教学艺术风格。同样,教师不热爱学生,教育的阳光就无法照耀学生的心灵,教师也就不能创造出成功的"艺术作品",成不了真正的教学艺术家。

第二,要提高理论修养。俗话说:"艺大根深。"艺术造诣来自深厚的根基,根深才能叶茂。教学艺术来自教师的刻苦努力及理论修养的不断提高。一方面,教师要有良好的知识结构,不仅精通所教专业、课程的知识,而且要涉猎相关学科的知识,还要掌握大量典故、风土人情等;另一方面,教师要有良好的教育教学理论修养,使教学的每一环节都能符合教育教学的一般规律和原则。只有具有较高的理论修养,才能为教学艺术风格的形成提供基本前提。因此,教师必须学而不厌,积极进取,勤于思考,勇于实践,才能建立起自己的教学艺术风格。

第三,要把继承与发展、学习与创新结合起来。教师在教学艺术上要形成个人独特的风格,离不开虚心学习、博采众长的过程。就像书法家、画家无一不是从临摹开始的一样,对绝大部分人而言,没有模仿的过程,独创几乎不可能。因此,对初上讲台的教师,尤其要注意学习别人的经验,借用别人好的教学技巧和方法,促进自己的教学进步。同时要看到,模仿仅是手段,学习是为了创新,因此,教师必须在博采众长、为我所用的同时,根据自己的特点,不断创新,独辟蹊径,这样才能形成自己的教学艺术风格。

第四,要有执著追求的精神。教学艺术风格的形成是一个长期的实践过程,是一个由低级到高级、由模仿到创造、由不稳定到稳定的逐渐成熟的过程,这一过程的实现,有赖于教师不懈的奋斗和执著的追求。教师只有不断学习,大胆探索,勇于追求,积极进取,才能在教学实践发展中,不断形成和总结出自己教学的个性特色和独特风格。

第二节 思想政治课的教学艺术

一、备课的艺术

备课是教师教学活动的一个重要组成部分,是教师上课之前进行的设计准备工作。备课有多种类型,包括学期备课、单元备课、课时备课等。备课的一般常规是钻研课程标准、熟悉教材、了解学生、选择教法、编写教学方案等。备课要讲究艺术,必须遵循以下基本要求。

（一）注重系统性,坚持局部与整体的统一

在备课中,时时会遇到局部与整体的问题,必须妥善处理,使之和谐统一。主要包括:第一,教学内容的局部与整体的统一。思想政治课的教学内容是课程标准和教材所规定的相对完整的知识体系,教师在就某一章、节进行备课时,必须立足全局,明确局部内容在整个知识体系中的地位和作用以及与其他局部内容的内在关系,恰当地确立教学目标,有效地完成教学任务。第二,教学对象的局部与整体的统一。教学要面向全体,而不同学生在知识基础、能力状况、思想水平、个性特征等方面都是有差别的,备课要从绝大多数学生的实际出发,适当照顾个别学生,使各层次的学生都有收获。第三,教学方案的局部与整体的统一。教学方案是教师备课的书面成果,在教学方案设计中,主要是设计教学过程。教学过程作为一个整体,由多个教学环节构成。备课时一方面要注重教学过程的结构完整,另一方面要做到教学各环节合理安排,如在顺序上自然流畅、在节奏上有轻重快慢、在内容上多少适当、在时间上分配合理等。这样,使教学过程的设计体现出结构完整和各环节和谐的统一。

（二）明确目的性,坚持知识传授、能力培养、思想教育和心理教育的统一

思想政治课具有知识传授、能力培养、思想教育和心理教育的“四位一体”的任务,备课是为了更好地完成教学任务,因此,在备课中上述四方面的任务不可偏废。一般来说,在备课过程中,教师首先必须立足于传授知识,理清知识点和知识体系,并设计让学生运用所学知识去分析和解决问题,以在知识传授中培养学生分析、综合、抽象、概括、评价、表达以及参加实践等多方面能力。同时,备课备人,教书育人。尤其是思想政治课,作为一门思想教育性质的课程,教育性是其根本属性,教师在备课中要以知识教学为主线,挖掘教材中的思想教育因素、心理教育因素,将思想教育贯穿于知识教学之中。这样,恰如其分地把知识传授、能力培养、思想教育和心理教育有机融合在一起,使它们既相对独立,又相辅相成。这既符合思想政治课的教学目的,也是教师备课艺术的重要体现。

（三）体现主体性,坚持主导与主体、教法与学法的统一

教学是师生共同完成教学任务的过程,在这个过程中,教师起主导作用,教学的方向、内容、方法、进程、结果等主要由教师来调控和引导。但从教学目的看,教学并不是为了教师,而是为了学生,教是手段,学才是目的。而从“学”这一角度来说,学生是学习的主体,教师的教只是为学生的学服务。因此,教师在备课中要摆正主导与主体的关系,明确学生的主体地位,紧扣学生实际进行备课,备教课之所需,备学生之所需。与主导、主体相联系,还有教法与学法的问

题。备课要备教法,这是理所当然的,但教是为了不教,教好是为了学好,因此,教师备课时要考虑有意识、有目的地对学生进行学法指导,使学生逐步掌握学习方法,养成学习习惯,具备学习能力。这样,使教师与学生协调,教法与学法同步,有利于提高教学效率。

(四) 加强计划性,坚持内容与形式的统一

教师备课的一个重要方面是要合理设计和安排教学内容与形式。在内容方面,教师备课时要在吃透教材,把握教材知识点、思想点、重点、难点的基础上,对教材进行恰当处理,明确哪些该详细讲,哪些略讲,哪些先讲,哪些后讲;弄清教材中心如何提炼,教材内容如何裁剪,教学重点如何突出,教学难点如何突破,教材主题如何升华,缺漏内容如何补讲等。在形式方面,教师备课要从教学内容出发,选择合适的教学模式、教学结构、教学方法。一般来说,教学形式的选择要体现以下三个原则:一是生动性原则,即生动活泼,符合学生的特点和要求,使学生乐于参与;二是实效性原则,即有利于提高教学效率;三是服务性原则,即服务于内容,服务于实际教学的需要。显然,教学内容要灵活处理,教学形式要灵活选用,教学内容与教学形式要和谐统一,而如何做好这些,正体现了备课的艺术。

(五) 突出发展性,坚持学习与创新的统一

备课的过程是一个不断学习的过程。要备好课,教师不仅要学习《课程标准》、教材、教参,还要注重其他多方面的学习。要加强自我的知识更新,给学生传授最新的理论、思想和观念;要学习先进的教育教学理论和教学方法,掌握现代化教学手段,使教学更具时代感和吸引力;也要学习相关学科和社会生活各方面的知识和经验,广泛收集与教学相关的资料和信息,以便教学更具生动性和趣味性等。总之,在备课中要加强学习,这样才能备出有新意的课,也才能提高备课的层次和质量。

同时,备课的过程也是一个创新的过程。教师对收集到的资料进行加工整理,就是一种创造性劳动;教师编写一个好的教案,就是要对教材内容进行合理处理,对教学各个环节进行整体设计,这体现了教师创造性劳动的成果;教学形式与方法的灵活选择及其改革具体措施的设计,更体现了教师创造性劳动的精神。因此,开拓进取,不断创新,也是备课艺术的基本要求。

二、组织教学的艺术

组织教学,是课堂教学管理的一种手段,是教师为完成教学任务而将学生注意力加以组织调控,使其集中于教学活动之中的一系列行为方式。

(一) 组织教学的一般艺术

1. 用目光组织教学

教学实践证明,教师的目光可以起到以静制动、组织教学的作用。上课之初,教师走上讲台,用目光巡视全班,可使学生意识到,要上课了,应保持安静,从

而使学生开始控制自己，把注意力集中到教师身上；上课过程中，教师的目光直视走神的、做小动作的学生，也会使他们很快有所意识，并将注意力拉回到课堂。

2. 用语言组织教学

教师的语言可以传授知识，培养能力，进行思想教育，而从组织教学的角度看，教师的语言艺术同样有举足轻重的作用。教师可用语言直接对学生提出各种要求和应注意的问题，保证教学顺利进行；也可用激励鼓动性语言调动学生的学习积极性，创造学生良好的心境，使其集中精力，认真听课；此外，教师还可通过语调、语速的变化，吸引学生的注意。可见，语言是组织教学的重要手段。

3. 用情感组织教学

教学过程是师生之间情感交流、心理互换的过程，通过情感的传递去影响学生，也能达到组织教学的目的。无数教学实践表明，师生感情融洽，教师尊重、热爱、信任学生，必然带来学生对教师的尊重和配合，形成良好的师生关系和课堂气氛，使学生高兴、愉快地接受教育，有效避免课堂纪律问题的发生。此外，教师进入意境、充满感情的教学，会使学生有身临其境的感觉，唤起学生情感上的共鸣；学生学习无精打采时，教师旺盛的精力、饱满的热情也会感染学生，使其提起精神等。

4. 设疑提问组织教学

疑是思之始，教师在教学中通过设置一个个相互联系、环环相扣的问题，可激起学生的求知欲望，引导学生紧跟教师的授课思路开展学习和思考。当学生学习疲劳、精力不集中时，教师通过设疑提问，也可集中学生注意力，引导学生思考，收到良好的组织教学效果。

此外，引人入胜的故事、新颖独特的板书、形象直观的教具、含义丰富的手势等，也都是广大教师在教学实践中常用的行之有效的组织教学的方式。

（二）特殊情况下组织教学的艺术

在课堂教学中，有时会发生一些特殊事情，其中主要是各种各样的偶发事件。之所以称为偶发事件，就在于它是在课堂上偶然发生且预料不到的。对这些事件如处理不当，会影响教学的正常进行。要恰当处理好偶发事件，关键在于教师如何靠自己的教育机智，采取果断的相应措施，找到艺术性地解决问题的办法。

偶然事件多种多样，有的是由教学疑难本身所引起的。教师上课面对几十名学生，他们思维活跃，时常会提出一些教师难以回答的问题，对此，教师如处理不好，虽不一定破坏课堂纪律，但也会打乱正常的教学秩序。处理这类事件，教师一要实事求是，不能不懂装懂，不蒙混过关，更不能胡乱回答欺骗学生；二要注意保护学生的好奇心，肯定学生的积极思维；三要尽快圆满解答学生提出的问题，对当堂不能解答的，可课上说明，再课后查阅资料，尽快回答学生。

偶然事件有的是由课堂上突然出现的学生不良行为引起的，如同学之间上课时开玩笑，甚至吵闹、打架，同学直接拿教师开心或报复教师等。处理这类事件，教师要冷静沉着，因势利导，一方面尽可能把偶发事件的影响控制在最小范围和最短时间内，另一方面要充分认识事件中包含的积极因素，化消极因素为积极因素，巧妙地把坏事变为好事，使其成为对学生进行思想教育的好时机，对学生起到净化心灵、升华思想的作用。切忌简单粗暴，怒火中烧，那样既不利于问题的解决，也不利于学生的成长。

偶发事件还有的是由外来干扰造成的，如教室内正在上课，一只麻雀飞进教室，或有人突然破门而入等，这些都会分散学生的注意。处理这类事件，教师首先要暂停讲课，迅速处理，使事件尽快过去，不致引起学生大的注意力波动；同时，要善于随机应变，通过提问、眼神等稳定学生情绪，集中学生注意力，回到正常的教学轨道。

偶发事件有的也是由于教师在课堂上自身出现的失误造成的，如念错了学生的名字、板书写错了字，讲错了有关理论和事实等，这都难免引起课堂的骚动。处理这类事件的基本原则应是冷静、诚恳、及时纠正。当然，纠正的办法可以多种多样，根据课堂的实际情况，可以直接承认错误，进行纠正；可以不动声色，在不转移学生注意力的前提下及时处理；也可以通过各种巧妙的方式把自身的失误转变为督促学生学习和教育学生提高认识的动力，既纠正自身的失误，也从失误中引出教训，提高学生的认识。

三、导入的艺术

常言说，良好的开头是成功的一半。在教学活动中，教师导入新课做得好，可以激发学生强烈的求知欲，引起学生浓厚的学习兴趣，使学生积极思维，勇于探索，愉快主动地去获取知识。这已被许多优秀教师的教学实践所证明。因此，在课堂教学中，一定要重视教学伊始的导入艺术。

（一）导入的基本要求

一般来说，设计导入语，导入新课，应符合以下基本要求。

1. 针对性

课堂教学是一种目的性很强的活动，新课导入必须目的明确，针对性强。首先，新课导入要针对教学内容来设计，使之直指教学主题，引导课堂迅速进入新知识的教学。切忌空求形式，离题万里。其次，新课导入要针对学生实际，要根据学生的年龄特点、心理状态、知识基础、思想水平等来设计，既给学生的思维定向，也使学生兴趣高涨。

2. 新颖性

新课导入通常要能集中学生注意、引起学生兴趣，对学生有较强的吸引力，为此，导入必须新颖。这种新颖可体现在：一是材料新，即紧跟时代步伐，将社会生活中出现的、与教学内容密切联系的新问题、新事物、新现象引入教学。二是角度新，即对学生熟悉的材料，通过从新的角度分析，使学生产生新奇感，进而导入新课。三是方法新，即导入的方式要多种多样，且多种方式要配合交叉使用，不能固守一种模式，否则，必然淡而无味，平而无奇，难以起到激发学习兴趣、引人入胜的作用。

3. 趣味性

新课导入既有情趣、又有意味，是趣味性导课的基本标志。充满情趣的导入能引起学生注意，调剂课堂教学的气氛和节奏，形成师生间的默契交流；而富有意味的导入则能启发学生思维，引导学生探求有关道理。

4. 简洁性

新课导入不是教学的主体过程，因而要力求简洁明快、内容精当、要求具体，争取用最少的话语、最短的时间，迅速巧妙地转入正题，将学生的注意力集中到学习新课上来，切忌啰唆、冗长、喧宾夺主。

（二）导入的主要方法

导入的具体形式与方法多种多样，并无固定的模式，关键在于教师的精心设计和灵活运用。总结广大教师的基本经验，新课导入的方法主要有以下几种。

1. 温故导入

温故导入即通过温习已学过的旧知识，抓住新旧知识间的内在联系而导入新课的方法。例如，讲"资本与剩余价值"时，可先引导学生复习价值规律的作用，在此基础上进行总结：在社会主义市场经济条件下，价值规律的作用主要表现在三个方面，其中第三方面的作用是促使商品生产者在竞争中优胜劣汰，一部分在竞争中取胜，另一部分被淘汰。那么，为什么一部分企业能在竞争中取胜呢？又是怎样在竞争中取胜的呢？从而导入新课。

2. 设疑导入

设疑导入即教师围绕教学主题，设疑问难、制造悬念，从而调动学生思维、引发学生好奇心和求知欲的导入方法。例如讲"意识的能动作用"课时，有位教师就这样导入："大家知道，一幢大楼是物质的一种具体形态，而这幢大楼的设计图是人脑思维的产物，是意识现象。根据前面学过的原理，物质第一性，意识第二性，物质决定意识，那么就应该先有大楼，后有设计图。但现实中却是先有设计图，而后按图施工建大楼。这不就违反了唯物主义的基本原理吗？如何解释这种现象呢？要知道其中的奥秘，就必须学习：意识的能动作用。"这样，通过巧设疑难，抓住了学生的思维，使学生带着问题进入新知识的学习。

3. 激情导入

教师运用富有情感的手段和方法即激情导入，包括歌曲、录像、语言描述等，创设生动具体的教学情境，渲染课堂气氛，感染、激励学生进入新知识学习的导入方法。如有位教师讲原初一教材“序言”时,先播放一支录音歌曲《脚印》:“洁白的雪花飞满天,白雪覆盖着我的校园,漫步在这小路上,留下脚印一串串,有的直、有的弯、有的深、有的浅。朋友啊,想一想:道路该怎样走?”通过这歌声激起学生的情感,引起学生思索:在新的校园,在新的学习生活中,我们应留下怎样的脚印?从而进入新知识的学习。再如,讲“剩余价值的产生”时,教师可引用马克思在《资本论》中的那段精彩描写:原来的货币所有者成了资本家,昂首在前,而劳动力的所有者成了它的工人,尾随于后。一个是笑容满面,雄心勃勃;一个是战战兢兢,畏缩不前……这样,通过教师富有感情的语言描述,引起学生强烈的共鸣,满怀激情地进入新课的学习。

4. 事例导入

通过对与教学内容有关的故事、童话或生活中的典型事例的形象描述来导入新课的方法即事例导入。例如,讲“礼貌待人”时,教师可先讲这样一个故事:古代有个生意人,走迷了路,遇到一位老人,忙上前问路:“喂!老头,从这里到苏州走哪条路,还有多少里?”老人说:“走中间那条路,到苏州还有七八千丈。”那人奇怪地问:“你们这里为什么不用‘里’,而用‘丈’呢?”老人说:“这地方一向是讲礼(里)的,遇到不讲礼的人,也就不讲礼(里)了!”然后教师提问:这个故事说明了什么道理?从而导入教学主题:礼貌待人。再如,讲“人类社会的产生”时,可用亚当与夏娃等神话故事导入;讲“发展地看问题”,可用“刻舟求剑”的典故导入等。

5. 直接导入

直接导入是指上课伊始教师开门见山地直接点明课题,阐明学习目的、要求进入新课教学的方法。例如,讲“青年是社会主义建设事业的主力军”时,一位教师作如下导入:“人们常说,儿童是祖国的花朵。那么,我们青年呢?我要说,青年是祖国的未来和希望。今天,我们的祖国正在进行社会主义现代化建设。在这场走向未来的伟大事业中,我们青年担负着历史的重任,是社会主义建设事业的主力军。现在,我们就来共同探讨‘青年是社会主义建设事业的主力军’这一课题。”

6. 直观导入

直观导入即教师通过演示直观教具,唤起学生表象,并以引人入胜的分析引起学生的兴趣与思考,从而进入新课学习的导入方法。例如,讲“纸币是货币符号”时,教师可出示一张人民币,并通过这张人民币引导学生思考为什么这小小的纸片能购买多种商品?从而导入新知识的学习。再如,讲“我国的对外开放格局”,可运用自制的标有我国经济特区、沿海开放城市、沿海经济开发区等的中国地图来导入等。

7. 引文导入

通过优秀诗文、名人名言、谜语、比喻、谚语等导入新课的方法即引文导入。如讲“理想是人生的精神支柱”时,有教师以《理想》一诗导入新课:“理想是石,敲出星星之火;理想是火,点燃熄灭的灯;理想是灯,照亮夜行的路;理想是路,引你走向黎明……”再如讲“为人民服务”这一内容时,可用雷锋的名言导入新课:人的生命是有限的,为人民服务是无限的,我要把有限的生命投入到无限的为人民服务中去。

四、讲课的艺术

讲课是教师传授知识技能、进行思想教育的过程,也是学生接受知识技能和思想教育的过程。讲课的好坏,直接反映出教师教学的才能与技艺,也从根本上决定着课堂教学的成功与失败。因此,每一位教师都应注重讲课的艺术。一堂课要讲得好,受多方面因素的影响,对教师而言,要力求使课堂具有以下几方面的要求和特征。

(一)语言简洁,个性突出,增强有效性

在讲课时,语言是传递教学信息必不可少的重要手段,为了高效地实现传递教学信息的任务,讲课语言必须经过认真组织、提炼,经过反复推敲、选择,做到简洁、准确,条理清晰,系统完整。否则,散乱堆砌、繁琐枯燥的语言不仅使学生不得要领,也浪费教学时间。

同时,教师的讲课语言不应是教材或他人语言的照搬和转述,而应是对教学内容经过加工改造后的知识抒发,有明显的个性化语言特色。在这点上,实现两个转化极为关键:第一,由教材语言向教案语言转化。教材是教学的基本依据,教师要讲课,首先必须研究教材,要将教材中阐述的理论观点和思想内容经过思考、揣摩,内化为自己的知识,进而通过对这些知识的艺术加工和处理,将这些知识用带有教师个性特色的书面文字表述出来,形成教案语言。第二,由教案语言向教学语言转化。教案语言只是教师讲课的基本思路和线索,在实际教学活动中,教师还要根据课堂教学的实际状况和教学对象的理解接受程度,随时调整语言的难易、速度、繁简、停顿、重复等,以保证语言的有效性。

(二)设疑激趣,引发思维,具有启发性

学生学习的内动力来源于学习动机。激发学生的主体意识和学习动机,提高学生学习的自觉性与主动性,乃是学生学习好的根本因素。因此,教师讲课应坚决贯彻启发式,反对注入式。对知识和问题的讲解要能激发学生的学习兴趣、学习热情和求知欲望,能启发学生思考,引起学生的联想。当然,启发的方式很多,教师在讲课中可根据实际需要灵活运用,但设疑可谓是激发学生兴趣、启发学生思维的最有效手段。教师设置一定的疑难问题,可极大地调动学生思维的积极性和主动性,使学生边听课、边思考,寻求问题的答案。

(三)科学准确,真实可信,具有说服力

思想政治课要解决学生对本学科知识的知—信—行的转化问题,较之其他学科更复杂和艰难。因此,教师的讲课更要力求科学、准确、真实、全面,注意以科学的力量征服学生,使学生心悦诚服地接受。具体来说:第一,讲课内容要科学真实。教师在讲课中所讲到的基本概念、基本原理、基本事实以及与它们相应的技能训练材料、思想教育材料,都应是经过实践检验过的,具有科学性和真实感。科学和真实,是思想政治教育的重要特征,也是提高思想政治课可信度的基石。只有讲授内容科学真实,才能使学生相信并践行,起到教育人、感染人的作用。反之,如果教师在课堂上讲的是大话、空话、假话,传授的知识严重脱离实际,错误不断,那很难取得好的教学效果。第二,讲课方法要科学恰当。讲课方法并无固定模式,但总的来讲,要符合启发式的教学思想和原则,能充分调动学生思维的积极性,引导学生积极主动地学习;同时,方法的选用要符合教学内容的要求、贴近学生的实际和教师本身的特点等。第三,讲课语言要规范准确。讲课语言是用来向学生传授知识、进行思想教育的,必须符合语法规范和逻辑要求,表达准确,条理清晰,并且要使用本学科的专业术语和教学用语。

(四)感情充沛,情理交融,富有教育性

教学永远具有教育性。在知识教学的同时,对学生进行思想教育,使知识性与教育性相结合,这是教学过程的内在规律。因此,教师在讲课中要努力挖掘教材中的思想教育因素,使知识教学与思想教育融为一体,体现出教育性的特征,要做好这点,教师在讲课中必须注重情感的投入。情感是一种无声的语言,对学生有很强的感染作用。教师充满情感的讲课,必须凝结着对教育事业的热爱和对教材的深刻体会,饱含着对学生的殷切希望,有利于创造和谐的教学气氛,使学生真切感受到教师的关心与期望,受到潜移默化的熏陶和感染,从而不仅全面准确地掌握知识,也受到思想教育和感情上的培养。

(五)时间巧配,难度巧定,具有协调性

课堂讲课时间性很强,教师必须对讲课的时间作合理调配,讲究时间效益。中学一节课一般为45分钟,每位教师在进行课堂教学总体设计时,要对时间进行合理分配,把45分钟化解到各个教学环节中去,但这种化解并不一定完全有效,在实际教学过程中,由于各种原因,有的教学环节可能超出或用不完预先分配的时间,因而教师要随教学进程的发展,对时间作灵活调剂和安排,以保证教学任务的全面完成。

教师讲课也要合理掌握教学的难度。构成教学难度的因素主要有两个:教学内容的广度和深度。教师讲课要有一定的深度,这样学生才会有兴趣,才能使学生对学科知识和社会经济、政治现象有较深刻的理解;但也不能搞得高深莫测,过于深奥,学生接受不了,必然望而生畏,失去信心。教师讲课也要有一定广度,使学生能开阔视野,增长见识;但也不能宽而无边,否则,学生会吃不消,嚼不烂，影响听课情绪。因此，教师讲课中要根据学生实际，做到讲课内容深浅有度、广窄有边，并综合这两方面因素，通过对它们的合理调控来把握教学的难度，以充分调动学生的学习兴趣，产生好的教学效果。

（六）形象直观，生动有趣，富有感染力

生动和形象，是教师讲课的最基本要求之一。在讲课中，教师要注意用生动的语言、形象的教具、多样的教学手段、科学的教学方法等来展示教学内容，使教学内容更为具体化、形象化，也使学生在听课时有如临其境、如见其人、如闻其声的真切感受，从而激发学生的联想，启发学生的思维，提高讲课的效率。

五、教学启发的艺术

在现代教学论中，启发式教学是相对注入式教学而言的，是各种带有启发性的具体教法的指导思想，渗透于教学的各种方法之中，影响到教学的各个环节。

启发式教学是思想政治课教学的指导思想，它贯穿于整个教学过程之中，各种具体教学方法都必须体现启发式的精神实质。那么，在思想政治课教学中，怎样运用和贯彻启发式呢？这里简要介绍几种常用的启发式教学方法。

（一）提问启发

提问在思想政治课教学中极为常见。提问得当，可启发学生积极思维，调动学生学习的积极性和主动性，收到良好的教学效果。因此，它是贯彻启发式教学的重要方法。

怎样使提问富有启发性呢？

首先，提问要能提高学生的学习兴趣和求知欲望。为此，教师要在深入钻研教材的基础上，提出一些新颖有趣而又有一定难度的问题，使他们乐于积极思考，寻求解决问题的答案。如讲“商品”这一概念时，可先向学生提出如下问题：同学们知道哪些东西是商品？这些东西为什么是商品？劳动产品都是商品吗？阳光、原始森林是商品吗？这样提问能抓住学生的注意力，引导学生生动活泼地去学，深刻理解“商品”的内涵。

其次，提问要遵循学生的认识规律，注意知识的内在联系，由浅入深，由已知到未知。如讲“人民”这一概念时，可先引导学生复习“公民”的概念，然后提问：公民和人民仅一字之差，它们是不是一回事呢？如果不是一回事，那它们又有哪些区别呢？然后，再逐步揭示“人民”这一概念的含义。

（二）对比启发

比较分优劣，比较见异同。通过比较，可以更清晰地展示事物的本质，激发学生的学习兴趣，加深对事物的理解和掌握。如讲“社会主义民主”时，可与“资本主义民主”进行比较，使学生更清楚地认识到社会主义民主是广泛的、真实的民主，其核心是人民当家作主。在思想政治课教学中，可比较的事物是很多的，比较的方式也多种多样。思想政治课教师要在钻研教材的基础上，选择恰当的比较方式，运用真实具体的比较材料，并用马克思主义立场、观点、方法进行分析，使学生更好地认清事物的本质。

（三）材料启发

思想政治课有许多概念和原理，单从理论上讲解比较枯燥乏味，学生也难以理解和接受，如果运用一些典型生动的事例，学生则容易触景生情，受到启发，积极思考问题。如讲“树立民族自豪感、自尊心、自信心”时，可先讲吉鸿昌“我是中国人”的故事，并指出在中华民族历史上，像吉鸿昌这样的爱国志士举不胜举，如屈原自沉汨罗江、岳飞精忠报国、文天祥“人生自古谁无死，留取丹心照汗青”等，这些材料表明了先辈们的爱国主义正气和中华民族自豪、自尊、自信的传统美德，有助于启发学生认清什么是民族自豪感、自尊心、自信心，为什么要以及怎样去树立和增强民族自豪感、自尊心和自信心。

（四）设疑启发

这是一种使学生带着问题学习，并在学习中寻求答案的启发方法。设疑、存疑是激发学习兴趣、启发学生思维的有效手段。教师要善于根据教学内容，经常给学生设置一定的疑难问题，使学生边读书边思考，或边听课边思考，带着问题学习，寻求问题的答案。如讲“货币”这一概念时，可先提出一系列启发性问题：货币是从何而来的？它与商品是一对孪生兄弟吗？货币是如何产生的？货币为什么能购买各种不同的商品？通过对这些问题的解答，学生就能把握货币的本质。

（五）直观启发

直观启发是教学过程中，运用一定的直观教具来启发学生积极思维，深刻领会教学内容的方法。如讲“我国全方位的对外开放格局”时，可利用中国地图，图上简要标明我国的经济特区、沿海开放城市、经济开放区、沿边和内陆开放城市等。这一教具可使讲解更形象生动，有利于学生更清楚地看到我国由经济特区—沿海开放城市—沿海经济开发区—沿边和内陆的由点到线、由线到面、从南到北、从东到西、从沿海到内地逐步推进，并最终将形成东部、中部、西部三大经济地带同时面向世界多层次、多渠道、全方位开放的新格局。

（六）语言启发

语言是教学的主要工具和手段，教学中语言表达的好坏，直接影响课堂气氛和教学效果。教师的语言要精练、准确、清晰、音量适中、逻辑性强。但要真正使语言具有启发性，能激发学生积极思维，还必须注意以下两点：(1) 语言要有轻重缓急，抑扬顿挫。这样，才能使学生适应对知识信息的接受，并有思考的余地，也才能增强语言的表现力，吸引学生的注意力。(2) 语言要生动形象，幽默风趣，有感染力。如教学中，巧妙地运用一些比喻句、歌赋、顺口溜等，可吸引学生注意，使学生在轻松愉快的气氛中受到感染，有所收获。

六、讲概念的艺术

概念是教学内容最基本的因素,也是构成思想政治课理论体系的细胞。对概念的教学做得如何,将直接影响到学生对基本知识的掌握和基本技能的发展。因此,教学中教师必须注重讲概念的艺术。概念的教学方法很多,一般来说,常用的有以下几种。

(一)从具体到抽象讲概念

概念是从具体生动的事物中抽象出来的,它离不开具体、生动的形象。因此,对概念的讲授可从具体事物出发,通过对具体事物的分析和概括,抽象出基本概念及其含义。例如讲"物质"概念,可先列举山川湖泊、花草树木、桌椅板凳等具体的物质形态,再通过对这些具体形态的抽象概括,总结出"物质是不依赖于人的意识并为人的意识所反映的客观实在"的定义。再如讲"国家"概念,也可先列举不同类型的国家,通过对这些类型国家的对比分析,明确它们虽有区别,即剥削阶级国家是少数人对多数人的统治,而社会主义国家是多数人对少数敌对分子的统治,但它们有一点是共同的,那就是统治阶级通过一定的工具,实施对被统治阶级的统治,从而归纳出国家的含义:国家是指一个阶级对另一个阶级进行政治统治的工具。

(二)从已知到未知讲概念

思想政治课的许多概念之间存在内在的联系,因此,对某些概念的讲授,可以从学生已经理解认识的概念入手,借助于已知概念的铺垫,通过判断和符合逻辑的推演,引导学生掌握新概念。例如讲"犯罪"这个概念,就可以从"违法"概念入手。首先让学生回忆什么是违法:法定义务不履行,法律要求做的不去做,或者法律禁止做的却做了,这叫违法。根据其性质和情节以及对社会的危害程度,违法可分为一般违法和严重违法,严重违法就是犯罪。这样就引出了"犯罪"概念。然后通过与一般违法的对比分析进一步揭示犯罪的含义:违法情节严重,对社会危害极大,触犯《刑法》并依法应受刑罚处罚的行为,叫做犯罪。

(三)追根溯源讲概念

在客观世界,不同的事物有不同的形成发展过程,必然会形成不同的概念。因而,通过追溯事物的形成发展过程来阐释概念,是进行概念教学的好方法。例如讲"阶级"概念,教师可从阶级的形成来揭示其含义:在原始社会后期,随着生产力的发展,社会分工和交换也出现并得到发展,从而有了剩余产品,产生了私有制。随后氏族成员之间发生了贫富分化,氏族贵族逐渐变成了奴隶主,战俘和还不起债的穷人逐渐沦为奴隶,这样,人类社会第一次形成了两大对立阶级:奴隶主阶级和奴隶阶级,它们是处于不同地位的两大集团,奴隶主处于剥削者地位,奴隶则处于被剥削者地位。然后概括出阶级的含义。阶级就是在一定生产关系中处于不同地位的各种集团。

（四）对比分析讲概念

思想政治课的不少概念均具有很强的可比性，教师要善于运用对比分析的方法，讲清这些概念。在思想政治课中，有的概念文字相同而含义不同。如哲学上的物质概念和自然科学的物质概念、政治上的自由与哲学上的自由等；有的概念文字相近而含义不同，如必要劳动时间与社会必要劳动时间、国家与国度、劳动与劳动力等；也有的概念文字不同而含义相同，如公民与国民、第三世界国家与发展中国家等；还有的文字不同而概念间却存在不可分割的联系，如物质与意识、违法与犯罪等。教师在讲这些概念时，可用对比分析的手法，讲清其共同点和不同点，阐明其联系和区别。

事实上，客观世界的各种现象之间存在着多种多样的关系，反映到人脑中，概念之间也存在各种各样的关系。根据普通逻辑的分类，概念间的关系可分为全同关系、包含关系、交叉关系、矛盾关系、反对关系等。思想政治课中的大量概念都或多或少地涉及这些关系。因此，讲概念时，要善于利用概念间的这些关系进行比较分析。这样有助于学生准确把握和使用概念、作出恰当判断，正确进行推理，发展思维能力，提高思想认识水平。

（五）解析定义讲概念

解析定义是按照下定义的方式讲解分析概念，揭示概念的内涵。通常给概念下定义的方式是：被定义概念＝种差＋属概念。按此方法讲概念，大体分三步进行：一是找出所讲概念的属概念；二是找出所讲概念与同一属概念下其他种概念之间的差别；三是把定义结构中的各部分综合为整体，例如讲“法律”这一概念，首先要明确法律是一种行为准则；其次要分析法律同道德、纪律等其他行为准则相比所存在的特殊性：表现统治阶级的意志、由国家制定或认可、由国家强制力保证实施、对全体社会成员具有普遍约束力等。最后将上述内容综合归纳起来，就形成了法律的定义：法律是表现统治阶级意志，由国家制定或认可，由国家强制力保证实施，对全体社会成员具有普遍约束力的行为准则。

（六）设疑引思讲概念

设置疑问，制造悬念，活跃学生思维，调动学生学习积极性和主动性，解决疑难，这也是教师讲概念的好方法。例如讲“商品”这一概念，教师可在教学进程中设计一系列环环相扣的问题：同学们知道哪些东西是商品？劳动产品都是商品吗？是不是人们用来买卖的东西都是商品？等等。这样，通过设置疑问，引导学生思考、争议，逐步加深认识，最后达到对“商品”这一概念的准确认识：商品是用来交换的劳动产品。

七、提问的艺术

提问是教学过程的重要组成部分。通过提问，可检查学生掌握知识的情况，强化学习效果；可以集中学生注意力，诱导学生的思维；可以活跃课堂气氛，增进师生之间的感情;也可以反馈教学信息,恰当调节教学进程。因此,教师要重视提问艺术。

(一) 提问的基本要求

1. 目的明确,语言简洁

“目的明确”要求教师提问要围绕教学目的进行,对提什么问题、何时提问、提问哪些学生、学生可能怎么回答等,都要根据教学目的去仔细考虑,精心设计,对每一个所提问题要达到的目标也要明确、实际,切忌随意问、盲目问,使提问流于形式。“语言简洁”要求教师提问要语言简短,语速平缓,吐字清晰,一言中的。如果语句冗长、啰唆,会造成学生的理解困难,抓不住问题的中心。

2. 选准时机,把握分寸

提问时机选得准,可极大限度地发挥提问的功能,起到事半功倍的作用。提问的时机,从教学内容的角度来说,应选在重点、难点、关键点,新旧知识的衔接点和转化点等;从学生的状况来考虑,提问应选在学生注意力不够集中时,学生思维发生障碍、产生偏差或受到定势思维干扰时,需要检查学生学习效果或使学生对问题作深一步的探讨时等。“把握分寸”要求教师提问要难易适度。教师所提的问题,应是学生在未认真看书和深入思考之前难以回答的,又是大多数学生经过努力后能回答的。问题太难,学生望而生畏;问题过易,学生脱口而出,也觉索然无味。这都不利于调动学生思维的积极性。

3. 面向全体,灵活多变

“面向全体”要求教师面向全班同学提问,使每个同学都有机会思考并从问题的解答中受益。为此,第一,教师要先提后问,提出问题后,不要马上指定某位同学回答,而要让全班同学都有积极思考、寻求答案的机会;第二,要根据学生层次水平的不同,提出难易程度不同的问题。如检查知识性的提问,可多问学习困难的学生;理解知识性的问题,可从中等生问起;而难度较大的分析性问题,可多问优等生等。提问面要宽,不能只问少数成绩好的学生,也不能只问坐在前排的学生。“灵活多变”,一是指问法上要灵活。提问的方式多种多样,如温故知新式、层层递进式、比较区别式、聚合式、辐射式等,教师要根据教学的实际需要灵活选用;二是指问答中要灵活。针对教师的提问,学生在回答中可能出现各种各样的情况,教师要随时根据变化了的情况灵活处理课前设计好的问题。

4. 启发诱导,气氛和谐

启发性是课堂提问的灵魂。启发性提问首先表现在问题的设置上。提出的问题要有疑问性、发散性、开拓性,能激发学生的思考和求知欲望,引起学生的探索活动,促进学生的思维发展,为此要避免那种不分巨细、处处皆问的做法,也要尽量避免单纯的“是不是”、“对不对”等判断性提问。其次,启发性提问还表现在对学生的引导上。要适合学生的心理和思想特点,对学生的回答多正面诱导,以创造和谐的教学气氛。为此,教师态度要亲切、诚恳,以消除学生的胆怯或紧张心理;要鼓励学生各抒己见,大胆释疑解惑;对学生的回答要多鼓励,切忌讽刺挖苦或置之不理。

（二）提问的主要方法

课堂提问的方式很多,可从不同角度分类,每一种提问方式都各具特色。总结我国思想政治课教师的实践经验,常见的提问方式主要有以下几种。

1. 温故知新式

这是在教学过程中,根据新旧知识的内在联系设计一些问题,通过复习旧知识而引入新知识的提问方式。例如,在讲货币的产生时,可引导学生回忆物物交换的有关知识,并提问:在以物易物的商品交换中存在着什么样的矛盾?怎样解决这些矛盾?从而引出货币的知识。

2. 事例引发式

这是在教学中以讲述一例成语典故、名人轶事、现实材料等为基础,提出一些问题,引导学生去分析论证的提问方式。例如讲矛盾的双方既对立又统一、在一定条件下又相互转化的原理,教师可讲相辅相成、物极必反等成语典故,然后提问:这些典故中包含什么样的哲学道理?

3. 递进式

递进式是根据学科知识的内在联系,设计一系列层层递进的问题,引导学生层层分析、逐一解决的提问方式。一般来说,任何学科的知识都是一个有序的整体,因而课堂提问也可根据学科知识的内在联系逐层展开,后一个问题在前一个问题的基础上提出,问题与问题之间像攀登阶梯一样,由易到难,由低级到高级,环环相扣,步步深入。例如讲劳动力商品的问题,可这样提问:劳动力成为商品的条件是什么?劳动力商品的价值和使用价值是什么?劳动力商品的价值如何理解?劳动力商品的使用价值有何特点?资本家为什么要购买劳动力商品等,这样层层设问,使学生对劳动力商品的认识不断加深。

4. 比较式

这是针对具有可比性的教学内容设计一些问题,引导学生进行比较分析,更准确地掌握知识的提问方式。比较是进行科学分析、认识事物本质和特点的重要手段。为使学生更准确地掌握有关教学内容,教师可设计比较式提问。或横向比较分优劣,如社会主义民主比资本主义民主更真实、充分,主要表现在哪些方面?或纵向比较看发展,如为什么说与原始社会相比,奴隶社会的建立是人类历史上的一个巨大进步?或相似比较辨真伪,如“公民”与“人民”一字之差,它们是不是一回事,区别何在?等等。这种提问有利于学生更好地理解和巩固知识,提高辨别能力。

5. 聚合式

聚合式是指提出若干问题引导学生作答,然后引导学生从中总结、归纳出某一结论的提问方式。如讲爱祖国这一道德规范时,教师可提出以下问题:爱家乡是不是爱国?爱岗是不是爱国?出国是否是不爱国等,这样,引导学生从爱国与爱家乡、爱国与爱岗、爱国与出国的关系中总结出爱国的基本要求。

6. 辐射式

这是一种引导学生从多方面、多角度思考某一问题,寻求多种解决问题方法的提问方式。辐射式不同于递进式,递进式多是纵向提问,旨在对问题理解的深化;而辐射式多是横向提问,旨在围绕问题扩展知识的范围。例如讲“物质”概念,可这样提问:什么是物质?为什么不能把物质和物质的具体形式混为一谈?哲学上的物质和自然科学上讲的物质有何区别联系?看不见、摸不着的就不是物质吗?这样,通过多层次、多角度的提问,突出教学内容。

7. 反话式

这是一种在容易混淆的知识点上,教师有意提出与教材观点不一致的问题,以指导学生思考,探究正确观点的提问方法。例如讲认识的来源时,提问:实践出真知,正确的认识来源于实践,那么错误的认识就不是来自实践,对吗?

此外,还有转移式提问、巩固式提问、激将式提问等。总之,提问的艺术性、技术性很强,无一定之规,关键在启疑开窦,问得美妙,问得开窍。

八、举例的艺术

举例是贯彻理论联系实际原则的重要途径和有效方法,也是思想政治教师激发学生学习兴趣、帮助学生理解掌握理论知识、培养学生运用所学知识分析解决实际问题能力的重要手段。举例是一项教学艺术,为了充分发挥它在教学过程中的作用,教师在运用这一手段时应注意做好以下几点。

(一)举例要有科学性

举例要论证有关理论,必须赢得学生信任。因此,举例必须尊重客观事实,具有科学依据,力求真实准确、比喻恰当、用词合理、表达完整。如果举例极不严肃,把捕风捉影、道听途说的事当例子来举,或生编硬造、哗众取宠,把没有科学根据的东西当例子来举,不仅不能提高教学质量,而且会使学生对政治课和政治教师产生反感和不信任。基于此,举例必须遵循科学准确、实事求是的根本原则。无论大事小事,都要确有其事,且不任意夸大或缩小。只有科学准确的事例,才能由“实”达“信”,体现说服力和证明力。

(二)举例要有思想性

所举例子要健康有益,能将典型事例与思想教育结合在一起,具有论证观点、教育学生的双重作用,从而激励学生勤奋上进,促进学生科学世界观和人生观的形成。首先,举例切忌低级庸俗,低级庸俗的事例会腐蚀学生的思想。其次,要注意事例是否具有消极方面,是否在证明原理的同时会产生负面影响。例如有的教师为了说明我国生产力发展状况,把我国和西方资本主义国家的经济作全面对比。通过对比,学生认识到了中国生产力水平的确落后,应该大力发展,但无形中也可能使学生产生一种错误认识,那就是我国的社会主义不如西方资本主义好。因此,教师举例时,要强化事例的思想性,避免因事例选用不当而对学生健康成长带来负面影响。

（三）举例要有启发性

举例是为了论证和说明理论,因而必须寓理于例。事例中要隐含着深刻的道理,能启发学生思维,培养学生的学习动机和兴趣。例如有一位教师讲“个人离不开社会”时,就举了这么一个例子:过去有一个极端利己主义者,妄想世上的人都死了,就自己活着。可是后来一想,为了解决自己吃烧饼的问题,还得留一个会做烧饼的;为了避免一个人生活寂寞,还得要一个妻子;为了穿衣服,又不得不把一个做衣服的也留下……结果为了他自己的生存,他也想到不得不在世上留下许多人。这一事例就寓意深刻。学生通过对这一事例的学习,可从中受到启发,明确任何一个人都是离不开社会的,从而加深对所学知识的理解。

（四）举例要有典型性

所谓典型性是指所举的例子要最能集中反映和揭示事物的本质,能使学生较为全面、系统地理解例子所要论证的基本概念和原理。例如讲资本主义经济危机的特征和实质,有一位教师运用了煤炭工人没煤烧的事例:在美国北方煤矿区,有一个煤炭工人的家,在数九寒天、风雪交加的日子里没有生炉子。他的孩子鲁斯冻得浑身发抖,问妈妈:“天这么冷,咱家为什么不生炉子?”妈妈回答说:“家里没有煤了。”问:“为啥不买煤呢?”答:“因为没有钱。”问:“那咱们家为什么没有钱呢?”答:“因为你爸爸失业了。”问:“爸爸为啥失业呢?”答:“因为煤生产得太多了。”这一事例就具有典型性。它非常确切地揭示了资本主义经济危机的实质是生产的相对过剩,不是绝对过剩;不是社会产品已多得超过了社会的实际需要,而只是相对于劳动人民的购买力来讲,显得过剩了。

（五）举例要有趣味性

教师举例要力求具体、形象、生动、有趣,这样才能增强吸引力,激起学生求知欲望,启迪学生积极思维。例如讲珍惜时间,教师可以明代学士文嘉的《今日》诗为例。

今日复今日,今日何其少!
今日又不为,此事何时了?
人生百年几今日,今日不为真可惜!
若言姑待明朝至,明朝又有明朝事。
为君聊赋《今日》诗,努力请从今日始!

再如讲“掌握科学的学习方法”时,可举“点石成金”的事例:一天,一个聪明的小孩在山里遇到一位会点石成金的老人。老人把路旁的一颗石子点化成金后送给他,孩子摇摇头不要;老人又把一块大一点的石头点化成了金子,孩子又摇摇头不要。老人笑了笑,索性把对面一座小山点化成金山给他,孩子仍然摇头。老人终于生气了,大声斥责他说:“一座金山还不要,你到底要什么?”孩子轻轻回答:“我要你的指头。”于是老人高兴地向他传授了自己的点金术。以上例子就既蕴含了要讲的道理,又有趣味性,能起到活跃课堂气氛、调节学生精神的作用,使学生听得明白、理解深刻、记得牢固。

(六) 举例要有时代性

教师举例要力求新颖,时代感强。这就要求教师举的例子从时间上说要更多地来源于现实社会,具有当代特色;从空间上说要接近于学生的学习和生活,符合学生的实际特征。这样,才能对学生有更大的吸引力,使学生倍感亲切,乐于接受。例如讲“倡导尊敬老人的新风尚”时,可选讲这样的事例:尊敬老人是中华民族的传统美德,然而时至今天,却仍然存在着这样的景象:不少家庭的子女,婚前靠父母供养,结婚靠父母操办,婚后有了孩子还靠父母伺候,父母成了他们生活的拐杖。据有人调查,许多家庭都存在不同程度的“刮老”现象,有的是名正言顺地吃,象征性地、甚至完全不交生活费,经常或长期在父母家里吃住;有的是随心所欲地拿,在父母那里看中什么要什么,需要什么拿什么,吃的、穿的、用的、玩的,都在猎取之中;有的是理直气壮地要,为了装备自己及家庭,随意向父母伸手要钱;还有的是天经地义地养,将自己的孩子长期推给父母免费供养,等等。这一例子就有较强的时代性,能反映现实生活,接近学生实际,容易被学生理解和接受。通过这一事例,学生可认识到倡导尊敬老人的传统美德的必要。

九、板书的艺术

板书是教师为完成教学任务,根据教学需要在黑板上以文字或其他符号传递教学信息的形式。在教学中恰当运用教学板书,有利于体现教学意图、理清教学思路、突出教学重点、强化直观形象、集中学生注意力、节省教学时间、巩固记忆知识等,进而有利于提高教学质量。因此,教师必须注重对板书艺术的研究和运用。

(一) 板书的基本要求

板书不是孤立的教学活动,而是与讲解、分析、提问、讨论等教学活动联系在一起的,可给人以讲起来方便、写起来顺手、看起来美观、记起来深刻的效果。因此,板书必须符合以下几点基本要求。

1. 科学准确,简练精要

板书是一种书面的传情达意手段,比口头讲解要求更高,对教学内容中有关概念、原理的表达要观点正确,用词恰当;对图示、图表的运用也要做到线条整齐、规范美观。不能因为疏忽或对教学内容的不恰当处理造成板书的意思混乱或错误。板书不仅要科学，而且要简洁，其内容应具有高度的概括性，能简明扼要地揭示出教材中最本质、最主要的内容。如果庞杂、面面俱到，反而不得要领，既浪费教学时间，也体现不出教学重点，失去其提纲挈领、指引目标的教学功能。因此，教师设计教学板书，要字斟句酌，力求用最少量的文字和符号反映最深刻的内容。

2. 条理清楚，重点突出

教学内容有较强的层次性和逻辑性，教学板书要揭示教学内容间的逻辑联系，方便学生系统地把握所学知识，所以必须条理清楚，层次分明。写板书时哪些先写，哪些后写，哪些是主板书，哪些是辅助板书，都要做得恰如其分，以免引起学生思维的混乱。同时，板书要重点突出，一般可用彩色粉笔给重点内容打上标记，以加强学生的感知印象。但彩色粉笔不可滥用，用多了会分散学生注意，起不到突出重点的作用。

3. 布局合理，书写规范

板书的布局就是板书各部分内容的布置格局，既包括板面的分配和规划，也包括板书内容的协调和组织。上课之前，教师必须对板书进行精心设计，对板书内容呈现的次序、文字的详略、符号的运用、板面的规划、板书格式的选定等，都要进行周密的考虑，使板书能有条不紊地进行，切忌信手挥洒，随心所欲。同时，板书示范性较强，教师板书时的字形字迹、书写笔顺、制图技巧、习惯动作等，都往往成为学生模仿的对象。因此，教师板书要字迹工整，清晰端正，字体大小合适，字距行距恰当，尤其要注意书写准确、规范，把握好汉字的基本笔画和笔顺规则，不写不规范的简化字，更不要写错别字。

4. 灵活多样，整体美观

板书的类型是多种多样的，教师对板书的设计不可千篇一律，而应根据教材内容的特点、课型特点、教学结构特点和学生特点，来合理选择和设计，力求板书形式灵活多样、板书方法灵活多样、板书语言的组织灵活恰当。同时，板书是一个由文字、符号等组成的一个艺术整体，无论分量多少，都应是一个充满生气的整体，能体现出一种整体美。这种整体美不仅有内容美，如简洁美、哲理美、和谐美等，而且有形式美，如条理美、结构美、文字美、色彩美、图示美等。

（二）板书的主要形式

在教学实践中，广大思想政治课教师创造了丰富多彩的板书形式。通常情况下，主要有以下几种形式。

1. 观点式板书

观点式板书是按照教学内容的内在逻辑关系，概括出文字要点并将其依次排列构成的板书。这种板书形式提纲挈领，简明扼要，系统完整，层次分明，易于准确表现教学内容的思路、层次和特点，也易于学生听记、理解和复习，因而教学中最常见。例如有一位教师讲“可爱的祖国”设计的板书：

(1) 国土可爱：① 地大；② 物博。

(2) 历史可爱：① 历史悠久；② 文明发达。

(3) 人民可爱：① 勤劳勇敢；② 富于革命传统。

小结：国土纵横千万里，历史上下几千年，人才辈出千千万，伟大祖国真可爱。

2. 线索式板书

线索式板书是教师为突出教学内容的脉络，用线条、符号等揭示知识之间内在联系和事物发展过程的板书形式。这种板书思路清楚、线条清晰，常可收到化繁为简、以简取繁的效果。例如“原始社会的解体过程”的板书可为：

生产力发展——出现剩余产品——个体劳动取代共同劳动——产生私有制——氏族成员地位不平等——原始社会解体

3. 归纳式板书

归纳式板书是从众多的概念和分论点中总结概括出一般结论的板书形式。例如“联系的普遍性”的板书可为：

<table>
<tr><td>自然界内部的事物是互相联系的
人类社会内部的事物是互相联系的
自然界和人类社会之间是互相联系的
客观物质世界和人的意识之间是互相联系的</td><td>}</td><td>联系是普遍的</td></tr>
</table>

4. 演绎式板书

演绎式板书是把一个概念或原理派生出的几个层次的论点，按其知识的内在联系组成知识结构体系的板书形式。如“资本主义国家的职能”的板书可设计为：

<table>
<tr><td rowspan="2">资本主义国家的职能</td><td>对内职能</td><td>① 实行政治统治
② 调整资产阶级内部关系
③ 进行思想控制
④ 管理经济和社会公共事务</td></tr>
<tr><td>对外职能</td><td>① 保卫本国主权和利益不受别国侵犯
② 调整本国与别国的关系，发展对外合作与交流，创造有利于本国发展的国际环境
③ 掠夺和侵略别国</td></tr>
</table>

5. 表格式板书

表格式板书是将教学内容以表格形式展现出来的板书形式。这种板书具有简单明快、条理性强、容易理解记忆等特点，较多地运用于对有关知识的比较分析中。例如关于违法与犯罪的比较，见表 5-1 所示。

表 5-1 关于违法与犯罪的比较

对比内容		一般违法	严重违法(犯罪)
区别	情节轻重	情节轻微	情节严重
	危害程度	危害不大	危害很大
	违反法律	触犯《刑法》以外的法律	触犯《刑法》
	所受处罚	行政处罚	刑罚处罚
联系	在本质上	都是违法行为,都对社会具有危害性	
	在发展趋势上	二者之间没有不可逾越的鸿沟,一般违法有可能发展为犯罪	

6. 图解式板书

图解式板书是通过运用文字和各种符号组成简单图案,从而形象地展现教学内容的板书形式。这种板书常常要对教材高度概括,精心提炼,使人感到简明准确,一目了然。例如用下列图示来说明生产力、生产关系、经济基础、上层建筑的关系,如图 5-1 所示。

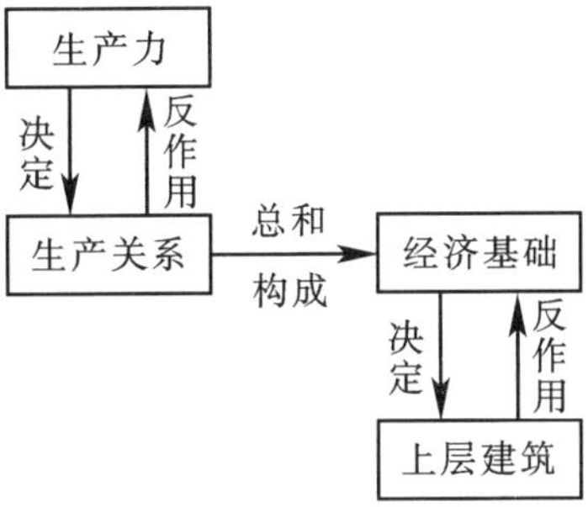

图 5-1 生产力、生产关系、经济基础、上层建筑的关系

除以上我们介绍的几种以外,思想政治课教学的板书形式还有很多种,如分化式板书、辐射式板书、图画式板书等,在教学实践中要根据教学内容、学生特点和教师自身的特长恰当选用。此外,许多教师在课前常备小黑板或幻灯片等,这可节省课堂书写时间,提高教学效率。因此,教师在组织复习、绘制图表、进行练习、布置作业等方面要善于发挥小黑板、幻灯机等的作用。

十、激励的艺术

激励主要是指通过多种科学方法激发人的动机,使人具有一种内在动力,朝着所期望的目标前进的心理活动过程。德国著名教育家第斯多惠曾说:“教学的艺术不在于传授的本领,而在于激励、唤醒、鼓舞。”的确,动机是学习过程的核心,通过科学的激励方法去激发学生的学习动机,对于使学生变“要我学”为

"我要学",进而更好地自觉获取知识、发展能力、提高思想认识,都有极为重要的作用。教育心理学上著名的罗森塔尔效应充分证明了这一点。罗森塔尔效应表明,教师对学生发展的期望值高,就会通过启发提问、表扬鼓励等方式来影响学生,学生也会因此而被激发形成对自己的期望,从而在师生间形成良性的相互激励机制,促进学生成绩的不断提高。因此,教学要取得理想的效果,教师必须注重激励艺术的探讨和运用。

那么,在教学过程中,教师怎样去激励学生呢?下面介绍几种常见的激励方法,以供参考。

(一)榜样激励

榜样激励是指教师通过对先进人物或动人事迹的宣传,引导学生萌生崇高理想、形成竞争意识、产生进取心理的激励方法。榜样的力量是无穷的,好的榜样不仅体现思想高度,而且极为具体形象,容易使学生理解、接受,乃至效仿。因此,教师在教学中要善于用榜样的力量为学生树立学习典范,指明努力方向。例如在讲"公民要有道德观念"时,可向学生介绍名人的道德形象:富兰克林立下成才之志时,首先注意的是自己的道德形象,他要培养节制、守秩序、果断、节俭、勤勉、谦逊等13种美德,每天晚上都要对照自省一番,一直坚持了50多年;居里夫人的道德形象是"蚕";法拉第的道德形象是"烛";鲁迅的道德形象是吃草的"牛"等。通过这种介绍,显然有利于激励学生树立良好的道德观念。

运用榜样激励必须注意:第一,要恰当选择榜样。给学生提供的榜样,要符合教学内容的要求,且多种多样,既有名人名家及其典型事迹,也有学生的身边人物及其好的作为,以增强感染力和说服力。第二,对榜样的宣传要实事求是,严肃认真,不虚构情节,不凭空拔高,不贬低他人,不一好百好。第三,树立榜样,目的要明确,形象要感人,事迹要具体,要求要实际。第四,教师也是学生的榜样,要注意为人师表,努力在思想意识、道德情操、学习态度、工作作风等方面成为学生心目中的楷模。

(二)目标激励

目标激励是指通过设置奋斗目标来诱导学生的兴趣、引发学习动机,激发学生采取积极行动去追求目标实现的激励方法。目标是一个人前进的动力。高尔基说过:"一个人追求的目标越高,他的发展越快,对社会就越有益。"因此,教师在教学中,要善于向学生提出或引导学生确立奋斗目标,用目标来激励学生进步。例如,学期初指导学生制订切实可行的学习计划,针对自己的实际,提出努力方向;每节课开始明确向学生提出通过教学要理解和掌握的基本理论等,都是目标激励的良好方式。

运用目标激励来教育学生奋进,必须注意做好以下几点:第一,目标要符合学生实际,切实可行。目标不应高不可攀,也不应定得太低,具有适度难度的目标可提高学生为达到目标所作的努力,提高激励水平。第二,目标要具体。目标越具体,努力的方向越明确,实现目标的信心就越足,产生的激励力量就越大。因此,要尽力使目标达到能精确观察和检测的程度,避免目标过大过远过空。第三,目标要有层次,注意由易到难,由低到高,使人总看到目标在前、希望在前,从而不断激励学生向更高的目标前进。

(三)奖惩激励

奖惩激励是教师运用表扬、奖励和批评、惩罚的手法来促使学生积极进取的激励方法。口头表扬、物质奖励等是对学生良好表现的肯定评价,能使学生良好表现得以保持、巩固和发展,并使受奖者得到鼓励,其他学生受到鞭策;口头批评,各种方式的惩罚则是对学生不良表现的否定评价,能使学生不良行为尽快得以控制、消除和矫正,并使受罚者得以警戒,其他学生也吸取教训。可见,奖惩是一种良好的激励方式。教师在教学中要恰当运用奖惩手段激励学生努力进取,不懈追求。

运用奖惩激励来教育学生,必须注意以下几点:第一,奖惩要公平合理。奖惩要有根据,而且结果要使绝大多数学生信服,否则会造成思想上的混乱。第二,要奖惩结合,以奖为主。惩罚尽管也能激发学生的动机,但毕竟会给学生带来焦虑,苦恼的内心体验,而奖励则一般不会给学生带来心理上的负担,有利于学生心情轻松、士气高昂地投入学习生活。第三,对奖惩手段的运用要严肃,不能随意施行,尤其是不能对学生随意处罚,如赶出教室、留校、体罚或变相体罚等,不能把惩罚看成教育学生的主要或唯一手段。

(四)情感激励

情感激励是教师运用情感激励学生,引起共鸣的激励方法。某位老师讲到他教学成功的奥秘时曾说,首先,一个教师要让教材中的情感点燃起自己的情感之火,然后,再用自己的情感之火,去点燃整个班上数十颗心灵的情感的火焰。这说明,教师注意情感投入,以情育情、以情感人,有利于师生心灵的沟通,对学生产生激励作用。例如讲"公民要树立民族自豪感、自尊心、自信心"时,教师充满感情地讲述吉鸿昌"我是中国人"的故事,不仅可使学生为教师真挚的情感所打动,更为吉鸿昌高尚的民族气节所折服,有利于激发起他们的爱国主义热情。

运用情感激励必须注意:第一,教学中教师要努力创设与教学内容相应的情境,从而将师生共同带入一个特定的感情世界,使师生能产生情感的共鸣。第二,教师在教学中要加强与学生的交往,进行感情的投入,关心和爱护每一个学生,建立起和谐的师生关系。

(五)竞赛激励

竞赛激励是指通过组织适当的比赛来促使学生努力学习、积极上进的激励方法。它的特点在于竞争性，它符合青少年学生积极向上，不甘落后的心理状况，能激发学生热情，调动内在潜力，产生创造灵感，求得共同进步。因此，教师在教学中要善于结合教学内容和学生实际组织一些竞赛活动，如学科知识或时事政治的抢答赛、有关主题的演讲赛、政治小论文的写作竞赛等。

运用竞赛激励必须注意：第一，要选好竞赛的主题和方式。竞赛的主题和方式可多种多样，在具体选择中主要依据两点，一是与学科知识相联系，二是与学生特点相符合。第二，要做好组织安排。为此，一要订好竞赛计划，确定竞赛的方式、对象的选择、进程的安排等；二要进行思想动员，调动学生积极性，形成竞赛气氛。第三，做好竞赛指导，保证竞赛有序进行。第四，进行赛后总结，深化认识，巩固竞赛成果。

此外，比较激励、期待激励、参与激励、成功激励等，也是思想政治课教学中良好的激励方法。

十一、节奏调节的艺术

教学节奏主要是指课堂教学过程中的张弛快慢、动静疏密及其有规律性的变化。一堂成功的课犹如奏乐，按照主旋律，曲调抑扬顿挫，音节疏密相间，节奏明快和谐，能始终牵动学生的注意力，促进教学任务的顺利完成。教师要增强教学感染力，提高教学效率，必须重视教学节奏的调节与控制。那么如何形成和调节教学节奏呢？主要可以通过以下几个途径。

（一）语言表达讲究轻重缓急、抑扬顿挫

语言的速度快慢、力度大小、语调升降等都是形成教学节奏的基本因素，处理好教学语言的表达，明显可以调节教学节奏，增强吸引力和感染力。为做好这点，首先，教师要合理控制语言速度，该快时快，该慢时慢，根据教材内容和学生的接受能力来随时变化。例如课始，学生精力尚不集中，精神较为松弛，语速宜慢；当学生情绪调动起来，思维进入正常轨道时，语速可适当加快；当分析重点、难点时，语速宜慢；当介绍一般材料时，语速可适当加快等。其次，教师要合理变换语调。语调的变化体现出教学过程的曲折跌宕和情感态度的高低起伏，进而影响到教学效果。一般来说，高兴、激昂的时候，声音要高一些；深沉、悲哀的时候，声音要低一些；表示命令或愤怒，声音要先低后高；表示讽刺或惊讶，声音要先高后低等；再次，要合理使用停顿。停顿是教师讲课时的语言间歇，它也是传情达意、调节教学节奏的重要手段，恰到好处的停顿，可以起到叙述清晰、集中注意、引发思考、突出重点的作用。总之，教师要根据教材内容和学生实际，注重语言表达的变化，并以此来增强教学的表现力和节奏感。

（二）神情举止恰当合理，富于变化

教师的精神状态、面部表情、行为举止、教仪教态等，也是教学中传递信息、表达思想的重要方式和手段。合理运用这些非语言性的教学表达方式，也可增进师生感情，调节教学节奏和教学进程，提高教学效果。例如，上课铃响，教师精神饱满、步履轻盈地走上讲台；提问学生时，给学生投去信任、鼓励的目光和微笑的表情；学生不认真听讲时给他以爱的关注等，都会给学生以温馨、和谐、轻松的感觉，保证教学的有序进行。因此，教师也要充分利用这些无声因素，使之成为有效的教学表达方式，形成和调节良好的教学节奏。

（三）教学信息疏密相间、错落有致

要调节好教学节奏，教师必须把握好教学信息的密度，做到疏密相间，这样，才会给学生带来有张有弛的心理节律，保持旺盛的精力。为做好这一点，首先，教师必须把握好一节课的知识容量。要在分析教材对一节课知识点安排情况的基础上，进一步考虑哪些知识要强化，哪些知识要弱化，哪些需要补充等，以学生能够接受、消化为基本原则，合理安排知识容量。既避免学生吃不饱，过于松弛，也避免学生吃不了，过于紧张。其次，教师要合理控制教学时间。知识容量确定后，如何传授，要在时间上有一个总体安排。一般来说，重点问题、难点问题要详细讲、反复讲，需要安排充足的时间；而一般问题只需简要地讲，可安排较短的时间；新课导入宜快，时间不能太长；需要学生记录的地方宜慢，可适当多安排点时间等，切忌平均用力。

（四）教学活动动静结合、编排有序

教学活动是通过一定教学方式进行的，教学方式的间隔变换、动静结合，有助于调节教学节奏，提高教学效率。例如在教学活动中，把教师讲学生听、教师演示学生观察、教师提问学生回答、学生讨论教师总结、学生自学教师辅导等师生双边活动恰当安排、合理运用，就能做到动与静的和谐一致。既能使学生安静学习与思考，又能引导学生动口动手，使教学在动静交替中有节奏地进行。同时，教学是一个过程，因而有一个教学活动的编排问题。在一节课的教学中，先讲什么，后讲什么，先安排什么活动，后安排什么活动，每项教学活动之间如何联结过渡等，也要精心设计。教学活动编排合理，也能使教学形成井然有序的良好节奏。

（五）教学情境优化，教学气氛适宜

教学情境、教学气氛是教学过程中师生内在思想感情、心理变化的表现和反映。无论教师或学生是否意识到，教学总是在一定情境和气氛中进行的，而且师生之间、学生之间会在这种情境和气氛中相互影响、相互感染，形成心理上的互动。教学实践表明，适宜的教学情境和气氛能使学生情绪高昂，得到愉快和成功的体验，保持积极的学习心态，从而为形成良好的教学节奏打下基础。因此，教师在教学中，要善于创设教学情境，通过生动讲述、组织讨论、实物演示、质疑问难、艺术再现等手段把学生带入与教学内容相应的情境中，引起学生情感共鸣。

同时要适时调节课堂气氛，例如当学生学习过于紧张或出现疲劳时，可组织学生讨论，或穿插一些有趣味性的教学活动，活跃课堂气氛，使学生情绪活跃、轻松。这样，通过创设情境，调节气氛，达到师生关系和谐、学生情绪稳定、课堂张弛有度，从而有效地控制教学节奏。

十二、幽默的艺术

幽默是以一种轻松、诙谐的情调来表达深刻内容的方式。在思想政治课教学中恰当运用幽默艺术，可以集中学生注意力，调节学生情绪，活跃课堂气氛，启发学生思维，改善师生关系，增强教学魅力等。因此，教师在教学中要讲究幽默的艺术。

（一）幽默的主要方式

幽默可以通过多种方式来制造和表现，在思想政治课教学中常用的方式有以下几种。

1. 语言幽默

语言幽默是指通过生动而有趣味性的语言组织和表达来形成幽默。在课堂教学中巧妙地运用幽默语言，可使教师的讲课变得风趣诙谐，使学生在轻松愉快的气氛中展开思考，理解知识，接受教育。例如，有一位教师讲“罪恶的鸦片贸易”时，针对个别学生吸烟的现象，用诙谐的语言说：“同学们，吸烟有两大好处：一是吸烟能引起咳嗽，夜间尤剧，咳嗽声能吓跑盗贼；二是长期吸烟，可以形成驼背，做衣服能节省布料，大家说是吗？”这不仅风趣幽默，活跃了课堂气氛，也使学生明白了吸烟的害处，引发了学生对鸦片贸易的罪恶性的初步认识。

2. 故事幽默

这是通过生动风趣、寓意深刻的故事来形成幽默。在教学中恰当运用妙趣横生的故事和例子，不仅可以论证观点，说明理论，而且能增强教学吸引力，为课堂教学增色添辉。例如讲“事物是普遍联系的”时，有位教师讲了这样一个故事：很久很久以前，有个县官，他很喜欢画画，尤其喜欢画老虎，可他画得不好，但又霸道得很，不准别人说不好。有一次他又画了一只老虎挂在堂上，问一个机灵的下属：“你看我画得像吗？”下属答：“我不敢说”。“为什么？”“我怕。”“你怕什么？”“我怕老爷。”县官一听，有些得意，便追问道：“老爷怕什么？”“老爷怕皇上。”“皇上怕什么？”“皇上怕天。”县官一想，对啊，皇上不是“天子”吗，当然怕天。“天怕什么？”“天怕云遮。”“云怕什么？”“云怕风刮。”“风怕什么？”“风怕墙挡。”“墙怕什么？”“墙怕老鼠钻洞。”“老鼠怕什么？”这时，老师模仿下属的口气回答：“怕，怕老爷画的这个东西。”这一故事不仅会引人发笑，消除学生听课疲劳，而且也较好地揭示了事物普遍联系的道理。

3. 诗歌、歌谣、谚语、歇后语、名言幽默

通常，不少诗歌、歌谣、谚语、歇后语、名言等既风趣诙谐，又寓意深刻，在教

学中恰当运用,不仅可以说明有关理论,而且能增强教学的幽默感。例如,讲封建社会生产关系的特点时,有教师运用了这样一首歌谣:“淋盐的,喝白汤;编席的,睡土炕;裁缝穿着烂衣裳;泥瓦匠,没有半间房;淘金汉子一辈子穷,连个老婆也没讨上。”充分揭露了劳者不获、获者不劳的剥削现象。又如,在形容解放前国民党统治下税收多如牛毛的现象,可用对联:“自古未闻粪有税,而今只有屁无捐”,横批:“民国万税”,等等,这既可活跃课堂气氛,也可帮助学生深入浅出地领会教材。

4. 比喻、夸张、影射等幽默

这是运用文学修辞的手法来制造和形成幽默。例如,讲“资本主义剥削的秘密”时,运用这样一个事例:英国著名作家萧伯纳是一个有名的瘦子,一天,他漫步伦敦街头,遇见了一个大腹便便的资本家,资本家取笑萧伯纳说:“一见到你,我就知道世界上正在闹饥荒。”萧伯纳听了之后,不动声色地反唇相讥:“一见到你,我就找到了世界上闹饥荒的原因。”再如,讲“垄断资产阶级和无产阶级的矛盾”时,把资本家利润的上升比做坐直升飞机,把工人工资的上涨比做爬楼梯。这些教学中都运用了比喻、夸张等修辞手法,且通过这些手法的运用,都能产生幽默效果。

5. 数字幽默

在教学中,通过数字的巧妙运用,也可增强趣味性,产生幽默感。例如,有位教师在分析我国人口问题时,与学生算了这样一本账:从现在起,每对夫妇只生一胎,那么到2000年,我国将少生1.5亿人,可节省各种费用6 000亿元。反之,如果每对夫妇生2至3胎,那么到2080年,我国人口将达50亿,相当于现在全世界的人口总数。即使我们把粮产量增加到5 000亿公斤,平均每人每年的粮食也只有100公斤,一日三餐,每餐只有1两8钱米。通过这组颇有趣味的数字,加深了学生对我国人口问题的认识。

6. 漫画幽默

漫画是用简单而夸张的手法来描绘生活或时事的图画,它一般运用变形、比拟象征的方法,来达到尖锐的讽刺效果。在思想政治课教学中恰当运用漫画,可使教学妙趣横生,并使学生从中悟出不少道理。例如,有位教师讲“抓住机遇、加快改革开放的重要性”时,给学生展示了漫画《无题》:一只大雁飞过头顶,两个射手为雁的吃法持弓相争,却不放箭,一个喊要烤着吃,另一个叫要炖着吃,结果,雁飞走了,机遇过了,如何去吃,只成了一句空话。

此外,还可以通过谐音、归谬、移植、小品等方式来增强教学的幽默感。总之,幽默的方式多种多样,并无固定模式,全在教师灵活、创造性地运用。

(二)运用幽默的基本要求

在教学中运用幽默艺术,可增强学生学习兴趣,调节课堂教学气氛,提高教学效果。但幽默不可随意滥用。在教学中恰当运用幽默必须注意以下几点。

1. 幽默的运用要有目的性,不可盲目幽默

幽默本身并不是目的,只是更好地实现教学目的的手段。教学中运用幽默,不论是为了集中注意、调节气氛、和谐关系,还是为了引发思考、加深理解、强化记忆等,都是为了服务于教学。因此,幽默的运用必须适应教学的需要,不能为了幽默而幽默。否则,如果教师只追求幽默效果,离开了教学计划和重点东扯西拉,也许会逗得学生满堂大笑,学生听得津津有味,但却会分散学生对教学内容的注意,减少课堂上知识传授的容量和密度,不免给人以哗众取宠之嫌、喧宾夺主之感。

2. 幽默要注意对象,品位高尚

幽默是服务于教学、服务于学生学习的,因此,要注意从学生的实际出发来确定幽默的内容和方式。首先,幽默的品位要高,不能为了取悦于学生而采用粗俗的语言,荒诞的故事,不着边际的奇谈怪闻,甚至低级趣味的东西。其次,幽默要注意对象,不能伤害学生的人格和自尊。拿学生开玩笑,用幽默来嘲笑学生,不仅有损教师的威信,也有伤学生自尊,容易使学生产生抵触情绪,影响教学的正常发展。

3. 幽默要适量

一节课,幽默并不是越多越好。运用太多,会导致课堂气氛活泼有余,严肃不足,必然影响教学任务的完成和教学质量的提高。

十三、结尾的艺术

结尾艺术,是指教师妥善处理好下课前的几分钟,艺术性地结束教学任务的活动方式。思想政治课教学是一个有序的整体,不仅要有“虎头”,而且要有“豹尾”。一个精彩的结尾不仅可以照应开头,促人振奋,使整个教学结构完整,而且可以整理知识,画龙点睛,有利于学生更好地掌握观点、发展能力、活跃思维、查漏补缺,并诱发继续学习的积极性。因此,教师授课决不可虎头蛇尾,而应高度重视结尾,使教学更好地善始善终。

课堂教学结尾的方式很多,常见的主要有以下几种。

(一) 归纳总结式

归纳总结式是教师本人或教师引导学生以准确精练的语言,对课堂教学内容进行归纳总结,形成较系统的知识体系的结尾方式。运用这种方式结尾,必须注意要提纲挈领,简明扼要,系统准确,同时要避免教学内容的机械重复。力求多角度、多形式、有深度、有创新地概括总结,要注意强化教学重点,突出教学主题。例如对“奴隶主阶级和奴隶阶级的出现”这一内容的教学进行归纳总结式结尾:通过本课的学习,我们知道了随着生产力水平的提高,剩余产品的出现,使人剥削人有了可能;而氏族贵族拥有大量生产资料,仅靠自家成

员难以照料,使人剥削人成为客观的需要。这样,奴隶和奴隶主慢慢出现了,战俘是奴隶的最初和最主要来源,还不起债的穷人是奴隶的另一个重要来源,氏族贵族成为最初的奴隶主。奴隶主阶级和奴隶阶级是两大根本对立的阶级。阶级就是在一定生产关系中处于不同地位的各种集团。这一结尾不是对教学内容的平铺直叙,而是抓住阶级的产生、阶级的含义进行总结,强化了教学重点,突出了教学主题。

(二)首尾呼应式

首尾呼应式是指针对新课导入中提出的问题、设置的悬念进行课堂小结,达到前后照应、浑然一体的结尾方式。例如,讲初一有关公民知识的前言课,可运用这种方式。

导入:做一个中华人民共和国的好公民,是党和国家对我们提出的根本要求。那么,什么是公民?什么是中华人民共和国公民?我国公民应符合哪些最基本的要求?我们怎样才算中华人民共和国的好公民?这就是我们本次课要解决的问题。

结尾:通过本次课的学习,我们懂得了公民,通常是指具有一国国籍的人;中华人民共和国公民就是具有中国国籍的人;做一个中华人民共和国公民,必须具有国家观念、道德观念、法制观念;青少年学生要做一个中华人民共和国的好公民,必须有理想、有道德、有文化、有纪律。

(三)设置悬念式

设置悬念式是指教师通过巧设疑问,提出后面即将要学习的问题,从而引起学生新的思考和求知欲望的结尾方式。这种结尾往往可造成“欲知后事如何,且听下回分解”的学习期待、收到“课虽尽而思不断”的效果。例如,讲“私有制的产生”的结尾:私有制不是从来就有的,它是生产力发展到一定程度的结果,是社会发展到一定历史阶段的产物,它从产生到在社会上确立经历了一个漫长的过程,而土地成为私有财产,标志着私有制已经确立起来。那么,当私有制产生并确立起来以后,又会造成什么后果呢?请大家课后预习教材,认真思考,这也是我们下次课要讨论的问题。

(四)比较区别式

比较区别式是将传授的新知识与有关的旧知识联系起来,通过比较分析,把握异同,区分优劣,使学生更深刻、更准确地理解知识的结尾方式。例如“奴隶主对奴隶的残酷剥削”这一课主要分析奴隶制生产关系的特点,讲这一课的结尾时,可用比较区别式结尾:奴隶制生产关系与原始社会生产关系有何不同?主要体现在三方面:(1)生产资料所有制不同。原始社会生产资料集体公有,奴隶社会生产资料归奴隶主占有。(2)人们在生产中的地位和相互关系不同。原始社会人们是原始的平等互助的关系;奴隶社会里,奴隶主占有奴隶,奴隶无人身自由,完全在奴隶主的强制下劳动。(3)产品的分配方式不同。原始社会是平均分配消费品,而奴隶社会中产品归奴隶主占有和支配。这样通过比较,既总结了新学的知识,也复习了旧知识,并可使学生对所学知识理解更准确,掌握更透彻。

(五)练习检测式

练习检测式是通过设计并引导学生做一些口头或书面练习,帮助学生理解巩固知识,形成技能技巧的结尾方式。例如,有位教师在讲《剩余价值的生产过程》时,结尾组织学生练习和思考以下问题:货币转化为资本的条件和标志是什么?新商品的价值、工人劳动创造的新价值、劳动力自身的价值、剩余劳动凝结在新产品中的价值是什么关系?为什么说剩余价值“不能从流通中产生,又不能不从流通中产生?”。采用练习检测的结尾方式必须注意:第一,题目要选准、选好。可采用程度不同、题型不同的习题,先用小黑板或幻灯机准备;第二,题目要尽量从新的角度、形式体现教学内容,使学生能举一反三,灵活运用;第三,练习的形式要多样。采用练习检测的结尾方式不仅可以帮助学生消化巩固所学知识,培养学生独立思考和分析解决问题的能力,而且可及时反馈教学效果,进一步改进教学。

(六)图表整理式

图表整理式是以图解、图示、表格对课堂上所授内容进行概括总结的结尾方式。这种结尾方式,可使教学内容更眉目清楚,脉络分明,更简明化,直观化,不仅有利于集中学生注意力,也有利于学生系统总结新知识,了解知识间的结构关系,培养分析、综合、比较、概括等思维能力。例如,讲“学习《治安管理处罚法》”时,可采用表格整理的结尾方式。见表 5-2 所示。

表 5-2 学习《治安管理处罚法》知识归纳

项 目	内 容
含 义	《治安管理处罚法》是国家为了维护社会秩序和公共安全,保护公民合法权益,保障社会主义现代化建设顺利进行而制定的法规。
违反治安管理的行为类型	1. 扰乱公共秩序的行为 2. 妨害公共安全的行为 3. 侵犯人身权利、财产权利的行为 4. 妨害社会管理的行为
违反治安管理的行为特点	1. 内容:是治安管理方面违反法律的行为 2. 程度:情节轻微,尚未构成犯罪 3. 处理:按《治安管理处罚法》处罚 4. 处罚种类:警告、罚款、拘留

此外,思想政治课教学的结尾方式还有很多,例如,师生对话式结尾,即通过师生对话,引导学生将所学知识条理化、系统化,加深理解,灵活运用的结尾方式;激励鼓动式结尾,即将教学内容与学生实际相结合,或提出目标、使命,或结合榜样、信任,从而动之以情、导之以行的结尾方式;联系实际式结尾,即引导学生将所学理论与具体实际结合起来,用理论分析解决实际问题、指导自己行动的结尾方式;还有画龙点睛式、延伸开拓式、竞赛抢答式等结尾方式。在教学实践中,教师应根据教学内容、学生实际及教师自身的特长灵活运用。

十四、考试命题的艺术

考试命题是教学检测的重要一环。教学考试的目的、功能往往是通过试题体现出来的。试题不仅要反映出学生学业成绩考试的要求和水平,而且是保证考试的真实性、评分的客观性、总结的全面性的基础。因此,试题的质量会直接影响到考试的有效性和可靠性。

(一) 考试命题的一般步骤

为了保证考试命题的质量,科学地编制一份试卷,一般须经过以下步骤。

1. 确定考试目的

试卷的编制要有明确的目的。要明确考试的性质,即是单元考试,还是学期、学年或毕业考试。不同性质的考试,应有不同的要求。

2. 编制考试纲要

考试纲要主要是对考试的有关内容和事项作出一些原则性的规定。它是一个总体方案,主要包括考试的内容、范围、题型、题量、试卷结构、时限等。

3. 选定考试内容

教师要根据各部分教学内容和教学目标的相对重要性,确定它们在考试内容上所占的比例。确定各部分比例的具体依据是:① 各部分知识在整个学习领域的重要性;② 分配给各知识单元的教学时数比重;③ 哪些知识单元对以后的学习具有较大的保留和迁移价值。

4. 编制命题双向细目表

编制双向细目表旨在使试题的编制有章可循,有据可查。它是编制试题的具体依据。请看实例一则,见表 5-3 所示。

5. 编拟题目

关于这一点我们将在下面一个问题中具体分析。

6. 拼配试卷

题目拟定后,应加以适当编排,组合成一套试卷。拼配试卷,要具有宏观视野,把握好试卷的整体结构,注重题目由易到难的编排顺序,尤其要注意避免前后题目的暗示或提示。

表 5-3 政治常识期末考试命题双向细目表

		单项选择	多项选择	简答	辨析	论述	小计
第一课	识记	2	3				37
	理解	4	6	7			
	运用					15	
第二课	识记	2	3				37
	理解	4	6	7			
	运用					15	
第三课	识记	2	6				30
	理解	4	6		12		
	运用						
第四课	识记	2	3				22
	理解	4	6	7			
	运用						
第五课	识记	2	3				24
	理解	4	3		12		
	运用						
合计		30	45	21	24	30	150

（二）各类试题的编制要求

1. 选择题的编制

选择题是客观性试题中最典型、最主要的一种题型。从近几年全国统一高考政治试题来看，选择题无论在题量还是在分值上，都占有相当比重。

选择题的结构一般由指令性语言、题干和选择项构成。指令性语言通常写在总题号的后面，所有选择题前面。题干是对应试者提出问题，应试者作答时，则需依据题干提出的问题，从备选答案中选出自己认为符合题意的正确答案。选择题的题干可以是疑问句或不完全陈述句。选择项即题肢则要求 4～5 个。其中有一个或一个以上的答案是正确的，其余的是起干扰作用的“迷惑答案”。

编制选择题一般要注意：

（1）科学性与迷惑性相统一。选择项中的干扰必须具有似真性，确能达到对不具备相应知识的学生的诱答、干扰作用。

（2）避免暗示正确答案。使用特殊的限定词（如总是、一定、都是等），含有不相干的暗示，正确答案比其他选项长等都可能给应试者提供作答的线索，使那些没有真正掌握有关知识的应试者能靠猜测答题。

(3) 在题干中尽量避免使用否定结构。用肯定方式表达的题目易于被应试者所理解,而否定结构往往会给应试者带来阅读上的困难。特别是政治试题采用正面方式比否定方式更富有教育意义。

(4) 在考查理解和应用能力时,要用新材料。如果是材料较陈旧或照搬课本内容,可以考的是记忆能力。

(5) 题干应在准确表达问题的前提下,尽量简洁。题干过长会降低题目的效能。

(6) 尽量把各选项中共同的字句放在题干中,使选择项尽可能短。

2. 是非题的编制

是非题通常是提供一个陈述句,让学生判断是、非或正、误。其编制应遵守下列原则:

(1) 叙述含义单一。

(2) 叙述简明扼要,避免使用复杂的语言结构,以减少阅读能力对测验成绩的影响。

(3) 答案明确、无争议。

(4) 一般不使用具有暗示作用的词。如“绝不”、“总是”、“有时”。

(5) 在全部是非题中,答案为对与答案为错的比例应大体相等,并无规则地排列在试卷中。

(6) 一般不直录教材原文。

3. 填空题的编制

填空题,就是给出一个不完整的句子,要求把不完整的部分补充上去。

编制填空题应注意以下几点:

(1) 每一题空格数目要适当。

一道填空题中如果空格数目太多,不仅使试题显得支离破碎,也会使应试者不易了解题意,从而陷入盲目乱猜境地。

(2) 题中空白处要填写的必须是这句话的重要内容或者重要概念。

(3) 应确保题中空白处的答案是单一的,否则将降低试题的信度,增加评卷的困难。

(4) 在可能的情况下,空白处最好留在句尾。

4. 简答题的编制

简答题是指答案比较简单的主观性试题。编制时应遵守以下原则:

(1) 答案简短、具体。

(2) 不应用简答题测量零散、琐碎的知识,要尽量用来测量关于学科知识的重要概念、原理。

（3）避免提供正确答案的线索。

5. 论述题的编制

论述题是向考生提出问题，由考生自己组织答案，用自己的语言进行回答的一种题型。编制论述题要注意：

（1）让考生清楚、准确地了解题目的要求，避免“跑题”。

（2）有时可以用几个较小的问题代替较大的问题，以使评分更客观、准确。

（3）题目要具有启发性。

（4）要尽量用新材料。

复习思考题

1. 什么是教学艺术？为什么说教学是一门艺术？

2. 什么是教学艺术风格？怎样才能形成教学艺术风格？

3. 简介思想政治课教学中备课、组织教学、导入、讲课、讲概念、提问、举例、板书、激励、节奏调节、幽默、结尾等方面的主要艺术方法。

4. 选择一定的中学思想政治课教材内容，设计导入、讲课、讲概念、提问、举例、板书、结尾、节奏调节等方面的教学方案，并进行教学实践。

教学建议

根据自己掌握的教学时间，可以采取两种方式进行本章的教学。一是可以采用讲授法，有重点地讲授各方面的教学艺术；二是可采用让学生自己阅读教材，在学生阅读的基础上组织学生进行讨论。学生在讨论中，一方面认识、理解教学内容，另一方面也可以提出自己对某些教学手段的艺术参考。

第六章　思想政治学科学法论

教学的最终目的是教会学生学习，因此，研究教师怎样教的同时，也应注重研究学生如何学的问题。这是素质教育的要求，也是素质教育的目标之一。

第一节　思想政治课学习指导理论

思想政治课是一门综合的必修课，它包括心理、法律、国情、经济、哲学、政治等方面的知识。由于知识面很广，学生学起来比较困难，教师有必要对学生进行思想政治课学习的指导。

一、学习指导的概念

学习指导是指教师在教学活动中，通过各种渠道向学生传授有关学习的知识，指导学生学习的方法，调动学生学习的积极性，使学生形成正确的学习观点、较强的学习动力和学习能力。简而言之，就是要使学生懂学习、爱学习、会学习。[①]

思想政治课学习指导，就是在思想政治课教学活动过程中，通过教师的帮助，激发学生学习思想政治课的兴趣，促进学生掌握学习思想政治课的方法，培养学生学习思想政治课的能力，进而实现学生的全面发展。

二、加强学习指导的意义

（一）这是当今信息社会的客观要求

现代社会是一个信息激增的社会，身处信息的汪洋大海之中，需要人们进行有选择性的学习，选择有用信息进行信息处理。如果人们没有很强的学习能力，面对大量的信息就容易茫然失措。信息社会的另一个特点，就是更新快，知识、技术、观念都在迅速更新。面对这种形势，一个人必须要会学习，并且要不断学习，提高自身知识、思想、能力的更新速度，才可能跟得上日新月异、变换迅速的现代社会。因此，加强学习指导就成了帮助学生应对现代社会需要的当务之急。

（二）这是当今主体性教育的客观要求

当代教育的一个重要特征，就是高扬人的主体性，主体性教育的一个重要特

---

① 参看钟祖荣：《学习指导的理论与实践》，教育科学出版社 2001 年版，第 62 页。

征就是尊重并发展受教育者的主体性地位。主体性的特征主要有主动性、创造性、自主性等。学生主体性首先表现在学习中的主体性。加强对学生的学习指导,激发其学习兴趣,增强其学习能力和自主性、主动性,才能使学生的主体性地位得到切实的保障。

（三）这是解决学生学习中存在的问题,进一步提高教与学的效率的需要

学生以学为主,学习构成学生的主要生活内容。学习上的成功和愉快,标志着学生的生活质量,影响其一生的成长。但是,学生在学习中普遍存在一些问题。首先,学生中普遍存在着厌学情绪。这是因为在学习过程中,相当多的学生并没能体味到学习的乐趣,因而也就逐渐失去了学习的兴趣。这种普遍存在的厌学情绪,大大降低了教师和学生的实际活动效果。其次,学生中普遍存在的不会学习的情况,也大大降低了教师教与学生学的实效。比如就课堂知识学习而言,在预习时,很多学生达不到应有的深度,或者根本就不预习;在课堂听课时,往往易分心,不能积极思考,被动听课多,主动参与少。再如,由于长期以来所形成的学生对教师的依赖性,使得很多学生在没有老师指导时,根本就不知该如何学习。学生学习中存在的类似问题还有很多。要解决这些问题,只能通过加强对学生的学习指导才能实现。

三、学习的类型

（一）按学习的自由性程度划分

有自发性学习、自觉性学习、自主性学习、创造性学习等。自发性学习首先见于幼儿时期。在这种学习方式中,幼儿通过生活实践和游戏活动自然而然地获得知识、形成能力。到中小学阶段,上升为对学习的需要,从而使学习成为一种有目的、有意识的行为,成为自觉性学习。学生对学习的意义和方法有了明确的认识,并在其指导下进行的学习称为自主性学习。积极的、自觉的、有主见的学习是自主性学习的主要特征。学生在求知欲驱使下的意志自由、为追求超越所进行的学习称为创造性学习。这种学习的目的非常明确,学习就是为了创造性的工作。实现这种学习的主要途径是实践。当然,这四种学习方式并非是严格地按年龄逐次进行的。在某个人的某段时间里,四种学习方式在不同的程度上都存在着。

（二）按学习的目标划分

有知识性学习、技能性学习、思想性学习等。在学习的过程中,人们往往会有不同的学习目标。有时是为了获得一些知识性的认识,以弄清“是什么”而进行的学习,这种学习我们称之为知识性学习。有时是为获得某种实践技能,懂得“怎么样”而进行的学习,我们称之为技能性学习,这种学习多以训练的形式进行。有时是为解决思想中的问题、提高思想认识水平而进行的学习,它往往解决“该怎样”的问题。这种学习我们称之为思想性学习。

（三）按学习的场所划分

对学生而言，有课堂学习和课外学习两种类型。课堂学习是指学生在班级中所进行的学习，常常有固定的时间、固定的地点，一般而言也有固定的任务，通常有老师的指导。课外学习是指在班级以外进行的学习活动。这种学习常常比较自由。可以是学校内的，也可以是学校外的；可以是跟课堂学习有关的，也可以是依据自己的兴趣而自由选择的。课堂学习有助于保证最基本的学习效果。课外学习则有助于学生的全面发展和个性化发展。

（四）按学习的组织形式划分

有个人学习、合作学习等。个人学习是学生在老师指导下单独进行的学习活动，有个人的学习任务，自己对学习过程进行控制，对自己的学习结果负责。合作学习是一个学习小组为了完成同一个任务而共同进行的学习活动。小组成员之间互相分工协作，对学习结果共同承担责任，以小组的学习成绩为个人的学习成绩。

（五）按掌握知识的方法划分

有接受式学习、发现式学习。接受式学习是指学生通过教师呈现的材料来掌握现成知识的一种学习方式。在接受式学习中，所学的全部内容都是以确定的方式由教师传授给学生的，学生无需进行任何独立发现，而只需接受，即只需把教师呈现给他的材料例如一组配对联想、一首诗、一条定理加以内化或组织，以纳入所形成的认知结构之中，以便在将来的某一个时期可以运用它或把它再现出来。①

发现式学习是学生通过自己再发现知识形成的步骤，以获得知识，并发展探究性思维的一种学习方式。发现式学习的基本过程是，学生自己从各种特殊事例归纳出结论，并用来解决新问题。发现式学习最本质的特征是强调探究过程而不是现成的知识。在发现式学习中，学生的主要任务不是接受和记住现成的知识，而是参与知识的发现（实为再发现）过程；教师的主要任务也不是向学生传授现成的知识，而是为学生发现知识创造条件和提供帮助。②

（六）按有无指导和帮助划分

可把学习分成有指导的学习和自学。有指导的学习主要是指学生在学校的学习，是在教师或他人指导下进行的，这种学习由于有指导而变得容易。自学是指个人的独立学习，它能够使学习适合于自己的风格、进度、程度，有利于培养学

① 参看施良方等主编：《教学理论：课堂教学的原理、策略与研究》，华东师范大学出版社 1999 年版，第 119、120 页。

② 参看施良方等主编：《教学理论：课堂教学的原理、策略与研究》，华东师范大学出版社 1999 年版，第 119、120 页。

生学习的能力，现代社会更为强调自学的重要。①

四、指导学生学习的形式

学习指导模式，是供教师指导学生进行有效学习的样式或框架。广大教育工作者在长期的指导学生学习的过程中总结出了许多定型模式，这些模式具有典型性、参照性。只要认识、掌握各种模式的特点，便可以在教学中进行模仿，具体进行操作。运用这些模式指导学生学习，可以充分发挥教师的主导作用，可以调动学生学习的积极性和主动性，从而达到提高教学效率的目的。值得注意的是，各种学习指导模式都有自己特定的指向目标和适合自身的条件和范围，没有哪种模式在任何情况下都适用，必须根据各方面的具体情况选择合适的学习指导模式。②

学习指导模式大致可分为四大类十二种。第一大类，讲授式。它以指导者的宣讲、传授为特征，其中包括课程式、专题讲座式。第二大类，交流式。它以学习者的相互促进为特征，其中包括介绍式、宣传式。第三大类，辅导式。它以对学习者的辅导为特征，其中包括渗透式、诊疗式、个别辅导式、咨询式。第四大类，领悟式。它以领会其精神为特征，其中包括规程式、影响式。如图 6 - 1 所示。

学习指导模式体系
- 讲授式
  - 课程式
  - 专题讲座式
- 交流式
  - 介绍式
  - 宣传式
- 辅导式
  - 渗透式
  - 诊疗式
  - 个别辅导式
  - 咨询式
- 领悟式
  - 规程式
  - 影响式
    - 榜样式
    - 自学式
    - 熏陶式

图 6-1　学习指导模式体系

课程式是由教师通过开设学习指导课对学生进行的学习指导。这种形式有较充足的时间，能全面地介绍有关学习的理论和方法，有利于学生比较系统地形成学习观点，掌握学习方法，增强学习能力。讲座式是请专家、教师或学生介绍学习的方法和经验。这种形式比较灵活，易于安排，但往往不系统，也不易落实

① 参看钟祖荣：《学习指导的理论与实践》，教育科学出版社 2001 年版，第 49 页。

② 参看《学习科学大辞典》，新华出版社 1998 年版，第 557 页。

训练。交流式以班队会、展览、板报等形式在学生相互之间进行学习方法、经验的宣传、介绍。此类形式以学生为核心，对于激发学生的学习积极性、竞争意识都很有好处，但由于学生的知识经验的局限，可能会不很系统、科学，因此还需要老师给予一定的指导。渗透式是由老师在各科教学中，在传授学科知识的同时渗透各门学科的特殊学习方法。这种方式同学科学习结合紧密，易于反复训练、形成习惯，效果一般较好，但往往不很系统。诊疗式是对学生学习中存在的问题进行有针对性的诊断，帮助学生分析问题的性质和产生的原因，然后给其提出解决问题的对策。规程式是学校将学生在学习中应当遵循的学习要求和基本方法制定成学习规程，交给学生遵照执行。影响式是由学生在自己的学习过程中自觉地领悟、总结学习方法或借鉴别人的学习经验而改进自己的学习。①

第二节　指导学生学习思想政治课的主要措施

现代经济的发展，产业结构的调整，职业观念的转变，职业岗位的变动，都要求人们在精神、观念、心理、素质等多方面接受再培训、进行再学习，以适应新的岗位，要求人们按照自己所面临的任务去选择学习的内容、途径和方式，充分开发自己的能力和创造性。思想政治课包括的内容广泛，涉及领域宽，有必要对学生的学习进行指导。

一、建立新的学习观念

现代社会是一个信息化的社会，知识量、信息量激增，过去那种一次定终身的传统学习观念正在为学会学习、终身学习的观念所代替。

（一）终身学习的含义

终身学习首先是一种观念，其中心词是“学习”。传统制度把人的一生分为学习期与工作期，认为前半生的学习是为后半生的工作做准备。这就是说，传统意义上的“学习”是一个与“工作”相对的概念，仅仅指那种坐在远离工作岗位的教室中的学习。而“终身学习”中的“学习”则是广义的。“终身学习是通过一个不断的支持过程来发挥人类的潜能，它激励并使人们有权利去获得他们终身所需要的全部知识、价值、技能与理解，并在任何任务、情况和环境中有信心、有创造性和愉快地应用它们。”②

当今社会，学制体系前延后伸，学制年限有所延长，而人的平均期望寿命也有所提高。这样，一生中还是以非正规和非正式的成人学习为主。因此，摆脱以

---

① 参看钟祖荣：《学习指导概论》，华文出版社 2001 年版，第 183—188 页。

② 李兆祥：《学会生存》，职工教育出版社 1989 年版，第 16 页。

学校为中心的传统观念，努力以成人教育、社会教育促进成人的学习，是终身学习体系的主旨。当然，正规学习的时间跨度虽相对较小，但它为非正规和非正式学习奠定基础，地位仍十分重要。可以说，在今天的社会中，三类不同的学习不可或缺，协调整合，共同促进人的终身发展。终身学习的三种类型各有特点，又有相通之处，并将逐渐渗透融合。这三个方面，乃是构思和建立终身学习体系的重要路径。

（二）终身学习的特征

终身性是终身学习的时间向度的规定，也是它最重要的本质特征。只有“终身性”的学习才能称为“终身学习”。

1. 全民性

全民性是终身学习的空间向度的规定。终身学习不是对个别人或少数人的要求。在现代社会特别是未来社会，终身学习是对普通大众的要求，而且将逐步成为普通大众自觉要求和自觉履行的责任，成为人们日常生活中一个不可或缺的有机组成部分和行为习惯。

2. 个别性

终身学习主要以个人为单位进行。每一个学习者都是一个非常具体的人，他有自己区别于他人的出身和经历，他有自己的个性，这种个性随着年龄增长而越来越被生物的、生理的、社会的、经济的、文化的、职业的等各种因素所不断改造、分化。社会上的每一个人都扮演着各不相同的多重角色，他既是生产者又是消费者，既是管理者又是被管理者，既是晚辈又是长辈。所有这些差别，都会使一个人在不同时间、不同场合产生不同的学习需要。终身学习体系的重要特点，恰恰在于能够满足千差万别的多样性、分散性、个别性学习需要。

3. 自主性

这是终身学习更为本质的特征。学习者是终身学习的主体，是开发自身潜能的能动者和创造者，是基于社会和个体相统一的自身价值的设计者和追求者。学习目的、动机、目标的设定，学习内容的选择，学习方法、形式的运用，学习时间、步骤的安排，都是由学习主体决定的，而不是由教育机构自上而下布置或安排，也不是教育者外在强加的。学习主体这种由生产型需求向消费型需求的转变，正是终身学习体系中的学习者与传统学校教育体系中学习者角色、地位作用的显著区别。

终身学习符合教育与生产劳动和社会生活相结合的发展趋势。终身学习既是一个时间概念，它包括就业后在生产劳动中的学习，也是一个空间概念，包括参与社会生活的一切方面。显然，终身学习将有力地促进学习、劳动、工作、生活的相互渗透，融为一体。

教育不再限于传授知识，而是使每个学生在学习实践中，学会学习，学会创造,学会评价,学会自我管理,学会负责,学会关心,学会合作。简言之,学会做人,学会做事。

二、端正学习思想政治课的态度

在思想政治课的学习中,学习态度是指学生作为学习者对待学习比较稳定的具有选择性的反应倾向,是在学习活动中习得的一种内部状态。它是由认知因素、情感因素和意志因素三者组成的一种互相关联的统一体。因而,我们可以从自己对学习目标的意识程度、在学习过程中的情感体验、对学习活动的坚持程度等方面,综合地判定或评价我们的学习态度。

学习态度与学习兴趣、学习动机是几个紧密相关,又相互区别的概念。一般来讲,学习兴趣浓厚,学习动机强烈的同学,其学习态度比较端正和积极。但学习兴趣侧重于个人的情感偏好,它意味着我们愿意花时间,花精力去进行学习活动,从学习中得到乐趣和满足。相对来说,兴趣较不稳定,容易变化,当我们的兴趣发生变化以后,我们学习的意向也会随之发生变化。

学习态度则是一种对学习活动的认识和对待学习的行为方式的总和,而不只是一种情感上的偏好。学习兴趣稳定,学习态度端正的同学一般学习较为持久、认真,即使是自己不感兴趣的科目和内容,他也可以持比较积极的态度,克服困难,坚持学习。

如果学生具有积极主动的学习态度,就是说他对学习的意义有明确的认识,懂得学习的重要性,在学习中能够不断体验到取得进步的愉悦心情,在学习上遇到困难或各种其他分心的事情时能够主动克服,坚持完成既定学习任务或目标。而一个具有消极被动的学习态度的学生,认识不到学习的意义,在学习过程中遇到困难时会采取逃避或抱怨的态度,而不去主动寻求解决办法,学习会给他带来什么积极的情感体验也就无从说起了。

因此,学习态度的好坏,不仅直接影响学习成效,而且直接关系一个人的个性与人格形成和发展。形成积极主动的学习态度对每一位学生都具有极为重要的意义。

学习态度不是生来就有的,而是后天习得的,是我们在家庭、学校和社会生活中,通过交往,接受别人的示范、指导、劝说而逐渐形成的。

学习动机是学习态度最直接的制约因素,学习动机的发展会引起学习态度的改变,学习态度和学习动机一样,对学习效果产生着重要的影响。积极主动的学习态度对学习会产生积极的影响,而消极被动的学习态度则会产生消极的影响。

所以,我们应该树立正确的学习态度,改变不良的学习态度,在学习过程中,不断对自己提出各种明确的具体要求,并通过相应的活动去改变原有的不良态度。

促使良好的学习态度的形成,我们可以从以下几点做起。

第一,提高自己的认识水平。首先要有正确的认识、良好的态度才能养成。如果我们对学习的意义和价值有正确的认识,学习目标明确,就会努力学习,因而学习态度也是积极的。

第二,培养自己对学习活动的情感偏好。一般说来,我们对自己喜欢的事物、感兴趣的东西总是持积极的态度。当我们喜欢学习、热爱学习并能从学习中得到一种乐趣和满足时,我们的学习态度就是积极的。

第三,培养自己恰当的稳定的行为方式。态度是人们内在的心理倾向,这种倾向不论是积极的还是消极的、肯定的还是否定的,都需要通过行为来得到体现。我们对待学习的态度,很重要的就是表现在自己对学习的行为方式上。在学习中,态度端正的同学,上课一般认真听讲,积极思考,课后也能及时消化知识内容,完成作业。这样的学习态度是非常积极的。

第四,我们要发挥自己的主观能动性,积极主动地投入思想政治课的学习中。在课内,要注意听讲,理解掌握知识点。同时,要充分利用课余时间,多了解时事政治,关注我们周围发生的每一件与政治相关的事情,并用运用自己学到的知识,去解读它们。这样的态度也是积极的学习态度。

三、调动学生学习的浓厚兴趣

兴趣是在需要基础上,表现出的力求认识某种事物或爱好某种活动的倾向,而学习兴趣是引起学习动机,推动学生学习的一种重要的心理因素。当一个人对某种事物产生浓厚稳定的兴趣时,那么他会积极主动地从事这种活动,积极地思索,大胆地探索事物的实质,推动这种活动进一步发展。

苏霍姆林斯基曾说,所有智力方面的工作都要依赖于兴趣。兴趣也是求知欲的外在表现,是促进我们思考、探索、创新、发展思维、激发主动学习的原动力,稳定的兴趣有利于保持积极的思维。浓厚兴趣所激发的求知欲能使人废寝忘食、专心致志,并以苦为乐,达到较高的学习境界。相反地,当人对智力活动本身缺乏兴趣时,就会感到索然无味,或把学习活动当成苦差事,当然便极大地削弱了认识活动过程的效果。

爱因斯坦曾说:"热爱是最好的老师。"确实,一个学习兴趣浓厚的学生,他在学习时会全神贯注,甚至会达到狂热追求的程度。兴趣可激发我们的学习积极性,保持愉快的心情,增强克服困难的信心和勇气,形成良好的意志品质。在学习思想政治课时,如果我们对某些内容不感兴趣,就会觉得难学难记,学习效果差;相反,对那些我们感兴趣的内容就能学得又快又好。因此,我们在学习过程中,应当注重培养和发展自己的学习兴趣。方法有以下几种。

(一)树立远大理想

心理学家认为,人的兴趣有三种:有趣、乐趣和志趣。其中志趣是与人的信念和理想相联系的，它不像“有趣”那样随生随灭，为时短暂。任何工作总不可能像听音乐那么轻松，只有具有远大理想的人，才能克服种种困难，容纳那些枯燥的东西，永远保持浓厚的兴趣。

（二）及时克服困难

心理学的研究表明，当人们开始接触某项工作时，往往由于好奇心而怀有比较浓厚的兴趣，但由于在工作过程中碰到了一些困难，遇到一些挫折，并缺乏克服这些困难的条件，就逐渐失去了对这一工作的兴趣。因此，及时地克服这些困难，取得一定的成绩，看到自己的学习成效，就能长久地保持兴趣。

（三）善于自我反馈

在学习中取得哪怕是微不足道的成绩时，也要及时肯定自己，进行自我强化，把成功与愉快的体验结合起来，这也有助于培养和巩固自己的兴趣。

（四）改革自己的学习方法

尽量创造学习思想政治课的良好环境，尽可能将书本知识和实践相结合。在教师的辅导下，使自己转变到从“要我学”到“我要学”的境界，并要能从课本中发现问题，提出问题。每节内容学完后要求自己多提出问题，善于前后联想，勇于动脑筋，自问自答。遇到无法自己解决的问题才向老师请教。

（五）理论和实践相结合

理论和实践相结合，就要把从书本上习得的原理、理论用于我们的生活，用思想政治的观点看我们周围的人和事。

（六）重视课外学习

俗话说“三人行，必有我师”。书本上的知识是普及性的，它所包含的内容其实还是很少，而社会才是我们真正的校园。因此，我们除了同学间相互取长补短以外，还应该多向家长、老师和社会上的人们请教，充实自己的大脑。

四、激发学生学习的内在动力

动力，是指推动工作、事业等前进和发展的力量。我们学习时需要有动力。学习动力，既可来自外部的压力，也可来自内部的驱动力。

外部压力与惩罚、威胁之类的外部刺激相联系，如教学活动中老师的批评、处分、留级等。压力所产生的动力，力度低，不能持久，还会产生诸多负面影响，如厌学、压抑、被动、影响同学与老师或子女与家长的关系等。现在有些同学有厌学情绪、逆反表现，就是因为受到了过重的压力。

内部的驱动力产生于人的内在需要。正如马克思所说，需要是人的积极性的源泉。在一个人的动力系统中，需要是最基础、最根本的动力源，它对我们的学习活动具有最强大的推动力，而且没有上述那些副作用。现在不少同学在学习文化知识方面的主动性很差，在德育、体育等方面的学习主动性也很差。例如在德育上的“两张皮”现象，不少同学说的是一套，做的是另一套；在校内、在老师面前是一套,在校外、在家庭里又是一套。产生这些现象的原因,除了客观因素之外,还在于同学们在主观上未能把学习作为自己的一种内在需要,从而缺乏学习动力。所以,要使自己主动学习,就应该把学习作为自己的一种内在需要,从而产生持久的、强大的学习动力。

如果学生缺乏积极、自觉的态度,不能主动学习,学习效果也不会好。这种被动、消极的学习,与我们旨在培养创新思维和实践能力的素质教育是格格不入的,会严重制约教育质量的提高,影响高素质人才的培养。

把学习作为自己的一种内在需要,最关键的是要树立正确的人生目标。有了崇高的理想,才能确定正确的人生目标,才能促使自己主动学习。所谓理想,是人生的追求目标,是以客观可能性作为根据的关于未来的美好构思、设计或愿望。理想在人生发展中有着重大作用。同学们正处在人生起步的关键时期,应该"志存高远",树立崇高的人生理想和信念。在确立自己未来人生理想的时候,应按照祖国的需要来考虑个人的发展,把个人的聪明才智汇入人民的历史创造活动,通过勤奋的努力实现远大的理想,自觉地为建设中国特色社会主义的伟大事业而奋斗。崇高的理想和正确的人生目标,将使我们增强对学习的需要,成为主动学习的强大的内在动力。

五、养成勤奋学习的品质和习惯

学习要勤奋,肯下功夫,孜孜以求。发扬勤奋的精神,这是古代学者治学成功的重要经验之一。勤奋是学习者在学习过程中,经过长期不懈的努力而形成的一种性格特点,又是学习不可缺少的心理条件。韩愈认为学业的成功就在于勤奋,"业精于勤,荒于嬉"①。叶适说"天下之物,未有不极其勤而可以致用者也"。②

如何做到勤奋学习?勤奋学习该注意哪些问题?我们认为勤奋学习就应该勤于积累,积累则应该博学。

(一)勤于积累

积累就是用各种方式收集和储存广博的基础知识的学习方法。先秦学者认为,一个人的基础知识越广博深厚,越能成就大学问、大事业,而广博深厚的基础知识,是靠坚持不懈的积累得到的。这积累的功夫,荀子称为"积"或"积靡"。他认为积累学习方法的作用是:"短绠不可以汲深井之泉,知不几者不可与及圣人之言。"③故为学只是要"积","积土而为山,积水而为海……涂之人——百

---

① 《昌黎先生集·进学解》。

② 《习学记言》。

③ 《荀子·荣辱》。

姓,积善而全尽,谓之圣人……故圣人也者,人之所积也。”[①]这说明,任何人都有学成圣人的可能,关键在于“积”的思想和方法如何。圣人就是普通人通过知识、才能、道德的不断积累达到的,绝非什么天生的。荀子还认为,人与人之间的社会分工,就是因为人们在学习实践过程中,分别积累了不同的经验和专业知识的缘故,“积耨耕而为农夫,积斫削而为工匠,积反货而为商贾,积礼义而为君子”[②]。任何一位有心计的学习者,若能在自己的专业领域内,勤奋耕耘,善于积累,并且坚持不懈,就必定会有高深的造诣,甚至成为这方面的专家。一个人要想学有大成,不可不重视积累。

积累不仅是知识、才能、道德的量的增长的过程,而且也是一个在量的积累的基础上的质变的过程。可见,学习过程中,只有勤积累,广积习,才会由量的积累上升到质的飞跃。

(二)积累就要博学

博学要做到“五多”:多学、多见、多闻、多问、多识。所以,“勤”就应该在这“五多”上下功夫。

“五多”学习方法是学习者获得丰富的感性知识和发展思维能力的重要方法,学得越广博,获得的知识越多,思维越活跃,事业越开阔,对问题的学习与研究就能在丰富的感性材料的基础上,更好地进行理性认识,发展智力,培养解决问题的能力。

在此,有必要谈谈“勤”的另一方面:“时习”和“温故”,这是巩固与发展、创新的手段。

“学而时习之”与“温故而知新”是孔子最早提出的规律性学习经验,也是我国传统的巩固知识的学习方法。“时习”是对已经获得的知识、技能进行及时地、经常不断地复习、练习,用以巩固知识,避免遗忘。“温故”是要对艰深难懂的、难记的知识,必须经过不断地温习巩固。“时习”、“温故”体现一个含义:“勤”。我们应正确理解“时”的含义。“时”不只是及时、时时、经常不断,还有“规律”的意义在内,指学习要能恰当地安排温习、实习、实践的时间、次数、分量,应做到适时、合理、有度。“习”绝不是随心所欲地复习与练习,而是遵循“当其可”的时序规律进行的,故而“勤”也应讲究“当其可”。我们不少人犯的毛病:急于求成,贪多求快,学而不习或习而不时,结果学得多,忘得也多;学得快,忘得也快。复习本身不是消极的,而应是积极主动的,能巩固旧知识,引出新知识。“温故知新”是高层次、高水平、高效的复习法。它的作用不仅在于重复温习旧知识,而且在温习旧知识的基础上,悟出新道理,获得新知识。

---

① 《荀子·儒效》。

② 《荀子·儒效》。

六、培养学生以学为本的道德责任感

所谓“以学为本的道德责任感”是未来德育的目标，是要求学习者以学习为己任，把学习看做是自己存在的一部分，可以认为我在故我学。这一思想是建立在终身学习思想基础之上的。

人是有限性的存在，同时又是超越性的存在，具有发展的无限可能性。21世纪的人才不仅要学会生存，学会合作，还必须学会负责，具有合作意识、竞争意识和负责精神。① 帮助学生超越个人的利益，了解自己周围的世界，发展一种公民和社会责任意识，促使个人为社会作出贡献，理应是未来学习化社会的客观要求。学会负责与学会关心一样，就是反对“以我为中心”的个人利己主义。因此，以“学会负责”为目标，构筑面向21世纪的中国中小学伦理道德、文化价值教育的新格局，才能迎接教育面临的种种挑战。

学习作为人类生存的一种本能和经验的习得方式，在心理意义上是指学习者因经验而引起的行为、能力和心理倾向的比较持久的变化。终身学习指人的一生通过持续不断的学习活动求得思想、意识和行为的变化，不断提高人的文化素养、社会经验和从业技能的过程。随着人类社会物质文明的发展和科学技术的不断进步及社会竞争的日益加剧，学习将成为学习者自主推动的过程。

现代人不能只做事实的选择，还必须做价值的选择。学习可以促进人的全面发展，不断开发人的潜力，而德育的目标就在于培养人的全面发展与进步。因此，树立以学为本的道德责任感，充分发掘终身学习的德育价值，合理运用这一德育手段，是21世纪德育工作者的神圣使命。

七、提高学生创造思维的能力

创造思维，是指在前人（或个人）已有认识的基础上又有创新的思维活动和过程，它是以感知、记忆、思考、联想等能力为基础的。创造思维是多种思维的有机结合，是思维和想像的统一，是发散思维和聚合思维的统一，是逻辑思维和非逻辑思维的统一。创造思维使人能突破思维定式去思考问题，从新的思路去寻找解决问题的方法。积极的求异性、敏锐的洞察力、创造性的想像、独特的知识结构、活跃的灵感，这是创造思维的主要特征。当一个人的思维具有了这些特征时，那他就具备了相应的创造思维能力。

时代的发展要求学生具有创造思维能力，教师应在教学中着力提高学生的创造思维能力。以下是提高学生创造思维能力的几点建议。

（一）激发学生的认识兴趣

兴趣是人的一种带有趋向性的心理特征。强烈的兴趣是创造的萌芽、探索的动力。当一个人对某种事物发生兴趣时，他会带着愉快的、高涨的情绪克服一

① 参看万照春：《学习社会与终身学习》，《教育研究》1997年第7期。

切困难，去分析、去比较、去实验、去研究。教学过程中，教师可根据教学内容的特点，把抽象的概念和深奥的原理，展现为生动活泼的事实或现象；也可把学生带到大自然或社会生活中去，引导他们观察自然的、社会的种种现象，发现认识对象与别的事物的差异，找出它的特征及其运动和变化的状态，从中受到启发，产生好奇，进而成为学生自身的某种特殊的爱好和兴趣，并养成习惯。这就为学生创造思维的培养奠定了坚实的基础。

（二）拓展学生的知识领域

创造思维能力，是以丰富的知识为基础的，往往靠有关事物的启示，触发联想，从而实现认识上的飞跃。因而，使学生对自然科学、人文科学、艺术领域有更加广泛的涉猎和了解，就便于发现各种知识之间的联系，受到启发，产生迁移，形成新的观点和新的理论。应当看到，拓展学生的知识面，必须建立在坚实、牢固的科学文化基础之上。任何一门学科都有一个基础原理作为起点而逐渐发展起来。如果基础不坚实、认识不深刻，创造就会流于空谈而成为无源之水、无本之木。教师应减轻学生不必要的负担，使学生在扎扎实实地学好基础知识后能有时间去摄取广博的知识。

（三）提倡学生运用多种思维思考，大胆创新

具有创造思维能力的人能综合运用多种思维，从多个方向、多个角度去认识事物、解决问题。教师在教学中应积极倡导学生运用发散思维、聚合思维、逻辑思维和非逻辑思维去解决问题，例如鼓励学生凭灵感或机智回答问题，允许出错。此外，发展学生的想象力是提高其创造思维能力的有效途径。教师可以问题为线索，引导学生学会观察，获得感性经验，不断丰富自己的想象力。教师在教学过程中，应鼓励学生敢想、敢说，冲破旧框框，大胆猜想，大胆假设，大胆实践。教师特别要鼓励学生大胆质疑一些现成的科学理论和传统观点，勇于探索前人尚未揭示的事物和规律，使学生养成勤于思考和善于分析事理的习惯。所谓习惯成自然，当学生养成了勤思善立的习惯后，其创造思维能力也就相应提高了。

（四）解开学生心智的枷锁

学生创造思维的主观心智障碍主要有动力性障碍和认知性障碍两大类。前者主要表现为缺乏自信、兴趣和勇气。当学生的认识兴趣被激发并掌握了一定的知识后，这一障碍便不再困难了。认知性障碍是学生对以往知识的理解和习惯性的思维方法产生的一种定势心理，这严重地妨碍其创造思维的展开。为解开这一枷锁，教师要提供给学生观察的机会，去观察自然、社会；经常向学生提供新素材和新观点，以开阔学生的视野，丰富其知识，活跃其思维。

（五）鼓励学生既要动脑，又要动手

生理学与神经科学的研究表明，人在动手操作的过程中，知觉系统与运动系

统之间有着非常微妙的交互作用,这对于提高创造思维大有裨益。教师应鼓励学生多动手,并提供空间和时间,而各种形式的课外活动即是一种既动脑又动手的很好的形式。教师应努力使课外活动具有独立性、自主性和丰富性,使学生不局限于狭小的课堂,使之在知识性、科学性、趣味性的活动中去试验、制作和探索,在动脑动手中受到启发,产生联想、灵感,进而提高创造思维的能力。

以上即是提高学生创造思维能力的五条策略,其中教师始终扮演着主动积极的引导者的角色。教师角色扮演的好坏直接影响着学生创造思维能力的提高。但需知,创造思维能力的提高是一个循序渐进的过程,非一蹴而就的。教师和学生应抱有共同的信念:每个人都具有创造思维的潜能,创造思维能力是能够提高的。

八、调整好竞争的学习心理

在学习中应如何调整好竞争性学习的心理?我们认为在学习上,竞争应体现出:

(1) 公平性。在教育方面,教育的立法、政策应为大家提供一个公平竞争的平台。在学校,竞争也应体现公平性,校方的奖惩规则应公平合理,这样才能保证学习竞争规则的透明性、权威性。教师在鼓励竞争的同时,更主要的是保证规则本身的公平、公正,使学习朝健康方向发展。

(2) 拼搏性。竞争是两者或两者以上共同参与的大比赛,要通过合理的途径,让学生充分发挥自己的主观能动性,将精力投入学习的过程中。要鼓励学生持之以恒。

(3) 超越性。竞争的目标是超过对方或自己,体现出超越性。这就要做到知己知彼,由此,我们也在更高一层次上理解了苏格拉底提出的"认识你自己"这句格言的涵义。认识自己就应充分地发现自己的长处、短处,发现天赋,挖掘自己的潜能,将其发挥出来,扬长避短,竞赛中,超越自己,超越他人。竞争中不能只一味强调战胜对手,其实,更为重要的应该是对自己的超越,因为他人可以作为一个榜样,一个超越的目标,而真正的胜利是自我战争的胜利及自我能力、境界的提高。

九、帮助学生在做中学

在做中学,即学生为解决实际问题去搜集有关资料,确定问题所在,提供各种假设并加以验证,从而获得经验和知识。这一观念直接源于杜威的"做中学"理论,他认为儿童应在行动中,在实验、练习等活动中,在与他人的交往中,通过动手动脑的活动学习知识,学习的内容从个人的与种族的全部经验开始。也就是说让儿童用自己的思想做实验,自己在活动中直接接触多种事实,从而取得有用的经验。

学生要由过多地在听中学、在看中学转变为在做中学,这一转变是在教师的帮助下实现的,而学生要真正做到在做中学更需要教师的帮助。总的来说,教师是学生在做中学的引导者和支持者,教师对学生在做中学的帮助主要体现为以下四个方面。

（一）积极创设一个适宜学生在做中学的情境

以课堂教学为例,教师设计良好的情境,以便学生一开始就能以最佳状态投入到做的情境中。学生置于这样的情境中易于发现问题、提出问题并动手去做。教师营建真实的经验氛围的一个重要方式即是提问,向学生问为什么,以此引发学生思考,激发起学生探索、发现的欲望。教师的提问要把握好尺度,使问题处于学生的最近发展区,即学生通过努力能够发现解决问题的策略和方法。当学生获得成功的体验后,会更乐于主动地去做。另外,教师创设的情境应是有计划的、连续的,是周密考虑后的结果,而非盲目的冲动行为的产物。这要求教师做好充分的准备,也是对教师自身的一种挑战。

（二）引发学生提问,主动探索

在引导学生观察周围的世界,考察现实生活中发生的某一件事时,最重要的是珍视和保护学生的好奇心。好奇心是推动探索的动力,当学生对某一问题充满好奇时,他总是会积极、主动、充满热情并愉快地学习和探究。也只有在好奇心的推动下,学生会自己提出问题并努力去解决从而获得知识和经验。教师从学生的好奇心入手,引导学生从感兴趣的、有疑惑的问题出发去解决问题。以“做中学”科学教育为例,其过程分为:提出问题、猜想预测、动手操作、记录信息、解释讨论、得出结论、表达交流。在这一过程中,教师可从学生的好奇心引发的问题着手,引导他们猜想、预测进而自己动手解决问题,并指导学生使用科学探究记录本,记录探究过程和所得出的结论,最后引导学生进行讨论和交流。教师的引导贯穿于学生“做”的整个过程中,而教师的引导又源自学生自身的好奇心,这样学生在教师的帮助下的探究会更为积极主动和富有成效。

（三）鼓励学生自己动手做

对于学生提出的问题,教师不直接给出答案,而应让学生自己去探究。对于学生的想法,即使是错误的,教师也不应简单地给予纠正或轻易否定,而鼓励学生动手去做,通过自己动手做而验证或推翻自己的想法。由于没有现成的答案可以依靠,学生在教师的鼓励下会积极地并富有勇气地去寻求解决问题的最佳方法。对学生的鼓励应体现在教师每一次与学生的交谈中,教师认真地倾听学生的发言和其对问题的看法,并鼓励他们去检验自己的看法。另外,学生在做的过程中以及获得一定的结果时,教师使用积极的评价语言使学生获得激励,使每一位学生都能感受到做的快乐,拥有成功的体验,从而增强学生的自信心和探索的动力。教师的评价应关注于学生是否在原有水平上获得了新的知识经验,是否在做的过程中积极投入、有独到的见解、能设法解决问题等。

（四）为学生提供必要的支持

一方面，教师应努力为学生提供探索的场所和设备以及有价值的知识资料。学生在掌握一定的材料的基础上，能完善其提出的解决方法。在有关自然科学的探索活动中，相应的实验材料和仪器是学生顺利进行探究的基础。另一方面，对于学生提出的解决方法，教师应给予必要的反馈；当学生在探索过程中遇到难以解决的障碍时，教师应指引学生调整思路使其继续进行实践。这两个方面即是教师可提供给学生的物质的和智力的支持。在教师提供的必要支持下，学生做的过程能顺利展开，进而获得预期的经验和知识。

由此，教师通过创设情境、引发提问、鼓励动手、提供支持这四个方面来帮助学生在做中学，这样的帮助会促使学生主动地、积极地、愉快地去探索，并在探索中获取成功的体验，增加自信心，进而获取经验和知识。

第三节　思想政治课学习的策略

思想政治课是一门综合的课程，课程内容涉及的学科比较多，对它的学习有别于其他学科的学习策略，掌握了正确的学习策略，就能达到事半功倍的效果。

一、注意力分配的策略

注意是清醒意识状态下人的心理活动对一定对象的指向与集中，它广泛存在于感知觉、记忆、学习、思维和创造等各种心理活动之中。注意对象可以是外界的各种事物和现象，也可以是主体自身的内心活动和行为。一般说来，注意又可以形象地称为注意力。

在心理学中，注意的分配这一概念是指在同一时间内把注意分配到两种或几种不同的对象或活动上。在这种意义上，记忆的分配是很困难的。研究表明，在不同种类的刺激物同时发生作用时，往往需要两个感官去感受，而人通常是首先只能感知到一个刺激物，经过一个短的时间间隔之后，人才能感知到第二个刺激物。但这并不意味着人不能同时做两件事，人的注意分配技能是后天培养出来的。只要具备一定的技能和客观条件，人可以通过合理的“一心二用”，从而提高学习效率的。

能否在同一时间里把注意力分配到几种活动上，必须依靠以下这些条件。首先，同时进行着的两种或多种活动中，必须有一种活动是已经熟练了的或自动化了的，这样才不至于顾此失彼。其次，同时进行的两种活动之间的关系也是很重要的，如果它们之间彼此不相联系，甚至相互排斥，它们同时进行就很困难。注意分配的机制是由于某一活动的熟练和自动化，使大脑皮层相应区域的兴奋强度减弱下来，因而也就减小了这个兴奋灶对皮层其余部分的负诱导，使处于这个注意中心的其他兴奋灶也有了活动的条件,从而使人把注意分配在两种活动上。注意力的分配除了心理学中所讲的"在同一时间内把注意力分配到两种或几种不同的对象或活动上"这一含义之外,还应指注意力在不同的时间段之间的分配。在任何一门课程的学习过程中,总离不开以下几个阶段,思想政治课也不例外。

(一)预习

在开始每一章的学习时,学生应首先花几分钟的时间大概地浏览一遍将要学习的内容,注意各节的标题、大写的或黑体的术语,形成一个总体的认识。同时,也要考虑这一章讨论的是什么问题,材料是怎么组织的以及它与前面几章有什么联系等。在思想政治课的学习过程中更应在这一阶段中分配较多的注意力。因为思想政治课的教材逻辑十分清楚,基本上是按专题组织内容的。

(二)提问

在具体学习每一节的内容之前,应尝试着自己猜想它所包含的内容,并问问自己想获得哪些信息。这一阶段不需要花费太多的注意力,但它可以帮助学生提高学习兴趣,并促进学生思维的发展。更重要的是,提问题可以为接下来的进一步学习做好集中注意力的准备。

(三)阅读

阅读材料,并比较自己的设想与材料内容的差异,试着分析这些差异产生的原因。在这一过程中,注意力的重点应放到对学习材料的理解上,弄清楚哪些内容是自己能够明白的,哪些内容需要上课时得到老师的讲解与帮助。只有这一过程完成好了,才能在听讲时对注意力进行有效的分配,同时完成几项活动。

(四)复述

在阅读材料时,除了要理解之外,还应该自己想出一些例子证明材料,并把材料与已有的知识联系起来。在思想政治课的学习中,这一过程必不可少。因为思想政治课是一门理论联系实际的课程,理论的学习是为了帮助我们更好地认识实际情况。

(五)回忆

在学完一段之后,学生应该试着回忆其中包含的要点,回答自己提出的问题,对不能回忆的部分要再阅读一遍。这同样是一个不容忽视的过程,许多学生在思想政治课的学习中,并没有这一过程,而是临到考试前才"临时抱佛脚",这种学习方法有太多的弊端。

(六)复习

与上一阶段相似,这一阶段同样强调的是课后的工作。在学完一个大的部分之后,学生要注意及时复习所有内容,找出各节内和各节间的联系,并尽可能地把学过的知识串起来。其目的是要考察作者如何组织材料。

总之,思想政治课的学习重要的是平时的积累,“临时抱佛脚”不会收到好的学习效果。学生在学习过程中一定要把握好注意力在课前、课中和课后的分配。

二、记忆的策略

所谓记忆,是指“人脑对经历过的事物(包括学习和生活实践中所感知的事物,思考过的问题和理论,体验过的情感,进行过的动作等)的反映,是人脑积累经验的功能”。①

记忆包括三个基本的过程:信息如何进入记忆——编码,信息如何在记忆中储存——保持,信息又如何从记忆中提取出来。为了有效地提高记忆能力,心理学总结出了许多记忆术,它们都是有利于记忆的策略。无论记忆术的实施偏重于编码阶段还是提取阶段,其总的效果都是加大记忆内容和延长保持时间。下面就介绍几种思想政治课学习中常用的记忆策略。

(一)地点记忆法

地点法的原理是将一组熟悉的地点与需记忆的知识之间建立起联系,主要利用视觉表象,以地点位置作为以后提取的线索。采用什么地点是任意确定的,因人而异,但所选的位置必须是个人熟悉的场所。一般说来,在将地点与需记忆的知识联系起来时,想像越夸张,越离奇,形象越鲜明,回忆的效果越好。这种记忆方法可以用于思想政治课中一些常识的记忆,比如欧盟国家名称的记忆。

(二)组织记忆法

这种记忆法是将记忆材料组织成有意义的脉络以方便记忆的方法。组织是学习和记忆新信息的重要手段,它把学习材料分成一些小的单元,并把这些单元置于适当的类别之内,这样,每项信息都和其他信息联系在一起。在组织法中,学生可以利用各类别的标题作为提取信息的线索,从而减少回忆时的记忆负荷。思想政治课教材的编写实际上已经注意了这个问题,学生必须学会利用教材的标题将教材内容组织成一个方便自己记忆的系统。

(三)笔记记忆法

记笔记的最好方法是对所看到或听到的内容进行思考,找出各种材料之间的关联,清晰准确地总结主要的观点和例证。这种方法的优点是能减轻大脑记忆负担,以便集中力量记忆更重要的内容。要注意的是记笔记不等于抄笔记,记笔记的过程中必须有自己的思考,而不是机械地照搬老师的板书或是同学的笔记。俗话说:“好记性不如一个烂笔头”,在思想政治课的学习中它同样实用。学生在学习过程中一定要勤于做笔记,形成自己的资料库,既方便记忆,又方便查找。

---

① 参看顾明远:《教育大辞典》(增订合编本),上海教育出版社 1998 年版,第 648 页。

（四）理解记忆法

理解是运用已有的经验、知识去认识事物的种种联系、关系，直至认识其本质、规律的一种逐步深入的思维活动。进行理解记忆，可以采取多种办法，其中最主要的是对识记的材料进行分析综合，弄清它们的各种联系，如材料自身各部分之间的联系，文字材料与实际事物之间的联系，识记材料与识记者已有经验之间的联系，等等。对这些联系研究得越透彻，也就意味着理解得越深刻。思想政治课有自身的特点，它既是一门理论性很强的课程，又与现实生活有着密切的联系，要学好这门课程，学生必须对所学的内容有深刻的理解，而不能死记硬背学习材料。

（五）尝试回忆法

尝试回忆法就是在背记过程中，不断地自己考自己。考的方法很多，主要是采用自己复述、自己默写等方式。实验表明，让记忆者了解自己的记忆效果，即给予信息的反馈，往往能够提高记忆的效果，这是因为反馈能够提高记忆的自觉性和主动性。在思想政治课的学习中，学生可以在复习上节课内容时采用这种记忆方法。回忆间隔期应遵循记忆规律，一般说来，遗忘过程是先快后慢，先多后少，所以尝试回忆法应定期进行。

（六）图示记忆法①

这是通过对图形的识记来增强记忆效果的方法。这种方法有广泛的实用性。根据心理学家的研究，文字识记材料与形象识记材料相差悬殊，物体的视觉形象比词的视觉形象容易记，且能保持长久。利用图表、图示等材料把知识之间的联系和关系表现出来，既便于理解，又利于记忆。做笔记时有意识地利用图表和图示来组织材料可以达到事半功倍的效果。在回忆时，图表和图示也可以作为提取信息的线索。

（七）联想记忆法

这是由当前感知或思考的事物想起有关的又一事物，由记忆中的一个材料引出另一个材料的记忆方法。这种方法广泛运用于各种记忆活动之中，它包括接近联想、类似联想、对比联想、奇特联想、定位联想等多种联想方法。思想政治课的理论来源于实践，是对现实世界的概括与抽象，学生在学习过程中应注意将这些理论与实际结合起来，用现实来帮助理论的记忆。

三、融会贯通的联系策略

“授之以鱼，不如授之以渔。”教会学生如何学习比教会学生学会多少知识更为重要。好的方法是成功的敲门砖，它可以让学生在学习中得心应手，事半功倍。针对不同的学科，学习策略有其具体性和特殊性，在思想政治课的学习中，

---

① 参看张念宏：《智育百科辞典》，北京国际广播出版社 1989 年版，第 271 页。

融会贯通的联系策略是一个较为基本的、行之有效的学习策略。

任何一门学科都是由一个个知识点、一系列的片段组成的，然而这些片断不是分散的、孤立的，都有其或是外显或是内在的联系，是一个前后相继的逻辑体系、有机结构。著名教育学家、心理学家布鲁纳曾说："不论我们选教什么学科，务必使学生理解各门学科的基本结构。这是运用知识方面的最低要求。它有助于解决学生在课外所遇到的问题和实践，或者在日后的训练中所遇到的问题。"①他认为，掌握事物的结构，就是以使许多别的东西与它有意义地联系起来的方式去理解它。简单地说，学习知识结构就是学习事物是怎样相互关联的。因此把新学的知识与已有认知融会贯通，前后联系起来，形成一个知识网络结构，就可以从整体上把握学科的基本结构和基本内容，灵活运用。

对思想政治课的课程内容学习，要首先学会组织有序的材料，将杂乱无章的材料整理成体系，使之易学易记。因此，组织是学习和记忆新信息的有效的和重要的手段。思想政治课所涉及的知识都是前后相继、逻辑联系的，特别是许多看似不相关的章节实际却有着许多隐性的联系。在学习过程中，应该努力挖掘知识间的相关性，融会贯通，把片断似的知识点组织成为一个知识网络结构，从而更好地理解、记忆和运用。在所学过的基本概念的基础上再去理解和把握新的知识，将二者融会贯通，就能够进行发散思维、逻辑推理，更深层次的认识和运用新知识了。

四、解决问题的策略

在思想政治课的学习中，解决问题实在不失为又一个科学而有效的学习策略。

加涅认为，教育课程的重要的最终目标就是教会学生解决问题——数学和物理问题、健康问题、社会问题以及个人适应性问题。这充分肯定了解决问题在学习中的重要地位和意义。然而长久以来，我们把解决问题定位于学习的最终目标和评价的内容，却忽视了它其实同样是一种非常有效的学习策略。

所谓问题，有学者给它下了这么一个定义：问题是这样一种情景，个体想做某件事情，但不能马上知道这件事情所采取的一系列行动。

每一个问题必然包含四个部分：(1) 目的，即在某种背景下想要干什么；(2) 个体已有的知识，这是指个体在问题情景一开始，就已具备的知识技能；(3) 障碍，指在解决问题的过程中会遇到的种种需要解决的因素；(4) 方法，指个体可以用来解决问题的程序和步骤。那么解决问题一般是指形成一个新的答案，超越过去所学规则的简单应用，而产生一个解决方案。当常规或自动化的反应不适应当前的情景时问题解决就发生了。也就是说，它需要用已认知的概念、

① 陈琦、刘儒德主编：《当代教育心理学》，北京师范大学出版社 1997 年版，第 84 页。

命题和规则,经过一定的组合,从而达到一定的目的。在解决问题的过程中,要把新的知识和已有的概念、判断、定义等经过逻辑思维推理,重新组合用于解决目前的问题。原先课本中习得的知识在解决问题的过程中成为思维的素材,在解决问题中产生的高级规则(已有规则的组合),可以储存下来构成学生的"知识宝库"(认知结构中的一个组成部分),在以后遇到同类问题情景时,借助回忆即可做出回答,而不再视为问题了。因此解决问题实际上是重新整合已有认知,并加以深入的分析理解,灵活运用,从而提高思维能力和判断力的学习过程,是一种更为高级的学习活动和认知策略,而不仅仅是学习的目标。

解决问题的策略对于思想政治课这门学科的学习有着积极的作用和意义。可见,在解决问题的过程中,不仅对已有认知重新回忆,加深了解,加强记忆,还能把相关知识有机联系,重新整合,进行更全面和深入的学习。

解决问题的策略不但能提高学习效率,快捷而深入地理解和掌握知识,还可以培养和提高我们的思维判断力。解决问题的能力,是学习中应积极采用的良策。

五、思维调控策略

思维在心理学中一般被定义为:人对客观现实的间接的和概括的反映过程,是在感知经验的基础上,在人脑中进行分析综合、抽象概括,形成概念,并进行判断和推理的一种高级的认识过程。通过思维,人能够认识事物的本质、内部联系及规律性。在现代认知心理学中,思维是指运用观念、表象、信念或意向进行的内隐的认知信息加工过程。①

思维是智力活动的核心内容和方法,学生要想在学习中取得良好的效果,必须掌握思维调控的策略。一般说来,要对思维进行调控,需要灵活地运用思维规律。可以说,对思维进行调控的过程就是思维规律的应用过程。思维的基本规律及其在思维调控策略上的应用可以概括成以下几点。②

(一) 思维与感知内在统一的规律及其应用

思维与感知是内在统一的,在感知中必然包含着思维的成分,同样,在思维中也必然包含着感知的成分。学习者应当自觉地把二者统一起来,即在感知过程中加强思维,在思维过程中加强感知,使二者相辅相成,相得益彰。这种思维规律在思维活动中表现为要重视直觉思维的作用。所谓的直觉思维是指"人脑对于突然出现在其面前的新事物、新现象、新问题及其关系有一种迅速的识别,敏锐而深入的洞察,直接的本质理解和综合的整体判断"。③ 直觉思维是迈向更

① 参看顾明远:《教育大辞典》(增订合编本),上海教育出版社 1998 年版,第 1 462 页。
② 冯克诚、于明、吴霓:《课堂学生学习方法指导全书》,北京国际文化出版社 1996 年版,第 280 页。
③ 参看燕国材:《学习心理学》,警官教育出版社 1998 年版,第 84—86 页。

高级、更复杂的思维活动的起点。

（二）思维与问题相互推进的规律及其应用

任何思维都是从发现问题开始，以解决问题告终的，思维的具体过程就是不断地发现问题和解决问题的过程。也就是说，思维调控必须与解决问题结合起来进行。在思想政治课的学习中，学生应该有意识地利用问题来对自己的思维进行调控。具体来说，就是要把学习内容组织成一个一个的专题，在专题学习中有意识地训练自己的思维。比如，环境保护的专题，国际组织的专题等。

（三）在某种思维的主导之下，各种思维相互作用的规律及其应用

人的思维可以分为动作思维、形象思维、形式思维、辩证思维四大类。在学习中，学习者应当根据不同学习活动的性质与要求，主要运用某种思维，并辅以其他思维，使它们密切配合，协同工作，以促进学习效果的提高。对于思想政治课的学习来说，就是在学习过程中，以辩证思维为主，辅之以其他思维。这也是马克思主义方法论教育的重要内容。

（四）在某种思维方法的主导下，各种思维方法综合运用的规律及其应用

思维方法的正确使用是思维调控策略的重要组成部分，在心理学中，共总结出了十大主要的思维方法，即分析与综合，分类与比较，抽象与概括，系统化与具体化，归纳与演绎。为了恰当地使用这些方法并对思维进行有效地调控，我们必须首先对这些方法有所了解。

分析主要是指在思想上把整体分解为部分，或把复杂的事物分解为简单的要素，或把历史的过程分解为片段，或把动态凝固为静态来研究的一种思维方法。综合则是在思想上把对象的各个部分、各个方面和各种因素结合起来，动态地考察对象的一种思维方法。

比较就是在思想上确定这一事物与另一事物，或者这一特征与另一特征的相同点和不同点的思维方法。分类是通过比较，按照事物的异同程度而在思想上加以分门别类的思维方法。

归纳是从个别的或特殊的事物的具体知识扩大为同类一般事物的认识的一种思维方法。演绎是从已知的一般原理出发来考察某一特殊对象，从而推演出有关这个对象的结论的思维方法。

抽象是在思想上把某种事物的本质属性或特征和非本质属性或特征区分开来，从而舍弃非本质的属性或特征，并抽取出本质的属性或特征的思维方法。概括是在思想上将具有某些共同特征的许多事物，或将某种事物区分出来的一般的、共同的属性和特征结合起来的思维方法。

系统化就是在概括的基础上，把整体的各个部分归入某种顺序，在这个顺序中，各个组成部分彼此发生一定联系和关系，构成一个统一的整体的思维方法。具体化则是把概括的知识用于具体的、个别的场合的思维方法。

在思想政治课的学习过程中，学生应该灵活运用这些方法，有意识地采用多种思维方法来对同一问题进行思考和理解。

第四节　思想政治课指导学习的方法

掌握科学的学习方法，是学生学习过程本身的一项重要内容。学生的学习过程除了学习知识外，还要具备许多能力。会学习、运用科学的方法来学习就是学生应掌握的能力。这也是终身学习的要求。

一、计划法

学习计划是在学习活动开始之前，他人或者学习者自身对某一段时间内学习活动的设计和安排。学习计划有时也叫学习规划或规划自己的学习。这种规划和安排涉及四个因素：学习目标、学习内容、时间分配、方法措施。这四个因素是任何一份计划都应该包括的内容。

学习活动本身有大小，学习活动的大小是由学习任务的多少和学习时间的长短决定的。与此相适应，学习计划也有大小，大的如整个学习阶段的学习计划；小的如一天、一节课的计划。

（一）制订学习计划的必要性

学习的计划性是人的主体性、意识性的体现。因为除了上课外，还有不少的自由时间要自己来安排。虽然学校有统一安排，但是由于每个学生的学习情况不同，也需要学生根据自己的实际情况做出一些安排。比如如何发展自己的特长，弥补不足；如何改进学习方法等。在进行每一次具体学习活动之前，学习者应该根据原有认知水平，对自己如何开展学习，运用什么方法和策略，制订一个学习计划。具体来说，制订学习计划有以下好处：第一，可以使学习目标更明确、更具体。明确、具体的目标可以调动起人的潜能和积极性，保持旺盛的学习精力，提高学习效率。第二，由于制订学习计划要考虑德、智、体各方面的发展和各门学科的学习，这有利于学习的全面协调发展。第三，制订学习计划是自己对学习活动进行安排、规划，长期坚持形成习惯，就能培养很强的自我管理能力，提高认知水平，使自己成为一个主动的自觉学习的人。

（二）制订学习计划的程序

学习计划由于有大小，制订的程序也不太一样。一般制订大的计划程序复杂一些，制订小计划的程序比较简单。

1. 制订较大计划的一般程序

第一，情况分析，包括自己的理想、目标，自己的长处与不足，对自己有利的条件、不利的条件。明确这些情况是我们制订学习计划的前提条件。如果我们对自己的情况并不很清楚，可以向家长、老师和同学进行咨询。

第二，确定学习任务与内容，并进行时间安排，使两方面的情况相平衡，即任务量不能超出时间的可能性。

第三，制订完成学习任务的条件、策略、方法和具体措施。

2. 制订具体学习活动计划的程序

第一，对学习任务与学习材料进行分析，包括数量多少、难度大小、材料性质等。

第二，联想自己的特点，比如学习风格，进行分析。此外，还要对是否充分具备与学习该材料有关的旧知识或经验进行分析。

第三，选择学习该材料的策略。应该包括：花多少时间，在单位时间内学习多少，达到怎样的目标或结果，确定适合自己的学习程序和方式，选择什么辅助手段、工具，可以向谁寻求支持等。

（三）制订学习计划的方式

1. 文章式

即把学习计划写成文章。内容包括：学习计划的名称、指导思想、总体目标、具体任务与内容、时间安排、措施与条件、学习计划的检查方法等。

2. 条条式

按照学习的任务一条一条地罗列出来，它以任务为纲，每一条里包括学习任务的量、完成时间、注意事项。

3. 表格式

即以表格的形式规定学习的任务和内容。一般把每一天的时间分成若干段，如：早晨、上午、中午、下午、晚上；或者从几点到几点，然后规定每个单位时间的学习任务和内容。

4. 脑中计划式（脑中决策式）

即在头脑中制订学习计划，不需写出来、说出来。

（四）制订学习计划的要求

第一，制订目标要从实际出发，切实可行。应注意学习内容的难度、任务量大小和学习时间的长短。

第二，确定学习的内容、任务尽量具体，尽可能定量化。

第三，学习任务和内容安排既要考虑全面周到，又要保证重点。集体活动、文体活动、休息都应考虑到其中，并要突出学习重点。

第四，时间安排要科学，学习内容交叉安排，使大脑不同部位交替兴奋，以防产生疲劳。效率高的时间段安排较复杂的任务。

第五，长计划与短安排相结合。制订学习计划应该是有系统的、经常的，而不是零碎的、临时的。长计划给我们以大目标，使得每一天的安排有依据，而短安排可以使大计划具体化并落到实处。两种计划结合，才能达到理想效果。

第六，制订计划后要坚决执行，执行学习计划应该形成一种习惯，计划还应该适时调整。

二、听课法

课堂听课是学生在教师的启发指导下，运用以听觉器官为主要形式的认识事物的过程，课堂听课是学生学习的中心环节，是学生学习新知识的主要途径，是发展学生智力、培养学生能力的主要渠道。学生掌握和运用好课堂听课环节，采取科学的听课方法，对学生获得新知、发展智力、培养学习能力与形成学生科学的学习方法体系具有重要意义。

听课能力的发展具有阶段性。听讲能力和阅读能力在人一生的学习过程中，是相互依存、相互促进、并行发展的两种信息输入能力。大体上说，这两种信息输入能力在并行发展中，又可分为两大阶段。在中小学阶段是这两种信息输入能力并行发展的第一阶段。幼儿在入小学之前，听讲能力已有一定的发展，在中、小学阶段是听讲优于阅读能力，听讲能力在教学过程中带动阅读能力的发展。进入大学阶段，这两种信息输入能力要互换位置，阅读能力要“扶着”听讲能力走，以适应大学讲课的高速度、高难度和大信息量的特点。在课堂听课环节中，学生一般要做到以下五点。

第一，课前准备。在听课前既要通过复习和预习做好知识上的准备，又要做好物质的、身体的和心理的准备。

第二，明确听课的目标和重点。一般教师在讲课时都要先交代学习目标和知识重点，对此学生要认真理解，做到听课目的明确，思考有方向。

第三，多思。这是理解认识学习内容的中心一环，要做到边听边思考，既要思考教师讲的是什么又要思考为什么；既要全神贯注听懂新知识，又要弄清教师的思路，并与自己的思路进行比较。

第四，整理思维。随着听课进入总结阶段，学生要主动地把听课的内容整理归类。

第五，编码记忆。在学习过程中，要分析出各知识要点之间的内在联系，并依据知识间的内在联系，在头脑中排出知识联系的先后顺序，加强记忆，以利应用。

三、记忆法

记忆是把所学过的知识牢固地保持在头脑中。我们所学的知识主要是间接知识，不是自己亲身实践得来的，因而往往印象不深，加上每天所学的知识很多，也容易忘记，因此，必须通过记忆来巩固知识。只有巩固了旧知识，学习新知识才有基础；也只有巩固了知识，我们才能运用知识思考问题，解决问题。头脑空空，是无法进行思维活动的。

（一）有效记忆的要求

1. 及时复习与记忆

德国心理学家艾宾浩斯在1885年做过一个人的遗忘速度的实验，他把这些得到的数据绘成一条曲线，即著名的遗忘曲线。从这条曲线可以看出，遗忘的进程是先快后慢，遗忘的数量是先多后少。根据这个规律，要想巩固知识，就应该及时复习。

2. 阅读和尝试回忆相结合

研究表明，如果把阅读和尝试回忆结合起来，边看边背，记忆效果要好得多。

3. 在理解的基础上记忆

我们的学习材料有两种：一种本身是有内在的逻辑性，可以根据某种逻辑进行联想和推理；另一种本身没有什么内在的逻辑性，这些材料只能死记硬背。为提高记忆效率，对于有意义的材料，我们要加强理解，运用已有的知识以及知识的内在逻辑去理解和联想。对于无意义的材料，我们要通过加工，尽可能地人为赋予它一种意义，以便于记忆。

4. 多种通道并用

研究表明，学习和记忆时，眼耳口手多种通道并用比使用单一通道记忆效果好；不同的学习通道学习记忆效果不同。

5. 集中记忆与分散记忆相结合

一般来说，把一个材料分几次复习，比集中一次复习的效果好。内容较多较难的材料，宜采取分散复习；而对内容较少比较简单的材料，则可集中复习。一般来说分散复习的时间间隔，开始阶段可短些，次数可多些，以后间隔可长些，次数可少些。

6. 系统化结构化

系统化结构化指在复习记忆时，应该通过加工整理，把握知识的结构和系统。因为结构化系统化的知识，反映了知识的内在逻辑联系，容易理解，便于记忆。

（二）记忆的方式

1. 提纲记忆法

是把要记忆的材料列出提纲，再根据提纲进行联想和扩展。

2. 图表记忆法

是把知识整理成图表进行记忆。图表经过学习者的加工整理，加上它结构简洁、重点突出、比较形象，因而容易记忆。

3. 比较记忆法

是通过比较两个或两个以上事物的相同点和不同点来进行记忆。

4. 归类记忆法

是把相同或相近的内容归为一类进行记忆,它是利用接近联想和相似联想记忆的。

5. 形象联想法

是通过人为的联想,把无意义的材料和头脑中鲜明、生动、奇特的形象结合起来,利用形象的东西易记的特点,提高记忆效果。

6. 谐音记忆法

是把无意义材料编成语音相似相近的材料来进行记忆。

7. 串字头记忆

是把一句话压缩成一个字(一般是开头的字),再把这一个个字串起来成一句话或几句话。

8. 歌诀记忆法

是把要记的材料编成歌诀来记忆。

四、质疑法

质疑教学法是指教师引导学生质疑,针对学生提出的疑难问题,选择不同的解疑方法,指导学生解疑的一种课堂教学方法。其教学结构和程序可概括为“质疑—析疑—解疑”三部分。

疑问式教学的实施程序及具体方法如下:

(1) 调动学生质疑的积极性,使之敢于质疑、勤于质疑、善于质疑。教师要设法解除学生的顾虑,教育学生敢于质疑。学生质疑往往有三怕:一怕别的同学说自己的水平低;二怕说错了,被同学讥笑;三怕提出不同看法,得罪教师。这些顾虑不破除,就会抑制学生的质疑精神。对此,教师应带头消除顾虑(如怕学生提的问题太多影响教学进度、怕学生提出的难题难倒自己有失威信等),鼓励学生大胆质疑,并以实际行动真诚欢迎学生对自己的教学提出疑问。这里的关键是,教师要有民主、平等、与学生共同探求真理的精神。使学生崇尚科学,不迷信,不盲从。提倡学生大胆质疑,学生才能具备积极思考的能力。

(2) 要求每一个学生准备一个质疑本。引导学生质疑,除了进行上述思想教育外,还要采取具体措施,才能落实。设置质疑本就是一个有力措施。学生在学习中,把疑难问题写在质疑本上,教师及时收阅,对每个学生的质疑情况,从数量到质量两个方面,进行及时讲评并把学生的质疑情况作为平时考核的一部分。采取这一措施,对于懒于质疑的同学,可以起到督促作用,迫使他们在学习过程中,要多动脑筋,细读深研,勤学多问。当然从“逼”着他们质疑,到主动地质疑,有个逐步培养、逐步提高的过程,而这个过程,正是学生的质疑能力和思维能力发展的过程。

(3) 教学生掌握一些质疑方法,提高质疑能力。质疑并不是胡思乱想,随便提点问题就行了。教给学生一些质疑方法,培养学生的质疑能力很有必要。质疑的方法很多，现仅举几例。反问法，即对教材中的内容不盲目轻信，从相反的方向去思考、质疑。比较法，即抓住相关的概念之间、原理之间的相同点和不同点，或它们之间的区别和联系，进行比较，提出疑问。联系法，即对教材上的概念、原理或论述的问题，可联系现实生活中的经验、具体事例来提出疑问。

五、温故知新法

（一）温故知新法的含义和特点

"温故"，就是复习学过的旧知识；"知新"的"新"，不是说在原来学习的知识体系之外再新补充知识，而是指对原有的学习有新的理解，新的收获，新的提高。这就要求复习的内容要有新意，而不是对旧知识的简单重复。在复习过程中，既要全面地系统地总结学过的基础知识，加深理解，促使学生能比较牢固地掌握，又要发展原有的能力，帮助学生在原来学习的基础上，能进一步运用学过的马克思主义基本观点分析和解决实际问题。复习中应该把以前在教学中已进行的思想教育加以总结，促使学生的认识再提高，并可以在原有的基础上深入一层，拓宽一些，启迪学生的思想觉悟。温故知新法还要求复习的方法有新套路。复习较之讲解新课可以说是"时间紧、任务重"，既要发挥教师的主导作用，启发、引导、组织复习活动，达到复习目的，更要充分发挥学生的主体作用，调动学生的积极性和主动性，应以学生的学为主，给学生更多的复习时间，让学生自己去"生疑"、"释疑"、思索、归纳、概括、整理等。教师在复习中的主导作用是外因，而学生的主体作用则是内因。要使学生真正掌握、接受、理解所学知识，要把知识进一步发展为智力和能力，尤其是学生思想觉悟的提高，主要靠学生自己的努力。

（二）温故知新法的操作

第一，适当提高复习难度。这不是说把原来讲的基础理论再讲得深一些，也不是将原理表达的内容再增加一些，而是说让学生对基础理论的理解更深入些，运用的能力更强一些。教师在复习中一般不应把要复习的基础理论都整理好，而是先提出要复习内容的总题目，或者提出几个能够涵盖复习内容的带有启发性的问题，这些问题学生过去未接触过或书上找不到现成答案。教师再提出复习要求，指点复习方法，然后由学生通过看书、回顾学过的内容并整理学过的知识、查看课堂笔记、自己归纳总结写出提纲、议论、互相问答等复习方式——不是这些方式的全部，而是选择其中一个或几个的结合或交叉——去达到教师提出的复习要求，回答教师提出的问题或者理解总题目，最后由教师概括并总结。

第二，适当增加新内容。新内容应紧紧联系复习的基本理论和要求进行基本训练。例如，新课讲过之后，随着形势的发展会出现国内外的重大事件，形成社会或学生议论的新热点，其中有些和教学内容密切相关，在复习中联系这些内容很有好处，不仅可以加深对基础知识的理解、培养学生运用知识的能力，而且可以澄清模糊认识，提高思想觉悟。在系统复习过程中，还可适当穿插一些与教学内容紧密联系的能说明基础知识的典故、名言、成语、谚语、寓言之类的内容，这样容易加深学生对知识的理解，引起学生的兴趣。

复习中应忌机械重复，忌死记硬背，忌面面俱到，忌浮光掠影，忌考试挂帅，忌题海战术。

六、研究性学习法

研究性学习，是指学生在教师指导下，以类似科学研究的方式去获取知识和应用知识的学习方式。从广义理解，研究性学习泛指学生主动探究的学习活动；从狭义看，作为一门独立的课程，研究性学习指在教学过程中以问题为载体，创设一种类似科学研究的情境和途径，让学生通过自己收集、分析和处理信息来实际感受和体验知识的生产过程，进而了解社会，学会学习，培养分析问题、解决问题的能力和创造能力。

研究性学习具体操作过程：学生在教师指导下，从自然现象、社会现象和自我生活中选择确定一定的课题，以类似科学研究的方式去获取知识、应用知识、解决问题，进行主动探究的一种学习方式（学习活动）。主要包括以下三个方面：(1) 师生关系是"学生在教师指导下"；(2) 学习的基本形式是"以类似科学研究的方式"；(3) 学习的基本内容是"获取知识和应用知识，以解决问题"。

（一）实施研究性学习的目的

1. 培养学生的创新意识和创新能力

培养学生的创新意识和创新能力是研究性学习的一个总目标。研究性学习的最初提出是基于提高学生"发展性学力"的理念，力图在保证学生"基础性学力"的基础上，进一步发展其"创造性学力"，促进其综合能力和综合素质的提高以及个性和特长的发展。它要求学生在学习过程中不拘泥于书本，不迷信权威，不墨守成规。它要求教师尽量减少对学生的限制，并适时适度地给学生以指导和帮助，鼓励学生充分发挥自己的主观能动性，独立思考，大胆探索，标新立异，积极提出自己的新观点、新思路和新方法。

2. 培养学生的问题意识和解决问题的能力

问题意识即一种怀疑精神，一种探索意识，它是创造的起点，没有问题意识就没有创造性。研究性学习从一开始就把目标指向学生问题意识的培养上，问题性是研究性学习内容呈现的主要方式。它的实施通常不是由教师提供一篇教材，让学生理解、记忆，而是呈现一个需要研究解决的实际问题，围绕这个问题展开，以解决问题、表达思想和交流成果而结束。在这个过程中，学生通过发现问题、提出问题、作出解决问题的设想、收集资料、分析资料、形成假设和验证结论等，培养问题意识，掌握基本的科学方法，学会在一个开放的环境中如何收集信息、加工和处理信息。当然，主动收集、加工、处理信息的过程也就是学生激活已有的知识储存,学习和运用科学研究方法,发现和解决问题的过程。

3. 培养学生的合作精神和人际交往能力

当今社会,竞争与合作并存,具备积极合作精神和有效的人际交往技能是高素质现代人的一个重要标志。在研究性学习中,小组合作学习作为基本组织形式贯穿学习过程的始终。课题研究的成败,往往取决于小组成员间合作的好坏。为了达到共同的学习目标,小组成员之间必须学会相互理解、彼此尊重和信任,学会互相帮助和支持,使同学之间建立起一种融洽、友爱的亲密伙伴关系。不仅如此,在小组合作学习与社会的联系中,通过社会调查、访谈、外出收集资料、向专家请教等,不仅可以培养学生的合作精神,还能激励他们独立地运用社会交往技能去争取成功。可见,研究性学习是以更高的要求去培养学生的合作精神和人际交往能力,同时也提供了更多的锻炼机会。

4. 培养学生的科学精神和科学态度

当今时代科学研究的主要方式是集体研究。通过组建课题小组,按照一定方案,由小组成员分工合作,有序地研究,最终达到研究目标。而开展研究性学习目的就在于让学生了解科学研究的方法,学会研究问题和解决问题。在教学中创设一种类似于科研工作者开展科研的情境和途径,以小组合作形式开展研究性学习,与科研工作者进行科学研究的组织形式十分相似。通过课题小组中学生的主动探究,共同努力,求得结论,使他们能获得亲自参与研究探索的积极情感,逐步形成一种在日常学习与生活中喜爱质疑、乐于探究、努力求知的心理倾向,养成尊重前人劳动成果,认真求是的科学态度以及不怕困难、勇于探索的科学精神。

5. 培养学生关注现实、关注人类发展的意识和责任感

研究性学习的内容大多是与社会生活实际联系密切的课题,特别是人类生存、社会发展的问题,如环境保护、人与自然的关系、精神文明建设、科学技术发展等。这些问题与人们生活息息相关,引导学生对这些问题加以研究,可以培养学生关注社会生活实际、关注人类发展的意识,增强使命感和责任感。

（二）研究性学习的特点

1. 开放性

研究性学习除了学科提供一部分现成内容外,大多数学习的内容及问题来自于现实社会生活中的事件、现象和情境,带有开放性。学生可根据自己的兴趣,关注社会生活,通过各类研究方法,多方面、多渠道去寻找未被加工处理的第一手资料,在激活所有的知识储备基础上,经过头脑的加工形成结论,去解决实际问题,从而获得一种关于社会的、自然的、生活的综合知识,培养学生适应未来社会生活的能力。

2. 自主性

研究性学习改变了以往学生被动接受的学习方式,创造条件让学生能积极主动地去探索、尝试,更好地发挥个体创造潜能,真正成为学习的主人。在研究性学习中,学生从课题的选择、确定,资料的收集、分析,报告的撰写、答辩,成果的整理、展示等,整个过程都是学生自己去操作,具有很大的自主性。应该说,在研究性学习中,教师只起指导作用,扮演的角色更多的是指导者、协助者、参与者。同时,研究性学习可以分层次进行,为具有不同潜能的学生提供不同层次的学习,为调动全体学生共同参与的积极性创造条件。

3. 合作性

研究性学习的目标之一是增强学生的团体合作意识和精神,学会交往和团结合作,因为研究性学习需要齐心协力地合作才能完成。从实践中来看,学生在研究性学习中选择较多的是小组学习形式,这不仅有益于个人发挥特长,而且有助于提高每个学生的责任感和协作精神,体验到个人与集体共同成功的快乐。

4. 创造性

研究性学习创造了让学生充分发挥创新潜能的宽松环境,其学习成果主要不是知识的积累,而是创造能力的提高。学习的载体、内容、途径、情景、过程、思维、组织、表达、评价等都是没有经历过的,具有很大的创造空间,学生不能靠模仿、记忆来完成任务,而是去亲身经历,体验感受,在实践中创新,充分发挥学生的创新精神和创新能力。

5. 过程性

研究性学习注重的是研究的过程,学生的体验和表现比结果更重要,研究性学习的最主要目的是在研究过程中培养学生的科学精神与良好的智力和非智力因素品质,让学生在研究性学习中学会交流和合作,在研究中得到发展。研究性学习重在过程,因此在评价学生的学习成果时就不应以成败论英雄,更不应以课题的学术价值和社会效益作为评价的主要依据,而要看学生在研究中的态度和表现,关注学生在研究性学习过程中的进步程度。

6. 问题性

问题是贯穿于研究性学习过程始终的一条红线,正是对问题的搜寻、发现、确立、探索、解决的过程中,学生由被动的接受者、服从者、执行者变为主动的研究者、探索者、发现者。在这个过程中,学生根据学科学习中的问题和现实生活中的问题进行组织,发现问题的喜悦感,解决问题的挑战性和成就感相互融合,成为激发学生学习的强大动力,学生的自主问题意识成了学生研究创新的原动力。

7. 实践性

研究性学习不同于学科知识传授,不能只是坐而论道,要实践,要活动,学生通过提出问题和研究问题,来了解知识的产生和发展过程,最后解决问题。为了达到这个目的,学生要思考、计划、调查、访谈、实验、查找资料、理论探讨、分析整理、归纳总结、写报告、写总结等,在实践中获取直接经验,以学生的直接经验为基础,培养学生的实践能力。

8. 内化性

研究性学习通过课题设计、寻找资料、动手实验、社会调查等亲身实践,体会到科学研究的艰辛和快乐,懂得做人的道理,知道获得信息的渠道和方法,获得对社会的直接感受和体验,在实践中学会学习,获得信息时代所需要的能力。这正是开展研究性学习的主要目的。

七、合作性学习法

(一) 合作性学习的含义和特点

合作性学习是指通过教师设计、布置教学任务,学生以小组为活动单位进行学习,互助合作,完成共同的学习任务,从而获得良好的道德品质,形成正确的世界观、人生观、价值观。思想政治课的合作学习旨在创设学生之间和谐、互助的学习气氛,满足学生展示自己能力和获得自尊感的需要,最大限度调动学生学习思想政治课的积极性,提高思想政治课教学的实效性。它具有四个特点。

1. 学习的协作性

目前,思想政治课的教学情境主要是个体学习活动和竞争。考试是检验知识掌握与否的主要途径,但有可能导致学生竞争意识被扭曲,认为别人的成功就是自己的失败。而思想政治课的合作性学习充分体现了学生学习上的互助协作。教师将学习任务分配到各个小组后,分别承担不同的任务,通力合作、研究,一起完成分派的任务,最后以小组为单位对学生的成绩进行总体评价。学生深信从本组的集体利益出发,在"一人为大家,大家为一人"的利益共同体中,所有组员都会从他人那里受益,拥有一个共同的命运。因此,小组成员可以积极协作,相互帮助。

2. 知识与情感的交融性

思想政治课的合作性学习将学生置于学习的主体地位,使学生的知识学习伴随在情感产生的过程之中,带有浓厚的情感,达到了知情交融的程度。小组活动中,学生与学生、学生与教师可以进行多向的思想交流,既充满温情和友爱,又充满互助与竞赛,使学生觉得学习思想政治课是愉快而充满情趣的事。

3. 个体效能的展示性

个体效能指小组学习中每个成员,对本组任务的完成所做的贡献以及个人特长的充分发挥。小组合作活动,以组内异质、组间同质为特征,即小组由不同能力和个性的成员组成,小组之间组成方式是一样的。在小组内,不同成员在主课题下承担不同的子课题,因此,他们能够在各自的任务下,仁者见仁,智者见智,充分展示自己的才能。大家在共同的趣味和快乐中竞争,自主而独立地学习,使个体成员的个性和才能得到充分的发挥。

4. 学生和学生的互动性

思想政治课的重要任务之一,是培养学生良好的道德品质。良好道德品质的形成离不开社会交往的实践。在合作性学习活动中,小组就好比一个小社会,在教师指导下,变以往师生之间的单向传导教学模式为学生和学生之间、师生之间的多向互动的教学模式。学生通过讨论和学习所分配的学习任务,彼此相互合作、沟通,在互助学习中学会了尊重他人、宽容他人和关心他人等好品质。

(二) 思想政治课合作学习的操作

将小组合作学习引入思想政治活动课,克服了以往单一的说教型教学的弊端,给思想政治课的教学带来了生机。具体操作如下。

1. 制订计划

积极挖掘教材中适合小组合作学习的内容,制订合作学习的计划。

2. 前提准备

在学生的合作活动之前要做一些准备。如对与本次合作学习有关的知识的复习,基本的交往与合作能力的培养。

3. 小组的划分

小组的划分可以是 4~8 人一组。座位可以是前后座位、马蹄型座位和扇形座位。小组划分原则:按学生(性别、成绩、能力水平及其他背景)的差异,一般来说 4 人小组中,1 名优等生,2 名中等生,1 名学习困难学生;6 人小组中,2 名优等生,3 名中等生,1 名学习困难学生;尽量保持小组之间水平相当,创造一个公平竞争的条件。组内由教师根据成员的情况编号。组内成员的责任分工:小组长负责组织协调本组的工作;裁判员负责纠正组员回答问题时的错误;记录员负责记录小组的答案和报告;观察员负责小组活动情况,与别的组进行比较,提出建议。小组成员以及小组的责任要随具体任务的不同而确定。

4. 活动过程

小组合作活动学习,构建了学生与教师、学生与学生之间的网状学习模式。首先,教师下达学习目标,即呈现本次活动的学习材料和有关问题。其次,每个组内成员又要进行不同的分工,先各自完成自己的子课题。再次,组内交流与讨论,这一过程既是相互交流、相互帮助,又是相互监督、相互检查的过程,体现合作与竞争的统一过程。这里教师负责监督,调动学生的积极性,阻止一些不遵守纪律的现象发生。

5. 全班交流及检测

全班交流是以小组为单位,教师提出各种问题。必答题,由教师按编号来指定回答。小组必答题,由小组推荐组员回答。抢答题,由各小组随意抢答。在学生回答问题的活动过程中,答题情况以记分形式进行评比和表彰。方式有口头表扬、物质奖励等。

6. 小组内分析

根据小组得分情况和回答问题的情况，由各组组长负责组织进行总结，对每个成员在活动中的优缺点给予表扬或对相关知识给以补充。

八、自学法

作为指导学习的方法，自学法是指在教师的引导下，学生独立或半独立地掌握新的知识，获取新的技能的课堂教学方法。未来学家认为，将来的“文盲”不再是目不识丁的人，而是一些没有学会学习方法，不会自己钻研问题，没有预见力的人。自学法可充分发挥学生主体作用，有效地培养他们独立思考的能力、动手能力、观察能力、迁移能力等。

自学法包括引入指路、自学解疑、巩固练习、重读小结四步骤。

（一）引入指路

教师根据本节课的教学目的，以恰当的方式引入新课，通过出示自学提纲，为学生阅读教材、思考问题提出一条线索，指明自学的方向，暗示教材的重点和难点，引起学生探究的兴趣。自学提纲的设计是否成功直接关系到一节课的成败。教师在编拟自学提纲时应遵循三条原则：根据本节课的教学任务反映教材的重点；从培养能力出发，有启发性、思考性；从学生的学习心理出发，能激发学生的求知欲，有趣味性。

（二）自学解疑

学生根据教师给出的自学提纲独立地阅读教材，要求学生初步做到能概述、复现教材内容，提出质疑。在此过程中学生可请教老师或同学，可翻阅参考书、工具书，依据自学的内容与进程，也可安排学生分组讨论。在此阶段教师要检查学生的阅读进度，巡回答疑，先解决个性问题，然后收集共性问题，进行个别辅导。

（三）巩固练习

目的是检查自学效果。题目由教师设计，以课前备课设计好的问题为主，以课堂上反馈的信息临时编创为辅。教师要利用这段时间最大限度地注意学生答题的情况。练习的题目要难易结合，有梯度，练习题要紧扣教学大纲与教材，题型要多样，题目中要有意安排一些学生自学过程中不易解决或解决不好的问题，通过“难为”学生，使之发现自学过程中的薄弱环节，进一步深化知识、巩固知识，这种题应具有合适的梯度，有利于培养学生的创造性意识。这种题应有利于训练学生的解题技能，还应有一定的深度，能检查学生阅读教材的程度。在此阶段，教师应针对不同层次的问题提问不同类型的学生，照顾多数，鼓励多数，让尽可能多的学生获得成功的喜悦。

（四）重读小结

巩固练习阶段，对发现的问题和碰到的“拦路虎”，在教师的指导下有针对性地重读教材，或重点读教材的某些句、段。小结的目的是解疑答难，把所学知识系统化、网络化，构建成体系。方式一般为：按自学提纲小结、整理；根据学生自学过程中普遍存在的问题作解疑，就某个重要内容深入剖析，对某些相关联的知识作引申小结。

九、快乐学习法

快乐教学法绝不是嘻嘻哈哈地学习，而是自觉自愿地学，高高兴兴地学，主动积极地学，生动活泼地学，满怀信心地进取。愉快教学是以人的全面发展理论为基础，以学生身心发展规律和学生自身发展需求为依据，从情感入手，促使学生生动活泼、主动发展的一种教学方法或模式。实施快乐学习法应注意以下几方面问题。

（一）优化课堂结构

教学的主要形式是课堂教学。要提高教学质量，其关键就是要优化课堂结构，选用灵活的教学方法。传统教学的一个失误，是漠视学生个性情感的健康发展，忽视学生主观能动性，淡化教学的实践性。不是把学生当作课堂教学中生动活泼的学习主人，而看成是被动接受知识的口袋。事实上，思想政治课的性质决定了它能够深刻地影响学生成长的心路历程。教师应将传统的单向型教学，变为师生之间对话讨论型的结构。同时，教师应根据教材要求，针对教学对象的差异，采用诸多的课型结构模式。

（二）培养学生良好的心理素质

当学生处于良好的心理状态，就会对书本感到亲切，乐于和书本交朋友；心情不好，就会见书生厌。良好的情绪就是适度紧张。学习的最佳效果是在紧张度既不太高也不太低，保持在适度水平的时候取得的。所以，学生在学习中要使自己的情绪成为一股潜在心理动力，激发出强烈的学习欲，使自己的思维处于高度活跃状态，以提高学习效果。但人的情绪不是在任何时候都处在理想状态。当心绪不佳时，可采用转移法、自我暗示法、动作转化法、兴奋法、环境缓冲法等进行调控。教师要真诚地去爱学生，能体谅和宽容学生，特别是对后进生要以热情诚恳的态度关怀他们，使他们在心理上得到安慰并转化成为学习动力。

（三）创设良好新颖的教学环境

良好的教学环境为快乐教学法提供有效的物质条件。如建立班级图书角，使用灵巧的小黑板、录音机、幻灯机，准备和教材配套的挂图、软片、录音像带，建立良好的教学氛围。课外倡导学生多读书报、听广播、看电视、玩游戏、种花草等。另外，良好的师生关系也有利于教学效果。

十、应用法

应用法是教师启发学生将所学到的道德规范自觉地转化为行动，引导学生逐步学会运用正确的立场、观点、方法去分析问题、解决问题。应用是思想政治课学习的目的和归宿。思想政治课的学习效果,要通过应用才能得到检验。学习成绩最终必须体现在应用上。如果不会应用,意味着学习任务实际上没有完成,学习过程没有最终结束。

思想政治课教师进行应用指导时应着重注意以下几个方面。

（一）要鼓励学生大胆地应用

有不少中学生对自己能否运用马克思主义原理去分析和解决现实问题是存有疑虑的。在他们眼里,应用是极其复杂的、高深莫测的事,只有成人才能胜任。所以,在学习应用的过程中一旦遇到困难就特别容易产生畏难情绪。其实,中学生不但能够学会应用,而且能够很好地应用。学生的应用不同于成人的应用,它带有明显的学习性质,一般来说,即使是错误的应用也不会造成实际上的重大损失。所以,教师应鼓励学生大胆地应用,要在应用中学会应用。

（二）要引导学生正确地应用

马克思主义原理是一般真理,要同具体实际结合起来才有生命力。所以,运用马克思主义原理分析解决现实问题时,教师要引导学生学会具体分析。另外,就马克思主义的一些具体结论来说,都有一定的使用范围,如果拿它当成标签随便地乱贴,势必要造成应用中的失误。

（三）提出的应用要适当,要切合中学生实际

中学生的应用是初步的、低级的,尚处在学习过程中,所以,对他们应用的要求不能一下子提得太高。另外,中学生本身也有年龄层次的不同。对于刚进校门的初中一年级学生,要让他们去分析复杂的社会问题是不可能的,也是不现实的。对于他们来说,主要是按公民的道德规范去做。至于高中学生,抽象思维能力已趋于成熟,可要求他们运用马克思主义原理去分析和解决实际问题。

（四）培养学生的应用能力应由浅入手,逐步提高

应用是一种能力,不是天生就有的,需要培养。教师培养学生的应用能力可以从他们平时的练习开始。通过练习来培养应用能力,应允许学生有一个模仿的过程。但模仿本身不是目的,而是契机,教师应引导学生在模仿中举一反三,逐步掌握分析问题和解决问题的基本方法。在练习的基础上,教师可以引导学生积极参加社会调查和社会服务活动,自办黑板报,撰写小论文等,进一步培养他们的应用能力,使他们养成理论联系实际的好习惯。

（五）指导学生应用,教师必须以身作则,身体力行

教法制约学法,教师如果在课堂上光讲理论,不注意联系实际,要学生有较强的应用能力是不可能的。教师的言行一致、身体力行对学生的成长具有至关重要的影响。

复习思考题

1. 学习的意义是什么？
2. 学习的类型有哪些？
3. 你对新的学习观念有何理解？
4. 如何端正学习思想政治课的态度？
5. 如何培养自己的学习兴趣？
6. 你有勤奋学习的品质和习惯吗？如何养成的？
7. 思想政治课学习的策略有哪些？如何理解？
8. 什么是研究性学习法？如何应用？
9. 你对合作性学习法有何理解？
10. 如何开展应用性学习？提出自己的建议。

教 学 建 议

第六章思想政治学科学法论，主要介绍了学习思想政治课的主要措施和学习思想政治课的方法。教师在教学过程中应针对本章内容的特点，实行操作式教学模式，对涉及学习策略和学习方法要进行现场演示和演练。学习方法上除了掌握有关知识，重要的是进行训练，使学生把握方法的运用，进而形成一种学习能力。养成一种好的学习习惯，形成自己的学习风格，提高学习的能力，是本章的教学核心。

第七章　思想政治学科评价论

教学评价，是教学理论中的重要组成部分，是教学研究领域中的一个重要课题。评价是人类有意识活动的一种现象，它的实质在于促使人们的行为更加自觉，它对课程的实施起重要的导向和质量监督作用，它也是人们对自己行为反思的体现。

第一节　教学评价概述

教学评价涉及问题很多，首先要了解什么是教学评价，教学评价的对象是什么，教学评价有哪些类别，教学评价的功能和形式，等等。而对待以上这些问题需要我们以素质教育观念为指导，也就是通过学习，建立起一系列关于教学评价问题的思想观念。

一、教学评价的概念

什么是教学评价？对这个问题由于人们的认识不一致，给它下的定义也不一致。教学评价，就是评价教学。评价，就是对价值的认识、判断和评定。评，就是判断、评论和评定；价，就是价值。这里所说的价值，就是客体对主体的作用和效用。教学评价，是对教学价值的判断、评定和测量，就是对教学价值的判断过程。而评价、判断都是要有目标和标准的，否则评价和判断就没有了根据。对教学进行评价，如果没有了目标和标准，也就无法确定其是否有价值。价值的确定是要有证据的，证据就是教学效果，没有效果就证明不了有价值。而求证教学效果，是需要一定方法和技术的，只有科学的、可行的评价方法和技术，才能防止评价中出现盲目性、主观性，避免误评，才能保证评价的科学性、客观性。要保证教学评价的科学性、合理性，首先要有科学的教育思想理论和评价技术以及评价方法的可行性和科学性，否则是办不到的。所以，教学评价，就是在一定教育思想指导下，根据教学目标及其标准，利用科学的、可行的方法和技术，对教学活动及其效果给予价值上的判断和评估。这就是我们给教学评价概念下的定义和我们对教学评价的认识。

二、教学评价的对象

教学评价中的教学指的就是构成教学的基本要素，它涉及教学的各个方面，如课程、教学目标、教学过程、教学方法、教师、学生、学校工作、教学环境、教学的体制，等等。但教学评价主要是侧重评价教师、学生、教材、学校工作等，这些要素也就是教学的主要和经常评价的对象。

（一）对学生的评价

学生是评价对象的核心，其他方面则是围绕这个核心并对核心发生直接影响的重要因素。因为教学成果主要体现在学生身上。对学生评价也不是单纯评价学生的某一方面，而是对学生素质的各个组成部分及整体水平的评价。如，思想品德素质，包括政治态度、思想观念、思想觉悟、道德品质、行为习惯等；文化科学素质，包括基础知识、基本技能、思维发展、学习成果、创造能力等；审美情感素质，包括表达水平、鉴赏水平、创造情感、气质修养等；劳动技能素质，包括劳动情感、劳动技能等；心理素质，包括性格、特长等。

（二）对教师的评价

教师是教学的主导因素，教师的素质水平直接影响着学生素质的发展状况。对教师的评价，包括对教师的各个方面的评价。如，科学文化素质，包括要有扎实的基础知识，宽厚的教育科学知识等；智能素质，包括理解力、记忆力、想象力等；教育能力素质，包括教学指导、表达能力等；思想品德素质，包括思想觉悟、师德等。对教师的评价要同教学活动结合在一起。

（三）对课程教材的评价

课程教材是否得当，也是教育成败的重要因素。对课程的评价，主要是评价课程设置是否合理，结构是否恰当。对教材的评价，包括对教学内容、教学指导书、学生辅助读物的评价。

（四）对学校工作的评价

学校领导对学校的工作负全面责任，评价教育工作，必须对学校教育活动作出评价。对学校工作的评价，主要有以下几方面内容：（1）办学方向评价，包括办学指导思想、全面贯彻教育方针情况、面向全体学生情况、依法治校情况等。（2）学校管理情况评价，包括领导成员素质、领导班子建设、民主管理情况；教学管理情况；家庭、学校社会工作配合情况；教学计划及教学组织情况；教研教改工作。（3）教学条件评价，包括师资队伍建设、校舍建设、教学设备、教育经费等。在制订评价体系中，把评价内容分解为行为化、具体化，如评价“办学方向”目标时，具体指标是“不任意增减课时”、“毕业生巩固率”、“差生转化率”等。

三、教学评价的分类

（一）依据教学评价在教学活动中的具体作用进行分类

依据教学评价在教学活动中的具体作用，教学评价可以包括三种不同的类型，即诊断性评价、形成性评价和终结性评价。

1. 诊断性评价

诊断性评价,是为辨别和寻找造成学生学习障碍的主要原因以及了解学生在认知、情意和能力方面的水平、情况而进行的评估。它的目的是促进学生学习进步,帮助学生排除学习障碍并制订出有效的教学方案。另外,也是为了掌握学生的水平,其结果可供制订教学计划参考之用。教师通过诊断性评价,了解到造成学生学习困难和造成学习中问题的原因,就可以对症下药,有针对性地调整教学方案。诊断性评价,为有的放矢地进行教学提供了有力的根据,如教师进行的教学摸底测验就属这类教学评价。

2. 形成性评价

形成性评价是在教学和学习过程中使用的系统性评价,用于学习过程中的及时反馈,它是在学习形成阶段进行的掌握学习情况的一种措施。形成性评价是通过了解教学过程与分析教学单元存在的问题,为正在进行的教育活动提供反馈信息,以提高正在进行的教育活动质量的评价。它的目的不是为了对学习者分等级或评价成绩,而是为了改进教学,为帮助学生提高学习成绩和提高教师教学质量。如随堂进行的教学反馈评价、一个教学单元完成后的考核等,都属这类教学评价。

3. 终结性评价

终结性评价是为了给学生学习做一个结论。目的是为了给学生评定成绩和评定教学情况,它的直接目的是判断出教育效果,从而区别出优劣,分别出等级。终结性评价一般是在教学结束后进行的,它的评价功能是甄别学生学习等级和鉴定学生达到教学目标的情况。如期末考试、年终考试都属于这类教学评价。这种为学生学习成果提供反馈的评价形式,既可为学生的学业情况作出整体判断,也可起到激发学生学习动力的作用。

(二)依据教学评价标准进行分类

依据教学评价标准进行教学评价分类,可以把教学评价分为相对性评价和绝对性评价及个体内差异评价。

1. 相对性评价

相对性评价是一种相对标准的评价,它是以评价对象群体的整体水平为参照系数,由评价对象的集体情况来确定评价标准的。利用这个标准,通过评价过程来评定每个评价对象在整体中的相对位置。它是在一定背景条件下的相对比较评价。某个评价对象的评价位次是相对这个评价集合体中的位次,而不是在任何评价人群中的位次。每个参评成员的水平、名次决定于该群体的整体状况,因为标准就来源于这个群体。同一个参评成员,在不同的评价群体中名次和分数会有所不同。因为学生的名次是相对于这个评价群体的,反映的是某个学生在其所在集体中的相对水平。这种教学评价形式,往往被利用于选拔人员和通过排名了解一定范围内学生的学习差异情况。

2. 绝对性评价

绝对性评价，是在评价对象群体之外，以一定客观的、标准化的目标为评价标准的教学评价形式。这种教学评价形式，是一种标准目标参照评价，不受评价对象群体状况和水平的影响，评价结果的名次，只与评价对象自身的水平有关，而与其所处的群体无关，是绝对性评价。用这种教学评价方式评价出来的学生学习结果，不受其他学生学习情况制约。如，我国的高中会考，学生会考成绩只反映学生掌握课程标准要求的程度，也是学生学习实际程度和水平的反映，具有客观性和标准性，它是一种标准化教学评价。

3. 个体内差异评价

个体内差异评价，是以个体的自身状况作为参照系数，把每个评价对象个体的过去与现在进行比较，或者把学生个人的某些侧面相互进行比较的教学评价方式。运用这种评价方式，一方面可以把评价对象的过去与现在进行比较，以判定其学习的进步或退步；另一方面，把评价对象的某几个方面进行比较，考察其长处、潜力和不足。如对一个学生的各科成绩的比较、对一个学生在成绩与智力方面的比较、在智力内部各种智力之间的比较等，它可以了解学生的学科特长。这种教学评价方式，只是对学生自身进行评价，为学生发挥强项、补充弱项提供参考，而不会给学生之间造成竞争压力。另外，这种教学评价方式可以动态地考察学生的发展变化情况。这种教学评价形式只具有学生个人的目的性，而不具有学生间的互比性，这就有利于发挥学生特长，也有利于青少年的心理健康发展。

第二节　素质教育评价体系

实施素质教育，是一场从教育思想到教育观念、内容、方法、体制的深刻变革。要想实施素质教育，包括实施素质教育的教学评价，都必须首先在观念上变革，必须认识到素质教育与应试教育是不同的，是对立的。各种认为素质教育同应试教育没有什么根本性区别或认为素质教育是由应试教育发展而来的观点都是错误的。下面我们要讲素质教育的评价观点，只有充分认识应试教育在教学评价方面存在的弊端，才能认识到应试教育与素质教育的教学评价观有根本性不同。

一、当前教学评价中存在的主要问题

改革开放以来，特别是提出实施素质教育以来，我国思想政治学科在教学评价方面进行了一些改革，但这些改革都是浅层次的，没有从根本上改变应试教育的教学评价体系。现在，从改革的角度出发，我们仔细地审视一下本学科在教学

评价方面的整体情况，我们认为，当前思想政治学科在教学评价方面存在以下几方面的问题，这些问题就是应试教育在教学评价方面表现出来的弊端。

（一）评价功能过分强调甄别与选拔功能

健康是人安身立业、报效国家的基础，健康是教育和生活的出发点。但从近年来的各种有关青少年身体状况调查统计的结果来看，学生的“文弱”体质状况确实是让人担忧，应试教育体制是造成这一现象的主要原因。因为在应试教育运行机制情况下，教学评价主要功能是进行学生学习情况甄别和为升学选拔学生。在这种教学评价机制的框子里和追求升学率的竞争气氛中，学生和学校只好以忽视学生身体健康和品德的代价来换取高考升学率。评价制度是导向机制，为了取得高分和高升学率，学校把课程排得很满，模拟考试不断。很多学校的高三学生为升学和取得高分不参加体育活动，上政治课时复习英语、演算数学题。最后“牺牲”的是学生的全面发展，国家损失的是宝贵的人力财富。有人说，这种现象是由现行的考试制度造成的。因为教学评价功能过于单一，过于强调总结性评价，过分强调甄别与选拔的功能。有人形象地把现行的教学评价比做大筛子，学生怕漏在筛子下面而成为失败者，就拼命地竞争。考试竞争又造成课业负担过重并导致人才畸形发展。这就是应试教育教学评价造成的不良结果。

（二）评价内容过多注重智育

我国现行的主要教学评价内容关注的是智育，关注的是学科知识，特别受到关注的是在升学竞争中起作用的几门学科知识。因为追求升学率而使评价内容过多倚重智育而忽视德育，使我国青少年道德水平严重下降、人格不健全。从近几年青少年犯罪记录来看，不少犯罪青少年缺乏的不是知识，而是道德和人格。一些青少年罪犯，是中学生、大学生，甚至有些是研究生，他们有知识，升学考试成绩不错，但严重缺乏道德水准。有个案例读罢让人震惊：有 9 名不满 18 周岁的犯罪嫌疑人在取保候审期间，其中 6 名考上大学，升学率为 66.7%。他们缺的不是知识，而是道德信念、道德情感和道德行为。不少青少年犯罪现实事例告诉我们，他们在考试和升学中取得了胜利，但由于在中学期间忽视德育，导致他们做人失败，危害社会。爱因斯坦说：“只教给人一种专门知识、技术是不够的，专门知识和技术虽然使人们成为有用的机器，但不能给他以一个和谐的人格。最重要的是人要借着教育获得对于事物和人生价值的了解和感悟。”①学生的质量不是一些抽象的分数，而应该是在具体情况中解决问题的思想和能力。由于教学评价指挥棒指挥的失误，评价内容过于单一，使学校教育不但忽视了对学生德育的考查，而且对学生的综合素质、实践能力、创造精神、心理素质、学习态度以

① 朱诚霖：《加强青少年的人格教育》，《心理健康教育》1999 年第 11 期。

及习惯的培养和考查也不够重视，严重影响了学生的全面发展。

（三）把笔试作为唯一的评价方式，过于注重分数

在目前的学校里，作为学生，追求优秀、追求好的学业成绩是值得提倡的。作为学校，如果不取得好的教学质量和好的教学业绩，也很难被社会和家长所接受。质量得不到保证，教育也就失去了存在的价值。但如果像我们目前这样，笔试垄断评价学生的手段，过分注重分数，把分数作为判定学生优劣的依据，就失去评价的客观性和全面性。目前一些学校，一切教学活动以分数为标准，使学生和教师整天为分数奔忙，学生为取得高分，死记硬背，承担过重的负担，成为分数的奴隶。事实上，现在分数成了学生、教师、学校领导喜怒的本原，在学校引起了对分数的崇拜。作为教育，要效率、求质量并不错，对学生进行质量评价也完全必要。但把书面考试分数作为衡量学生质量的唯一标准就会把教育指挥到错误途径上去，因为分数不是衡量学生素质的真正尺度。有些高分低能、高分低德的人就足以说明这个问题。不考虑学生综合素质的发展，只单纯看书面考试分数，而对学生在其他方面素质的形成视而不见；对学生智能和情感的发展视而不见，特别是对思想政治课教学中学生的道德表现视而不见都是不对的。不用说全面衡量学生的素质，就衡量学生对知识的掌握程度而言，百分制记分法也存在很大局限，考试的分数和名次都是相对的，是学生质量的相对表现。过分强调相对评价会给学生心理造成焦虑和恐惧感，不利于激发和调动学生的积极性。目前，在校青少年学生的心理疾病主要是由于评价中对分数的滥用和崇拜造成的，它不利于学生身心的健康发展和创造力的发挥。另外，学校经常通过笔试训练学生对知识的记忆，也会使教学走上“科学主义”的极端，一方面反复记忆死知识，另一方面忽略了教育的根本，即对心灵和智慧的开发，对人格和个性的教育。

（四）由于评价主体错位，使学生处于被动地位

目前的教学评价，学生成了教师、学校、政府评价的单一对象，学生处于“他评”状态，处于一种消极被动的地位。这种评价主体的“错位”，忽视了被评者的作用，使教育评价构成对学生的一种心理威胁，使学生自尊心、自信心、自学情绪得不到很好保护。评价活动成为一种消极的活动，它严重地影响了学生主观能动性很好地发挥。这种评价主体的错位，也破坏了学生在学习中的“自主化”。学习过程是学生自己做主、主动参与，发挥自己主动地位、主动构建知识的过程，而不是被学校、教师通过“考试”逼着学习的过程。学校、教师都应是教育评价主体，但这些评价主体总是思考评价学生，而很少想到评价自己，给学生造成很大的心理压力，影响了学生创造力的发挥。

以上这些问题与当前教育评价发展的特点不相符合，也是对我国基础教育课程改革的极大阻碍，必须进行彻底改革。

二、素质教育发展性评价体系

20世纪80年代以来，世界各国对教育评价特别是教学评价问题进行深入的思考和重新认识，并开展改革教育评价活动。我国也要通过这次课程改革，建立起符合素质教育要求的发展性教学评价体系。

（一）评价功能以促进学生发展为本

确立以促进学生发展为本的教学评价功能取向，是时代精神的体现。随着信息技术的发展和网络时代的形成，教育的价值观受到挑战，原来以传授知识为主的基础教育课程的功能受到了挑战。时代的发展要求现代教育为发展人的教育，把人的发展当成教育的目的，确立教育为促进人的发展和社会发展相统一的价值取向，强调以学生发展为本，而不是长期以来片面强调学校为社会服务的观念。随着教育观的转变，教学评价功能也发生着根本的转变。教学评价的功能不只是检查学生知识、技能的掌握情况，而更为关注学生掌握知识和技能的过程及方法，以及情感态度和价值观的形成；评价不再是为了选拔、甄别与排队，而是发挥评价的激励作用，掌握学生成长和进步情况，并提出新的教学策略和方案来促进学生的发展。这就是说，教学评价是帮助教育工作者“创造适合儿童的教育”，而不是“选拔适合教育的儿童”。因此，教学评价不单是甄别和选拔的手段，更重要的功能是促进学生全面发展，促进教育实施者、教师教学工作的不断发展和进步。新时代的教育评价观要求我们，教学评价的每一个环节，都必须以促进学生发展为目的，要理解学生、尊重学生，学校的工作是“一切为了学生，为了学生的一切”。

（二）评价内容综合化

现代的教学评价观念注重对学生综合素质的考查。随着社会的发展和知识经济及信息时代的到来，社会竞争的加剧，作为社会的一分子，仅仅掌握知识和技能已远远不能适应社会发展的要求。教学评价内容应该是为教育培养目标服务的。教育目标要求培养全面发展的人，教学评价的内容指标也应该是全面的、综合的。就是说在评价内容指标上，评价学生个人学业的同时，还要关注其他方面的综合情况，如人生观、价值观、学习态度、创新精神、实践能力、合作能力、学习能力、做人的品格、身心素质等。近些年来，有的国家升学考试不但看考试成绩，还要看学生在其他方面的表现；不但看学生本人的表现，还看学校及教师的推荐和评语。像日本对学生的评价就包括考试成绩、学习情况、品行和性格几个方面的内容。评价内容综合化，必然带来评价内容指标多元化。评价指标多元化是指：(1) 基础知识评价，是指对学生掌握的具体现象、思想、方法、概念、原理、法则等的评价；(2) 基本技能评价，是指对学生掌握的智力技能、操作技能、技巧的评价；(3) 思想品德评价，是指对学生的政治、思想、道德、心理品质等方面的评价；(4) 情感态度价值观评价，指对学生在认知过程中，表现出来的价值观和学习态度、社会态度、科学态度的评价,有语言表现和行为表现;(5)能力发展水平评价,是指对学生的认知、发现、构想能力、知识原理的应用能力、资料和问题的解释能力的评价。

（三）评价方法多样化

新的教学评价体系要求评价指标多元化,就是说评价方法既有量化的笔试测验,又有课堂的行为记录、项目调查、书面报告、作业、成长记录、研讨评价、情景测验等质性评价法。因为量化出来的结果,远远不等于一个人的全部学习成果的总和。随着评价内容的综合化,以量化的方法评定一个人的发展状况明显表现出僵化、简单化和表面化的特点,使学生发展的丰富性、个性特点和学生的智能、情意、身心方面的努力、进步被埋在抽象的数字中。而质性评价方法能反映学生知识应用的具体情境,以全面性、深入性、真实性反映出评价对象的现实情况、特长和发展趋势。质性评价方法是一种定性评价,近些年来已为各先进国家所倡导。质性评价并不排斥量化的评价,量化评价在反映学生认知能力和水平方面具有准确的特点。现代科学的评价方法是将质性的定性评价方法和量化的评价方法整合到一起应用。

（四）评价主体多元化

现代评价观点认为在教学评价中,应该体现学生的主体地位,实现评价主体多元化。学生要成为评价的主体并能主动地参与评价,改变把学生排斥在评价主体之外的错误现象。评价应由教师、学生、家长、学校领导、教育行政部门、专业研究人员共同承担,共同参与,这些评价人员进行交叉评价,互为评价和被评价者,实现评价主体多元化。若学生被排斥在评价主体之外,学生就处于被“管”的地位,处于被动地位,就会产生不舒畅的心理。一旦学生成为评价主体之后,各评价主体处于平等的地位,学生主动参与评价,其他评价主体也会自觉参与评价和被评价。这就使各评价主体都能进行自我反思、自我教育、自我发展。同时,会增强各评价主体之间的了解和理解,形成积极、友好、民主和平等的评价关系,也有利于评价者和被评价者之间互相帮助和进行监督,产生共同认可的评价结果,促进教学参与者共同进步和发展。

（五）评价的重心是教学过程

评价的重心应该是教与学的过程,是实行终结性评价与形成性评价相结合的过程。以往传统的评价是关注结果的终结性评价,是面向过去的评价;关注过程的形成性评价,则是面向未来的评价,重在发展的评价。评价只有关注过程,才能深入学生的观察、思考、情感体验、推理、应用、假设和创新的发展过程,才能了解学生学习中遇到的问题,才能对学生进行真实的评价和指导,评价促发展的功能才能真正地发挥出来。质性的形成性评价方法,为过程式的形成性提供了条件。思想政治学科评价体系要求,将评价的重心转移到注重过程,把终结性评价和形成性评价结合起来，有效地帮助学生形成积极的学习态度、科学的探索精神、丰富的情感体验和价值观。

第三节　思想政治学科教学评价形式和方法

建立现代化的评价体系，应该改革教学评价的形式和方法。

一、教学评价形式

（一）学生的学习评价形式

1. 学生自我评价

学生的自我评价，是把自己的现状同自己过去的状态相比较，从而判断出自己的变化情况。自我评价是评价的基础，是建立在尊重评价对象的基础上，有利于调动评价对象的积极性。通过自我评价，可以进行自我认识，了解自己的达标情况。在自我评价之前，让自评学生了解评价目标内容，做到每人心中一把尺，然后组织学生自评。通过自评，可以提高学生自我评价能力，建立自信，激发内在的发展动力，从而促进在原有水平上的发展，实现个体价值。这种评价方式反映了两种不同的教育思想，说明评价不是为了给学生排名次、分等级，而是为了更快地让学生达到学习目标，促进发展。

2. 学生互相评价

学生互相评价就是让学生之间互换角色，为学生之间互相沟通创造一种好形式。学生之间可以依据学习目标，由学习小组成员对其中一名成员学习情况进行评价。学生在互评中，可以对学习目标进行再认识，这样会增进学生达标的自觉性，也能增强学生之间的情感。

3. 家长评价

开展家长对学生学习质量评价是一种新的评价形式，它是调动家长参与学校教学管理积极性的一种好形式。这种评价方式可以避免对学生评价的片面性。对学生在家里的学习情况教师是不够了解的，但是家长对学生在家里的学习情况、道德品质、思想表现、个性情感、学习愿望和能力、交流合作能力、创新意识、发展情况了解得最深，所以家长参与评价，使对学生的评价更全面。这种评价形式，为学校、教师与家长之间的信息沟通架起了桥梁。另外，通过家长参与教学评价，也可以增强家长参与教学管理的积极性和责任心，使他们更关心学校，更关心孩子，在教育孩子方面能同学校、教师更好地配合。

4. 教师评价

教师评价学生的学习质量，以往是不受学生欢迎的。一提到评价，学生就和考试联系起来。提到考试，很多学生会害怕。这是受传统的评价思想的影响，评价的功能被窄化。把评价同裁判、鉴定等同起来,评出优劣、评出名次。这种评价,往往把教师、学生推到对立面位置上。素质教育的评价,也就是现代教育评价观认为,评价不仅仅是为评判和鉴定,它更重要的目的“不在于证明,而在于改进”。形象点说,评价不是棒子,而是路标,它为评价者和被评价者指明方向。从这个意义上讲,教师和学生的目标是一致的。

（二）教师的教学评价形式

对教师教学质量评价的形式,包括教师自评和他评;他评又包括学生评、教师评和领导评。

1. 教师自我评价

自我评价是被评者自觉地用评价指标对照、检查自己的工作,通过自我评价不断完善自我的过程。首先让被评者了解评价方案,然后反复学习评价细则和指标要素,让评价者知道自己应该怎么做。通过自评过程让被评者对自我教学有个全面认识,以便随时自觉修正,使自己工作及时达标。

2. 学生对教师的评价

学生经常和教师生活在一起并听教师讲课,对教师教学的了解和素质的掌握是较全面、较深刻的。所以,学生评价教师是收集教师教学情况的重要途径。学生评价教师的形式可采用召开座谈会、问卷调查、个别谈话等方式。

3. 教师互评

教师之间互相听课、评课,可以起到互相了解、互相交流、取他人之长,补己之短的作用。教师之间的互评,可以由教学研究组组织,结合教学活动来进行。

4. 领导评价

教育行政部门的领导、校长、教学主任等,都需要掌握教师教学的情况,收集教学信息、建立教学信息反馈教学体系,有计划地进行教学调控和学科建设,以便提高整体的教学质量。

5. 家长评价

家长作为学生的父母,他们最关心孩子的读书情况和学校教师的教学质量。他们从孩子听课、做作业、考试等过程中也会收集到教师的教学信息。一般情况下,家长都了解一些任课教师的情况。由于家长接受过学校教育并且有丰富的生活经历,他们对教学的评价往往较深刻、较实际、富有理性。

二、学生评价方法

考试只是学生评价的一种方法,我们要将考试方法和其他评价方法,如开放性的质性评价方法有机地结合起来,全面描述、反映学生的发展情况。这里只介绍几种开放性的评价方法,标准化的纸笔考试将在后面加以介绍。

（一）研讨评价法

这种评定方法,是把学生在班组参与和课堂讨论中的表现情况作为学生学业成绩评定的一部分。这种学生成绩评价方式,可以促进学生间的互动,给学生互相交流知识、情意和思想架设了一个平台。另外,这种评价方法可以锻炼和提高学生的思辨能力及演讲能力。

首先,由教师根据教学内容提出一个起始问题,这个问题可联系社会生活中的某个现象、文学作品中的某个人物、新闻中的某个热点问题等。教师提出问题的目的是把教学过程交给学生,让学生积极参与教学,在参与中学会学习,收获知识、技能和扩展思想及价值,并让学生用学到的理论联系生活实际。教师在研讨中和学生的地位是平等的,他们作为平等主体和学生互相交谈、讨论、争论、交流体验。这个讨论可以明确教育结果,但不以结果为标准,可以对教育结果提出批判性思考,提出不同的教育结果,追求的是实现结果的过程,目的是提高思想和技能。其次,对研讨过程要做记录。通过对记录的分析、对比、评价,可以对学生在各种教育结果上的表现、成绩作出判断。这是把教学和评价统整融合为一体的一种评价方法。

(二)专题作业评价法

专题作业评价法,是让学生用调查报告、研究论文的形式完成专题作业,并把学生写成的调查报告、研究论文作为学生学习成绩的一部分加以评价。这种学习评价形式以促进学生联系社会生活实际,解决实际问题为目的,它能培养、考察学生的创新精神和独立动手的实践能力。这种专题作业的评价形式,为学生独立研究能力、独立动手能力的发展提供了时间与空间。学生们将他们经过阅读收集的资料、确立的观点,以报告、论文形式呈现出来,这本身就是很复杂的探索、学习过程。

这种专题作业评价方法的操作程序如下。

1. 选题

教师根据学生课程中学习的理论和社会生活实际,列出一个"课题"作业题目单,向学生公布,学生可以根据自己的研究兴趣进行选题,也可以自己另立题目。选题要和课程中学到的思想政治理论相联系,并有一定价值。

2. 收集资料过程

学生要根据自己选定的题目收集资料,可以到图书馆、书店和家庭成员中收集查询信息。

3. 调查、研究

学生可以根据自己收集的资料和掌握的信息,进行分析、归纳、综合并形成自己的研究思路。也可以根据自己的想法进行社会调查,到有关的单位进行实地调查,这样不但可以增添新信息,而且会有新的亲身体验和感受。

4. 调查报告、研究文章的撰写

学生可以根据自己掌握的材料和研究思路,写成论文或调查报告。论文、调查报告要以书面文字形式呈现出来。在布置作业时,教师应指导学生如何写作。调查研究报告、研究论文应结合在思想政治课中学过的理论,并运用理论分析问题,选题要有一定意义。另外,作业在格式、体例、结构方面要规范。

5. 作业评价

作业评价可以由任课教师评价,也可以由班级学生组成的评价小组评价,还可以由评价小组集体研究之后投票评价。评价成绩作为学生总成绩的一部分,评出的成绩可分为甲、乙、丙三等。学生独立作业并参与评价活动,他们的创造性精神和实践动手能力都得到了发展,另外也调动了学生学习的主动性。

(三) 观察评价法

观察评价法,就是通过教师有目的、有计划地对学生在学习中行为的日常观察所得信息的质量评价。观察评价可分为一般系统观察和集中观察两类。

1. 一般系统观察

一般系统观察就是对全班学生进行系统观察,把学生们在学习中的行为表现列成表格,教师把观察到的学生学习成就和思想道德行为表现成绩和进步情况记录在表格中。表格中记录的内容可以公布出来,之后把观察记录放入学生个人档案之中。

2. 集中观察

集中观察,就是对学生在特别学习中行为的观察,并根据观察的行为和表现对学生作出学习评价。观察时让学生集中于一些特别的活动中,教师通过观察学生在活动中的态度、能力、思维、情感、思想、品质、合作精神等,把观察到的内容记录在案保存起来,作为学生的档案材料之一。

观察评价法可以全面评价学生在学习活动中的行为表现。

(四) 知行综合评价法

知行综合评价法,是对学生掌握知识的情况和成长行为落实情况的综合评价,是一种把知识目标和行为目标综合在一起的结构形式评价。

知行综合评价共分为知识考查和行为考查两大部分。根据学校教学特点,在权重方面,知识考查占60%,行为考查占40%。知识考查可采用书面考核方式进行,书面考核的内容是所学课程的内容。行为考查是把学生所学的教学内容与学生在学校、社会与家庭生活中的行为表现联系在一起。可以根据教学内容拟定一些相应的细化指标。目的是让学生把所学的思想、政治、道德、法律、心理等理论知识同思想觉悟的提高和良好行为习惯养成有机地结合起来。做到知识性、实践性和教育性于一体,体现出思想政治课理论结合实际的教学方针。

评价主体由学生自评、同学互评、教师评价和家长评价共同构成。学生对教师给自己作出的评价结果可以发表不同意见。家长对学生的评价可通过学校和家长联系来完成。学校要把学生行为量化指标通知家长,家长根据学生在家的实际表现进行反馈。

这种评价方法的作用是:(1) 使学生懂得了学习思想政治课的目的是为了提高思想品德素质,而不是为了作表面文章;(2) 增强了思想政治课的实效性,使学生把学与做结合起来;(3) 提高了学校、家庭、社会三位一体教育网络的教育作用。

第四节 听 课

听课是学校经常性的教研活动,师范院校学生在实习之前和实习期间也经常组织听课。为了提高听课的效率,必须对这一教育活动加以研究。

一、听课的目的

只有了解听课的目的,才能更好地完成听课的任务和解决听课中的问题。同样是听课,但目的是不一样的,一般情况下听课有以下几种目的。

(一) 为了熟悉本学科的教学实践经验和教学技能进行听课

有些刚刚走上教学岗位的新教师或将要走上教学岗位的师范院校的实习生,为了掌握一些教学实践经验和教学方面的技能,也是为了熟悉学校的教学情况,需要听老教师和有经验的教师讲课。这些青年教师和青年学生虽然在师范院校学习了一些教学理论,但理论讲授的是一般教学经验,它不全面,不带有个性。另外,新教师学的教学理论如果不同实践经验相结合,也不会形成教学能力。年轻教师会在听老教师或有丰富教学经验教师的讲课中,学到组织教学、导入、板书、教学语言、讲解、结课等方面的教学技能和经验。听课之后,大有百闻不如一见的感觉。如有的进行教育实习的学生,在给实习班学生讲课前把讲课内容背了一遍又一遍,但听了实习学校老教师的讲课后,他们发现老教师上课讲的并不多,而是轻教师讲,重学生练。于是他们马上修改自己的实习讲课策略,使自己拉近了同成熟教师的距离。

(二) 为了帮助教师业务提高进行的听课

教研组长、教导主任或校长,组织听课是为了帮助一些经验较少的教师提高业务水平。同事们或领导在听完课之后给讲课教师以指导和帮助,提出一些改进意见,以便使讲课的教师更快地提高业务水平。如有的教师讲课时学生的秩序较乱,影响了教学质量,家长和学生反映都很大。为了弄清楚这位教师讲课时学生秩序不好的原因,教研组同事们和教导主任一起听了这位教师的课,结果发现这位青年教师理论水平并不低,但她讲课时只顾自己讲,对学生迟到、吵闹以及其他妨碍教学的行为视而不见,结果闹得全班同学都听不好课,影响了全班的学习效果。大家听课诊断的结果是,缺乏组织教学能力。经过同事和领导的帮助,这位教师运用多种手段来组织教学,很快改变了学生破坏课堂纪律的现象,教师讲课收到了良好的效果。

高师院校高年级学生进行教育实习试讲时,也要请指导教师和同组同学进行听课,听课的目的是为了保证实习讲课时的教学质量。

(三) 为观摩典型教学组织的听课

有的教育行政机关或学校,为了推广有教学经验教师的经验和总结、交流先进教师的典型教学方法而组织教师听课。比如,有的教师在教材分析和处理方面、有的教师在运用新的教学方法方面、有的教师在讲课技能方面、有的教师在运用多媒体教学方面有了独特的做法和好的教学效果,但他们本人还没有找到规律性的东西。为了总结和交流这些经验,应该组织公开观摩课让大家亲眼看到这些经验和做法。课后组织大家探讨、总结这些经验并推广一些较为成熟的先进经验。

(四) 教育领导者为了调查研究和检查工作进行的听课

教育行政部门的领导、学校的领导,为了达到检查教师执行教学计划、教学改革情况和教师工作情况的目的进行听课。这种听课的目的是统观教学全局,掌握富有典型性的经验和较好的教学管理水平。另外,当有的教育行政部门领导或学校领导听到社会、家长或学生对教师教学的反映后,也可能到班级听教师讲课。课后有关方面的领导根据听课中掌握的情况对出现的问题予以针对性地解决。也有的领导刚到一个新单位上任,为了掌握所属单位的教学情况,到班级听课进行调查研究。听课后领导同教师、学生一起座谈研究教学问题或征求对教学管理的意见。

(五) 为切磋教学技艺教师之间的互相听课

教师间为了交流教学经验、切磋教学艺术、探索教学规律而进行的互相听课,对听课教师促进业务学习和提高教学能力是非常必要的。教师之间通过互相听课,既可以学习别人的长处,也可以吸取别人的教训,还可以看到自己存在的不足。有些教师教学方法"多年一贯制","闭门教书",互不交流,结果在教学上出力不少,却效果不佳。原因是他们不愿向同行学习,不同别人交流经验造成的。

二、听课的准备

听课如果没有准备或流于形式,听课效果也不佳,所以听课之前必须要有准备。

(一) 心理准备

1. 要以同讲课教师平等的身分进行听课

不管是教师还是学校领导,或是教育行政部门的领导,在教室里听教师讲课,应该怀着同讲课教师平等的身分和心态进行听课。这样既可表示对知识、对教师工作劳动的尊重，也不会给讲课的教师带来心理压力。听课时不要迟到、早退，以免分散教师的精力和引起教师的反感。

2. 集中精力虚心听课

集中精力听课就是要集中注意力听教师讲课，听课时要洗耳恭听，不要交头接耳，不要人在心不在，更不要因疲劳而昏昏欲睡，给学生带来不良影响。虚心听课，就是要放下架子，以学生的角色出现，认认真真地听，虚心向讲课的教师学习。

（二）理论和教学信息的准备

1. 现代教学理论准备

听课者要对讲课教师的教学有理性的认识，这种理性的认识就是用现代教学理论分析、评价讲课教师的教学。这就要求听课者首先要培养掌握目标意识、个性教育意识、主体意识、训练意识、反馈意识、情意意识、特色意识、创造意识等理论观念。听课的人只有具备这些教育思想观念，才能科学、正确地认识、评价教师的教学。

2. 教学信息准备

听课者如果不了解有关的教育、教学信息，就不会同教者对教学产生共识，听者和教者在对教学认识和体验上南辕北辙。所以要求听课者要了解本学科《课程标准》的基本精神、教材的基本内容、本学科教改的新情况等。对于同学科的听课者，还要了解本节课的教学目标、知识范围、知识点、教学重点和教育点等。

三、听课的要点

（一）看教者的理论修养

第一，看教者的整个教学思路是否体现了现代的教学观念，是否符合新的教改方向，有无创新的闪光点。

第二，看教者的课堂结构设计、教材处理、教学手段的运用、教学方法的选择是否同教学的总体思路相一致。

（二）看教者的教学智能

第一，看教者的思维能力。从教者对本节知识和原理的分析、集合和概括能力如何，看是否揭示出知识、原理的本质和它们之间的内在联系及规律性的东西。从整个课堂教学结构观察和了解教者的逻辑思维能力是否清楚、严谨。

第二，看教者的思维品质。从教者对课堂教学内容的掌握上和教学过程的处理上，可以看出教者的思维的广阔性、敏捷性、灵活性、缜密性和批判性。如有的教师认识问题思路狭窄，不能从多角度、多层次分析问题；有的教师看问题很敏捷，但不合情理，这都是思维质量不高的表现，也是智能不强的表现。

第三，看教者的教学实践能力。看教者处理教学过程和内容是否详略得当、重点是否突出；对问题、事实、原理的分析、说明是否深刻、准确；对学生提的问题回答是否正确、适当等，这些都可以看出教者的智能和实践能力。

（三）看教学效果

教学效果是从学生身上反映出来的，所以看课堂教学效果主要是看学生在课堂上的表现。

第一，看教者指导学生学习的水平。从学生参与课堂教学的积极性、回答问题的准确性、对教材的感知度、读书自学的能力，看教师对学生学习指导是否对路，是否重视发挥学生学习的主体作用，是否有强化学生自学的意识。

第二，看对学生思维训练任务完成的如何。学生学习的如何主要靠的是思维能力，培养学生的思维能力是教师教学的重要任务之一，也是教师重视教学过程的标志。学生只有学会思维，才能会学习，方能收获到好的教学效果。现代教学研究证明，教学过程也是个育智的过程，是培养学生思维能力的过程。没有训练就没有能力。加强思维能力培养是教学的重要任务之一。所以我们看教师的教学效果，也要看教师在课堂教学中对学生的思维训练做得如何。如果教师在课堂教学中让学生静坐呆听，死记硬背，学生的思维能力就得不到训练和发展。只有学生的思维在课堂教学过程中经常得到训练，学生才能养成积极思维的习惯，才会勤于动脑、善于动脑，积极主动参与课堂教学。看教者对学生思维训练情况，主要看课堂教学气氛是否活跃，看学生认识问题、解决问题的思维能力如何。

（四）看教者的教学修养和教学技能

第一，看教者的教学修养，主要看教者在课堂上精神是否饱满，教学的态度是否严谨，教态是否自然，穿着打扮是否得体，对学生的态度是否亲切热情。

第二，看教者的教学技能，首先要看教者的教学语言运用得如何，讲话是否生动、有趣、富有逻辑性，学生是否能听懂。其次，要看教者对教法选择和课堂上对学生的启发是否得当，对课堂上发生的事情处理得是否巧妙。最后，看教者的板书设计得是否合理等。

四、听课中应注意的问题

首先，有外人听课时最好要事先通知教师，不管是领导还是同行，要听哪位教师的课最好在上课之前告知授课教师。这样做有以下好处：一是体现了对授课教师的尊重。教师承担培养人的工作，他们的工作应当受到社会的尊重。有些领导，目中无教师，认为在自己的领导范围内，可以搞突然袭击式的听课。这种听课往往会造成教师的反感，有的教师会找借口拒绝听课或直接拒绝听课。教师这样做是完全可以理解的，因为不管你是学习、交流、检查还是调研，听教师讲课，理所当然要先通知教师，这是表示对教师劳动的一种尊重，也体现了听课人的文明与修养。二是免得给授课教师造成紧张心理。教师如果带着紧张的心理讲课会降低教学效果，受害的是听课的学生。教师如果心理紧张，讲课效果不佳，不能客观地反映他们的教学水平。另外，学生们也应当受到各级领导的尊重。体现互相尊重的教育是文明的教育,在一个文明的国度里,人人都应受到尊重,受尊重是人的权利。

其次,要带着提高教学质量的目的去听课。教育是为了促进学生发展,听课是为了提高教学质量。不管是同行之间的听课,还是领导者的听课,都应该多发现授课教师的长处,以给授课教师肯定和鼓励为主。要使授课教师感到,听课人不是在给他挑毛病,而是在帮助他提高、进步。人们之间多一点爱心,有利于调动教师的积极性。领导听课后,要给教师以指导,同授课教师之间交流意见。如果有不同意见,要发扬民主,多听听授课人是怎么想的。当然讲课教师也应该虚心听取同行或领导的意见。

最后,听课时要做听课记录。第一,要记听课时间、班级、学科、课题。第二,要记教学环节、教学方法、教学内容、学生活动情况、教学效果、教学方法、板书、教师的基本功、教学体现的教学思想、教学的创新点、教学的优点和不足等。

第五节　评　　课

评课,就是对教师课堂教学过程和教学质量的分析和评价。它是对课堂教学进行研究的主要形式。我们所以重视对评课进行研究,因为评课是教师经常运用的一种教学和科研相结合的形式。

一、评课的原则

评课的原则,是指评课的基本要求和规定。只有按评课的原则进行评课,评课才能顺利进行。评课应该遵守以下几条原则。

(一)客观公平原则

所谓客观公平原则,就是评课要从客观事实出发,要从教师讲课的实际情况出发,要实事求是地、公平合理地、科学正确地进行评课。按客观公平性原则,评课要做到:第一,评课要从课程和学生的实际出发,不要从自己的主观想法出发。教者在教学中的教学活动,包括教学策略、教学结构、教学教法等,是根据所讲课程章、节、课题的实际情况和所教学生实际情况选择和设计的。听课人评课时,也要站在这个角度看问题、评课,而不要抛开具体的课程实际,凭空设想,乱发议论。第二,评课的态度要公平、公正,不要带个人成见,不要夹杂个人感情和个人关系,评课时要出以公心,以讲课的实际情况为根据,不带任何个人偏见。第三,评课时既不要吹毛求疵,也不要拔高渲染,应当肯定长处,诚恳地提出不足,优点要说够,不足也要说透。

(二)科学性原则

科学性原则,就是评课要以现代科学的教学理论为依据来分析教学现象。

固执己见，不懂装懂的做法都是不可取的。

（三）重点性原则

重点性原则，就是评课不要为了面面俱到就泛泛而谈。评课要触及优长和缺憾，要重点突出，评出特色。平淡而肤浅的评课，对被评者无益，对评课者也无收获。既浪费时间，又无教研价值。

（四）理解性原则

理解性原则，就是在评课时，讲课人与评课人之间要互相了解，互相体谅。处理好人与人之间的关系，是做好工作的条件之一，评课也是如此。首先，讲课人与评课人之间要互相理解评课的意图。讲课的教师要理解评课人，评课人评课是为了帮助讲课人总结优点，发现不足，帮助讲课人在业务方面提高和进步。评课人也要理解讲课人，讲课是非常复杂的智力活动。讲好一堂课不但要备好课、设计好课，还要指导那么多学生参与教学活动。面对那么多知识，面对那么多学生和听课者，要把教学的各个环节都处理好，并获得好评，这需要付出很大的努力。听课人不但要理解讲课人的难处，而且要尽量理解讲课人的教学设计意图，这样才能产生共识。只有产生共识，才能平心静气地、理智地评课。其次，讲课人和评课人还要互相体谅。听课人对教材、对学生并不像讲课人那么熟悉，所以评课人做些不准确的评论，提出些苛刻的要求，讲课人应该谅解，不要产生反感，不要心理不平衡，情绪要冷静，应该以虚怀若谷的态度虚心听取评价。同时，应该用平和的语气陈述自己的想法和意图。作为评课人，也要把评课当作一次收集教研信息和学习的好机会，要感谢讲课人给自己提供的教研实例，所以评课时使用的语言不要太尖刻，要讲究语言艺术，态度要诚恳，说话时要考虑到讲课教师的心理承受能力。这样评课的气氛才能和谐，评出好的效果来，才能达到总结教学经验、探索教学规律、提高教学质量的目的。

（五）整体性原则

整体性评价原则，是指在进行课堂教学评价时，要从评价整体教学效果出发。课堂教学质量评价，是综合评价，它评价的是教育、教学的综合质量。形成这个综合质量的因素很多，包括教育体制、教学的思想政治方向、教材、教师教学质量、学生的学习情况等。而执行教育制度、教学思想政治方向、根据教学过程和教学策略系统及贯彻教材内容的是教师。这说明，保证教育、教学质量的是教师。邓小平同志说过，只有老师教得好，学生才能学得好。他还指出，培养社会主义建设合格人才，关键是教师。所以，课堂教学评价内容还应该从教学目标、教学内容、教学过程和方法、教师素养、教学效果几方面评价才是科学的。这个评价是对教师完成教学任务和处理各种综合教学因素的整体评价，当然这里也包括对教师的教学指导和学生学习的评价。那种认为整体性评价是以评价学生为主的观点是片面的。教学过程的认知和动力两个方面的调动主要依靠教师的

“导”。只有教师“导得正确、科学和艺术”，学生才能学得好。当前存在的“学生厌学”、“低效教学”等现象，根源在教师的“教”。评价教师“教”的质量，其中应包括评价教师指导学生的“学”的质量，包括学生认知、思维、情感等方面发展的程度。评价教师教的质量内容多一些，可以反映教学过程的复杂性和全面性，绝不是评价中以教师为中心。当然，看教师的课堂教学效果也应该以学生在课堂教学中知识、能力、思维、情意发展状态为参照内容之一。教学过程的控制在教师，所以教学评价主要是评价教师对教学过程的调控质量，只有对教学过程调控得好，才会有好的学习结果。评价中“以学论教”实质是只重视教学结果，而忽视教学过程的反映。何况，教学效果还存在滞后性。教学的基本矛盾是教与学，没有教也就无所谓学习，学校也就失去了它的基本属性和价值。邓小平说的“只有教师教得好，学生才能学得好”，这是为古今中外的教育实践所证明了的。这是从整体上对教师作用的肯定，而非是对以学生为主体的否定。

二、评课的标准

教学有一套课堂教学规程，一个课堂教学质量标准，才能保证课堂教学质量，评价也才有标准可参照。课堂教学质量评价标准，既是上课的基本要求，也是一堂好课的标准。课堂教学质量评价应把以下几个方面内容作为评课的标准。

（一）教学目标

课堂教学目标是教师课堂教学所要完成的任务。教学目标关系到教学的方向。评价一堂课的教学目标是否恰当，主要是看它是否符合以下三方面的要求。

1. 全面性

这个标准是衡量教师所定的教学目标是否全面，有无目标被遗漏。如目标的四个方面内容中哪一个方面的内容被遗漏了，或某一方面目标中的某个具体目标被遗漏了，这样的教学目标就是不全面的。

2. 明确性

这个标准是衡量教学目标确定的明确程度，也就是目标是否具体、明确、清楚。如，培养学生具有哪方面的情意目标，都要有具体要求；对目标的规定不能抽象、概括和笼统，而应确切表达明白。像“受到辩证唯物主义教育”，这样的表述就过于笼统，这样大的内容能作为很多节的教学目标，但哪节课都难以达到这样大的教学目标。

3. 适度性

适度性是衡量授课教师定的教学目标是否合适、恰到好处。教学目标定高了容易达不到，定低了又降低了教学效益，关键是定得要适度。

（二）教学内容

处理好教学内容，是教好一堂课最重要的工作。教学质量如何，关键是教师能不能正确地传授教学内容。正确地传授教学内容，主要应符合以下几方面的要求。

1. 要具有三性，就是要有科学性、教育性和逻辑性

科学性就是讲课时能科学、正确地讲授原理、观点、概念和事实材料知识。对概念、原理表达要准确，观点论证要充分，举例要真实可靠。

教育性就是要充分挖掘和运用教材本身的思想政治教育因素，寓思想政治教育于理论教育之中，做到既教书又育人。思想政治教育要从学生的实际出发，从国内外政治形势出发，从教学内容实际出发，切忌脱离教材随意发挥或生硬说教。

逻辑性要求讲课条理要清楚，要注意各个知识之间的系统性和结构关系，要注意新旧知识之间的逻辑联系，要体现出政治理论知识的逻辑力量。

2. 要钻透“五点”

要钻透“五点”就是钻研讲透重点、难点、知识点、能力点和教育点。

（三）教学方法

在教学方法方面要达到“六性”，避免“三性”。

教学方法方面要达到的“六性”有：教师的教学方法要具有启发性、艺术性、实践性、实效性和教学个性；学生学习要有主动性。教法和学法合到一起共“六性”。启发性，就是教师在教学方法上能发挥学生的学习主体作用，能调动学生学习的积极性，使学生能积极思维，掌握学法，提高能力，丰富情感。艺术性，就是要求使用的教学方法有创造性和可欣赏性，学生学得自主、学得轻松、学得快乐。实践性，就是能做到讲练结合，让学生主动动手、动脑，既重视教知识又重视锻炼学生的思维。实效性，就是花的教学时间少，但教学效果好。主动性，就是学生学习要主动，能积极参与教学活动，师生配合得好。教学个性，就是教学要有个性特点，形成自己独特的教学风格。

教学方法要避免的“三性”是，重教不重学的主观性；重知不重思的浅层性；重“灌”不重趣的强制性。

（四）教学结构

教学结构就是教学过程中各个环节的安排。对教学结构有三点要求。

第一，教学环节安排得合理，结构紧凑，程序严密，体现较强的教学设计意识。

第二，教学节奏协调和谐，教学做到动静、收放得当，衔接自然；教与学的双边活动协调，课堂气氛活跃；师生感情和谐，整个教学过程体现出师生情感轻松、愉快、自然、和谐的气氛。

第三，知识容量适当，传授的知识密度合理并能有效地利用教学时间。如果整堂课安排得知识量过大，或传授得知识过密，或过疏散，都会影响人的思维规

律,只有疏密得当的信息交流才能收到好的教学效果。善于掌握教学时间,不出现时间过紧、过松和超过时间的现象。

(五)教学素养

教师具有一定的教学素养,需要注意以下几点。

第一,教学语言规范,使用普通话。语言准确、生动、条理清楚,没有不合语法逻辑的语病、口头禅和不文明、不健康的语言。

第二,教态亲切、自然、大方,没有教态病。教态病,是指那种在课堂上教师那种不美不雅的,容易分散学生注意力的习惯动作。

第三,板书设计合理,书写工整、规范、匀称、美观。

第四,有一定的课堂教学应变能力。

第五,要有灵活的指导学生学习的能力。

(六)教学效果

课堂教学效果一般是指在一节课的有限时间内所取得的教学效果。评价课堂教学效果,主要是看经过课堂教学,学生道德认知、思想觉悟、思维能力、情感意识、价值观、学习能力等获得的发展和提高程度。学习效果主要是通过学生的课堂回答问题、讨论、归纳所学的知识、完成当堂作业等形式反映出来的。

附录:思想政治学科课堂教学评价表

执教人: 课题:

班级: 时间:

评价项目	评价标准	权重分	评价等级					得分
			好 5	较好 4	一般 3	较差 2	差 1	
教学目标	全面、明确、具体、适度	2						
教学内容	具有科学性、逻辑性、教育性,能抓住重点、难点、知识点、能力点、教育点	5						
教学过程和方法	教学具有启发性,教学方法能体现出艺术性、实效性、实践性和教学个性。教学没有主观性、浅层性和强制性。学法上要体现学习方法指导	4						
教学结构	教学环节安排得合理、紧凑、严密。教学节奏和谐,师生双边活动协调。知识容量适当,密度适宜	3						

续表

评价项目	评价标准	权重分	评价等级					得分
			好 5	较好 4	一般 3	较差 2	差 1	
教学素养	教学语言规范、准确，条理清楚，教态亲切、大方，尊重学生，教学民主，板书设计合理、工整、匀称、规范	4						
教学效果	从学生在课堂上的知识获得、思维状态、能力提高、价值观和情意发展几个方面看教学效果	2						
合计得分								

注：(1) 满分为100分，得分等于权重数乘等级分；

(2) 权重分即每项得分在总的考查范围内应占的比重。

第六节　考　　试

考试是检查学与教质量的一种手段，是教育测量的工具之一，它是教学评价的一种方式，也是教学系统的重要组成部分。因为考试是评价检查学生学习质量时经常使用的方式，为了让高师院校学生掌握与考试有关的教学内容，所以我们在此特列一节，其中包括：复习、考试、命题、试卷分析等。

一、思想政治课的复习

（一）复习的意义

1. 复习可以巩固学过的知识，克服遗忘

课堂上教师讲的知识，对于学生来说不是学完之后就能记住和理解的。复习则是一个克服遗忘、强化理解的过程。复习得愈及时、愈连贯、愈系统，学习的知识就愈巩固。

2. 复习也是重新学习

学生复习时，可以把平时学到的零散知识系统化、完整化。教师在课堂上讲的知识，由于受到时间和课节的限制而显得较为零散、杂乱，通过复习可以把很多知识系统化。另外，复习也是对以前学过的知识的重新认识。从这个角度讲，复习也是重新学习，也会为学生增加新的知识。

3. 复习可以弥补教学薄弱环节

教师平时没有讲明白的地方或在某个地方出现疏漏，通过复习可以查漏补缺，使薄弱的教学环节得到加强。

（二）复习的形式

1. 平时随堂复习，也称经常性复习

具体包括学习新课前对旧知识的复习；每堂课结束前的当堂练习。平时复习可以对学习新知识起到承上启下的作用，能把新旧知识联系起来，所以教师应重视平时复习。

2. 单元复习，又称“阶段性复习”

单元复习是教师讲完一个教学单元后进行的复习，目的是通过复习把几节课的内容串联起来，使学生能系统地、完整地、深入地掌握所学知识。单元复习方法有：(1) 讲解式复习。教师对一个单元所讲授的内容作系统的归纳、总结，帮助学生掌握这个单元的知识体系、重点、难点以及思想教育内容。(2) 谈话式复习。教师根据一个单元讲过的教学内容，有顺序地提问学生，学生回答不完整的地方，由其他学生或教师加以补充。(3) 图解式复习。这种复习方式是，教师把一个单元所学习的知识编制成简单扼要的知识结构表，由于图表具有直观性特点，能使学生对所学知识一目了然，从而起到系统掌握知识的目的。

3. 总复习

总复习是在学期或学年结束时进行的复习。这种复习，内容包括全学期或全学年的课程。它同平时的复习相比，时间长、任务重、要求高，是整个教学过程中的重要环节，所以要有较为周密的计划。选拔性考试前的复习，也属于总复习。

（三）选拔性考试前的总复习

1. 复习计划要科学

制订切实可行的复习计划，是搞好选拔性考试前总复习的关键。选拔性考试指升学考试，如初中升高中，高中升大学等。考前复习计划必须要有科学性。作复习计划时，必须要做到以下三点。

第一，复习的范围和难度必须估计准确。

第二，正确掌握学生对各部分知识的接受程度。只有在这方面做到心中有数，才能估计、计划每个教学内容所需的复习时间。

第三，合理安排利用复习时间。在总的复习时间内，安排好各阶段的复习时间和内容。制订复习计划，要同其他学科复习时间协调起来，避免在时间上发生冲突。

2. 复习的时间顺序和内容

(1) 基础知识复习阶段。学生升学考试成绩的高低，主要还是取决于他对基础知识的掌握程度，所以应当重视对基础知识的复习。复习基础知识，主要应抓住两线两点。两线是指纵向知识线索和横向知识线索；两点是指重点和难点。

首先，是纵横交叉复习基础知识。纵向复习分两步，先复习知识结构，后复习知识要点。掌握知识结构,能使所学知识系统化,也能加深对知识在更深层次上的理解。进行这种复习可绘制知识结构表。复习知识要点,是按课节顺序把各节课的知识要点都复习到,避免遗漏。横向复习,是不按课节复习,而是从横向角度,把一些有联系的概念、原理、观点和事实材料进行联系、比较。

其次,加强对重点、难点问题的复习。

(2)能力复习阶段。在能力复习阶段,主要是通过让学生解答各类题型,掌握解题要领、方法和规律,锻炼学生认识问题、分析问题、解答问题的能力和应变能力。在这个阶段的复习方法是,先练习解答简单题型,如填空题、简答题、选择题,之后再练习解答理解题、论述题等,按由浅入深顺序进行。

(3)理论联系实际复习阶段。这个阶段的复习目的,是让学生以学到的政治理论知识为武器,认识、解释、解决现实社会中的一些政治问题。

首先,师生应掌握国内外政治情况,包括国际、国内的政治形势及重大政治事件、方针、政策等。

其次,要进行理论回顾。就是回顾已学过的政治理论,哪些能用来认识、解答以上了解的政治问题。

最后,就是师生共同编一些理论联系实际的练习题,进行答题训练。论述理论联系实际的题的过程,就是提高解决问题能力和进行知识重组的过程。论述实际问题时,观点要鲜明,理论运用要切题,理论根据要充分,论证条理要清楚。

二、思想政治课的考试

考试是教学过程的一个重要环节,是整个教学系统的有机组成部分。

(一)考试的意义

1. 教学方面的意义

考试能促进教学质量提高。为了提高教学质量,就要了解教师的教学情况。考试能使教师和学校领导及时了解教师的教学情况,能起教学诊断的作用。根据考试提供的教学反馈情况,教师才能调节教学活动,提高教学水平。学校领导可以通过考试了解自己对教学管理的成败,以便进一步完善教学管理。

2. 学习方面的意义

考试能促进学生发展。考试能起到激励学生学习的作用。学生平时对自己的学习成绩并没有准确的估计,对全体学生的学习情况也无法进行定量评估。考试的目的之一是检查学生对所学教学内容的理解度、认知程度和运用能力。学生通过考试发现自己在学习方面的优点、缺陷、进步状况等,进而强化学习动机,增强学习毅力,调整知识结构,调节思维方式,提高学习质量。另外,考试成绩好的学生受到鼓舞,会更加努力;学习成绩差的学生也应总结经验教训,加倍努力,刻苦学习,迎头赶上。考试作为激励手段,对学生学习有促进的作用。

3. 教学研究方面的意义

考试能通过信息反馈为教学研究服务。进行教学研究,必须掌握教学反馈信息。考试能为教学研究提供教师教学和学生学习的反馈信息。通过对这些教与学反馈信息的研究,就能对教学情况进行质量分析,找出教学的不足,从而有的放矢地进行教学改革研究,探索教学规律,总结经验教训。

（二）思想政治课考试性质的类别

按考试的目的,可划分为达标性考试、诊断性考试和选拔性考试。

1. 达标性考试

达标性考试是用来检查考生是否达到规定标准的考试。如学生的毕业考试或结业考试。这种考试以一定标准决定考生是否合格。

2. 诊断性考试

诊断性考试是用来检查学生某些方面的特殊优点和问题,偏重于发现学生在学习上的困难所在,作为改革教学方法和补救的依据。模拟考试就属此类。

3. 选拔性考试

选拔性考试是用以选拔合格或优秀人才的考试。例如,各类高、中等专业学校招生考试;招聘某类人员的考试等。这类考试由于只取优胜者,所以考试不仅要考察现有知识和技术水平的内容,还要有能够预测考生是否具备未来在某方面成功可能性的考试内容。

（三）思想政治课的书面考试目标

考试是教学工作的一部分,教学工作是有一定目标的。考试的功能之一是用来检查学生经过学习是否达到教学目标的要求。根据颁布的高中思想政治课《课程目标》,中学思想政治课考试目标主要分以下几类。

1. 识记目标

识记,是记忆的心理过程,就是要求能正确回忆所学过的知识,包括对概念、原理、观点、特定事物、判断方法等方面知识的回忆,它能反映学生的识记能力。知识目标中最强调的是记忆的心理过程,它是学习知识最基本的心理过程。对应这种考试目标,可以出填空题、改错题和简答题。

2. 理解目标

理解,是指解释和判断。就是要求学生对学过的知识能够初步认识了解,能进行表述,能重新整理并且有自己的看法。在思想政治课中,就是要求对所学马克思列宁主义、毛泽东思想、中国特色社会主义理论体系,能够初步认识并能把学到的理论变成自己的思想认识。对应这种考试目标,可出选择题、问答题、改错题等。

3. 运用目标

运用,是指对已有的知识信息进行分析、整理并能用学过的知识作出判断和进行推论。运用目标,是指运用学到的知识和思想分析问题和解决问题的能力。

教学目标要求直接运用所学政治课理论知识解决思想、道德、行为规范、法律、政治和心理情感能力等方面的实际问题，它能反映学生更高层次的思维能力。运用，还指能运用知识进行逻辑推理。理解知识阶段进行的逻辑推理和判断是简明直接的，运用阶段却需要较为复杂的逻辑推理，两者有程度上的差别。对应这种考试目标，可出些简述题和论述题等。

（四）考试材料的选择

在学校考试中，考试材料主要指教材内容和资料。考试的有效程度，也就是所要考察的东西与考试材料的选择适当与否的程度。如果考试材料选择得当，考试的有效程度就高；材料选择不当，则考试有效程度就低。选择考试材料应遵循如下几方面原则。

1. 依据考试目的选材

考试目的不一样，有诊断目的，有选拔目的，有结业目的。考试材料必须依据考试目的来选材。例如，要进行学科结业成绩考试，那么就要选择能代表该学科全部教学内容的材料，根据选定的材料编制试题。

2. 考试材料要有普遍性

考试材料必须是大多数学生学过的，或者是考生应该知道的，不常见的怪内容不宜采用，并且大部分要适合考生水平，难易适当。

3. 考试材料要能鉴别考生的学习水平

考试材料应能把不同学习水平的学生区分开来，要有区分度。布题顺序应按学习目标分类，识记、理解、运用；从简单、具体到抽象、复杂。即后一类高于前一类。

4. 考试材料要有鼓励性

由于学生的学习水平不一样，有高有低。在考试中水平低的学生遇到难题可能失去学习信心，水平高的学生遇到简单题可能会自满骄傲。所以考题应有低于学生水平的题目，也有高于学生水平的题目。材料选择也要与程度相适应，以便鼓励各类学生的学习情绪。

5. 考试材料应有实际价值

考试中的材料，应选择那些在实际中有社会价值和学习价值的材料，没有实际应用价值的材料不应选。

（五）考试的方式

考试就是根据一定的考试目的，让被试者在规定时间内，按照规定的方式和要求来解答试题，并对其解答结果评出分数或等级。

考试的方式有：笔试、口试。笔试又分为闭卷考试和开卷考试两种。

1. 闭卷考试

闭卷考试就是不允许学生参考教科书和其他参考资料答卷，主要凭考生的记忆和能力来作答。这种闭卷考试方式主要是考查学生记忆知识的能力。这种考试着眼于考“过去”，侧重于考查学生记住多少过去学过的知识，而不利于了解学生的潜力，不利于促进人才发展。另外，在闭卷考试中客观性试题数量较大，导致试题量过大，学生答题没有思考的余地，只能机械地反映。这种考试方式助长了死记硬背的倾向，也是造成题海战术和加重学生负担的主要原因。闭卷考试题量大、试题过难、过偏是压在教师和学生心头的巨大负担，使师生对教学和考试失去信心和愉悦感。

2. 开卷考试

开卷考试允许学生用教科书和其他参考书答题。它适用于考查较复杂、较高层次、不适宜用闭卷作答的学习结果，如创新意识、实践能力等。其主要目的在于发现学生能否把所学知识应用于日常生活实际，是否拥有解决问题的实际潜力。这种评价方式有利于发现和发展学生的潜力，帮助学生树立信心和促进学生积极主动地发展。

（1）开卷考试的特点。首先，开卷考试有利于培养创新人才。它能使学生跳出死记硬背的“苦海”，能减轻学生负担，有利于克服机械性的学习模式。开卷考试侧重考查学生对知识的体验和理解，有利于促进学生学得生动活泼并富有个性和创造性，有利于培养创新人才。其次，开卷考试有利于考查学生的实际能力。开卷考试对明确、相对限定的概念定义、理论论述的具体条目和具体事件考查的少；对问题的认识、分析和解决问题的过程考查的多，尤其能考查学生运用所学知识、选择信息、组织信息和利用信息解决问题的能力。

（2）对开卷考试的要求。首先，开卷考试对概念、事实和基本原理的考查应当从问题出发，检查学生的掌握情况。在能力方面，特别要考查学生运用正确的思想方法观察了解社会，运用所学原理、观点解决在生活中遇到的实际问题和分析、说明现实社会中的重大问题和热点问题的能力。其次，开卷试题的题材应当是教材内外材料的结合，特别要贴近学生的实际生活。试题的背景材料要广阔、灵活、开放和新颖，要反映社会现实问题，以考查学生用所学的理论、观点来分析、认识这些社会实际问题的能力。再次，开卷考试答案没有唯一性。因为开卷考试的认识、分析、讨论的比重大，由于人们认识问题的角度和情境不一样，所以答案就会多样化，问题会有多个解，评分不求标准答案，不求唯一性答案，主要看学生分析问题运用的理论观点是否正确，分析、认识能力如何，有无创新性认识，思维能力如何等。最后，开卷考试评分要公正。评分采取采意不采点的评分方法。对论述能力强的，有独到创意的可以加分。为了实现评分公正，评分要有统一认识和统一标准。这个统一认识和标准，不是对试题的统一认识和标准答案，而是对评卷的统一认识和标准的统一。应使评分具有导向性和公正性。

总之，考试，特别是升学考试应当进行改革，改革要做到：有利于面向全体学生，体现九年义务教育的性质；有利于突破"应试教育"的模式，推进素质教育；有利于改革课堂教学，减轻学生过重课业负担，促进学生生动活泼、主动学习，培养学生对知识的渴求意识、创新意识和创新能力。

三、思想政治课的考试命题

考试离不开命题，命题就是编制试题。试题在测验中占有特别重要的地位，试题质量的高低是决定测验成败的关键。考试的有效程度和可靠程度，即考试的效度和信度如何，很大程度上决定试题的质量。高质量的试题是高质量测验的保证。而且试题的编制动向直接制约着教学的方向，具有教学导向作用，是教学的指挥棒，对教学活动有很大影响作用。为了保证科学性，命题应该遵守严格的原则。

第一，命题要有一定的导向性，突出能力和素质考查。命题内容要与社会生活实际和学生生活经验相联系，要引导学生生动活泼地学习，不出死记硬背的试题。坚持科学性、知识性、思想性三者的统一。虽然也可以考查学生的识记能力，但知识记忆题的量要少，要加大应用题的数量，重点考查学生知识掌握的广度和深度、运用知识分析问题和解决问题的能力、信息的组织能力、灵活的思维能力、思想情感和道德意识创新能力。

第二，命题要以《课程标准》和教材规定的知识广度和深度为依据，但试题要求考生运用所学知识联系实际的范围可以广一些，联系具体事例和社会热点问题应当多一些，内容要体现时代精神。

第三，命题考点要具有全面性。命题内容覆盖面既要宽，取样又要有代表性，对教材各方面内容都要有所考虑，但又要突出重点内容的考察，力求做到使各部分内容取样比例合理。

第四，命题要有科学性，不能出现知识性的错误，禁止出偏题、怪题，禁止有意编拟一些似是而非的考题来为难学生，题量要适度，要防止题量过大，要控制客观性试题的比例。

第五，试题难易程度要有一定的区分度，即难题与容易题之间的区别程度。区分度的作用是，高水平的学生可以得高分，低水平的学生得低分，以便鉴别不同学生的学习水平。试题应按由浅入深、先浅后深的原则和顺序，就是要求试题设计上要体现一定梯度，使试题不失选拔功能。

第六，试题题意表述要明确。题意表述的文字、语言和答题指导语必须清楚、简明扼要、浅显易懂、严密明确，避免遗漏条件。

第七，各试题间应该互相独立。试题间不能相互启发和暗示。

四、思想政治课的试卷分析

试卷分析是教师应掌握的一项教学技能。对诊断性试题、达标性试题、选拔性试题考后都可进行试卷分析。试卷分析就是分析试卷的效度、信度、难度、内容覆盖面、区分度情况、考试总体情况及考试存在的问题。

试卷分析的具体内容有：

（1）分析试卷效度。分析试卷是否体现了考试目标，考试是否测出了想要测出的内容和水平。

（2）分析试题内容和命题特点。要看试题是否体现了素质教育的思想观念，是否体现了考试改革和时代精神，是否做到科学性、知识性和思想性的统一。

（3）分析考试情况。如考试平均分、及格率、优秀率及创新意识等。在各项统计中，主要统计及格率，因为我们的教学主要是面向全体学生。

（4）分析试卷存在的问题。如试题有无科学性错误、覆盖面够不够、区分度、难度如何，题意表述是否有问题等。

（5）分析考试技术和心理问题。如考生在审题方法、答题方法、适应试题变化情况、应试心理方面存在的问题等。

（6）总结经验教训，师生共同提高。在全面分析试卷优点和不足的基础上，师生共同总结命题和考试中的经验和问题，并明确今后教学和考核的改革方向。

今后考试命题的方向是：命题过程中要注重对能力和思想觉悟的考查，引导教师加强过程教学；注重考试知识有机结合，引导教学形成知识网络；注重开放性试题，引导自主探索；注重联系实际，引导教学增强应用意识。

复习思考题

1. 教学评价的主要对象是什么？
2. 当前教学评价中存在的主要对象是什么？
3. 素质教育评价体系包括哪些内容？
4. 教师评价和学生评价有哪些形式？
5. 评价学生有哪些方法？
6. 听课的要点是什么？
7. 评课的原则是什么？
8. 评课应坚持哪些标准？
9. 复习有哪几种形式？
10. 怎样进行总复习？
11. 考试有什么意义？
12. 考试性质有哪几种类别？
13. 考试有哪几种方式？
14. 命题的原则有哪些？
15. 试卷分析有哪些具体内容？

教 学 建 议

这一章是教学的重点,应重点讲授。

第八章　思想政治学科教师论

学习这一章的目的，是让从事这个专业的教师对自己的工作性质和价值有个明确的认识。思想政治课教师，肩负着传播马克思主义之道，授社会科学知识之业，解思想认识之惑，培养具有高尚道德之人才的艰巨而光荣的使命。

在这一章里，我们专门论述思想政治课教师的社会价值和素质，讲授的内容，无论对于将来要从事思想政治教育工作的高师思想政治教育专业的学生来说，还是对于在职的中学政治教师来讲，都是十分必要的。因为通过这一章的学习，不但能受到职业理想教育，还将知道如何做一名合格的思想政治课教师。

思想政治课教师是教师队伍中的一个重要组成部分，认识思想政治课教师的职业特点，首先应该对教师这一职业有个全面的了解。

第一节　教　　师

教师，是指专门通过教育活动为社会培养合格人才，以满足社会对人才的需要而为社会服务的专业人员。关于教师的定义，我国的《教师法》第三条是这样写的："教师是履行教育教学职责的专业人员，承担教书育人，培养社会主义事业建设者和接班人、提高民族素质的使命。"师者，人之楷模也。教师不但是个职业，并且是一种专业。

一、教师的专业地位

（一）教师的职业专业化历史

教师职业专业化经历了从无专门教师，到兼职教师，再到专职教师的漫长过程。

职业是随着社会分工而出现的。在古老的原始社会，全体劳动者都参加教育活动，教育没有从生产劳动中分离出来，没有专门教师。负责把生产劳动和社会生活经验传给下一代的是长者、首领。在长者化阶段，长者为师，师长合一。到了奴隶社会，教育开始从体力劳动中分离出来，产生了学校和教师。我国西周时期，学校在官府，官学中教育官由"师"来担当，师是教贵族孩子习武的官，师既是官吏，也是教育者。久而久之，师就成为教育工作者的称呼。这种以吏为师的体制保留到中国封建社会，并延续几千年。在古代西方，则是师在教会，以神父等神职人员为师，形成师僧一体。由于封建社会中政治本位的加剧和职业实利特权文化的影响，在实际生活中是官比师高，教师地位下降，教师职业变动性大。所以在漫长的封建社会里，教师始终没有形成一个专业化的职业。进入19世纪，许多国家才开始实行系统化的师范教育，教师职业化步入初始阶段。第二次世界大战后，世界先进国家教师专业化的发展已经进入较高阶段，师范教育专业化程度同工、商等专业处于同等地位。

我国是师范教育起步较晚的国家，教师专业化尚处在初级阶段。至今对教师不仅是一种职业，而且是不可替代的专门职业尚不能达成共识。有些教师仍把自己从事的教育工作当作养家糊口的职业，而没有把它当作专业来对待。原因是，我国中小学教师数量尚不能满足需求，教师队伍中还有些人不称职。另外，教师专业在我国发育还不够成熟，专业性不强，教师整体素质不高。因为目前我国教师工作存在可替代性，所以仍有人认为只要有一定知识就可以当教师。我国教师这个行业处于半专业化，或准专业化向专业化方向发展阶段。目前我国法律已为推进我国教师专业化提供了制度保证，《教师法》确定我国教师属于"专业技术人员"一类。从师范教育的产生到今天已经三百年的历史了，教师职业还在不断朝着专业化方向发展。

（二）教师职业专业化特征

教育改革的关键在教师，只有教师专业水平不断提高，才能造就出高质量的人才，只有不断提高教师的专业水平，才能使教师工作成为受人尊重的一种职业，成为具有较高社会地位的一种专业。那么，什么是教师专业化？

教师专业化，是指教师职业具有自己独特的职业要求和职业条件，有专门的管理制度和培养、培训制度。教师专业化应具备以下特征。

1. 国家要求教师具有独特的职业条件

教师具有独特的职业条件，就是要求教师职前要经过长期培养和训练，具有本专业的学科专业知识、教育专业知识、熟练的教育技能和职业道德规范。作为一个专业化教师，不但要具备传授的学科知识，也需要掌握教育教学知识和技能，还要有自己的理想追求和职业道德。教师不仅是知识的传递者，而且是道德的引导者，思想的启迪者，潜能和心灵世界的开拓者，情感、意志、信念的塑造者。总之，教师的个体条件应当具有不可替代性。

2. 国家对教师的任职学历标准要求

在美国、日本等一些发达国家对教师的任职学历标准，要求小学教师达到专科水平，初中教师达到本科水平，高中教师要求达到硕士水平。北京市要求，到2006年小学教师达到本科水平。

3. 国家有专门的教育机构、教育内容和措施

改革开放以来，我国逐步形成高师院校的师范教育，建立了教育学院、教师

进修学校、高师院校函授部的教师培训网络。而在美国，师范教育在二战后就形成了以综合大学和文理学院为主体培养基础教育师资的开放型模式，在师范生培养过程中强化师范教育，教育课程开得非常充分，占总学时的三分之一左右；教育实习又占全部总课时的7%～8%。师范性不但没有被削弱，而且与学术性一起得到了强化。因此，办综合型大学并不等于弱化师范专业的师范性。

4. 国家有对教师资格和教师教育机构的认定制度和管理制度

1995年我国建立了教师资格证书制度，公布了《教师资格条例》和《教师资格条件实施办法》。

5. 享有有效的专业自治，形成专业团体组织

6. 教师专业发展是一个持续不断的过程，需要不断地学习进修

教师专业化是一个不断发展的过程，需要接受继续教育。否则经过5至6年工作之后，就会在教育文化环境、心理习惯定势、职业价值、教育技术手段等方面出现停顿。这表现为职业性格保守、职业性知识结构的僵化，职业技能的陈旧，思维领域和创造个性的萎缩。所以教师要经过不断的职后培训，需要终身学习，需要不断自觉地进行职业专业化的追求。只有学术性、教育性提高了，专业素质才能提高，专业性才能增强。

教师职业是一个专业，1966年联合国教科文组织和国际劳工组织在《关于教师地位的建议》中强调教师的专业性质，“教学应被视为专业”。这一教育史上的重要文献，可以说是第一次经由国际人士和教育学者共同讨论，对于各国教师地位给予了专业的确认。1998年“联想21世纪师范教育国际研讨会”明确提出，“当前师范教育改革的核心是教师专业化问题”。培养具有专业化水准的教师成为国际教师教育改革的目标，尽管目前教师专业化水准还不够，但教师职业专业化是现代教育改革和社会发展的必然要求。

二、教师职业的社会作用

教师职业具有很重要的社会作用，它主要表现在四个方面。

（一）人类精神文化的传递作用

人类社会的发展，需要前代人把人类文化精华传递给后代人，使他们能接替老一代人的工作，延续社会的发展。俄国著名教育家乌申斯基说，教师是克服人类无知和恶习大机构中一个活跃而积极的成员，是过去和历史上所有高尚而伟大的人物跟新一代之间的中介人，是那争取真理和幸福的人的神圣的遗训的保存人，是过去和未来之间的一个活的环节。教师承担着传递人类精神财富的工作，在人类文化的继承和发展中起着桥梁和纽带的作用。社会如果没有教师，就等于没有系统的人类文化传播，社会发展就会停滞。复杂的社会生活少不了教育，也少不了教师。社会生产的发展，科学技术的进步，文化事业的繁荣，都离不开教师职业。马克思主义认为，人类社会进步和发展的两种实现方式是物质文

明和精神文明。社会主义社会作为人类社会发展的一个必经阶段,它的发展不仅需要有较高水平的物质文明,而且需要有较高水平的精神文明。无论是提高我国的物质文明水平,还是提高精神文明水平,都离不开教育的发展,都离不开教师的重要社会作用。一个国家要兴旺繁荣,走向发达,必须重视发展教育,重视教师的社会作用,教师是传播人类精神财富的使者,照亮了学生,升华了自己。

（二）造就人才的作用

人要想对社会发展起作用,必须成为人才。人才,就是对社会发展进步起作用的人。要成为人才,必须被造就成为具有劳动力的社会角色的人,也就是社会的人。作为脑力劳动者的教师,是用自己的劳动把社会规范、道德价值观以及历代人类所积累下来的知识、技能传授给下一代,为人类社会培养和造就一代又一代能从事社会生产和参加社会生活的社会成员。教育家夸美纽斯说,只有受过教育之后,人才能成为一个人。青年一代只有经过教育,具有一定的社会思想观点、行为规范和科学文化知识,才能成为当代社会所需要的合格人才。社会主义制度下的人民教师,是通过教材、教学方式、教学活动和自己的聪明才智以及人格去教育和影响学生,为无产阶级事业培养共产主义事业接班人和社会主义建设者。人才问题是决定今后社会主义现代化建设成败的关键问题。要建设高度文明、高度民主、现代化的社会主义强国,需要各个领域、各个阶层、各种不同层次的大量人才。这些具有一定道德修养、文化知识和技能的人才,主要靠教师来培养。

（三）教育过程中的组织和领导作用

教育通过培养造就人才起到教育兴国的巨大作用,时代呼唤着社会主义人才的崛起,人才培养需要振兴教育。要实现教育兴国的目标,需要教育战线上几代人的艰苦努力,锐意进取。我国是一个拥有十多亿人口的大国,巨大的人才资源优势能否发挥出来,能否把广大学生培养成新世纪的生力军,关键看能否把教育办好。而办好教育的关键又在教师。因为教师承担着实施教育过程中的组织和领导作用,教师是办好教育最主要的依靠力量。邓小平对教师在教育中的作用给予高度评价,他说,一个学校能不能为社会主义建设培养合格人才,培养德、智、体全面发展,有社会主义觉悟、有文化的劳动者,关键在教师。因为党的教育方针要由教师来执行;教育目标、教学计划需要教师通过教学活动来实现;对学生的教育需要教师通过艰苦的劳动来实现。教师不但要组织教学活动,还要领导学生参加各种教学活动。在教学过程中,没有教师出色的组织和领导是不会收到好的教学效果的。因为没有教育过程,便没有教育。教师在教学过程中不但要自己花费精力去备课、讲课,他们还要花大量时间去组织学生做练习、辅导、测验、参加活动课教学和组织班级活动、管理班级等。学生的成长发展是朝夕可得,要靠教师的朝夕培养教育。在教学活动的组织和领导过程中,哪里也少不了教师孜孜不倦、任劳任怨地工作。学生的成长进步和成功，离不了教师辛勤地培养和提供的成长阶梯，所以有人称教师是学生成长的园丁。

（四）社会精神文明建设中的示范作用

教师是学生的师表，教师的思想道德品质、言谈行为举止、业务水平、仪表和文明行为等，都对学生有很大的影响和感染作用。中学生正处在世界观、人生观、价值观形成的时期，教师的立场、思想观点、品德、言谈举止、礼节、教风、甚至良好的特长和爱好，都直接对他们产生影响。教师的形象和人格往往能够在学生的心灵深处打下深刻的烙印，它影响着学生思想品德和文明行为的形成和发展。教师只有自己具备良好的思想、品德和文明的言谈举止，才能培养出具有良好思想品德和文明行为的学生。教师的精神文明行为不但影响自己的学生，还通过学生的文明行为影响着整个社会。教师的劳动“产品”是学生，学生所具有的高尚的思想品德和文明行为又影响社会。教师的文明行为对社会的影响主要是通过学校的教育活动和学生的文明行为表现而起作用的。教师美好的师德和文明行为，还可以通过教师个人家庭生活而影响社会风气的转变。良好的文明行为与师德是教师长期接受教育的结果，也是在教育过程与教学环境中形成的。教师文明的品质和情感，既会在教育活动中体现出来，也会在社会生活中反映出来。如，有的教师具有良好的家庭道德，形成尊老爱幼、婆媳和睦的家风。这种良好的家风又会影响邻里，影响公共风气，促进人们互相尊敬，友好相处，助人为乐等良好的社会风气的形成。由此可见，教师文明的举止行为和高尚的思想觉悟，对社会风气能起感化作用，对人们心灵起净化作用，对社会风气的转化起重要的促进作用。

三、教师职业的特点

职业是随着社会分工而出现的，它是一种工作方式。为保证教师遵循党的教育方针，完成教育、教学目标和任务，教师必须不断提高自己对教师职业的思想认识，增强自己的义务感，强化自己的事业心。

教师职业，作为社会分工的一个方面，它承担着培养人才的任务，是从事教育活动的职业。教师是在学校中担任教授科学文化知识、技能，进行道德教育，把学生培养成全面发展和社会所需人才的专业人员。

（一）教师职业具有很强的责任性

教师的工作不但关系到教育本身，而且直接关系到学生的素质，关系到国家未来国民素质的质量，直接影响到国家的进步和发展。世界已进入21世纪，在科技日新月异的形势下，国家要保持经济持续、稳定和快速发展，就必须依靠科技进步和劳动者素质的提高。世界的竞争，归根到底是国民素质的竞争。国家要在世界竞争中立于不败之地，就必须重视提高和解决国民的素质问题。而国民素质的提高必须依靠教育，也就是说，谁掌握了21世纪的教育，谁就掌握了世纪竞争的主动权。邓小平在1985年就曾说过,我们国家国力的强弱,经济发展后劲的大小,越来越取决于劳动者的素质,取决于知识分子的数量和质量。邓小平把劳动者素质和知识分子的数量和质量看做是增强国力的决定因素。而提高劳动者的素质和知识分子的数量和质量的途径就是发展教育,这就把发展教育和提高教师的工作摆到了战略的地位。有人曾预言:今后各国的较量,不是在战场,而是在课堂。所以,教育能否办好,关系着国家发展战略能否实现,办好教育靠的是教师,所以教师的工作责任性非常大。

（二）教师职业具有复杂性

教师职业所以具有复杂性的特点,这是由教育对象,也就是学生的多样性和教育学生过程的复杂性以及教学工作的技巧性所决定的。

首先,学生的个性心理发展是一个复杂的问题,表现出各种各样的特点。教师的劳动对象是具有不同思想、意志、情感、能力、性格和其他个性品德的活生生的人。这些人,由于所受家庭教育、社会影响以及遗传素质的不同,他们各方面发展存在很大的不同,呈现出多样化。另外,处在成长中的青少年,他们的身心状况随时都在发生变化。教师要在这种复杂的情况下,随时掌握每个人的思想,运用行之有效的教育方法,把他们培养成为具有良好人格的人,这无疑是一件非常艰巨而复杂的工作。

其次,教育学生是个复杂的过程。在开放的环境下,学生的思想面貌呈现出多色彩和多层次性。在当代一部分的学生中,过去那种以大公无私、先公后私为基本道德准则的观念,已被把个人利益与集体利益同等重要的公私结合的价值观所代替,并表现出不同的层次水平。学生的这种思想与社会现实的特点是一致的。在多元化的商品社会中,公与私的矛盾比较突出,学生思想水平出现复杂的现象是非常自然的。加之学生面临人生的重大转折,升学、就业、竞争、人际关系、个性成长等个人难题都呈现在他们面前,他们的思想处在非常复杂的状态。在这种复杂的工作面前,要想让学生健康成长,教师要花费很多时间,做很多艰苦细致的工作。

再次,教学工作是一项非常复杂的、需要技巧的工作。教师要想教好学生,就要精通所教的专业知识,全面掌握教材,运用教学理论,根据学生的接受能力,分析教学的重点难点,对教材加工组合,使之系统化,把丰富的科学文化知识加工成不同层次学生都能乐于接受的信息,转化为他们每个人的智慧和才能。在这个教学过程中,教师不但要掌握教学科学,还要运用教学艺术和技巧,否则就不能出色地完成教学任务。

（三）教师职业具有奉献性

教师是一种崇高的社会职业,肩负着培养人才的重任。人们曾给教师以很高的称誉。捷克教育家夸美纽斯认为,太阳底下再没有比教师这个职业更高尚的了。教师职业之所以重要、光荣、伟大，主要在于教师职业是塑造人的工作，从事这项职业的人需要有一种奉献精神。教师的献身精神，主要表现为教师对教育工作的热爱和高度的责任感。教师要对社会负责、对国家负责、对家长负责、对每一个学生负责。由于教师认识到了自己的职业与国家、社会、家庭和学生的关系，所以教师就要在教育工作中实现自己的职业理想和对人生的追求。教师工作同别的工作不一样，教师不只是一种职业，而主要是一种伟大的事业。从事一般的职业，你愿意干就留下，你不愿意就可以走。当教师不行，你如果没有职业信念，没有一种远大的职业理想，没有克服前进障碍、战胜困难的毅力以及把一生精力都投入到教育事业的决心，只为了追求个人利益，为了求得一份工作，那你就成不了一名合格的教师。教师的工作，是在平淡的生活中显出它的高贵。教师这种职业，只有为它付出汗水和辛劳，一批又一批成长起来的学生从你身边走上工作岗位时，你才会体会到做一名教师的幸福。教师收获的财富，就是培养出来的无数人才。教师获得的幸福和财富是来之不易的。为了这幸福，为了这些学生成才，教师要付出艰苦的劳动，战胜各种困难。有人说得好，教师这种职业不是自我享受，而是一种奉献。奉献，是教师不可缺少的品格。高度的政治责任感和强烈的事业心，促使教师为了学生成长倾心尽力，劳而无怨，鞠躬尽瘁，始终如一。没有教师，就没有教育，没有教育便没有人才。没有教师的奉献精神，就不会有出类拔萃的学生。在每个学生成长的道路上，都洒有教师的汗水。教师的汗水不仅洒在课堂上，而且洒在备课、批改、辅导、考试、谈话等教学的全过程，洒在校内外学生所及的地方。教师生活虽然清苦，但每一位有奉献精神的教师仍以春蚕的精神、红烛的风格、蜜蜂的作风、园丁的品格和孺子牛的志向奋力拼搏。

（四）教师职业的育人性

教师职业的最大功能和最明显的特征就是育人，也可以说育人是教师的天职。育人，就是教会学生做人的道理，教会学生如何做人，使学生成为全面发展的、服务于社会的有用的人才。

教书育人，贯穿在教师的全部教育教学活动中，教书活动从来不是孤立地、单纯地传授知识和技能。作为教师，在传授知识的同时，理所当然应当运用马克思主义世界观、共产主义人生观和道德观教育青年学生，使学生成为有理想、有道德、有文化、有纪律的社会主义建设者和接班人。教书育人，是教师的根本任务的两个方面，这两个方面是不可分割的。教书，是指教师通过具体教学活动，向学生传授科学文化知识，发展学生的能力；育人，是指教师在教学工作中，对学生进行思想政治、道德品质方面的教育，使学生成为一个具有健康良好人格的人。教书必须育人，教书包含德育和智育，德育和智育是育人的不可缺少的组成部分。教书是基础、是形式、是手段，育人是目的。教书是为育人服务的，是为了更好地育人。教不好书,也就不能很好地育人。育人也主要是通过教师在学校里教书来实现的。因为,教书执行的方针、目的都是为了育人;教师在教学中总是自觉不自觉地按着自己的观点和思想意识去教书,并用自己的思想观点去影响学生;教书使学生获得了知识和能力,为其提高思想觉悟奠定了基础;教师在教书过程中,其言谈举止、品德修养、处事治学和人格等因素也都对学生产生了潜移默化的影响。在学校各项工作中,思想政治课教学,党团、班主任工作是教书育人,其他学科的教学也是教书育人,要把教书育人活动贯穿在各科系统知识的传授之中。可以结合各门课程的内容和特点,自然而然地进行。通过对学生进行学习目的、学习态度和优良学风的教育是教书育人;一个教师为人之表,为人之师,以自身的人格力量获得学生的尊敬,成为学生做人的楷模也是教书育人。教书育人是教育自身的目的性规定的,是教师所从事的职业性质所决定的。

(五)教师劳动效果的滞后性和深远性

一切物质生产性劳动和一般的精神生产性劳动,其劳动效果往往很快就会呈现出来,如工人、农民、科学家的劳动成果。但教师的劳动效果不是很快就会显现出来。教师的劳动效果显现带有滞后性和深远性。教师的劳动效果的显现所以带有滞后性,是因为教师的劳动是一种直接的育人活动,教师的劳动效果要通过自己的劳动对象,也就是学生的知识、能力的获得,思想道德品质的提高、变化、发展反映出来。这个提高、变化、发展的过程是漫长的过程。一是因为人的思想变化是个漫长的过程;二是因为受教育者的知识结构和思想品德的变化,只有通过社会实践才能真正、充分地得到反映。受教育者的社会实践是一个漫长的过程,而且受教育者的学习效果不仅表现在在校期间的学习活动中,而主要地、更多地应该表现在走入社会以后的社会生活实践中。由于教师工作的效果显现得比较慢,所以对教育成果的评价和对教学效果的评价,不应该是一时一事的评价,而应该是反映在学生走上社会工作岗位以后的成就上,所以人们常说:"十年树木,百年树人"。正如苏联教育家苏霍姆林斯基所说,教育工作的最后结果如何,不是今天和明天就能看到,而是需要经过很长时间才见分晓的,你所做的,所说的和使儿童接受的一切,有时要达五年、十年才能显示出来。

第二节　思想政治学科教师的价值观

价值,在这里是指客体满足主体需要的性能。价值观是一个期望性观念和情感意识,它是一个人思想意识的核心,决定着人对客观事物价值的选择、追求和取向。具体地说,也就是主体即教师,对客体教师职业的期望,即政治教师对教师职业价值的判断、认识、取向、追求、期望、情感和观点。作为一名政治教师,只有认清了自己选择职业的社会价值,才能在这个职业上有所追求、有所贡献。

有人轻视思想政治教育,认为学习思想政治课对国家发展,对学生成长都无关紧要。这种轻视思想政治课教学的想法和做法是极端错误的。其根本原因是没有认识到思想政治学科的社会价值,缺乏正确的思想政治课价值观。

思想政治课程的价值,体现在它的作用上,下边我们就通过了解思想政治课的作用,认识它的价值。

一、思想政治学科对学生个体发展的价值

思想政治学科对学生个人发展的价值,主要体现在以下七个方面的作用上。

(一) 理论武装作用

思想政治课的第一个作用是用科学的马克思主义理论武装学生,让学生掌握运用马克思主义立场、观点和方法分析问题的能力;培养学生正确的世界观、人生观、价值观、政治观;提高学生的思想觉悟,全面提高学生的政治素质,调动学生学好本领参加现代化建设的自觉性和积极性。马克思主义科学理论是党和国家制定正确的路线、方针、政策的科学理论根据,它对促进青少年学生政治上的成长具有重要意义。但马克思主义科学理论不会在青年学生头脑中自发产生,也不能用强制手段来推行,而必须通过政治教师对他们进行宣传、教育和“灌输”。在这里“灌输”是相对于“自发”而言的,而不是具体的教学方法。青年一代正处于成长期,他们的政治思想等方面尚未成熟,所以用科学的理论武装他们是非常必要的。用科学的理论武装学生,不但关系到青年政治素质的成长,而且关系到党的前途和国家的命运,关系到共和国的今天和明天。在培养“四有”新人方面,用科学的马克思主义理论武装人,对学生的身心发展产生决定性的影响,起着奠基作用。因为在人的成长因素中,“德”调节“才”的运用,决定人的精神状态和服务方向。学习是个前提,不学习,政治上就不可能成熟,就不可能自觉改造自己的主观世界。青年学生是国家现代化建设的接班人,用马克思主义理论为指导的经济、政治、哲学、社会发展史、中国社会主义建设、法律和心理学理论武装他们,会对他们的思想发展有决定性的影响。通过思想政治课课堂,学生学习了以上社会科学理论,中学生就会在政治教师的指导下,逐步形成正确的社会发展观念、市场经济观念、民主法制观念、劳动观念、国家观念、道德观念等,这对他们走入社会将终身受益。

(二) 政治导向作用

思想政治课对学生个人成长的第二个作用,是政治导向作用,它能帮助学生把握正确的政治方向。加强思想政治课对学生政治方向的指导,是提高教书育人效果的关键。在实行社会主义市场经济的新的历史时期,政治教师通过思想政治课引导学生树立正确的人生观,培养坚持为社会主义祖国服务,为人民服务的方向,是思想政治课的重要任务之一。如今,有些学生受社会上一些人的“一切向钱看”错误思想的影响，对金钱缺乏正确认识，失去了正确的政治方向。政治课教学应该结合教材内容，帮助学生处理好人生价值与金钱的关系，奉献与索取的关系。要积极引导他们树立正确的金钱价值观。教育学生应当认真学习和掌握科学文化知识，准备将来为国家的富强、人民的幸福和自己的发展打好勤劳致富、守法致富、智力致富的坚实基础，不要受金钱的诱惑而产生厌学、辍学的念头。要有针对性地向学生讲解金钱的负面作用，帮助学生树立正确的生活价值观，教育学生不要超前消费和挥霍浪费，引导学生形成健康文明的生活方式。政治教师要使学生懂得，建成社会主义现代化强国，我们的任务还相当艰巨，还要不断地努力，要发扬艰苦奋斗的创业精神。广大青年学生的生活观念、价值观念都处于形成和发展阶段，思想政治课教师要抓住契机，对他们进行正确人生观引导，使他们能够按照人生正确的方向健康成长，做一个“四有”新人。

（三）能力培养作用

思想政治课对学生个人发展的第三个作用，是能力培养作用。能力培养作用，是思想政治课教学目标之一。思想政治课对学生的能力培养是多方面的，下面只谈几个方面的能力培养。

首先，是道德思维能力的培养。具体说就是培养学生分析、综合、比较、抽象概括能力，这个能力是最基础的能力。培养学生用学到的知识去分析事物的现象、本质、规律，在抽象、概括、分析、综合的基础上，实现对事物由感性认识到理性认识的飞跃。对学生思维能力的培养，几乎贯穿了整个思想政治课教学过程，它是通过教学活动反复进行逐步实现的。

其次，观察能力的培养。观察能力是指善于全面深入、正确地认识事物特点的能力。对于思想政治课来说，就是培养学生运用马克思主义理论的观点、方法去观察各种事物和现象，并抓住其实质，正确认识事物。观察是学生对事物获得感性认识的一个重要途径，通过观察可以获得大量的感性材料，为进一步思维打好基础，进而掌握规律性的认识。教学中，教师培养学生观察能力，主要是通过调查、访问、举实物、举实例等方式来进行的。

再次，辨别能力的培养。辨别能力是指能够以全面的、联系的、发展的观点对各种现象和事物进行比较鉴别。分清是非，辨别真伪。在思想政治课教学中，教师用比较的方法逐步培养学生的辨别能力。人们认识事物，把握事物的特征、本质和相互关系，都是通过比较来进行的。只有通过比较才能认识事物的异同点，才能识别事物。思想政治课教学中的许多概念、基本原理，只有通过比较才能有清楚的认识。例如，对社会主义社会制度与资本主义社会制度，计划经济和市场经济等概念的认识，可以让学生在比较中提高辨别能力，达到正确认识人和事物的目的。

最后，其他能力的培养。思想政治课对学生的能力培养，还包括理论联系实际的能力、自学能力、创造能力、调查访问能力、政治参与能力、解决现实问题能力、自我教育能力、口头和书面表达能力等。学生只有掌握了这些能力,才能达到教学目标的要求。

(四)道德规范作用

思想政治课对学生个人发展的第四个作用,是道德规范作用。对中学生进行思想品德教育是思想政治课的教学目标之一。对中学生进行思想品德教育,是培养共产主义一代新人,发挥其建设社会主义现代化强国积极性和创造性的需要,是调整人民关系,维持社会秩序的要求;是促进社会生产力发展的要求;是加强社会主义精神文明建设,提高我国人民道德水平的要求。思想政治课在它的初中、高中教学内容中,贯穿着道德教育。如人生观教育、理想教育、为人民服务教育、爱国主义教育;劳动观点、群众观点、集体主义观点教育;坚持真理,实事求是教育;社会主义职业道德教育,等等。在高中一年级的思想政治课教材中,在讲“企业和经营者的素质”时,教育学生应当向道德品质高尚的企业家学习,树立良好的思想道德素质,做到“在房子面前不谋私,票子面前不动心,荣誉面前不伸手,用人面前不徇私,生活面前不特殊”。在讲“树立良好企业信誉”一节时,培养学生树立良好的职业道德:“爱岗敬业、诚实守信、办事公道、服务群众、奉献社会”。在社会主义市场经济和改革开放的今天,对学生进行这几方面的教育非常有现实意义。特别是在提倡竞争和致富光荣的今天,思想政治课在其教学内容中,教育学生要坚持正当竞争,反对不正当竞争;挣钱是好事,但要“取之有道”,不搞歪门邪道。同时在市场经济条件下,有针对性地加强职业道德教育是十分必要的,劳动者遵守职业道德是社会主义市场经济健康发展的保障。总之,思想政治课的道德品质教育不是一般的道德宣传和说教,而是要使道德规范、道德内容真正被学生吸收,内化为道德行为和品质。在这方面,政治教师要发挥教育的功能,使道德要求通过学生思想、心理的矛盾运动转化为个人的思想品德。政治教师不但讲授道德内容、道德观念,还要通过一定的约束力规范学生的道德行为,并通过一定的机制鼓励同学遵守道德规范。学生道德修养的提高,除了学生自己控制之外,主要是由政治教师来规范,通过制度,表扬与批评、肯定与否定等手段来强化学生道德品质的形成。

(五)法制观念的强化作用

思想政治课对学生个人发展的第五个作用,是法制强化作用。我国的青少年学生在老师的教育下,他们把自觉遵守社会主义法制视为一种美德。但也必须看到,改革开放以来,在金钱和资本主义不健康的生活方式的引诱下,在黄色录像片、书刊的毒害下,一些青少年走上了违法的道路。近几年来,青少年违法犯罪的案件有所上升。这些都说明对青少年加强法制教育的必要性和迫切性。青少年学生是国家的未来和社会主义建设事业的接班人,遵纪守法是他们成为接班人起码的条件。中学思想品德课在初中二年级教学内容中,专门对学生进行法律常识教育,以强化青少年的法制观念。在法律常识教育中,使他们了解法律在治理国家中的重要作用;知道宪法是国家的根本大法;懂得法律与公民生活的密切关系,使他们认识到社会主义法律是保护公民权利实现的工具,是人民生活安定和社会主义现代化建设顺利进行的重要保证。政治教师通过课堂教学,逐步培养学生的法律意识,并教导学生运用法律武器维护国家、社会利益和公民的合法权益,培养他们依法同违法犯罪作斗争的能力。教师通过各种教学活动,如“青少年模拟法庭”等形式,结合教学内容帮助学生逐步形成适应现代社会生活所必需的法律意识,自觉遵守宪法和法律,依法规范自己的行为。思想品德课在学校里,在普及法制教育中,真正发挥了强化法制教育的作用。

（六）心理素质优化作用

心理素质的优化作用,也就是通过对学生的心理教育,促进学生心理健康发展,形成良好的个性心理品质。心理素质是人的素质结构的核心因素。从现代教育观念来看,我们培养的学生,不应仅仅是有知识、有能力和有特长的,还应该是有理想、有道德、有纪律、精神饱满、情绪愉快、人际关系协调、举止受人欢迎的人。完美的人格、个性和良好的心理素质对于一个人来讲,比知识和智能更重要。只有知识、能力和良好的人格相结合,才能在日后对社会作出贡献,也才能使自己的生活幸福。所以,思想品德课初中一年级集中对学生进行心理素质教育。政治教师结合教学内容对学生进行心理品质教育,教育学生正确看待自己、锻炼心理品质、善于调节情绪、磨砺坚强意志、能够承受挫折、勇于开拓进取、增强自尊自信、塑造良好性格、寻求真挚友谊、陶冶高雅情趣、培养爱国情操、增强自律能力。通过思想品德课对学生集中进行心理教育,优化学生的心理素质,对学生的全面发展有很重要的作用。人,是身心统一在一起的,所以人要全面发展,就必须有良好的心理素质。因为人的心理素质是德、智、体发展的基础因素。

首先,健康的心理品质能促进学生优秀道德品质的形成。一个人的心理素质好,有健康的性格,如爱祖国、爱人民、爱劳动、爱科学、诚实守信、大公无私、勇敢坚定、严于律己、助人为乐、遵纪守法等,这是形成先进思想和优秀品质的基础。而性格不健康的人,如狂妄自大、自私自利、狭隘猜疑、悲观厌世、任性、虚伪、自卑、冷酷、懒散等,是落后思想和低劣品质形成的基础。

其次,健康的心理品质教育,能促进学生智力的发展。教育实践证明了很多学生学业落后不是因为智力造成的,而是由心理情绪造成的,如,由于学习目的不明确,缺少学习兴趣,没有学习毅力、懒惰,或者由于在学习过程中遭到失败等原因形成的心理压力造成的。健康的心理会促进学生的智力发展,不健康的心理会阻碍学生智力的发展。

再次,健康的心理品质能促进人的身体健康。一个人如果心理不健康,经常忧虑、抑郁、烦恼、焦躁,没有良好的心境、情绪和性格,就会导致生理上的异常和疾病的发生。相反,一个人如果具有良好的心理素质,性格开朗、热情、愉快、遇到烦恼能倾吐、遇到挫折能承受、遇到困难能排解、遇到大悲能自控,能经常与朋友交流思想和沟通意见,就会给自己的生活、身体健康带来有益的影响。学生具有良好的心理素质,对学生的全面发展和成才非常重要。思想品德课在学生刚踏上中学大门时就对他们进行心理教育,对他们将来成为学业优、思想好、心理美的人有重要的意义。

(七)审美情操陶冶作用

思想政治课对学生个人发展的第七个作用,是审美情操陶冶作用。在中学教育中,给学生以美的教育,提高学生的审美能力是十分必要的。虽然在思想政治课教学内容中没有专门安排美育内容,但启迪学生美的灵感,培养学生美的习惯,让学生从教材中发现美却始终贯穿于思想政治课的教学中。初中一年级的思想品德课教学中,让学生学习到了人的性格美,感知到性格好的人所具有的行为美。具有好的性格的人,会对现实生活充满理想和希望,他们会感到人间处处是友谊和关怀,使他们焕发出青春和活力。他们不但认识到美,体会到美,还收获了美,享用了美。初中三年级思想品德课教学中,从社会历史的发展和我国人民建设社会主义国家的事实中,让学生认识到人民是真正的英雄。邓小平理论是科学正确的,培养学生对劳动人民、对党和邓小平理论的热爱情感。通过对学生进行审美标准的教育,让他们认识到,美是客观存在的。衡量一个人的政治行为美不美,衡量一条政治路线美不美,就要看提出的政治主张和路线是否符合客观发展的规律,是否有利于人民物质和文化生活的提高。在各个年级思想政治课教学中,政治教师用孔繁森等英雄模范人物的事迹,让学生了解模范人物身上所体现的思想美、行为美,使学生受到美的熏陶,学有榜样,赶有目标,在教学中陶冶了学生的美好思想和品德。在思想政治课教学内容中,学生学习好的理论观点、好的方针路线、好的思想,也是对学生进行社会美和科学美的教育。政治教师选择有效的教学方法,产生好的教学效果,引起学生共鸣,学生学得有趣,这也能使学生受到形式美的陶冶。美育是思想政治课的组成部分,在思想政治课中加强美育,使学生掌握美的标准,形成美的思想,养成美的行为习惯,成为美的人。

二、思想政治学科的社会价值

思想政治课的社会价值,也就是它对社会发展的作用。

(一)思想政治课的教育性作用

思想政治课是学校教育的内容之一,它又对学校教育有着非常重要的影响。思想政治课对我国教育的重要影响主要表现在对学校教育的社会性质和人才政治方向具有导向作用。

首先,思想政治课是学校的社会性质的标志。学校属于什么性质以及往什么方向发展,主要看学校用什么社会性质的政治、思想、道德品质和行为规范教育学生,教育学生具有什么样的思想道德品质。列宁说:“在任何学校里,最重要的课程是思想政治方向。”①我们要保障学校的社会主义性质,不但要加强社会主义、共产主义思想教育,而且要发挥思想政治课在学校教育中的社会主义性质和发展方向的导向作用。如果取消和削弱学校思想政治课的作用,学校教育的社会主义性质就会受到影响。其次,思想政治课决定了人才培养的政治方向。人的素质包含着很多内容,其中政治方向处于主导地位。所谓政治方向,是政治立场、政治态度、政治品质、政治理想和政治信念等综合表现。其中政治思想和政治信念起支配作用,是思想和行为的精神支柱。我们所说的人才的政治方向,从根本上说就是社会主义、共产主义的方向。现阶段所要求的人才应该是有理想、有道德、有文化、有纪律的社会主义新人。他们热爱社会主义祖国、热爱社会主义事业,具有为国家富强和人民幸福献身的精神。他们有为社会主义现代化而奋斗的远大理想,这是政治方向的核心。对于学生来说,最主要的就是要树立远大的理想,有了远大的理想,就会克服各种困难,发挥自己的聪明才智和满腔热情为祖国而学习。学生的远大理想不是自然形成的,它主要是政治教师通过思想政治课的教学内容教育的结果。思想政治课对确立学校的社会性质和人才的政治方向起主导作用。

(二)思想政治课的经济性作用

思想政治课的经济性作用,也就是指思想政治课的德育潜在功能在经济建设中发挥的作用。思想政治课的经济性作用可从三个方面来阐述。

第一,思想意识对社会经济的影响作用。思想品德课通过初中三年级的教学内容和思想政治课在高中一年级的经济学内容,帮助学生初步形成了社会主义的经济思想意识,如社会主义必须和市场经济相结合、开放意识、消费意识、竞争意识、效益观念、时间观念、市场经济管理观念等,这些思想观念都规范和指导着人的经济生活和经济行为,这必将促进社会主义市场经济的发展。

第二,思想意识对科技发展的促进作用。经济的发展,必须依靠技术的进步和发展。在现代经济的发展中,科技可转化为生产力,科技的进步必然推动经济的发展。思想政治课中传授的哲学观念和方法论,“知识就是力量”的科技价值观,启迪着人们的科技意识,提高了人们的抽象思维能力,促进了人们的思想解放,鼓励人们去探索真理,指导人们用科学的方法去研究经济科技问题,这些科学进步的思想观念必将对科技和社会经济的发展产生积极的作用。

第三,思想觉悟对生产的推动作用。人是生产力的主体,是生产力中最主要

---

① 转引自《德育实用全书》,中国民主法制出版社 1997 年版,第 28 页。

的、决定性的因素。对生产力发生直接影响的因素,不仅有劳动者的体力、智力,还有劳动者的思想道德素质和劳动者的精神状态。劳动者的思想觉悟、生产责任心、劳动纪律性、劳动自觉性、积极性、创造性、质量观念、效益观念等,劳动者的这些素质影响着生产的效益、速度和产品的数量、质量。通过思想政治课的长期教育,使学生树立了为社会主义、为人民服务的生产目的,具备了良好的思想品德,养成了遵守纪律和热爱劳动的习惯,培养了健康的心理素质和审美观念。这些学生走上社会以后,就会以饱满的劳动热情,充沛的劳动积极性,高度负责的精神,严格的纪律性投入到社会主义经济建设中去,他们一定能创造出数量多、质量好的产品。从这一点看,思想政治教育也是一种经济创造活动,通过学校思想政治教育培养出一大批思想品德好和掌握一定的科技知识的学生,为社会主义建设提供优秀人才,从而促进经济发展。

(三)思想政治课的政治性作用

思想政治课的政治性作用,主要是指思想政治课在教育维护国家根本政治制度方面发挥的特殊作用。学校设置思想政治课的最主要目的是培养无产阶级事业接班人,维护社会主义国家的根本政治制度。

思想政治课的政治性作用,主要体现在两个方面。

第一,培养无产阶级事业接班人,为维护社会主义国家的社会政治服务。思想政治课,通过它的教学内容,向学生介绍我国的国体、政体、民主政治制度、政党制度、法律制度;传授社会主义民主思想、思想道德、法律观念、马克思主义政治学理论、党的方针政策和纪律等方面的知识,提高了学生的公民民主意识、公民义务意识、法制意识;培养了学生的政治观念、政治品质、法制观念和纪律观念;锻炼了学生的民主政治参与能力和为人民服务的能力,使学生具备了为无产阶级政治服务的思想观念、政治品质、政治意识和能力。这些学生中的优秀分子将来会充实到各级政府机构,参加国家管理,以维护我们国家的政治制度。

第二,传播政治理论,形成政治舆论,维护国家政治稳定。改革开放以后,我们的综合国力提高了,人民物质和文化生活改善了,中国在国际上的地位提高了,影响增大了。但同时,随着西方国家先进技术、优秀文明成果的引入,西方国家的一些资产阶级政治观点、个人主义思想观念和腐朽的生活方式也进入了国门,展现在青年学生面前,影响我国人民,特别是青年学生的政治意识、政治思想、政治品质、政治行为和政治舆论,也会影响我国社会的政治稳定和安全。因此,要通过思想政治课教学,传播马克思主义的政治学理论、民主政治、民族宗教观和党的方针政策,宣传社会主义政治制度的优越性和我国社会主义建设的伟大成就,培养人们对社会主义政治制度的热爱情感,培养健康正确的社会政治舆论,形成良好的社会政治环境,达到维护国家安定团结的政治局面及保证社会主义建设顺利进行的目的。

第三节　教师的学生观

教师的学生观,是指教师对自己教育对象的基本看法。思想政治课教师的学生观,就是担任思想政治课教学任务的教师对学生及对学生思想政治道德方面的看法。树立正确的学生观,对于教师的教学态度、教学方式、教学方法以及取得良好的教学效果都具有重要的作用。教师能否正确观察学生、认识学生、理解学生和对待学生,关系到教师对学生的感情投入;教师能否启迪学生的智慧,发展学生的优良思想品德素质,关系到思想政治课的教学效果。

一、学生的思想政治道德状况

(一) 当代中学生的政治信仰

信仰是人们的一种心理倾向和肯定态度。政治信仰,是指人们对政治理论、政治制度和政治问题的心理倾向、肯定态度和信服。政治信仰对人的政治社会生活会产生影响。信仰制约着人们的行动和发展目标。信仰的形成是一个跨越人生不同阶段的长期过程。中学时期是青年学生确定信仰的关键时期,也是通过德育课对学生进行信仰教育的最佳时期。正确的政治信仰能为青年中学生指明人生发展奋斗的目标,它能给社会提供光明和活力。

当代我国中学生政治信仰主要存在以下问题。

1. 政治信仰迷惘

目前,大部分中学生政治信仰坚定,但也有一部分中学生受社会的一些不良影响,对共产主义信仰的热忱下降。由于其他政治信仰的闯入,对思想政治课中讲的信仰问题不感兴趣,有些中学生对原本崇拜的政治信仰发生动摇和变化,政治信仰迷惘,不知道自己该信仰什么。

2. 政治信仰的务实性

中学时期是人们主体意识逐渐形成的时期,他们对过去敬慕、崇拜过的权威人物不再轻信,选择政治行为时,喜欢独立思考。大多数学生有崇高的政治信仰,他们对实现人类的伟大理想充满信心;也有不少学生选择信仰时主要看对自己是否有利。在选择出现困惑时会出现苦恼或消极心理。这个时候,容易形成家庭和学校教育影响力弱化。少部分学生可能出现信仰失落现象和极端自私心理。

3. 政治信仰的知行不统一性

现在,很多中学生不但确立了崇高的信仰,有了奋斗的伟大目标,而且能够用自己遵守纪律、加强道德修养和发奋学习的行为证明政治信仰和行为的统一。而有些学生,表面上、口头上和理论上也承认要为崇高的政治信仰而奋斗,但在实际行动上却言行脱节，说得多，做得少，遇到实际问题时，政治信仰就被个人利益挤到一边，实惠成为个人发展的前提条件。

（二）当代中学生的社会理想和行为

1. 第一类学生的理想和行为

现在绝大多数中学生，积极向上，树立了为实现社会主义四个现代化而奋斗的伟大理想和为人民服务的思想，把个人理想同祖国的前途命运结合到一起。为了实现自己的理想，他们立志为实现四化、振兴中华而学习，关心国家大事，有为国奉献和建设家乡的事业心和责任感，把个人的成长和进步同社会主义建设的需要结合起来，而且能初步运用马克思主义观点和方法观察和分析社会现象。

2. 第二类学生的理想和行为

这类学生没有什么明确的学习目标和理想，对国家及社会的责任感不强，基本服从国家的利益，遵守国家法律及学校纪律，能参加集体活动，对集体交给的任务能完成；他们没有良好的学习习惯、学习不刻苦勤奋、学习成绩一般；对维护集体荣誉不太积极，对别人遇到困难时不太关心，整天混日子，上进心不强。这类学生是少数。

3. 第三类学生的理想和行为

这类学生个人主义思想严重，一切从个人利益出发。学习虽然努力，学习成绩也很好，但他们是为将来个人能赚大钱、有个好职业而学习。他们考虑问题全然不顾国家利益，当国家利益与个人利益发生矛盾时，他就会表现出严重的自私自利；对集体活动不感兴趣，别人遇到困难他也不闻不问，甚至幸灾乐祸。

（三）中学生的政治思想观念

我国改革开放以来取得了令世界瞩目的成就，这是以邓小平理论为指导的中国共产党人，解放思想、实事求是、集中群众智慧的结果。振兴中华，建设四个现代化，必须让我们的年轻一代具备现代化的政治思想素质，这是时代的要求。具有现代化的思想素质，其中就包括：愿意接受新事物，思想上较倾向于革新和变化，乐于发表见解等。青年的思想往往具有时代内容，一定时期青年的愿望、情绪往往形成一个时代青年的思想意识和政治心理。20 世纪 80 年代中国实行的改革开放和各种体制的改革引起了青年思想意识的大飞跃，中学生的思想也开始更新，思想政治心理开始具有时代特征，并且是健康的。特别是现在的中学生，政治思想比较活跃，思想观点透明度大，他们具有民族精神、关心国家、有社会责任感，对国家走向繁荣富强充满信心，在人格方面也表现了对美好道德的向往。除此之外，他们的竞争意识、创造意识、时间观念、效益观念、商品意识、民主平等意识也有增强，而且善于思考，敢于发表自己的意见。这都反映了我国中学生思想观念的进步。但也应看到，当代中学生思想政治心理也有混乱的倾向，具体表现在他们对一些问题的看法上。例如，学生把我们国家人民生活水平同发达国家生活水平相比较时，往往只看到资本主义社会物质丰富的一面，而对资本主义腐朽黑暗的一面了解不多，从而产生自卑和彷徨心理，容易迷失方向和随波逐流。加之学生对我国社会转型时期出现的问题不能正确对待，使一些人的思想无所适从，影响了他们政治心理的健康成长。

（四）中学生的道德品质

我国的中学生，绝大部分品德好，遵守学校纪律和社会公德，热心维护社会秩序，尊敬父母、长者和老师，助人为乐，团结同学，对人讲文明、懂礼貌，诚实守信，在大是大非面前，以国家和人民利益为重，生活上勤俭朴素、热爱劳动，热爱大自然，遵守网络道德等。正因为有这些道德好的学生大量存在，才使我国中学能保持良好的校园秩序，才使我们的社会有一个安定的环境，才使我们国家的未来大有希望。

尽管我国中学生道德品质总体是好的，但有些个别情况确实不容乐观。在一部分学校，有些学生不遵守学校的规章制度；不听从老师的教导，我行我素；不听家长的教导，生活上追求高消费，学习上不努力、经常旷课逃学；有的人经常泡网吧，不遵守网络道德；有些中学生人格扭曲，去做危害别人和社会的事情；更为严重的是，有些中学生品质恶劣、参加流氓集团，在校内外为非作歹，危害社会安宁。这些中学生缺少的并不是知识和智商，他们缺失的是道德品质。目前我国中学生的道德品质问题，大量地表现在由于人格缺陷和心理疾病造成的品质问题和违法乱纪问题。

二、目前学生思想政治道德状况的成因分析

正确地认识学生，不但要正确认识学生的思想、政治和道德品质现状，还要正确分析形成这种现状的原因，只有这样才能更好地教育学生。

（一）中学生思想政治道德现状的分析

1. 世界社会主义运动陷入低潮影响着中学生对社会主义的认识

现代中学生由于接触信息的广泛，他们的视野很开阔。他们不但关心国内的信息，也时刻关心世界的动态。他们所看的资本主义世界，并不像过去有的“经济常识”中说的那样处在垂死挣扎阶段，正在走向灭亡，而是力图主导经济全球化。资本主义国家正凭借他们经济和技术的优势，大举向发展中国家兜售他们的产品，占领市场，建立国际经济新秩序。特别是20世纪80年代末90年代初，东欧剧变、苏联解体，世界社会主义运动出现严重曲折，少数学生羡慕资本主义社会，对共产主义信仰产生了疑问。

2. 资本主义国家在经济、文化等方面的交流和渗透，造成学生传统思想和价值观的迷失

首先，市场经济对青年学生的思想影响。经济全球化，与世界经济接轨，我国经济走上社会主义市场经济的道路，这是当前国家经济发展的大趋势。但是，

它对我国人民传统的思想认识也有冲击,并且有负面影响。中国要突破计划经济模式,走社会主义市场经济发展道路,与世界经济接轨。于是,两种经济体制的差异决定了转轨过程的艰巨和复杂性。长期形成的利益格局、价值体系被打破,多种经济并存,多种价值取向的存在,使一些人思想产生困惑和失落,利益分配格局难以在短期内平衡,就业形势严峻;加之与之相适应的经济、法律、政治体制改革滞后或不健全,引发了一些社会问题,如人们对金钱的盲目崇拜。这些拜金主义、享乐主义、极端个人主义腐朽思想使处于思想不成熟期的中学生也深受影响。特别是私营企业主、一部分工薪阶层和科技人员,收入增长加快,而一些老职工、体力劳动者收入相对减少。由于收入差距拉大,家长对社会抱有的某些消极看法也会影响学生正确价值取向的形成。

其次,国外文化产品对学生价值观的冲击。随着改革开放,国外,特别是资本主义国家的大量文化产品和文化资本涌入中国,必然会对中国青年学生的思想和价值观产生冲击。国外低品位文化产品的流入,非法出版物的流行,会侵蚀学生的不成熟的思想和心灵。西方的道德虚无主义和资产阶级价值观,会冲击中学生对民族文化的认识以及传统思想信仰和价值观的形成,这些都将对中学校园思想道德建设主旋律产生严重干扰。

3. 网络使学校德育工作难度加大

计算机互联网的广泛使用,拓展了学生收集信息的渠道,但同时也增加了中学德育工作的难度。过去学校思想政治教育是“单向式”教学,德育信息的主动权控制在教师手中。学生所接受的信息都是经过教师筛选过的。随着电脑、多媒体、信息高速公路的发展,网络信息更趋丰富,但是网上垃圾使涉世不深、对信息辨析能力不强的中学生难免接受不健康信息而受到毒害。有不少违法乱纪的学生也和他们接受网上暴力和色情信息诱惑、污染有关。这种网络传播形式给学校的思想政治教育带来很大困难。

(二)中学德育功能弱化

分析当前中学德育现状中存在问题的原因,不单要从社会上寻找原因,还要从学校德育工作找原因。

1. 受科学主义影响忽视了道德建设

20世纪,科学技术和社会工业化的发展给人类带来了丰富的物质财富,科学技术和理论知识成为人们追求的对象,形成了只讲实用的唯功利主义科学观为基础的科学主义的哲学思潮。知识不但给社会带来财富,也给学生个人的前途和命运带来希望。于是,教育的知识和科学取向被人们夸大化,形成对科学主义的崇拜。科学主义在教育上的反映就是“应试教育”。家庭、学校和社会由于受科学主义影响,只注重学生的学习和升学,忽视了对中学生的思想道德培养。即使考上大学的一些学生,甚至一些考上研究生的学生,思想道德方面也存在很大问题。

2. 德育实效性差

当前,学校德育的主要问题是实效性差,知德分离,忽视养成教育。造成德育实效性差的主要原因是:第一,显示德育范式过分强调整体,重视灌输,而忽视对个性和人格的培养。第二,重智育轻养成。德育教学重知识、重书本,不重视养成和行为的培养,形成言行不一的人格缺陷。第三,现在学校德育只讲理论和规范,而忽视学生的感受和体验,上课只讲大道理,不讲身边平凡具体的事情。

三、对学生思想政治道德教育发展前景的思考

只有正确分析、判断当前的中学思想政治道德教育形势,才能正确展示中学德育发展的前景,充满信心和热情地做好学生的德育工作。

(一)只有面向世界才能促进我国中学德育跨越式发展

有些人一谈"开放",一谈"入世",就有恐惧感,这是不对的。中国近代社会发展得比较慢,很重要的原因之一就是保守和封闭。某一个时期落后并不可怕,可怕的是受夜郎自大、保守封闭思想的长期困扰。中国改革开放以后,特别是加入世贸组织以后,随着社会主义市场经济的发展和逐渐成熟,以及国际交往的频繁和扩大,人们的思想意识、道德观念、思维方式、心理状态和行为习惯等方面经过交流和碰撞都发生了很大变化,使我国广大中学生的思想进入了一个空前活跃时期。如,符合时代发展要求的全球意识、合作意识、竞争意识、效率意识、创新意识、法律意识等思想观念的传入,使学生们认识到:人类与地球应和谐共处,人类应保护环境;只有合作,才能使社会和个人得到更快的发展;只有主动求胜求优的竞争意识,才能适应时代发展的需要,才能发展自己和改变自己的生存方式;"时间就是生命,效率就是金钱",只有奋发学习,学有成效,才能推动社会发展和实现个人的价值;创新是人才素质的核心,没有创新,社会的进步、个人的发展都是不可能的;人们的一切行为和活动都应该在法律范围内进行,否则将会给国家和个人带来危害。因此,正如邓小平所说,"教育要面向现代化、面向世界、面向未来"。

(二)吸引和借鉴国外德育理论,提高我国的德育实效性

国外的德育理论为我国中学德育的发展提供了参考与借鉴。"实用主义德育理论",弥补了我国德育重知识、轻实践的缺点,为我国德育加强德育理论教学与社会生活相结合,提高德育实效性提供了理论参考;"道德认知发展理论",使我们认识到儿童道德发展都是建立在认知基础上的,要通过道德判断和道德行为来提高学生的道德发展水平;"人本主义德育理论",让我们认识到德育的核心是对人的尊重,注重个性的培养和教育;"价值澄清学派德育理论",让我们在德育中尊重学生的个性和主体作用,让学生在价值澄清的过程中激发探究社会问题的兴趣;"社会学习德育理论",强调德育应关心人格的整体性,教学中要

注重教师的人格形象和师生互动的道德因素，让我们更加重视教师素质的提高和学生自我意识的发展。

改革开放和加入世贸组织的大好形势，不但使我们有了德育理论交流的机会，也为结合各国德育经验进行交流提供了条件。我国中学德育要实现现代化，必须与时俱进，要用改革的姿态对待外国德育经验，坚持开放性的、实践性的、综合性的、系统性的德育，以不断提升我国中学的德育水平，促使我国中学生的德育出现良好的令人充满希望的局面。

（三）树立服务意识，做学生的良师益友

要使我国中学生思想、政治、道德教育出现令人满意的新局面，除了利用国家大好的政治、经济形势和借鉴国际新思维、新经验，广大思想政治课教师还要树立为学生服务、为家长服务、为社会和国家服务的意识。努力工作，做好面向学生的各项服务，正确认识学生、理解学生，尽力教育好每一个学生，使他们都能健康地成长。

首先，教师要正确认识学生。要教育好学生，必须了解学生。中学生处于从幼稚向成熟发展的过渡期。这个时期的中学生心理世界充满许多矛盾，他们的心理带有很强的社会性。他们不单纯考虑家庭和学校的问题，他们开始关心社会，开始选择自己未来生活的道路，开始考虑国家、世界和政治与他们未来发展的关系。中学生这个时期的思想政治心理有积极的内容，也有消极的内容。而他们的个体思想政治心理是不稳定、易变的，有可塑性。教师如果引导得好，他们就会向积极方面发展；如果引导得不好，他们的思想可能向消极方面发展。所以这个时期的思想政治教育对中学生来说是非常重要的。教师好的教育动机、方法、措施、艺术都必须建立在对教育对象了解的基础上。思想政治教师应该了解学生的政治观点、政治心理倾向、道德行为、思想情绪、政治心理需要、价值观等，特别要了解学生的个性，了解学生对这门课程的态度，创造民主的教学氛围，发展学生追求民主、平等的政治个性。

其次，教师要理解学生。中学生的思想行为都是社会的产物，他们产生各种复杂心理的原因有家庭的、教育的、社会的因素。不管学生的社会理想和政治观念处于什么状态，作为教师都应当理解他们，关心他们，给他们以正确的评价。评价学生时要诚恳指出他们的不足，但主要是从积极方面给他们以肯定、鼓励、关心和帮助，教师不但应当成为学生的良师，而且应当成为学生的益友。只有当学生认为教师是他们的朋友并能理解他们时，他们才会打开自己的内心世界，把心里话、欢乐和忧愁向教师倾诉，求得教师的帮助和指教，才能从教师那里体会到温暖、友善、关心、爱护、真诚和信心。

再次，要尽力教育好每一位学生。教师认识学生时不要带任何框框，要把学生看成是有发展潜力的人，坚信每个学生都是可造就的。不要把学生分成可教育好和不可教育好的,应该用发展的眼光来看待学生。教师必须公正、全面、客观地对待每一位学生,必须对每一位学生负责。只要教师耐心观察、分析、了解学生的内心世界,并以同情、理解的态度对待学生的不足,不姑息他们的缺点、错误,不故意讨好学生,真诚地严格要求学生,与学生心心相印,学生就会信任教师,与教师互相沟通和配合,改正不足,积极向上,不断调整自己的思想和行为。只要教师有一颗热爱学生的心,把学生引向正确的方向,学生都会踏上人生理想的征途,成为对国家有用的人才。

第四节　思想政治课教师的素质

教育工作的规律告诉我们,建设一支数量足够、素质优良、相当稳定的教师队伍是发展教育、办好学校的根本大计。影响学校教育质量高低的关键在教师,只有高素质的教师,才能为高素质的人才成长打下好基础。教师会教,学生才能会学;教师乐教,学生才能乐学;教师善教,学生才能学得好。很多西方学者在论述教师的素质的重要性时也认为:希望引导别人走正确的路,激发别人对真和善的渴求,使别人的素质和能力得到最好的发展,这种人首先应发展他本身的这些优秀的品质。这就说明,提高教师的素质,是培养现代化人才的根本保证,是增强德育效果的前提和基础。思想政治课教师肩负着传播马克思主义理论知识、塑造学生灵魂的伟大使命,只有具备良好的素质才能胜任政治教师的工作。目前,关于教师素质的结构和教师素质的因素方面的问题有很多不同的见解,说法不一。

我们认为,思想政治课教师应该具有如下六个方面的素质:思想品德素质、知识素质、能力素质、心理素质、身体素质、外在素质等。

一、高尚的思想品德修养

思想品德素质,即指"德",德既包括心理因素又包括伦理因素。一个人的品德,既包括思想品质、政治品质,还包括道德品质,是三个方面品质的总和。德育,即是将一定社会或阶级的思想观点、政治准则、道德规范转化为学生个体思想品德的教育活动,同智育、美育、体育并列。思想政治品德素质,也可以简称思想品德素质或品德素质。

思想政治学科教师(简称政治教师)的思想品德素质应包括思想素质、政治素质、道德素质三个方面内容。

（一）思想素质

政治教师的思想素质应具有科学的世界观、积极的人生观和科学的教育思想观念。思想是客观存在反映在人的意识中,经过思维活动而产生的结果,是人对客观事物认识的想法和见解，包括认识的观点和方法，是人对世界观、人生观问题认识的体现。由于人的世界观多以一定哲学观和方法论作为理论基础，是人对世界的理性思考。所以人的世界观对人的政治观、道德观、人生观等都有指导意义。政治教师的思想素质大体可分为三个部分。

第一，具有科学的世界观。就是要具有辩证唯物主义、历史唯物主义世界观和方法论；具备勇于实践和实事求是的科学态度和作风，用勇于攀登和开拓的精神振兴教育。搞改革开放和素质教育都不是走别人走过的路，都不是重复而是开拓。开拓是开辟、扩展，它需要一种勇于实践的精神。在教育教学改革过程中，有很多新观念、新事物、新方法、新途径、新问题是我们从来没有遇到过的，这些新事物需要我们去认识、去解决、去开拓前进。要开拓前进，就要克服各种阻力和困难，就要锐意进取振兴教育。鲁迅先生说过，中国有时是热爱平等的国家，有什么稍稍显得出头，就有人拿长刀削平它。所以振兴教育需要马列主义哲学的勇于实践和探索的精神。当前，教育领域里改革的任务十分艰巨，教育者要运用辩证唯物主义的科学武器，敢于走前人没有走过的路，敢于向未被认识的领域进军，敢于攀登科学高峰。

第二，具备积极的人生观。政治教师必须树立正确的人生观。政治教师树立无产阶级人生观是社会主义现代化建设的需要。政治教师担负着为社会主义现代化建设培养道德高尚的人才的任务，这个任务需要政治教师帮助革命事业的接班人树立无产阶级的人生观。政治教师的人生观如何，对于学生树立积极的人生观影响极其重要。因为政治教师的言谈举止都要反映自己的人生观，时时处处影响着学生。所以，作为政治教师要想胜任自己的工作，培养思想高尚的学生，就应该树立为人民服务的人生观。政治教师只有树立积极的为人民利益而奋斗的人生观，才能献身振兴祖国的教育事业，才能热爱自己的本职工作，才能抵制拜金主义、利己主义等消极因素的思想影响，才能忠于人民的教育事业。政治教师要以国家、民族、人民的利益为重，要以“甘为春蚕吐丝尽，愿化红烛照人寰”的精神，为教育事业鞠躬尽瘁，服务终生。

第三，具备与素质教育、市场经济相适应的思想观点。如具备邓小平提出的“教育要面向现代化、面向未来、面向世界”的思想，树立与现代教育相适应的教育观和创新意识。

（二）政治素质

政治教师要有坚定的政治信仰，坚持党的基本路线，坚持四项基本原则，自觉拥护党的各项方针政策，要有政治理论素养，要规范自己的政治行为，为培养无产阶级革命事业接班人服务。

政治素质，是指一个人对社会生活中的制度、国家、政党的基本观点、信念和态度。政治素质，在我们国家的主要内容有，坚持社会主义道路，坚持人民民主专政，坚持中国共产党的领导，坚持马克思列宁主义、毛泽东思想、中国特色社会主义理论体系；热爱社会主义祖国，坚持党的基本路线；自觉遵守党的教育方针和规范自己的政治行为。

政治教师的政治素质，主要应该体现在保证学校的社会主义方向，用马克思主义理论武装学生，把学生培养成无产阶级革命事业的接班人。列宁说，在任何学校里，最重要的是课程的政治方向。这个方向由什么来决定呢？完全只能由教学人员来决定。政治教师要通过自己的教学向学生宣传社会主义制度的优越性，增强学生坚持为人民服务的自觉性；向学生宣传中国特色社会主义理论体系，讲解党的基本路线，使学生拥护党中央的各项重大改革，使学校不偏离社会主义方向。

（三）道德素质

人们常说："学高为师，身正为范"。教师承担教书育人的任务，特别是政治教师承担德育任务，教育学生做一个真正的人，一个高尚的人，一个有理想有抱负的人。政治教师本人首先应当成为学校里最重要的师表，做学生生活的榜样。政治教师要以整个人格教育学生，影响学生。教师的道德亦称师德，师德是从事教育工作的教师的职业道德。所谓职业，就是人们对社会所承担的一定职责、义务以及所从事的专门业务。对社会承担一定职责，是职业的本质特征。按社会需要和标准培养人才，使学生成为对社会有用的人，是教师的社会职责。教师的道德是职业道德的一种形式，是一般社会道德在教师职业中的特殊体现。政治教师的道德，又有政治教师的职业特点。政治教师的道德主要体现在以下五个方面。

1. 热爱思想政治教育工作

热爱思想政治教育工作，献身教育事业。这条归纳起来就是一句话：敬业奉献。

首先，要有敬业精神。敬业是思想政治课教师道德规范的总原则。思想政治学科的教师承担的是德育任务，在培养"四有"新人中，这几项任务同政治教师有密切关系，其中培养"有理想、有道德、有纪律"这三项任务就是塑造学生灵魂的工作，它们同政治教师工作联系最为密切。政治教师在教书育人方面承担着艰巨的任务，没有高度的责任感和对事业的献身精神，就不可能完成国家交给的德育任务。因此，政治教师必须热爱自己所从事的思想政治教育工作。敬业，是对政治教师最基本的要求。如果一名政治教师不热爱思想政治教育工作，无论才能多么高，也不会有杰出贡献和突出成就。热爱自己的工作才会忠于自己的事业。忠于思想政治教育工作，是政治教师的职业道德的最高宗旨，也是政治教师职业道德的最根本的原则。它统帅着政治教师职业道德的一切规范，构成政治教师职业道德体系的核心。忠于思想政治教育工作是政治教师认识自己的义务、良心、责任感、荣誉感的关键。政治教师只有从热爱思想政治工作事业出发,才能把德育工作当成自己义不容辞的道德义务,才能对自己的行为和动机进行正确的评价。一旦出现违背道德的动机和行为时,能及时受到良心的责备。敬业,是衡量教师行为和品质的最基本标准。衡量教师是否具有高尚的职业道德和品格,其标准是多方面的,但这些标准只有同敬业精神结合起来,才能成为真正的判断标准。一个人能力有大有小,但只要有敬业精神,有忠于党的教育事业的信念,就能全身心地投入工作,就能作出贡献。一位政治教师热爱思想政治教育工作,也体现了他对党的教育事业的忠诚,对社会主义事业的热爱。一个国家,一个民族,如果没有从事德育的教师的辛勤劳动,就不能培养出道德高尚的现代化建设的人才。国家要富强,民族要腾飞,迫切需要政治教师加强对人才的思想道德教育,这是一项光荣的事业。只有我们热爱这项工作,努力工作,才不愧国家对我们的信赖。

其次,要发扬无私奉献的精神。做一名优秀的政治教师,应该有一种无私奉献的师魂,应该勤勤恳恳,兢兢业业地把自己的全部精力都投入到培养学生的工作中去。许多教师把自己的青春毫无保留地献给了教育事业,人们用最美好的语言赞美他们的奉献精神。人们把教师比做用知识雨露浇灌幼苗成长的园丁,比做用心血化为火焰照亮学生心灵的红烛,比做春蚕、蜜蜂、孺子牛等。人们用这些美好的词语赞扬的都是教师的奉献精神。奉献是人的美德,更是政治教师的美德。教育工作要求教师甘于奉献,教师职业即使是清苦的,没有丰厚的收入,没有舒适的工作条件,而且往往在困难条件下工作,但都动摇不了教师安贫乐教的意志。正因为教师将勤劳的汗水和心血,毫不吝惜地挥洒在培养学生成长的事业上,所以他们才受到人们的尊敬。特别是当他们看到自己的学生成才以后,他们会体验到劳动者在丰收时的幸福感情。正如有人说的那样:灿烂的花朵固然可爱,但令人心醉的是丰硕的果实。这样的丰硕果实,是教师长期奉献的汗水和心血浇灌培育出来的。教师的奉献精神是教师在职业实践中表现出来的,是教师持久的感情和鲜明的意向选择,是教师世界观、价值观、信念、追求的表现。政治教师的奉献精神主要表现在:不怕辛苦、不怕清贫、埋头苦干、不计得失、以苦为乐、以苦为荣。教师在奉献中实现自己的价值,在淡泊的生活中显示出教师的高洁。教师的奉献精神还表现在甘为人梯、愿当铺路石。要想成为一名合格的政治教师,必须以孜孜不倦的实干精神,默默无闻地耕耘在教育园地上,把全部的爱投入自己热爱的教育工作中。

2. 热爱学生

有人说,教育是情和爱的事业。热爱学生是教师的天职,是教师获得成功的基础,也是学生成长的需要。

首先,热爱学生是教育工作的基础。师爱,也称“教育爱”,它是重要的教育因素,是教育成败的心理基础。热爱学生是做一名教师不可缺少的情感和品格,它反映了教师对教育事业的热爱和对国家的忠诚。教师如果对学生没有感情、没有爱,也就没有教育。热爱学生是进行教育工作的必要条件,只有对学生倾注了爱心,才能出色地完成教书育人的工作。教师只有热爱学生才能满腔热情地投入教学工作,才能细心地了解和掌握学生的思想、性格、情绪、兴趣、心态和需要;只有爱学生,才能以育英才为己任,虽生活清苦,但仍以春蚕的精神、蜜蜂的作风、园丁的品格,在三尺讲台上默默奋力拼搏,无私奉献。热爱学生是教育学生的感情基础,只有热爱教育工作才会热爱学生,只有爱学生才热爱教育工作。

其次,爱是沟通教与学的渠道。教学不是把教师头脑中的知识、思想搬到学生头脑中去的简单机械的过程,它是师生情感和思想的双向交流沟通的过程。从教师的角度,教师不但教给学生知识,也带去教师的关爱;从学生角度说,他们从教师那里接受知识,也体会到了教师的关心并观察到教师付出的劳动。一方面教师把关爱给了学生,启迪了学生的智慧;另一方面,当学生内心深处感受到教师的关爱时,他们也会认真学习,尊敬教师,听教师的教导,把爱回报给教师。学生愈是感受到教师的爱心,越是能理解教师、信任教师、尊敬教师、接受教师的教育。他们相信教师教的道理,并按照教师的道路去行动、去做人。正所谓"亲其师,信其道"。相反,如果教师只知教书,对学生缺乏关心和爱护,不关心学生的心理和学习,不关心学生的欢乐和苦闷,师生之间冷若冰霜,双方之间心灵互相封闭,学生就不会喜欢这样的教师,这样教师讲的课学生也不愿意听,教学效果也不会好。特别是思想政治教师,如果同学生之间缺乏情感,缺乏真正的爱,学生认为你讲的道理纯属说教,是不会接受的。

再次,爱是受教育者的一种基本需要。爱是什么,爱是关心和爱护。人人都需要得到别人的关心和爱护,人人都需要爱。爱能给学生的生活增添欢乐、幸福和希望,特别是在学生遇到困难、感到痛苦忧伤的时候,更需要教师的关心和爱护。学生在家里要得到父母的爱,在学校里需要得到教师的关心和爱护。这种真诚的、富有社会责任的爱,会给学生以力量和温暖,会化解他们心中的矛盾和苦恼,师爱是学生成长的助催剂。师爱是一种纯真理智的爱,它是教师高尚思想情操的体现,它体现了党和国家、社会对成长中的学生的殷切期望,它会给学生送去希望、寄托、自豪和力量。爱一个学生等于培养一个学生,厌恶一个学生有可能毁掉一个学生。

最后,师爱是培养学生社会情感的重要手段。教师的行为是无字之书,是隐形的教科书。教师的师爱是传授人间友善、友爱、关心、尊重等美好感情的教科书。学生会从教师身上学到人与人之间的应该具有的正确态度和高尚情操。他们会以师爱为基础,培养出对他人的热爱。学生会把师爱转化为对同学的爱、同志的爱、父母的爱、集体的爱、祖国的爱、社会的爱。没有教师的爱、同学的爱,没有爱的陶冶,就不会有高尚的情感的萌芽。人与人之间的真正关系不是金钱的交易,而是情感的沟通,爱的传递。爱会给人带来幸福和满足,爱在人们之间传播美好的种子,让学生因为师爱的存在而感到人间的幸福。

师爱不同于一般的爱,它具有以下几个特征。

(1) 师爱具有社会性。师爱在性质上具有很强的社会性。它不是出于私人的情感,而是一种社会责任。师爱是教师对教师职业、对国家、对社会爱的体现。教师把对学生的爱,同对国家的前途,对社会的发展目标联系在一起。师爱是教师对自己工作的社会价值的认识尺度。

(2) 师爱具有普遍性。教师要把爱的对象当作一个集体,要把师爱洒向每个学生。教师爱每一位学生,会促使学生以极大的努力向教师指引的方向发展,他们会以取得进步作为对教师关怀的回报。即使学习成绩差,缺点和错误很多的学生也会这样做。教师做到关心爱护每一个学生也不是一件容易的事,因为学校的学生很多,由于先天和后天受教育的环境不一样,学生各方面的状态肯定是不一样的。有的表现好,有的表现差,有的学生可能常惹老师生气。但作为教师,特别是政治教师,我们的责任和义务是教育他们成长,不管学生学习、性格、品行表现如何,我们都要关心和爱护他们。作为教师不能偏爱学生,不能只爱好学生,不爱后进学生,那样就会使后进生产生自卑感,甚至放弃学习、放弃进步。教师偏爱学生,也会造成师生感情的对立。不可爱的学生更需要爱,尺有所短,寸有所长,每个学生都可能有些缺点,后进生缺点可能更多一些,越是这样才越需要教师多去关心他们,爱护他们,多给他们一些鼓励和帮助。教师给后进生的关爱会变成他们克服缺点错误和推动学习的进步力量。尽管一些学生学习不好,品质较差,并且不敢或不想接近教师,教师还是要主动接近他们,关心他们,要相信只要教师的心是火热的,一定能融化那些后进学生的心,焕发起他们上进的勇气和自尊。

(3) 师爱具有全面性。学生要成为对国家的有用之才,必须各个方面和谐发展。作为教师,不单要经常关心学生学习的进步情况,也要关心学生其他方面的发展和进步情况。特别是作为政治教师,更要关心学生的思想品德、心理成长情况。有的学生虽然学习成绩好,但由于平时不注意进步,不注意养成好的品质,结果上大学之后犯了错误,或者走上工作岗位之后犯了错误,最终也没能成才。这主要是由于在中学期间教师只抓学习,忽视了对其思想品德培养而造成的恶果。当前特别应强调的是,教师要关心学生的心理健康。由于现在的学生生活在比较和平、顺利的环境中,很少遇到生活上的挫折。一旦学生在学校和生活中遇到挫折和痛苦的事,有的就会经不住心理压力产生消极悲观甚至轻生的念头。如果教师不关心学生的心理问题,不经常同他们交心、谈话,他们心中的苦恼长期得不到解决,就容易发生悲剧。所以作为一名教师,要全面关心学生的成长，关心他们的思想、品德、学习、生活、心理和身体健康，让每个学生的各个方面都能健康地发展。

3. 严格要求学生

教育是爱与责任的统一，不能把学生自主性推到极致，排斥教师在学习上的指导作用和管理上的师长作用。严格要求学生，也是学生成长的需要。中学生在思想、心理、政治上处于不成熟的阶段，自身调节、自我控制能力较差，对学习缺乏一定的主动性，对道德修养缺乏持久性。作为一种职业道德，教师有责任、有义务经常观察学生、指导学生、督促学生和严格要求学生。这不是不尊重和不信任学生，而是教育的必要手段和过程，是一种责任心和对学生关心爱护的体现。“教不严，师之惰。”爱与严紧密结合，有机统一起来，才有利于学生的健康成长。真正的爱必须体现在严格要求之中，不要把教师对学生的爱误认为只是尊重、信任、体贴、鼓励、表扬、慈祥和微笑，甚至任其随意发展，或者对学生的错误和缺点采取迁就、包庇、放纵的态度。这样做是对学生不负责任的表现，不是爱学生，而是害学生。如果一名教师对学生没有严格要求和管理，那就不会有学生的健康成长，也就不会有教育，也就没有了爱。爱不是一句空话，也不总是春风满面笑口常开，而是教师对学生健康成长所尽的责任和付出的辛劳。小树成长需要修剪桠杈，学生成长也需要教师的严格要求。教师要按照教育规律和道德标准，严格要求学生，帮助他们认识到国家及家长对他们的殷切期望，使学生尽快克服缺点和错误。

严格要求能使学生真正体会到教师对他们的关心爱护，能促进学生自律能力的增强。教师严格要求学生就是严格检查和督促学生，让学生按照学习标准、道德规范、规章制度去发展自己；对学生的错误行为给予矫正，让学生按照有理想、有道德、有文化、有纪律的要求去规范自己的行为。教师严格要求学生，就是要对学生进行正面教育，启发他们树立理想、讲道德、守纪律，增强对不良影响的“免疫力”；真诚地关心他们，通过严格要求感化并增强他们的自律能力，利用其自身的积极因素克服自身不足。学生认识到这一点之后，就会更加体会到教师对自己的真爱、体会到教师“严”里包含的慈心和期盼；聆听教师的教导，主动配合教师克服自己不良思想品德，培养自己的优良品德。严师出高徒。因师严而成为高徒的学生，对教师的“严”是会终身不忘的，因为那是一种更深刻的爱，这种爱对他们一生都有巨大的影响。但教师的严要有度，要讲究方法。严格管理学生要一丝不苟，但又要合情合理，只有严的要求合理，才会被学生接受。对学生不能严格要求，就是误人子弟。

4. 为人师表，以身作则

教师为人之师，必须做到为人师表。所谓“师表”就是表率、楷模、榜样的意思。为人师表，就是教师要在各个方面成为做人的榜样，成为学生的学习楷模。

教师本来就应该成为做人的表率,因为教师是个崇高的职业,古往今来人们对这个职业给予了很高的评价,并且赋予了很多美好和尊敬的称号。古人称教师为“宗师”、“人师”,对教师职业的社会地位给予了很高的评价。战国时代伟大教育家荀况认为,“君师者,治之本也”,他认为君主是治国的本,教师也同样是治国之根本。教师之所以应该受到社会的尊重,是因为社会的发展、延续,人的成长离不开教师的培养。在社会发展和人的发展中,都有教师的贡献和功劳。要让社会和学生尊重教师,教师自己首先必须为人师表,以身作则。一位教师,特别是政治教师,首先应该自立,才能立人;首先正己,才能正人。我国古代伟大教育家孔子认为“修己”以行,“身教”可胜过“言教”。孔子认为,“其身正,不令而行。其身不正,虽令不从”。他强调教师为人师表的作用,只有教师自己做得好,才有资格教育学生。教师只说得好,而做得不好,你说的话学生就不会相信。在学生心中,教师是一座丰碑。学生时时处处向教师学习,以教师为榜样。作为教师,就应该严格要求自己,用自己的学识、行为、人格去影响学生,教育学生。学生喜欢模仿教师的言行,模仿是人类学习的基本形式之一,榜样则是模仿行为产生的关键。教师由于处于为人师表的地位,客观上成了学生学习模仿的偶像。教师的教学活动,言谈举止,行为习惯,都会对学生产生影响,产生一种模仿效应。所以,凡是优秀的教师都非常注意自己的人格修养。

俄国教育家乌申斯基曾说过:教师的人格对年轻一代人格的影响是教育事业的一切。教师良好的人格会引导学生的人格朝着健康、全面、和谐的方向发展。教师的人格就像一面镜子,学生可以从中认识什么是善、什么是恶、什么是丑……他的高风亮节、大义之言、大器之举,能使奋斗中的学生感到一种心底无私天地宽的关怀。只有以身作则,为人师表,才能树立教师的威信。教师的威信是教师教育学生和搞好教学的重要条件。教师只有在学生中有威信才能受到学生的尊敬和爱戴。教师在学生中间的威信越高,他的教学效果就会越好。有威信的教师说的话学生爱听,传授的知识学生爱学,他的行为学生也喜欢模仿。

教师威信的确立,不是靠使手段,不是靠教师的特殊地位,更不是靠训斥、体罚,而是靠教师的业务能力和人品。教师要想得到学生的尊敬和爱戴,除了要具备渊博的知识和高尚的品德,还要给学生以真诚和爱。“亲其师,信其道。”只有学生感受到教师的教导是关心他、爱护他,他才会接受教师的教导。教师的表率作用对学生的心灵产生的影响,是教科书所代替不了的。特别是作为一名政治教师,主要的任务是教育学生要有一个好思想和高尚的品格,这就对政治教师的思想品格提出了更高的要求。一名政治教师如果自己在思想品格方面都不能以身作则、言行一致,那他就建立不起自己的威信,也不会成为一名好的政治教师。所以,政治教师必须严于律己,品行端正,言行一致,实事求是,说到做到,不说假话,加强道德修养,真正做到为人师表。

5. 团结协作，互尊互助

为振兴我国教育事业，必须发挥教师整体的力量，团结协作，正确处理同事之间的关系，互尊互助，这不但是搞好教育的因素之一，也是教师的重要职业道德。

团结协作，是完成教学任务的必要条件。办好一所学校，教好一名学生，不是一名教师就可以完成的，必须发挥教师群体的力量。良好的教师集体会产生强大的教育合力，这是保证完成教育教学任务的必要条件。教师之间，学的专业不一样，教的课程不一样，每个人的特长、水平、经验也不一样。教师之间应当取长补短，互相支持，发挥集体的优势，共同完成国家交给的培养人才的任务。

教师集体的组成因素是复杂的，无论在年龄上、经验上、学历上、性格上、教育观点上都不相同。在这样复杂的集体中，需要运用行为规范来调节人际关系。对先进教师，要尊重他们、学习他们、支持他们工作，绝不嫉贤妒能；对年轻和缺乏经验的教师，应帮助他们提高水平，不能鄙视他们；对其他任课教师，要维护他们在学生心中的地位，不能贬低其他学科的作用；对待同科的教师不封闭教学信息，不贬低他人，抬高自己。

同事之间应当互相尊重，互相帮助，友好相处。教师之间应当克服文人相轻的毛病。教师之间应当以诚相待，互相切磋学问，交流经验，与人为善，谦恭和气。谦虚是做人的美德。教师之间互相尊重，互相帮助，不但对搞好教师之间的关系有好处，对学生也会产生好的影响。学生要以教师为榜样，学会尊重人、关心人、诚恳待人。教师文明的道德风貌，也会通过学生传给社会，对形成社会文明之风也会产生好的作用。作为政治教师，要处理好同科教师之间的关系。同科教师之间不互相拆台，应当互相学习，共同进步。还要处理好不同学科、新老教师之间的关系。只有团结协作，互相尊重，才能形成教育合力，共同完成教育任务。

二、广博的知识经验

教师为国家培养人才，不但要具有先进的思想和良好的道德，还要具有从事教育教学工作的本领，包括知识、能力、心理素质、经验以及其他方面的素质。我们首先来研究政治教师应具备的知识素质。

教师从事着造就人才的工作，担负着为学生“传道、授业、解惑”的教学工作。政治教师主要是从事德育工作的，从事德育教学工作必须具有丰富的知识。知识，是政治教师教书育人的必备素质和资本。教师如果缺乏知识，他就无法从事教学工作，知识是教师从事教学工作的保障。

思想政治课教师的知识结构，由四个要素组成：学科知识，也就是马克思主义理论知识；相关学科知识；教育理论知识以及心理学知识。

（一）马克思主义理论知识

政治教师承担着思想政治课的教学任务。要对学生进行马克思列宁主义、毛泽东思想、中国特色社会主义理论体系的基本常识教育，社会主义思想品德教育。以马克思主义为指导的政治理论知识就是政治教师的学科知识。政治教师的学科知识也可以称为本体性知识，具体包括：马克思主义哲学、经济学、政治学、中国特色社会主义理论体系、中共党史、伦理学、法学、中国社会主义建设以及其他方面的社会科学知识等。这些知识是政治教师的专业基础知识，它是专业主体知识的根基。对专业基础知识，要掌握准确，理解深刻，运用熟练，举一反三，触类旁通。一名教师只有对专业基础知识学得深入扎实，才能在教学中得心应手，运用自如；反之，就不能深入浅出地讲解思想政治课教学内容，对学生提出的问题也不能给予正确地解答。教师要给学生一杯水，自己必须要有一桶水。

作为一名合格的政治教师，不但基础知识底子要厚，而且还要掌握本学科前沿的知识。特别要掌握本专业最新知识信息和本专业发展方向。随着各个学科研究的进步和各学科知识在实践中的丰富发展，各学科知识总是处在不断充实、弃旧出新、发展变化的动态之中。如果政治教师不经常充实新知识，不善于捕捉新的信息，就很难胜任教学工作。所以，每位政治教师都要随着时代的发展，不断更新自己的专业知识，以适应新的教学任务。教师要站在本学科发展的前沿，及时把本学科最新的知识和科研成果介绍给学生。

政治教师，当前特别要学好中国特色社会主义理论体系。邓小平理论是当代中国的马克思主义，高举邓小平理论的伟大旗帜是推进我国改革开放和现代化建设，把中国特色社会主义事业全面推向21世纪的根本保证。“三个代表”重要思想和科学发展观是同马克思列宁主义、毛泽东思想和邓小平理论是一脉相承而又与时俱进的科学体系，是马克思主义在中国发展的最新成果。邓小平理论和“三个代表”重要思想以及科学发展观，也是思想政治课传授德育理论的指导思想。作为政治教师，如果放松了学习邓小平理论和“三个代表”重要思想以及科学发展观，思想和理论都会落后于形势，思想上就会丧失前沿性，理论就会变得陈旧，思想就会变得落后，这样的教师就难以胜任政治课教学。学不学邓小平理论和“三个代表”重要思想以及科学发展观，学得如何，关键是看有没有政治责任感、强烈的求知欲和进取精神。我们学习邓小平理论和“三个代表”重要思想以及科学发展观，要紧密结合政治课的教学内容来学习，把邓小平理论和“三个代表”重要思想以及科学发展观作为政治理论的教学指导思想。

（二）相关学科知识

作为教师，掌握的知识越广博，教学效果才会越好，那样才能自如地驾驭教材，能从大量应讲的内容中选出最好的来讲，并且讲得生动、深透。正如有的教育家说的那样，要授予学生小小的知识火花，教师就得吸收整个光海。思想政治课的内容涉及知识面很广，几乎涉及整个哲学和社会科学。所以要教好思想政治课，不但应当掌握本学科的专业知识，而且还要掌握人文知识和相关学科的知识。

政治教师只有具备良好的科学文化素养，掌握比较丰富的科学和人文知识，才能使自己的教学内容更加丰富，更有说服力，才能融会贯通；学生不但学到了知识，还扩大了知识视野，增长了见识。中学生好奇心强，兴趣广泛，什么都想问，如果教师知识面窄，一问三不知就满足不了学生的求知要求。一个语文修养好的政治教师，讲起课来语言就非常生动，阐述问题就准确、简洁、深刻，而且能激发起学生的学习兴趣，加深学生对知识的理解。一位政治教师如果掌握一些理科知识，他在讲哲学时，举自然科学的例子就会比较熟练，对问题的分析也会比较深刻透彻，并能培养学生对科学的热爱。作为一名合格的政治教师，应该广博地掌握一些知识，包括文科、理科、文艺、体育、美学等多方面的知识。

（三）教育科学知识

作为一名教师，必须要学好教育科学知识。教育学是研究教育现象、揭示教育规律的科学，它以教育实践为基础，又能给教育以指导。教师的教学和教育工作要想收到好的实效必须符合教育规律。要符合教育规律，必须系统地掌握教育科学理论和学科教学论理论。有的教师教学实践经验丰富，凭经验和对学生认真负责的工作态度固然可贵，但每个人的经验总是有限的，即使是经验丰富的老教师，如果不学习教育理论，他取得的教学成果也是有限的，而且不会有大的创造性。因为教育理论是古今中外前人及现代人积累的经验，是人类共同积累的教育经验。系统地学习教育理论，能帮助教师正确地理解和运用教学原则和教学方法，从而提高教育的效果；学好教育理论，还能帮助有经验的教师更好地理解和总结自己的教学经验，并把在实践中积累的教学、教育经验提高到理论的高度。有的政治教师不用教学理论去指导教学，总是采用比较陈旧的方法上课。教学中既不讲教学原则、规律、策略，也不讲教学艺术。教师讲得干干巴巴，学生听得迷迷糊糊，课堂则死气沉沉。这样的教师，只知教，不知怎么教，更谈不上教好。要成为一名好的政治教师，不能当一名教书匠，而应当做一名理论和实践相结合的教育家。当前，国家提出教育兴国的伟大策略，对教学质量和教师的素质的要求更高了，不及时学习教育理论就难以适应未来的教学要求。另外，第三次技术革命的兴起，要求我们培养未来的建设者，只有现成的经验和知识已经不够了，还必须具有创造力。今后的教育工作，主要是着重培养学生的创造力，提高学生的素质，主要强调发展学生的个性、特长、能力、气质和性格。在教育面向现代化、面向世界、面向未来的要求下，每位教师都必须学好教育理论。

（四）心理学知识

作为一名教师，特别是作为政治教师，应该学好教育心理学。教育和教学要取得好的结果，也必须学好心理学，它是一门条件性的知识，因为受教育的学生是有血有肉、有思想、有情感、有意识的人，有其自身成长的发展特点和规律。教育和教学工作只有符合受教育者的心理、心理发展特点，才可能取得良好的结果。这就要求用教育心理学原理来指导教育实践，来指导学生学习，解决学生对学科知识的理解并纠正其错误认识。学生学习知识和技能的过程也是一种心理活动，是心智活动的过程。一方面学生在掌握了知识和技能的过程中，心理智能也得到了发展；另一方面，智能的发展又为掌握新知识创造了条件。教学的任务不仅是教给学生知识和技能，主要还在于发展学生的心理智能，也就是教他们“学会怎样学习”。只有掌握了教育心理学、社会心理学、学习心理学理论，才能更好地指导学生学习，发展学习的智能。

政治教师是做思想政治工作的，只有学好心理学理论，才能掌握学生心理变化的规律和特点，促进学生个性品质的发展。思想政治教育，对形成学生的观点、信念和个性品质是必要的条件。但是，思想政治教育理论并不等于学生的行动，学生学了思想政治理论并不一定会按照它去行动。学生掌握的理论与行动之间也会有脱节现象，要使思想政治教育的理论变为学生的行动，必须要使思想教育成为学生自身的心理需要，并通过实践产生相应的情感，成为学生的个性品质，表现在他们对祖国、对学习、对劳动、对别人和对自己的态度上。

政治教师应该学一些青年心理学理论，以便帮助思想品德不良的学生矫正不良品德。我国实行改革开放以后，随着国际交往的增多，国外一些不健康的思想和道德行为也被带进来，影响学生的健康成长。如有的学生缺乏正确的道德观点，是非观念模糊甚至颠倒，过分崇尚金钱和物质，为人处世受强烈的个人欲望所驱使；有的学生形成错误的处世哲学，主要表现在哥们儿义气、吃喝玩乐、享乐主义、金钱主义、低级下流的乐趣观、缺乏正义感、缺乏对别人起码的尊重和同情心，甚至将别人的痛苦作为自己享乐的途径。品德不良的学生虽然占学生的极少数，但他们的影响很坏，给学校、班级和社会带来很多不安定因素。品德不良往往是违法犯罪的前奏，违法犯罪常常是品德不良的发展的必然结果。所以对品德不良的学生要及时教育，对此政治教师责无旁贷。政治教师要掌握一些心理学知识，正确地分析品德不良学生的心理特点，研究形成学生不良品德的心理依据和教育措施，才能做好品德不良学生的思想政治教育工作。

政治教师学习一些社会心理学知识，也便于进行自我心理调适。教师在工作中也会出现一些心理障碍或偏差，这将会对教师工作产生不良影响。为了使政治教师的行为不受影响，应当进行适当的心理调适。心理调适，是指人们为了适应外部条件变化，以维护和保障心理健康而进行的自我心理调节和平衡。教师的心理调适的主要内容有，缺乏进取的禁锢心理、自负心理、焦躁心理、沮丧心理、抱怨心理、嫉妒心理、紧张心理等。这些不良心理的存在会对教师工作产生不良影响，甚至会使教师行为出现偏差，因此必须运用心理调适的规律和方法，认真加以排除。

三、现代化的教育能力

能力是人能顺利完成某项活动所必须具备的个性心理特征。能力是属于完成某种活动的必备心理条件,是一个比较稳定的、直接影响活动效率的心理特征。政治教师要完成教育教学工作,应该具备一定的能力。教师的能力是教师完成教育教学任务的重要保证。具有同等知识的教师,由于教学能力不同,他们的教学效果也不一样,能力强的人教学效果就好。教师能力是教师活动得以实现的重要保证,是教师必备的心理条件。

我们把政治教师的能力结构分为两大方面,一类是政治教师的一般能力,也称为智能或智力;另一类是政治教师的特殊能力,称为教学实践能力。

(一)政治教师的智能

智能,也称智力。它是指人们认识客观世界并运用知识解决实际问题的能力。政治教师的智能,主要包括观察能力、思维能力和创造能力三个方面。

1. 观察能力

观察能力,是指善于全面、深入、正确认识事物的特点的能力。观察能力是政治教师必备的能力。

首先,政治教师要具备观察能力认识自己的教学对象。政治教师担当着教书育人的任务。要教好学生,必须要了解认识学生。学生是教师的工作对象,因此教师必须要了解认识学生。只有了解认识学生,教师的思想政治教育工作才有针对性。要全面了解学生,就要观察学生。观察学生是了解学生的基础。政治教师要对学生进行思想政治教育,就要观察学生的思想表现、政治倾向、品德行为;要教学生,就要观察学生的学习态度、学习兴趣、学习情绪、学习方法、学习环境。教师观察学生要坚持客观性原则,防止教师受主观意识倾向影响,应使观察到的结果符合客观实际情况。要求教师观察学生时要排除观察前对学生情况的一切猜测和成见。另外,教师观察学生时,要透过现象看本质,学会逐步深入,由表及里,由浅入深进行观察。这样才会对学生有一个全面深刻的整体认识,才能得出正确的结论。

其次,政治教师只有具备了观察能力,才能在思想政治课教学中培养出学生的观察能力。培养学生的能力是思想政治课的教学任务之一。政治教师要通过教学培养学生的观察能力,让学生在学习和理解马克思列宁主义、中国特色社会主义理论体系知识的基础上,运用马克思主义的立场、观点、方法去观察各种复杂的事物和社会现象,并抓住其本质,正确认识事物。学生学习思想政治课的间接知识一般是从感性认识开始的,而观察是获得感性认识的一个途径,通过观察可以获得大量的感性材料,为进一步获得规律性的认识打好基础。培养学生观察能力,教师要引导学生走出课堂进行实地观察,也可以在课堂上进行观察。如讲我国民族问题时,可以让学生观察我国的地图,了解我国的五个民族自治区的民族分布和观察民族服饰等。

2. 思维能力

所谓思维能力,是指思维过程中分析、综合、比较、判断、推理、抽象、概括的能力。就是运用所学的知识,动脑筋想问题,深入认识事物的本质,揭示其规律的能力。政治教师在教学过程中必须具有良好的思维能力,才能出色地完成教学任务。

首先,具备思维能力是完成教学任务的需要。政治教师的教学是传授知识,必须具备很强的思维能力。思维能力,主要是运用抽象和概括的方法。政治课教师在教学中,需要通过抽象,把教材中各种事物或现象之间的共同本质属性提取出来,并向学生指出事物的非本质属性。在政治课教学中,政治教师不但要通过抽象思维认识教材中的概念、规律、原理,而且还要通过概括思维把抽象出来的概念、原理间的共同的本质属性联合起来。教师需要在教学中把学生对教材中材料的感性认识通过抽象和概括思维上升到理性认识。如果教师没有抽象思维能力,就不能使学生对事物的感性认识上升到理性认识,也就达不到良好的教学效果。在政治课教学中,教师为了讲解道理,需要举出一些生活中的具体事例,在分析具体事例时,也需要从具体事例中抽象、概括出一些规律性的思想。

其次,培养学生的思维能力。教师掌握思维能力的根本目的是更好地培养学生的思维能力。培养学生的思维能力,就是培养学生间接、概括地认识客观世界的能力。思维能力的基础是联想能力,而联想又是以所学的知识为基础的,知识是联想的素材。如果学生的头脑中的知识很少,也就无法进行联想。因此,教师要掌握培养学生思维能力的本领,就要尽可能让学生进行联想,而联想的具体方式有形象思维和抽象思维,它们都是建立在丰富的感性认识的基础上的。因此,培养学生的思维能力,必须让学生多参加社会实践活动,让学生在实践中丰富感性知识。教师在教学中为了培养学生的思维能力,要通过启发式教学方式传授知识,注意讲授知识的系统性,要鼓励学生注意事物之间的联系,善于发现问题、提出问题、思考问题。在思想政治课教学中,教师要通过教学活动反复培养学生的思维能力,这是素质教育对教学的要求。培养学生的思维能力,关键是教师要改进教学方法,在把握教材内容的基础上,多给学生一些时间去思考老师提出的问题,多联想问题。思维始于问题,问题是思维的推动力。教师在政治课教学中要善于向学生发问,通过发问,指导学生对同类事物进行归纳、概括,进而产生新的认识。我们衡量一位教师的教学水平,不但要看教师的讲授水平,更重要的是看教师调动学生思维活动的水平和效果。讲课时,教师不要说得太多,要给学生思考、消化、吸纳的时间。教学如浇花,只有浇灌适度,才能滋润花草。政治教师不但要掌握丰富的学科知识,更要具备良好的思维能力,只有如此,才能胜任教学工作。

3. 创新能力

21世纪是充满竞争的时代，这就要求我们培养的学生要具有竞争能力。因此，根据现代社会的需要，学校要培养适应现代化社会需要的创造型人才。教育的重心应从传授知识转到培养学生创造力和激发上进心、求知欲上来。要使学生成为创造型的人才，教师就要具备创新能力。

创新能力，是指有效地进行创造性活动的能力。创造力是在创造性活动中表现出来的，创造活动必须具备两个特征，一个是首创性，另一个是有社会价值。所谓首创性，是指在解决问题或认识问题时，不拘于一般的思维定式和方法，而是运用与众不同的方法或新的思路，能得出有价值的新结论。具有社会责任感和勤奋的性格特征。政治教师应该是有社会责任感，有好奇心，进取心，有坚强的意志力的人。应当在实施素质教育的过程中有所作为、有所创造。只有敢于创新，才能创造出新的教学模式，另辟蹊径，突破旧的教学观念，对教学内容有独特新颖的见解。

政治教师的创新能力，还应体现在培养学生的创造能力方面。政治教师的创造性教学活动能促进学生创造力的发展。良好的教学风格和教学环境是学生创造性学习活动的土壤。为了培养学生的创造能力，教师在教学中要善于保护学生的好奇心和探索的欲望。如果学生的好奇心受到教师的鼓励和肯定，他们就会继续深入地探讨下去，对问题就会有新的见解。为了保护学生的创造性和好奇心，对学生在探讨问题、研究问题时出现的偏差，教师要加以引导和关怀，不要挫伤学生的创造性。政治教师要鼓励学生敢想、敢问、敢创见，允许学生按着自己的想法去思考问题，去创造性地解答问题。政治教师培养学生创造性的过程，也是培养自己创造性教学方式的过程。总抱着过时的教学思想、方法和学术观点是没有前途的，在素质教育过程中，教师应该有所创造、有所发明。

（二）政治教师的教学实践能力

政治教师的教学实践能力对于教师较有成效地完成教学任务有直接关系。建设一支教学实践能力优良的政治教师队伍，是搞好学校思想政治教育、办好学校的强有力保证。政治教师的教学实践能力是教师教学的特殊能力，它包括教学能力、指导学生学习的能力、组织管理能力、表达能力、思想教育的育人能力、交往能力、教育科研能力、运用现代化教学技术的能力等八个方面。

1. 教学能力

政治教师的教学能力又包括教学准备能力、优化教学能力两个方面。

（1）教学准备能力。做好教学准备是上好课的前提，所以必须掌握好教学准备的本领。思想政治课的教学准备工作，主要是要了解教学指导思想、教学目标、教学认知要求、教学原则、教学内容。思想政治课新的《课程标准》，是实施素质教育和教育改革的产物。认真地研究它、认识它,对搞好教学具有很大的指导意义。它的编制者,站在时代的高度、用辩证的眼光去审视传统的理论、观点、做法,对旧的传统做法存优弃劣。政治教师在备课时要认真掌握,做到深浅适当。备课时主要应当达到"四弄清",一要弄清教学目标;二要弄清知识结构;三要弄清认知目标;四要弄清知识之间的内在联系。备教材就是认真钻研教材,对教材了解得深入。对教材不仅要弄懂,而且要了如指掌,运用自如,教师的认识、心理情感要和教材的教育性融为一体。教师要深入地研究认识学生,了解学生的兴趣、爱好、特长以及他们掌握的基础知识。要分析学生的特点,调动他们的思维,启发引导,因材施教。同时还要考虑能同学生特点相适应的教学方法,让学生容易接受,对学习感兴趣。

不论年轻教师还是老教师都要认真备课,只有具备了很强的备课能力才能写出好教案,保证教学任务的完成。

(2) 优化教学能力。所谓优化教学能力,是用最少的精力和时间取得最好的教学效果的能力。优化教学能力主要有以下几方面内容。

第一,实现教学目标的能力。每节课的教学目标,就是每节课教学的出发点。教学目标就是教学的方向,课堂上的一切活动都要围绕实现教学目标来进行。教学目标包括知识、品德、能力、情意四个方面。每节课要完成什么教学任务,达到什么目标,不但教师要明确,学生也应当清楚。而且一定要使教学目标具体、明确、不笼统、不流于形式。在整个教学过程中,师生都要为实现教学目标而努力。

第二,优化教学内容的能力。优化教学内容的能力,主要体现在对教学内容的分析加工上。一是要根据教学目标,把教学内容中最能体现教学目标的内容传授给学生。不对教学内容进行分析加工,不分重点、难点、关键点,对重点教学内容不重点教、重点练,是不会取得好的教学效果的。对学生熟悉的教学内容可以不讲或少讲,对学生不熟悉的内容要重点讲,讲授教材时,要坚持少而精的原则。二是要注意教材的系统性,注意新旧知识之间的联系,注意理论联系当前社会实际,注意补充新的教学信息。要注意知识的系统性,就要把教学内容联系起来认识、理解和掌握,形成知识链、知识层次。

第三,优化教学过程的能力。教师优化教学过程的能力,主要表现在对教学过程的监察、反省调节、控制、校正、提高等方面。具体表现在教学的实施过程中:首先,要选择好课型和教学方法。教学方法与课型是有一定联系的。所以选择教学方法时要考虑课型的特点。无论是选择课型还是选择教学方法,都应根据教学目标、认知目标、教学任务、教学内容和学生特点来选定。选择教学方法,要体现以教师为主导,学生为主体的原则。其次,教师在教学过程中,要善于调动学生非智力因素的作用,激发学生的学习动机,引起学生的学习兴趣,唤起学生学习政治课的积极性,积极主动地与教师相配合,带着强烈的求知欲参加教学活动。最后,要运用教学科学与教学艺术手段调节教学活动。教师在教学时,要注意掌握学生心理活动规律,启发学生积极思维,创造性地运用教学方法,处理好课堂教学的导入、过渡、讲解、启发、点评、总结等教学环节,让教师和学生的思想能充分进行交流。使教学有层次性、难度适中、速度恰当、次序合理,富有创造性,使课讲得生动鲜明、严谨系统、准确连贯,深受学生的欢迎。

2. 指导学生学习的能力

作为一名政治教师,不仅要完成教书育人的教学任务,而且还要完成指导学生学习的任务;不但要具有教学的能力,而且还要具有指导学生学习的能力。"未来的教育不是不识字的人,而是不会学习的人。"学会学习成为人未来生存的必要条件,教会学生会学习,不但对学生在学校学习期间是必要的,而且对他们将来走入社会,对他们将来的发展也是必要的。人要活到老,学到老。人在学校学习的时间是有限的,因此,学生在学校学习期间,从老师那里学会学习,养成自己学习的习惯是很重要的。所以,教会学生学习,也就成了教师的教学任务之一,教师必须具备指导学生学习的能力。一位政治教师,指导学生学会学习应具备下列方面的能力。

(1) 调动学生学习动力的能力。学习动力是直接影响学生学习动力而有效地完成学习活动的个性心理特征。教师要具备调动学生学习动力的能力,应注意从以下几个方面入手。

第一,帮助学生树立正确的学习目标。人的各种活动都需要一定的动力,否则活动就无法进行。人的学习活动,也需要一定的动力因素加以"启动"。学习的动力系统中,主要是学习动机和兴趣。学习动机是刺激学生学习的心理动因,是学生学习活动的一种心理状态。学习动机是推动学生学习的一种内部动力。人的动机和需要是互相联系的。人的需要分为生理需要和社会需要两大类。初级需要是生理需要,社会需要是高级需要。学生的学习动机是国家、社会、家庭和老师对学生学习的客观要求和学生自我提高需要、交往需要、生活需要和学习取胜需要在其头脑中的反映。需要是学生学习必要性和动机的源泉。学习动机会形成一定指向性,形成学习的目标和志向。政治教师教会学生学习,首先就要帮助学生建立良好的学习动机,把学生的学习动机引向正确的、高级的社会动机上来,帮助学生克服错误的、短浅低级的学习动机。为祖国而学习、为振兴中华而学习,都是高尚的、正确的学习动机;为实现个人低级趣味和狭隘私利而学习的动机,则是错误的动机。正确的学习动机一旦形成,学生学习就会有正确的方向和学习的愿望,在学习中就能高度集中注意力,就能保持旺盛的精力,学习中遇到困难就能表现出很强的意志力和对困难的承受力。作为教师,不管对学习好的学生,还是对学习困难的学生,都应当帮助他们建立正确的学习动机,树立积极、高尚的学习目标。教师要对全体学生进行学习目的教育,帮助学生端正学习的社会意义,把当前的学习与个人长远理想、祖国四化建设联系起来。

第二,帮助学生培养学习的兴趣。首先,要进行学习目的教育,只有当学生学习兴趣与其理想和奋斗目标结合起来时,学生的学习兴趣才会由乐趣发展到志趣,才能持久,才会有更大推动力。其次,讲明学习每门课程的目的和意义,明确学习的意义会强化兴趣。明确知识的社会意义,是形成学习兴趣的基础。再次,组织学生多参加探求知识的活动,学生在运用知识中对学习知识产生兴趣。如指导学生坚持写政治小论文、政治语录、名言,让每人都树立自己的学习目的,召开学习目的演讲会,国内外政治形势演讲会等;还可以组织学生参加一些社会政治活动,如庆祝活动、参观审判活动等。最后,扩大学生学习的知识面。知识不断积累是学生产生学习兴趣的基础条件。当学生对某一领域里的知识达到一定水平时,才会产生对某一知识领域的兴趣,所以教师应让学生经常坚持读课外政治读物,如采用跳读、速读的办法每天读两篇文章等。

(2) 调节学生学习的维持系统的能力。如果我们把动机和兴趣称为学生学习的动力系统的话,那么学生的学习情绪、情感和意志则是学生学习的维持系统了。在一般情况下,情绪饱满、情感健康、意志力强,对学习活动就会起到积极的平衡和推动作用。相反,如果学习情绪消极、缺乏热情、意志薄弱,就会对学习活动起阻碍和削弱作用。所以,教师要引导学生认识到情感因素对学习的影响力,自觉地调节和控制自己的学习情绪,培养学生健康、乐观、和谐、积极向上的情感品质。教师要及时掌握学生的学习情绪,对症下药,随时引导学生调节情绪,避免不良情绪影响学生的学习。

(3) 培养学生学习习惯的能力。要使学生好的学习方式能够坚持下去,必须使好的学习方式自动化、自然化,形成习惯。培养学生形成良好的学习习惯,是一项长期的、细致的工作,也是校内外学习指导的重要任务。对培养学生学习习惯的教学指导工作,要常抓不懈,并且要严格训练。政治教师帮助学生形成好的学习习惯主要有以下几方面内容。

第一,制订学习计划。凡事预则立,不预则废。事先订立学习计划,学习的成功率就大。计划中要有明确的学习要求和具体的时间安排。

第二,课前预习。学生在教师讲新教材之前,要自学新教材。通过粗读—细读—精读的过程,找出新教材中的重点、难点、关键点、概念和原理,并尽量利用工具书自己解疑。对于自己解决不了的问题可以和同学共同切磋、议论,并把解决不了的疑难问题带到课堂上请教师帮助解决。

第三,课堂专心学习。上课保持精神高度集中,认真听讲,不左顾右盼,不受别人干扰。边听边积极思考,同教师配合好,积极按教师的要求回答问题。对于自己不懂的问题要在书上作出记号。上课认真记笔记。纲目要清楚、整齐。

第四，课后及时复习。能自觉做到当天科目当天复习，复习时要踏实认真，达到巩固提高的目的。

第五，认真完成作业。能认真按时完成作业，作业的质量要高。

第六，自习要保持安静。自习时专心复习功课，精力要集中在学习上，上课不交头接耳。

第七，坚持写日记。要把每天做的事，见到的事及感想、收获写到日记中。

第八，课外学习。课外学习是课内学习的补充。它能开阔学生视野，丰富科学文化知识，加深巩固对课本知识的掌握，能激发学生的求知欲望，培养独立学习的能力。对学生的学习习惯，教师要及时指导和评价。

3. 组织管理能力

政治教师不仅应具备教学方面的能力，还应具备教学的组织管理能力，包括教学过程的组织能力和管理班级能力。

（1）教学过程的组织能力。良好的课堂纪律是上好课的必要条件。教学过程是个活动的过程，教师要进行教学活动，学生要进行学习活动，教师不但要很好地控制自己的教学过程，而且要很好地组织调控学生的学习活动。教师的教学组织能力，就是教师调控教学活动的能力，使教学在有系统、有条理、有秩序以及融洽和谐的气氛下有效地进行。好的课堂教学秩序和气氛不是自然形成的，它必须经过教师认真地组织和调控。如果教学活动在无组织、无纪律和不良气氛下进行，就一定不会有好的教学效果。有的教师上课只管讲，不管学生是否遵守课堂纪律，不管学生对讲课有什么心理反应，造成课堂秩序不好，大大降低了教学效果。教师组织课堂教学，贵在创造良好的课堂气氛。在课堂上，教师应以民主的作风、友好的态度、高尚的品德、浓厚的教学兴趣、适当的情绪表现、生动的教学、良好的形象出现在课堂上，这就为最优化的课堂气氛创造了条件。这样民主型的教师形象一定会吸引学生的注意力，为学生创造良好的课堂心理气氛。教师在课堂上主要是维持学生对教学的注意和兴趣，一旦发现学生在情绪上和行为上出现不正常状况时，要及时调节，想方设法把学生的注意力集中到教师的教学上来，使学生对教学产生兴奋、快乐、满意的情绪。例如，当教师发现学生出现精力分散“走神”，对教师讲课感到厌倦、冷漠、不满或随便说话时，就要寻找问题的原因，并及时采取办法加以解决。遇到不良课堂现象，特别是出现学生故意捣乱和学生出现不礼貌行为时，教师要沉住气，不要性急，避免出现师生对立和摩擦，要巧以幽默方式和缓和轻松方式进行调节，如果处理不当会产生偶发事件，使课堂上出现僵局。教师对学生在课堂出现的消极散漫现象不能放任自流，也不能采取专断高压做法，有时学生表面屈服教师的压力，但心里却不服，这也不利于培养良好的课堂情绪，甚至会使有的学生丧失学习信心，对于教学和教师十分害怕，在心理上给学习抹上一层阴影，沉重的心理压力会阻塞学生理智，以致造成学习无效。所以,教师组织好教学,机智地排除干扰教学的偶发事件,有效地利用好上课时间,保证课堂教学正常进行,对于提高教学效率非常重要。

(2)班级的管理能力。教师对班级的日常管理能力也非常重要。教师与学生朝夕相处,学生在生活中、学习中、思想中遇到的各种问题,出现的喜、怒、悲、伤等情绪都要反映给教师,教师要以负责的精神帮助学生解决。人们常说,管理出效率。教师对学生的日常学习、生活的管理,也会产生教育、教学的效率。教师对班级的日常管理工作,主要是完成学校指令和保证班集体建设的管理工作。班级日常管理工作有:制订班级工作计划、对班级日常工作进行检查监督,组织总结评比,解决学生学习、思想、生活中出现的问题,指导班级干部、团支部工作,评定学生操行,处理偶发事件等。学生在学校生活中,班集体是学生学习、生活的主要环境。班集体的好坏,对学生思想品德有直接影响,所以教师的班级管理能力对做好教育工作非常重要。要使教师的班级管理水平提高,必须系统学习班级管理理论。

4. 表达能力

教师的表达能力主要包括教师语言表达能力、板书表达能力和体态语言表达能力。

(1)语言表达能力。教师教学主要是借助语言来进行的。教师教学用的语言是教学语言。教师的教学语言表达能力主要表现在以下几方面。

第一,语言要标准化。教师讲课语言要标准化,要讲普通话,避免方言土语。语言要标准化,主要指要做到语言标准,达意确切,科学地使用汉语。语言标准,就是要使用普通话教学,发音准确、清晰。达意确切,作为规范化方面的要求,就是要求教师使用的教学语言要符合现代汉语规范和习惯,语言表达要合乎语法,科学地使用概念、术语,传达教学信息的语言要准确、完整。

第二,语言有条理。教师讲课用的语言要有条理、有逻辑、有层次,学生听起来能顺着教师的思路步步深入。思想政治课是以培养学生论证能力、逻辑思维和辩证思维为主的一门课程,教师的语言更应具有逻辑性、说理性和政治鼓动性。教师的语言有条理、有逻辑,有利于培养学生逻辑思维能力。

第三,语言要简明精练。教学时间是有限的,所以教师的语言要准确、简明、精练、干净、流利,避免重复,才能使学生对所学的内容有明白确切的理解。

第四,声调要有节奏有变化。教师优美的声调,既能引起学生的学习兴趣,又有益教学内容的传授。柏拉图认为,教师语言艺术是陶冶学生美感的一部分。教学语言要根据教学内容的特点有节奏地变化。教师讲话要有轻重缓急、抑扬顿挫,声调要随教材内容变化而变化。教师口语语流中的音节单位要清晰可分,不能吐字含混;声音的轻重、高低、快慢要运用和谐,有板有眼,形成声调的节律美。美好动听的教学语言直接影响学生的注意、记忆、思维、情感和想像等心理活动,它对提高教学效果有很大的作用。教师运用语言时也应注意停顿,恰当的停顿对表达思想、调节气氛、突出重点、启发思考、引起学生注意等都能起到很好的作用。苏霍姆林斯基说,教师的语言修养,在极大程度上决定着学生在课堂上脑力劳动的效率。

第五,语言要有知识性。教师的语言是传递知识信息的载体,只有饱含学科知识和思想性的语言,才能让学生获取科学的结论,才能保证专业知识的传授,促进学生在学习上的进步和发展。

(2) 板书表达能力。粉笔字的书写在教学上称为“板书”。写好板书是教师职业的“第一书体”,是教师必须具备的基本素质。教材中的内容要点,生僻词语和字,需要教师用板书来完成。教师的板书,不能出现错别字,理想书体是“行楷”书。

(3) 体态语表达能力。在课堂教学中,除了声音和文字以外,还有一种无声语言,即体态语。所谓体态语就是用手势、姿态、表情、眼神等来表达思想意识。体态语是教学的辅助手段,有以下几方面的作用。

第一,用来组织教学。如有的学生不注意听讲,教师用目光注视一下那个学生以示警告,这样就不会干扰正常的教学秩序;

第二,用来增进师生感情。如果教师带着善意、真诚的微笑提问学生时,学生会从教师的表情上看到关怀和鼓励;

第三,用来突出教学重点。当教师讲到重点问题时,如果配合相应手势,恰当的动作会使学生感到问题的重要,给学生留下深刻的印象;

第四,激活学习情绪。教师的面部表情往往会影响学生的学习情绪,可以有效地调节课堂气氛。如教师可以用微笑给学生们以鼓励,用自信的眼神给同学们以克服困难的勇气。教师的神采焕发可以唤起学生听课的情绪等。教师要把微笑带进课堂,用爱的微笑去征服学生的心灵。

5. 思想政治教育的育人能力

思想政治课的教学任务,主要的不是教给学生一些政治理论知识,而是对学生进行思想政治教育。教书育人,核心是育人。如果一位政治教师只会教书,不会育人,他就不是一名好的政治教师。苏霍姆林斯基说,请你记住,你不仅是自己学科的教师,而且是学生的教育者,生活的导师和道德的引路人。政治教师主要应具有以下几方面教书育人的能力。

(1) 用政治理论育人。政治教师要通过思想政治课对学生进行科学世界观、人生观、价值观教育,道德品质教育,健康心理素质教育,学习目的和学习态度教育,使学生树立起对祖国、对人民、对社会发展的崇高使命感。唤起学生把自己培养成有理想、有道德、有文化、有纪律、热爱社会主义祖国和社会主义事业,具有为国家富强和人民富裕而艰苦奋斗的献身精神,不断追求新知,实事求是,独立思考,勇于创造的新一代公民。

(2) 进行品德能力教育。政治教师不但要重视对学生进行马克思主义社会科学知识教育,还要重视对学生的品德能力的培养教育。学生只有具备了品德能力,才能掌握品德活动的本领。品德能力主要包括思想品德认识能力、情感能力、践行能力、自我教育能力等。品德认识能力主要是指品德评价能力,对信息的辨析、筛选能力,对社会的定向能力,对行为后果的预测能力等。品德情感能力,主要是指对自己品德情感的激励、调节、控制能力。品德践行能力,主要指将抽象的思想道德行为规范化为具体行为指令的能力,进行道德选择的能力以及抵制不良诱因,调节控制自己行为的能力。自我教育能力,是指学生为形成良好品质和思想而自觉进行思想转化和行为控制的能力,包括自我评价、自我监督和自我完善的能力。

(3) 结合当代中学生思想特点进行教育。我国实行改革开放以来,不仅引起人们经济生活的变化,而且引起了人们生活方式和精神状态的变化。社会的变化,也引起了当代中学生的思想和心理变化。政治教师要针对当代中学生的一些思想特点,以历史唯物主义和辩证唯物主义的观点,客观地进行分析研究,寻找新的德育方法,正确对待他们、理解他们、教育他们,让他们在新的环境中茁壮成长。

6. 交往能力

人都生活在一定的社会关系当中,政治教师就是在一定社会关系中从事教学工作的。在改革开放的新时代,教师与他人、与社会的联系越来越密切了,教师与他人之间交往越来越频繁、越复杂、越广泛,因而教师的交往能力也显得重要起来。与人合作能力是新时代对人才的要求。因此,政治教师一定要克服那种一心只埋头教书,独善其身的倾向。一分合作增加一分成功的机会,任何成功的取得绝非一人所为。教师的交往范围主要表现为同周围一些社会成员之间的关系。如教师与学生,教师与教师,教师与领导,教师与学生家长,教师与社会等方面的交往。

教师交往的作用主要表现在:

第一,产生合力。教师人际关系好,彼此团结协作,配合默契、教育力量就大。如果人际关系不好,就会出现“负合力”,产生内耗力,就会降低整体教育效应。

第二,联络情感。教师处理好同周围人的关系,会创造一个民主、平等、协调、和谐的心理环境,人与人之间可以进行感情交流、思想沟通,心理障碍小,工作效率就高。教师与领导关系处理得好,就会使领导和教师之间产生心理相容,避免出现矛盾,影响工作。

第三,交流信息。良好的人际关系,为教师获取各方面信息创造了有利条件。信息交流畅通,会使教师的知识更丰富,教育教学能力更强。

第四,互相帮助、互相鼓励。现代教育是一种集体协调性很强的职业劳动,需要各方面教育工作者互相帮助、团结一致、齐心协力才能实现教育目标。教师只有在交往中处理好各种关系,同行之间才能在工作上、生活上、思想上互相关心、互相理解、互相帮助和鼓励。

政治教师之间要互相尊重、平等待人,避免矛盾;要同行政领导间互相理解、尊重领导、顾全大局;要同学生之间融洽相处、关怀学生、严格要求学生、一视同仁;要同学生家长之间加强联系、互相沟通、互相理解;要同校外教育机关互相通报、默契合作。政治教师只有掌握社交能力才能处理好各方面关系,并且成为学生交往的楷模,为学生将来能更好地适应新时代社会生活打下基础。

7. 教育科研能力

政治教师还应具有科研能力,承担科研任务。只有当教师具备教育科研意识并从事科研活动之后,非成绩意义上的教育质量才能得到提高,素质教育才能得到实际意义上的实施。政治教师主要应围绕教书育人的工作需要,开展一些科研活动。如,教育教学科学研究、教材教法研究、学生思想政治教育和学习研究等。有的是综合性的,有的是单项性的。科研是提高教师业务水平的最佳途径。只有通过科研才能发现自身不足及努力方向,实现由实践型向实践和科研型的转化,超越自我。教育科研是促进思想政治教学以及政治教师业务水平提高的最佳途径。教师具有了科研能力,可以有四个不一样:思想境界不一样、理论修养不一样、信息意识不一样、教育能力不一样。

政治教师的科研能力主要表现在论文的撰写上。写论文需要以下几方面的写作能力。

第一,掌握良好的思维形式指导科研。如用综合归纳和推理论述思维形式来指导科研。综合和归纳分开来说就是指分析综合与演绎归纳。推理论述也是写论文必备的能力之一,就是把推理的过程用语言文字表述出来。分析、综合、演绎、归纳、推理、论述等是政治教师应具备的良好的思维能力。

第二,选定论文题目。选题要对基础教育事业发展、改革、管理有一定的价值。选择的题目要醒目,吸引人,有新意、新见解,具有独创性,要给人留下深刻的印象。题目不要过大,要与研究范围和深度相适度,要体现论文的宗旨,要与论文内容相吻合,文章标题要传达文章的精神,概括主题要点,写出主体范围,揭示主题。

第三,做好准备工作。包括理论准备,材料准备,提纲准备。论据充分才会有说服力。

第四,撰写论文内容。完成一篇论文,最重要的是构思提纲,理清思路,安排好论文的总体结构。列好提纲就有了思路。要根据准备的材料、论据,按大纲的步骤一步一步地写。论文要运用现代教育基本理论和学科教学基本理论、基本观点,结合教学中的问题进行分析、研究,做到理论联系实际。一般论文以2 000字左右为宜。

第五,修改定稿。文章要做到结构合理,段落清楚,论点明确,阐述准确,论据充分确凿、有力,应用性强,逻辑性强,词语搭配得当,语义清晰,文字通顺、流畅,标点符号使用正确。论文定稿前要反复修改。发现稿中疏漏的地方要及时修改,特别应认真润色文字,做到文通字顺。

第六,论文形式。论文形式可以是基础教育专题研究;可以是高质量的调查研究报告;也可以是基础教育学科教学实验报告、典型诊断报告等。

8. 运用现代化教学技术的能力

随着计算机在教学中的运用,对思想政治课教师运用计算机技术的能力提出了新的要求。要求教师要具备运用现代教学技术的能力,运用计算机制作课件和软件。教师还可通过互联网了解社会政治、经济、文化教育等方面的新信息,不断吸收新的知识和了解新的成果,并将经过筛选加工的知识充实到教学内容中去,以便提高教学效果。

四、健康的身心

(一)心理素质

教师良好的心理素质,对实现教育教学目标,对班风、学生身心健康和学习、师生关系的好坏都具有直接的影响。政治教师应具备以下几方面心理素质。

1. 成熟的性格

一名政治教师成熟的性格应表现在乐观、幽默、进取、热情、和蔼、谦逊等方面。具有成熟性格的政治教师能获得学生的好感、信任和尊重。

2. 融洽和谐的心理状态

教师的教学效果在很大程度上取决于师生的精神状态如何。教师如果具有高兴、满意、热情、愉快的心理状态,就能在教学中创造一种和谐、温馨的教学气氛。轻松的气氛会使学生没有心理压力,注意力集中,思维积极,记忆深刻,教学效果倍增。政治教师是做学生思想政治工作的,在学生面前应该是和颜悦色、笑容可掬,使学生感到幸福和友善。

3. 较强的心理承受能力

教师的心理承受能力,是指当自己的要求得不到满足,不能实现自己的目标时,需要知难而进、克服困难、排除障碍的能力。教师在教学中,在日常生活和工作中遇到困难是难免的,有些要求和目标不能实现是正常的。因此政治教师必须学会在遇到挫折时应适当调节自己的心理,培养自己的心理承受能力。政治教师面对挫折应具有的心理素质有以下几点。

(1)端正对挫折的态度。挫折一方面给人的心理造成压力和伤害,给人的精神带来痛苦，给人的心灵蒙上阴影。在这种情况下，教师不要消沉，要冷静对待挫折。不要被挫折难倒，也不要过分忧伤、忧郁和痛苦，更不要沮丧。真正的强者是不会被任何挫折所吓倒的。法国的作家大仲马说：人生是由一串无数的小烦恼组成的念珠，达观的人是笑着数完这串念珠的。意志坚强的人会闯出心理障碍构成的囚笼，只有弱者才害怕挫折的打击。在挫折面前不要怕被人冷淡、嘲笑，应该勇于面对一切困难，勇敢地在逆境中站起来，提高自己承受心理压力的能力。挫折可以从反面丰富人生的经历、吸取教训、增长知识、磨炼意志、增强开拓未来的实际能力。失败、困难、挫折，对人生来讲，是痛苦，也是财富，是锻炼意志的好机会。意志坚强的人，会把挫折当作成功的垫脚石。挫折另一方面会给人带来教训。人可以从挫折和失败中总结出经验和教训，从失败中寻找成功的因素，发现自己的不足和成功的方向。对于真正坚强勇敢的人来说，困难、挫折往往是成功的代名词。

（2）排除悲伤的心理情绪。遇到挫折和困难，不要过分悲痛、过分消沉和精神颓废。要坚强起来，调整自己的情绪，转移悲伤的心理情绪，减少精神上承受的压力。排除悲伤的心理情绪可以有以下几种方法。

第一，可以通过参加文体活动，或做一些其他的事情，缓解紧张情绪，痛苦就会慢慢消退。

第二，可以查找失败的原因，冷静地审视自己做事的动机、目标，有无过高或不实际的地方。如果发现目标定得过高或做事动机不实际，就可以调整目标，降低要求，这样心理就可以平衡下来。

第三，通过人际交往也可以达到排除心理压力的目的。通过交往，采用诉说法，朋友之间可以互相沟通，能达到排除烦恼和痛苦的目的。

第四，榜样认同。通过阅读有类似经历的人物传记或小说，了解榜样是怎样对待挫折的，这样可以坚定自己的信念，提高调节情绪的能力。

第五，当处于挫折的情境中，应创造一种情境尽量表达受压抑的情绪。采用洒泪排忧法发泄自己的情感和抱怨，从而冷静下来，恢复理智状态。如进行合理的宣泄，有痛苦可以向父母、亲属、知心朋友、师长说出来，取得他们的同情、支持，消除心中的积郁，这样可以减轻心理的压力。总之，政治教师对挫折不要抱回避的态度，不要自卑，要敢于正视并战胜挫折。不幸是一所伟大的学校，要经得起失败的打击，善于从失败中寻找教训。

第六，采用音乐疗法，来宣泄心中的苦闷。音乐对人的精神状态和心境的影响是十分显著的，古典乐曲可以使人的心情平稳、愉快；悠扬的曲调可以驱散忧愁和疲劳。

第七，采用大笑疗法，发泄自己心中的烦恼，大笑有益健康。

4. 较强的自我调节能力

作为一名政治教师,应当有健康的心理情绪。当出现不正常的情绪时,应当调整和改变自己不正常的心理状态,使之适合教学要求的心理状态,保持心理平衡,政治教师需要这种自我调节能力。

(1) 在竞争中调节自己的心理。为了提高工作效率,工作中需要竞争。竞争可以充分发挥人的潜力。但在竞争中,如果不能正确调整自己的心理,反而会给人带来巨大的心理压力,产生焦虑的情绪反应,同时会诱发嫉妒、自卑情绪,甚至会产生对立情绪。这种不正常的情绪会使工作蒙受损失。所以要正确认识竞争的目的,不把竞争当作争夺名利的机会,而应把竞争当作推动工作的手段。另外,在竞争中应当正确对待竞争的胜负。在竞争中胜利了,不应骄傲自满;竞争失败了,不要自卑,应该从失败中吸取教训,不能嫉妒对手,而应学习别人的长处。这样做不但会密切人际关系,有利于自己心理平衡和健康,而且会促进竞争的健康发展。

(2) 调节好对自己的认识。有的政治教师过高地评价自己,目中无同事,目中无领导,这不利于自己的进步和发展;有的政治教师过低评价自己,导致意志消沉,无所作为,甚至失去进步的信心,丧失很多进步的机会。这两类人都应调节自己的心理和行为,使之与现实相符,保持心理平衡,努力实现自己追求的目标。

(3) 调节自己的不良情绪,增强自制力。作为教师,在工作中、生活中难免遇到不顺利的事情,难免出现异常的焦躁心理。在这种情况下,容易做出不理智的事情。如,有的教师容易发怒,在与同事、领导发生矛盾时,失去常态,甚至与同事、领导严重对立,出言不逊,伤害了对方的感情和心灵,这不但会有损本人的形象,甚至会影响工作。还有个别教师,在遇到不听从教导的学生或遭同学顶撞时,采取简单粗暴的办法,做出有失教师尊严的事情。在这种情况下,应该增强自制力,冷静下来、用平静、平稳的情绪处理好这些问题,以静制躁,使师生双方都免受心理伤害和感情伤害。

(4) 调节自己不合理的需要。作为政治教师,都有自己的物质和精神方面的需要,但这种需要必须符合客观实际。如果自己的需要不合理,超出客观现实,超过自己的实际情况,追求不合实际的名和利,但又难以实现时,就容易出现异常的心理。在这种情况下,就应该正确分析自己的需要是否合理,使自己的追求和需要合乎实际,这样就会使异常心理恢复平衡。总之,政治教师具有健康的心理素质不仅有利于教学工作,而且有益于自己的健康。

(二) 身体素质

政治教师要出色地完成教书育人的工作,必须要有一个健康的体魄,有良好的身体素质。作为政治教师应该体魄健壮、精力充沛。为此,必须做到:

1. 坚持锻炼身体,增强体质

政治教师要根据本人的身体条件,进行科学的有益的锻炼。增强体质,不是教师个人的私事,而是关系到培养下一代的大事。

2. 劳逸结合,注意卫生

政治教师的工作是复杂的脑力劳动,如果不注意劳逸结合,不但不会有好的工作效率,反而会损害身体健康。如果人的精神长期处于过度疲劳的状态,不但工作效率会降低,而且会招致疾病。只有工作有张有弛,才能提高工作效率。所以政治教师要合理地安排生活和作息制度,注意营养,积极参加文体活动,提高自身抗病能力,保持良好的卫生习惯,使自己有一个健康的体质。

五、受人尊重的外在形象

政治教师的外在素质,主要指政治教师的风度和仪表行为。

(一) 政治教师的风度

风度,是指一个人的言谈、举止、表情、态度等,是一个人各种素质的外在表现。一名合格的政治教师应该具有一定的文明风度。教师的文明风度对学生有很大影响,有很重要的教育意义。

首先,教师文明风度对学生思想政治教育有很大作用。政治教师的文明风度对学生品德影响起重要作用。美的风度来自美好的内心,政治教师文明行为直接反映教师的道德修养、情操和个性,教师的文明风度对学生起着潜移默化的熏陶作用,有助于促进学生的道德品质和健全人格的形成。教师的文明风度,实际是在传递知识、道德和思想。

其次,教师文明风度对教学有强化作用,教师的文明风度,能给学生以情绪上的感染,使学生保持良好的听课情绪,吸引学生的注意力,强化学生非智力因素的发展。学生敬佩教师的文明风度,也会喜欢听他讲课,这就强化了教师的教学效果。

再次,对学生的表率作用。教师的文明风度对学生有示范、表率作用,能形成学生的"向师性"。教师的言行会影响学生的言行。学生可塑性、模仿性强,容易把教师当作榜样去崇拜、模仿和学习。俄国教育家乌申斯基说,教师个人对青年人心灵的影响所产生的力量,无论什么样的教科书,无论什么样的思潮,无论什么样的奖惩制度都是代替不了的。

政治教师应具备以下风度。

1. 礼貌待人

我国是被称为"礼仪之邦"的文明古国,很早就有教师礼貌待人的典范。孔子的学生子贡就评价他的老师具有文明风度,"夫子温良恭俭让以得之"①。礼貌待人,具体表现在:

---

① 《论语·学而》。

第一,平等待人。待人一视同仁,不偏不倚,对群众不盛气凌人,对领导不阿谀奉承。特别要公平对待所有学生。

第二,谦恭他人。教师要谦虚谨慎,礼让为先。认真听别人说话,不抢人话头,不搞一言堂。与别人发生矛盾时,要多作自我批评。

第三,尊重他人。政治教师与人相处要处处以他人为重,理解他人。对人态度要诚恳,举止有礼,不恶语伤人。对人要热情,给别人添麻烦要表示感谢。同行之间应互相帮助,互相尊重,提倡文人相重的风气。特别要尊重学生,做学生的良师益友。

2. 语言要文明

政治教师要做到语言文明。美的语言才能启迪文明的心灵。文雅的语言能体现教师的文化素养和道德修养。教师无论在课堂上还是其他场合,都要做到文质彬彬,温文尔雅,朴实温和,教师的语言还要富于情感、美感,富有感情色彩的语言能激起学生的情感体验。

3. 举止从容适度

政治教师的举止姿态,是指教师在人面前和教学活动空间变化的表现。教师的举止应当从容不迫。教师上课时要感情丰富、沉着镇静、胸有成竹、有条不紊、稳健亲切。教师上课时不能行为失控、大吹大擂、缺乏修养。教师在学生面前要举止适度、得体。教育学生时要掌握分寸,教育要恰到好处,要严中有格,严中有爱。

（二）政治教师的仪表行为

教师的仪表行为,指教师的外在气质风范和行为活动,包括姿态、形象、容貌和教育行为。教师的仪表行为,一方面,表现为人的外在形象,主要指容貌、姿态举止、穿着打扮等;另一方面,表现为人的内在思想、道德情操、文化修养、心灵等。一般说,一个人的内在美,是通过人的外在言谈举止、仪表、音容笑貌透露出来的;一个人的外在美也反映他内在的品质和修养中。内在的品质、情操、修养是根本,是源;外在仪表风度气质和行为是表,是流。一般来说,一个人的外表风度、气质应该和他的内在品质、修养是和谐统一的。

政治教师的仪表行为规范应该符合以下要求。

1. 政治教师的仪表应该符合育人角色的特点

教师的仪表行为是有教育力的。政治教师的仪表行为应该符合教书育人的要求,从育人角色出发,仪表行为应符合学生的欣赏水平,那样会对学生施加好的影响。教师的打扮应该整齐,美观大方,端庄得体,举止、仪表给学生一个落落大方的良好形象,把自己高雅的审美观点和精神风貌、修养呈现在学生面前。

2. 政治教师的仪表行为要体现自己的性格特点

教师的仪表应该体现自己的鲜明个性风度,不要模仿别人。高尔基说过,照天性来说,人都是艺术家。他无论在什么地方,总是希望把美带到他的生活中去。所以教师要注意修饰自己的仪表,使仪表体现时代的风貌。

3. 政治教师的仪表行为要体现职业特点

政治教师的仪表,穿着打扮,要和自己教师的职业相适应,要保持大众化,要有文化内涵,要体现高尚的审美观念,要体现文化人的气质和风度。穿衣服要美观、文雅、漂亮,自然协调,扬长避短。不要穿戴转移学生注意力的服饰,因为这种服饰同教学课堂不相适宜,会降低学生学习效果。

教师的职业特点要求教师的仪表风度既要注重外在美,更要注重内在的心灵美,注意自己的文化修养。内在美、思想情操美、性格美才是真正的美。伟大的俄国文学家托尔斯泰说,人不是美丽才可爱,而是可爱才美丽。而人的可爱是多方面的,如面貌、衣着、心灵和思想。人的美,主要体现在心灵和思想上。教师的外在素质,也是一种巨大的教育力量,对学生来说具有很强的教育效应。所以,每位政治教师都要加强各方面的修养,提高各方面的素质,以便出色地完成祖国交给我们的教育教学任务,把学生培养成高素质的社会主义建设接班人。

复习思考题

1. 教师专业化应具备哪些特征?
2. 教师职业有什么社会作用?
3. 教师的职业特点是什么?
4. 思想政治课对学生个体发展有什么价值?
5. 思想政治课有哪些社会价值?
6. 当代中学生政治信仰如何?
7. 当代中学生有什么样的社会理想?
8. 当代中学生有什么样的政治思想观念?
9. 政治教师应具备什么样的思想品德素质?
10. 目前中学生思想政治道德状况的成因是什么?
11. 你对学生思想政治道德发展前景有怎样的思考?
12. 政治教师应具有哪些方面知识? 为什么?
13. 政治教师应具有哪些方面能力?
14. 优化教学能力的具体内容是什么?
15. 指导学生学习能力包括哪些内容?
16. 政治教师需要具备哪些组织管理能力?
17. 政治教师的表达能力具体内容是什么?
18. 政治教师思想政治教育的育人能力有哪些具体内容?
19. 政治教师应具有哪些交往能力?
20. 政治教师如何撰写科研论文?

21. 政治教师应具有哪些良好的心理素质?

22. 政治教师为具有健康的体魄,应该怎样做?

23. 政治教师应具有什么样的外在素质?

教学建议

本章是本书的重点,可采用让学生阅读,集体讨论的方式进行学习,也可由教师结合自己的亲身体验和实践向学生讲授教师素质的重要性和责任。

第九章　思想政治学科教学实践论

教育实习是师范院校的学生在教师指导下，到实习学校进行教育和教学的实践活动。它是师范院校教育教学工作的重要组成部分，是师范生走上工作岗位前的“实战演习”，也是学生的一门必修课和重要的社会实践活动。因此，做好教育实习工作，搞好教育实习理论方面的研究，对提高和保证师范教育质量，指导学生的教育实习工作，具有十分重要的意义。

思想政治教育专业的教育实习，不仅可以使本专业的学生把学到的政治理论知识运用于教育实践活动，培养从事教育工作的能力，而且可以使学生了解和认识教育工作，喜欢和热爱教育工作，养成良好的职业道德和行为，树立为教育事业服务、奉献的专业思想和精神。

本章主要讲解高等师范院校思想政治教育专业实习的意义、作用、组织、步骤、任务、成绩评估及实习班主任工作等问题。

第一节　教育实习的意义和作用

师范院校的学生，依据师范教育的目的和任务，应在学校教师的指导下，运用所学过的教育理论、专业知识及一定的教学方法，到实习学校进行教育和教学实践活动。学生通过参加教学工作、班主任工作、团队工作、教育调查等工作的实习，锻炼和提高其教育和教学能力，为成为合格的人民教师奠定良好的基础。教育实习在师范教育中，具有十分重要的意义和作用。

一、教育实习是理论联系实际的实践过程

高等师范教育的基本任务是培养合格的中学教师，师范院校的学生作为未来的人民教师，不仅应该具有高尚的思想道德修养、深厚的教育教学理论和广博的科学知识，而且还应具有能独立从事教育教学和管理工作的实践能力。因此，师范生进行教育实习是高师院校教学计划中的一个重要部分，也是师范教育理论联系实际的重要实践活动。

教育实习是理论联系实际的实践过程。高等师范院校思想政治教育专业的学生，经过一定时期的对政治理论和文化专业课的学习，不仅对马克思列宁主义、毛泽东思想、中国特色社会主义理论体系有了深刻的认识和理解，而且掌握

了党在社会主义现代化建设时期的路线、方针和政策；同时，也具有了一定的教育学、心理学等教育理论知识及政治、法律、哲学、经济、伦理等专业知识。高等师范院校的学生如何把所学到的教育教学理论和知识运用于教育教学的实践，不仅是衡量高师院校教育教学质量的标准，也是对师范生教育教学能力、教师基本素质的一次检验。

二、锻炼学生的教学操作能力

高等师范院校思想政治教育专业培养的是合格的中学政治课教师，学生通过大学期间政治理论课、教育理论课和专业课的学习，已具有了相应的教育教学理论知识，从理论上了解和掌握了中学思想政治课的教学规律、原则、方法、艺术等问题；了解和掌握了备课、组织教学、讲课、复习巩固等有关上课的环节和过程。但是，他们缺乏的是从事教育教学工作的实践。对于他们来讲，教育实习就是一次把教育教学的理论应用于教育教学实践的锻炼机会。

教育实习过程是学生把所学的教育教学理论知识运用于教育教学实际的过程，也是对学生的教学操作能力进行锻炼的一个过程。学生通过教育实习这个载体，可以把大学期间所学到的知识充分运用于教学实际。从备课、写教案、到走上讲台讲课，这对实习学生来说，不仅是对自己所学知识的一次验证，也是对自己教学能力的一个检验。通过实习，不仅加深了学生对教育理论和专业理论的理解，也会使他们从教学实践中发现自己的不足，从而促进他们更积极主动地学习所需要的知识，以保证未来从事教育教学工作的需要。

三、教育经验推动教育理论的发展

在实习期间，各实习学校都会指派有经验的教师担任实习生的指导教师。各指导教师在教学实践中都积累了一定的教育教学经验，如写教案、讲新课、提问、设疑、复习巩固、板书设计以及班级管理等方面的经验，他们会毫无保留地传授给实习学生。这对没有一点教学实践的实习学生来说是非常宝贵的。实习学生在指导教师的指导下通过备课、写教案、讲课，每一个环节对于初为人师的实习生来说，不仅是对知识和能力的一次考验，也是一次经验的形成和积累过程。

指导教师对实习生讲课的点评，不仅有利于实习生克服缺点，更有利于他们以后的教学实践。通过教育实习，实习生可以积累一定的教育教学经验，为以后的教育教学工作打下一定的基础。良好的教育教学经验可形成一定的教育教学方法和规律，又对教育教学工作有指导作用，这样，就形成一个良好的循环。教育经验推动教育理论的发展，教育理论又指导教育实践，在实践中又会形成新的教育教学理论。

第二节　教育实习的思想教育工作

教育实习是高等师范院校教育教学工作的一个重要方面,是高师学生走上工作岗位前的“实战演习”,是他们走向自己神圣事业的第一步。这一步迈得如何,对他们将来的工作有很大的影响,所以,教育实习的思想教育工作也是非常重要的。

一、选择教师职业的原因

民族的振兴在教育,教育的振兴在教师。教师担负着社会的发展和民族振兴的重任。百年大计,教育为本。近年来,随着教师社会地位的不断提高,教师这个职业也成为择业的热点。很多家长和学生看好教师这个职业是因为教师的工作比较稳定,收入也比较稳定等,这是一些非常实际的想法。但更多的学生选择教师这个职业是因为要实现他们儿时的愿望,很多学生从小就对教师这个职业非常崇拜,因而把教师作为他们心中的偶像。

正如有的学生在实习总结中写道:“‘长大后,我就成了你,才知道那块黑板,写出的是字迹,留下的是自己……’这首歌至今仍响在耳畔,也是我理想的写照。当我因成绩不好垂头丧气时,老师积极地鼓励我;当我因自满而骄傲时,老师及时纠正我;当我遇到生活中的不愉快时,老师走近我,教导我如何为人处世,怎样融入集体,怎样爱大家,如何接受别人的友爱……一切的一切我都记忆犹新。成为一名教师,一直是我心中的理想,并且我一直在为此不断地努力着……”很多学生正是基于这样的理想,在高考填报志愿时毫不犹豫地填写了师范院校,选择了教师这个职业。这不仅仅是实现了他们自己的梦想,也是中华民族的希望所在。

二、实习生对教育实习的期望

由于教育实习对实习学生来说是第一次“真枪实弹”的演习,所以,他们对实习都抱有很高的期望。他们希望自己能在一流的学校进行实习;希望自己的指导教师既有丰富的教育教学经验,又有深厚的教育教学理论知识和水平;希望自己的学生能对自己的实习工作给予积极主动的配合;希望自己在实习中能发挥出最高的水平,给指导教师和学生留下良好的印象……他们对教育实习有很高的热情,表现为积极备课、写教案、试讲;同时,他们又有些紧张和不安,因为毕竟是第一次走上讲台,初为人师,担心自己不能正常发挥,难免产生紧张和恐惧心理。

其实,实习学生对教育实习的期望应适度,各院(系)都会尽最大的努力为学生联系各方面条件都不错的实习学校,也会选派既有理论知识又有教育教学经验的教师作指导教师,但往往是由于实习学生对自己的期望过高或过低而影响他们的正常发挥。如果对自己的期望过高,就会产生较大的心理压力,造成课堂上的紧张和恐惧,影响讲课的效果;如果对自己的期望过低,就会失去自信甚至认为自己根本就不适合当教师,这都会影响课堂教学的正常发挥,从而影响实习的顺利进行。所以,只有对实习的期望适度,把自己的心态调整好,才能在实习中发挥较好的水平。

第三节 教育实习的组织和步骤

教育实习应是在实习领导小组的指导下,有组织、有步骤进行的一次教学实践活动。在实习过程中,实习基地学校的选择、实习小组的划分、实习步骤的实施都需要组织者精心地设计、合理地安排。

一、教育实习的组织

教育实习的组织是提高实习质量、圆满完成实习任务的保证。实习组织者不仅要处理好与实习学校的关系,更重要的是要建立一批相对稳定的教育实习基地,解决好实习场所问题,为教育实习有序地进行打下一个良好的基础。教育实习的组织工作应包括以下几个方面。

(一) 选择实习学校

这是教育实习首先要做好的重要工作。它直接关系到实习生的实习环境和实习效果。从高师院校方面来说,尽力为实习学生选择设备一流、校风良好、教师业务水平高、教育教学成绩优秀的学校作为实习学校,以便让实习学生在这样的环境中得到良好的学习和训练。从实习学校方面来说,接受高师院校的学生实习存在着一定的困难,如实习生办公场地、实习生的教学对学校的教学质量和学生的影响等。所以,多数学校不愿意接受教育实习的学生。这样,就为选择实习学校带来了一定的困难。

高师院校可以通过为实习学校输送优秀毕业生、为其提供教师进修的场地等条件来吸引一些较好的学校与之合作。这是近年来确立实习学校的一条有效途径。实习学校选定后,双方可根据平等互利原则,建立长期的比较稳定的合作关系。

(二) 成立实习组织机构

高师院校应建立相应的实习组织机构,加强领导和管理,提高实习质量,使实习工作顺利进行。

1. 实习指导委员会

高师院校应在校(院)长的领导下,由分管教学工作的副校长及教务处、院

(系)负责人组成教育实习委员会,负责全校教育实习工作。如实习计划的确定、实习的组织管理、实习关系的协调、实习的检查指导、实习总结、实习费用等有关问题。

2. 实习领导小组

院(系)要合理组成教育实习领导小组。教育实习领导小组,一般由主管教学的副院长(系主任)、教学论教研室主任、教学论教师、年级辅导员、实习指导教师及系教务秘书组成。教育实习领导小组,是教育实习工作的领导核心,是优化教育实习的决策、制订教育实习方案、实施教育实习工作计划的中枢系统,也是组织完成教育实习工作的关键环节。

院(系)教育实习领导小组的主要任务是:制订实习计划;联系实习学校;选聘实习指导老师;编定实习生小组和分布实习生名单;负责对实习小组的组织和领导;召开实习生动员会;了解实习进展情况,检查、指导实习生工作;组织交流实习经验;审查实习生的实习成绩;进行实习总结;负责管理实习经费开支等。

(三) 组成实习生小组

实习生小组,是教育实习工作的组织基础,是实施教育实习计划的分支系统,是完成教育实习工作任务的基本环节。实习生小组,一般由同一年级或专业的实习生组成。实习生小组,设组长一人。组长的任务是:协助指导教师做好实习生的组织工作和管理工作,负责实习小组的总结工作。实习小组要接受院(系)教育实习领导小组的领导,并对院(系)教育实习领导小组负责。实习生小组,应在自由申报的基础上,依据实习学校和个人的思想、学习、组织能力、性别等状况合理地搭配而成。

二、教育实习的准备工作

教育实习的准备工作,是搞好教育实习工作的前提和重要保证。实习准备工作包括以下几个环节。

(一) 思想准备

教育实习的思想准备工作,首先,要让学生充分认识教育实习的重要意义,使学生在思想上对教育实习给予足够的重视并能认真对待;其次,要让学生做好当教师的思想准备,要热爱教育事业,热爱教育实习工作,热爱学生;再次,在实习期间要遵守实习纪律,认真备课,以身作则,为人师表,教书育人,为做一名合格的人民教师奠定良好的师德基础。

(二) 教学准备

这是实习准备工作中最重要的一个方面。具体可分为备课和试讲两个方面的工作。

1. 备课

备课是上好课的前提。在实习开始前做好备课工作是十分必要的。在备课过程中应做好三个方面的工作。

一是认真研究《中学思想政治课课程标准》。明确思想政治课的性质、课程的基本理念、课程的总目标及实施原则等问题。同时,要钻研各册教材,力争对中学各年级政治课的教学内容有一个全面的了解和认识。这样,就能把握整个中学思想政治课的课程设计思路和遵循的基本原则,明确每个年级乃至每一课的具体内容及所要达到的教学目标。在此基础上,为自己所要讲授的教学内容做准备自然会得心应手。二是注意收集资料。可到图书馆收集同政治课教学内容、教育教学经验有关的报刊、杂志和书籍,如《课程 教材 教法》、《中学思想政治课教学》、《教育理论与实践》等。三是加强基本功训练,如普通话训练、教学语言艺术训练、教案书写训练、板书及板书设计训练等。

2. 试讲

在充分备课的基础上,要进行试讲。试讲可以在实习小组内进行,每个实习生试讲的次数和时间要依实习前的时间而定,但实习生的第一堂课至少要有二至三次的试讲,以后的每堂课可以有一次试讲,也可以讲本堂课的教学设计思路及重点、难点问题的突破方法。试讲之后,可由教学论教师、实习指导教师和同学给予评价。讲评的要求和评课的标准,按本书前面讲过的评课要求和标准进行。

(三)心理准备

实习生对教学实习的心理准备,就是要尽快地完成从学生到教师的角色转换。在实习之前,实习学生一直都是学生的角色,当他们开始实习工作时,就从学生变成了教师,伴随着角色的变化,他们的心理也会发生变化。这就要求实习生要有足够的心理准备:首先,要对自己有信心,不要有畏惧情绪和心理压力,相信自己一定能把课讲好。其次,讲课前要与自己所教的学生多进行沟通,尽可能多地在他们面前"亮相",加强心理素质的锻炼,克服恐惧情绪和紧张心理。再次,要有良好的精神状态,把握好自己的兴奋点。这样,在心理上首先取得了胜利,就不会因心理准备不足而影响实习工作的顺利进行。

(四)实习班主任工作的准备

实习班主任工作也是教育实习的一项重要内容。实习学生对实习班主任的工作也要做一些准备。如怎样处理与学生的关系、如何与学生进行沟通、怎样做学生的思想工作等。对这些问题的准备可收集与其有关的资料,如《班主任》、《班主任之友》等书都可作为参考。同时,也可以通过《中学生心理学》、《中学生博览》、《学与玩》等有关中学生方面的杂志来了解中学生心理发展的特点及思想动态。

三、教育实习的步骤

教育实习和其他教学活动一样,也是有组织、有秩序的。具体可分为以下两个步骤。

（一）见习阶段

一般来讲，在实习工作有充分准备的前提下，在实习工作正式开始之前，需要有一个见习阶段，时间大约一周左右。见习阶段，实习生应到各自的实习学校，除继续进行准备阶段的任务外，见习阶段的主要任务还有听取实习学校情况介绍；听取优秀教师及优秀班主任的经验报告；观摩思想政治课教学；观摩学生典型班会活动；跟随中学的指导教师听课学习；在中学指导教师指导下完善自己的备课和试讲工作，为上好每一节课做好充分的准备。见习阶段的目的是丰富实习生的感性认识，加深他们对教学过程的认识和理解，学会如何驾驭课堂，为走向课堂作更充分的准备。

（二）实习阶段

这是教育实习的根本性环节。实习生通过备课、上课、布置与批改作业、课后辅导、检查与评定学生的学习成绩等工作，与教育教学工作“亲密接触”，加深他们对教育教学工作的理解，增强对教师职业的热爱，培养他们的实际教学能力。实习阶段主要应做好以下几个方面的工作。

第一，上课。每个实习生至少应上四至六节新课，不包括重复课。每次上新课前，要把本节课的教案提前交给中学指导教师审阅，经指导教师同意后方可使用。实习生上课时，同一实习小组的成员都要积极参加听课。

第二，评课。给实习生评课时，各方指导教师及同组的实习生都要参加。针对每个实习生进行的有组织的评课应不少于三次。评课的内容要针对教学目的和教学内容的落实情况、教学方法及手段的运用情况、教学过程的组织、教学基本功和教学效果等方面进行。评课时，所有参加听课的教师及实习生都可以提出自己的意见和看法，以便实习生之间相互学习和借鉴。

第三，实习生的公开教学。实习生经过一段时间的实习后，基本上可以驾驭课堂，并能在课堂上发挥自如，得心应手了。这时，实习教师可组织部分实习生搞公开教学活动。可邀请实习学校领导及政治教研组全体教师听课，并请他们一起参加评课。

第四，参加实习学校教研组的活动。实习教师应积极参加实习学校教研组的教学研究活动，熟悉学校的教学教研工作，在活动中要主动向有经验的教师学习，使自己在教育教学工作中尽快地“成熟”起来。

第五，抓好班级日常管理工作，如督促检查早自习、课间操、自习课、课外活动等。

第六，做好教育教学调查工作，调查可针对当前中学教育的改革情况、中学生的思想状况、当前中学政治课及政治课教师的处境等方面进行，并写好调查报告。

第四节　实习班主任的工作

实习班主任工作是教育实习的又一重要内容。通过实习班主任工作,使实习生能有较多的时间与学生接触,加深实习生对教师职业的热爱。通过当实习班主任,学会科学管理班级的方法,使自己的素质也不断提高。

一、了解认识你的学生

了解学生是做好班主任工作的前提条件。只有充分了解学生的情况才能从实际出发,有的放矢地做好学生的教育工作,完成学校交给的教育教学任务。

（一）了解学生的内容

了解学生就是要了解班级每一个学生的情况和整个班级的情况。具体内容如下:

1. 了解学生的基本情况

了解学生的姓名、性别、年龄、家庭情况等;了解全班学生总数、男女生人数、学生的年龄结构、学生的来源、班级中的人际关系等情况。

2. 了解学生的思想品德情况

了解学生对党、对社会主义的情感和态度、对集体和社会的关心和热爱程度、文明礼貌行为情况、遵守纪律情况、受过的奖惩情况;了解班级中党团员的人数、学生思想品德不同层次的情况、集体的凝聚力情况、劳动习惯和劳动观念等情况。

3. 了解学生的学习情况

了解全班及每个学生的学习态度、学习目的、学习方法、学习习惯、学习兴趣与特长、分析与解决问题的能力、各学科作业的完成情况、学习上存在的问题等;此外,还要了解全班学生的学习风气,优秀生、中等生、后进生的比例情况、各学科的学习成绩情况等。

4. 了解学生的身体健康状况

了解全班及每个学生的身体发育情况、体育达标情况、疾病情况、视力情况、卫生习惯等。

5. 了解学生的心理健康情况

了解学生的心理发展水平和特点、了解学生在人际交往中存在的问题、了解学生学习心理方面存在的问题、了解学生自我意识方面存在的问题、了解学生的情绪调控能力、了解学生的气质类型和性格特点等。

（二）了解学生的方法

了解学生的方法是灵活多样的。对实习生来说,主要应利用进入实习学校后到上课之前的见习阶段来对学生进行了解。具体的方法有以下几种：

第一，通过查阅学生的档案、成绩册、试卷、作业本等文字材料对学生进行了解。

第二，通过观察学生上课的学习情况、劳动和各种活动情况对学生进行了解。

第三，深入班级，与全体学生广泛地接触，或进行有目的的谈话对学生进行了解。

第四，通过召开班干部和学生代表会议，了解班级学生的情况。

第五，通过调查访问来了解学生的情况。如发放问卷调查、访问各任课教师、访问学生的亲朋好友等。

二、成为学生的教师和朋友

由于班主任特殊的身份、地位，在多数情况下，学生对班主任是言听计从。他们常常把班主任看做是“我们的”老师，而任课教师在学生面前则没有这个待遇。当然，这里有班主任角色的权威作用，但班主任仅仅靠“权威”来对学生进行管理和教育是远远不够的。一名称职的班主任应当是学生的良师和益友。

（一）在班级管理中体现教师和朋友的身份

班主任对班级的管理是以师生关系为前提的，凡是优秀的班集体，师生关系都是亲密、融洽和彼此信任的。

1. 身教胜于言教

当好班主任，使班级里的学生服从领导，并且有所发展，教师必须以身作则，作好示范，当好表率。“其身正，不令而行；其身不正，虽令不从”，说的就是这个道理。

2. 面向全体，一视同仁

在班级管理过程中，班主任应当把师爱均匀地洒向每一个学生，不能因为学生的个性、美丑、贫穷、学习成绩的好坏而有所偏爱。

3. 讲究方法，因人而异

学生各有所长，各有差异，针对不同的学生，采用不同的方法，使其扬长避短，这样，就会使班主任对班级的管理落到实处。

（二）在师生关系中体现教师和朋友身份

班主任只有与学生建立和谐的师生关系，才能调动学生的积极性，发挥教育的作用。

1. 要尊重爱护每一位学生，不要讽刺和挖苦学生

和谐的师生关系是在充分认识的基础上，相互理解、尊重，情感上彼此亲近、依赖，其表现形式为“尊师爱生”。师生关系是一种双边的互动关系，班主任始终居于主导地位，“尊师”的前提是“爱生”。

2. 对学生要民主,不要专制

要做一个民主型的教师。思想民主,作风民主,教学民主。专制的教师是无法深入地了解学生、无法打开学生的心灵之门,教育也就无法顺利进行。

3. 要保持课堂之外与学生的交往

班主任与学生的交往不只局限于课堂教学中,大量的教育工作是在课堂之外进行的。通过课堂以外的交往,教师就会广泛地接触学生,更全面地了解和认识学生,也会更有效地影响学生。

第五节 教育实习的任务和成绩评估

高等师范院校的教育实习,同其他各学科的教育教学活动一样,是由师范教育的培养目标决定的,而教育实习工作本身又有其独特的特点。所以,教育实习的任务和成绩评估也同样具有与其他学科不一样的特点。

一、高师学生教育实习的任务

教育实习的目的是让实习生完成从学生到教师的角色转换,同时,把在学校里学的有关知识应用于教育教学的实际当中,为将来成为一名合格的教师奠定基础。为实现这个目标,思想政治教育专业的教育实习应完成下面几项任务。

(一) 思想政治课的课堂教学

教学工作,是学校的中心工作,课堂教学又是教学的基本组织形式。掌握课堂教学的程序、基本知识和基本技能是搞好课堂教学的前提条件,也是对高等师范院校学生的最基本要求,因而,这一环节必然是教育实习的中心环节和首要内容。确定了课堂教学的任务后,实习生就要做好以下三个方面的工作,即“三备”工作。

1. “备《课标》”

认真学习和领会教育部下发的《思想政治课课程标准》(以下简称《课标》)。对所要实习年级的政治课教材有一个总体的了解和认识;明确该教材的课程设计思路、遵循的基本原则;教材中每一课、节设置的情况;《课标》中对每一课、节内容设置的目的及所要达到的总目标;明确各分目标的要求——包括对知识目标、能力目标、觉悟目标、心理目标等应达到的要求;明确每一课、节内容中的重点及难点问题;掌握在课堂教学中所要运用的教学方法及实施原则等问题。

2. “备教材”

在全面领会《课标》精神的基础上,研究所要实习的教材中各课、节的具体内容。明确每节课的内容构成、重点及难点问题的突破、课堂及课后练习的内容等；根据这些内容对课堂教学中的各环节进行设置，如课堂教学中导语的设计、提问、讨论的设置、重点问题的讲解方法、难点问题的突破手段、板书的设计、结束语的设计、调动学生的积极性和主动性等方面的问题。这个环节是上好课的关键环节，只有在上课前认真备课，对上面提到的每一个问题都做到心中有数，才能在课堂教学中游刃有余，发挥自如。

3. "备学生"

就是要了解中学生的基本状况。包括了解中学生的身心发展情况和特点、中学生当前的思想状况、了解学生已有的知识和能力水平、学生的学习兴趣及对思想政治课的学习态度、学生的课堂表现是否主动积极、学生的课堂纪律情况、完成作业情况等。

（二）班主任工作

实习班主任工作，也是教育实习的一项重要任务。实习生将来要从事教育工作，担任班主任是不可避免的一项工作。通过实习班主任工作可以对这个工作有一个全面的了解和认识，明确班主任工作的重要性，同时，也为自己将来从事这项工作奠定一定的基础。班主任是班集体的组织者、教育者和管理者，班主任工作的地位是通过学校整个教育教学工作中的作用表现出来的。班主任的工作涉及学生的方方面面，我们可以根据原国家教委在《中学班主任工作的暂行规定》中对班主任的任务所作的规定来执行，具体内容如下：

(1) 向学生进行思想政治教育和道德教育，保护学生身心健康，教育学生热爱祖国，逐步树立为人民服务的思想和为实现社会主义现代化而奋斗的志向，培养社会主义道德品质和良好的心理品质，遵守《中学生守则》和《中学生日常行为规范（试行稿）》。

(2) 教育学生努力完成学习任务。会同各科教师教育，帮助学生明确学习目的，端正学习态度，掌握正确的学习方法，提高学习成绩。

(3) 教育、指导学生参加学校规定的各种劳动，协助学校贯彻实施《体育卫生工作条例》，教育学生坚持体育锻炼，养成良好的劳动习惯、生活习惯和卫生习惯。

(4) 关心学生课外生活，指导学生参加各种有益于身心健康的科技、文娱和社会活动，鼓励学生发展正当的兴趣和特长。

(5) 进行班级的日常管理。建立班级常规，指导班委会和指导本班的团、队工作，培养学生干部，提高学生的自理能力，把班级建设成为奋发向上、团结友爱的集体。

(6) 负责联系和组织科任教师商讨本班的教育工作，互通情况，协调各种活动和课业负担。

(7) 做好本班学生思想品德评定和有关奖惩工作。

（8）联系本班学生家长，争取家长和社会有关方面的配合，共同做好学生教育工作。

（三）教育调查和研究

实习生在实习过程中应利用一切机会进行中学教育调查和研究，这是培养实习生调研能力的重要手段。在教育实习中，实习生通过观察、问卷、谈话、开座谈会等方法进行教育调查和研究，并对所收集的资料进行整理分析，撰写调查研究报告。报告可对中学思想政治课的课程改革、中学的教育及教学改革情况提出建议；对中学生的思想状况、心理状况进行分析和研究；对班主任工作中的一些问题进行探讨和研究，等等。通过调查，可以提高实习生发现问题、分析问题的能力，为成为研究型教师打下基础。同时，也可以为中学教育教学改革提供第一手材料，为制定教育方针和政策提供事实依据。

二、教育实习的成绩评定

实习成绩的评定是实习过程中不可缺少的环节。它是实习学生自我总结、自我认识、自我评价和他人评价相结合、客观认识自己、不断完善自己的一个过程。

（一）实习成绩的评定方式

（1）各实习点可按实习生人数，根据实习成绩评定标准相应评出实习生的成绩。一般优秀率在30%左右。

（2）通过个人申请参加评优竞争演讲，打分评定。评委组成员一般是：院（系）领导、教学论教研室主任、教学论教研室教师、各实习点实习教师等有关人员。

（二）教育实习成绩评定的内容

实习任务各环节在实习成绩中所占的比例如下：

教学工作成绩占总成绩的60%；班主任工作占总成绩30%；教育调查和研究占总成绩的10%。

1. 教学工作实习成绩的评定包括以下几项内容

（1）课前准备，占教学工作实习成绩的20%。

（2）课堂教学，占教学工作实习成绩的50%。

（3）课后活动，占教学工作实习成绩的30%。

2. 班主任工作实习成绩的评定包括以下几项内容

（1）班主任工作实习准备，占班主任工作实习成绩的20%。

（2）班主任工作内容和要求，占班主任工作实习成绩的50%。

（3）班主任工作表现及效果，占班主任工作实习成绩的30%。

3. 教育调查和研究成绩的评定

教育调查和研究成绩评定应包括调查的内容、对调查结果的分析和论证、是否提出可行性建议等。

（三）实习成绩的最后确定

将上面提到的逐项所得成绩相加，即是实习生最终的实习成绩。将实习成绩的百分制换算成五等级制即可。参考标准：优：90～100分；良：80～89分；中：70～79分；及格：60～69分；不及格：60分以下。

三、实习生总结在实习中的收获和表现

实习生的实习总结是教育实习不可缺少的一个部分。实习生在教育实习过程中，通过课堂教学、担任班主任、教育调查和研究等环节，同教师和学生有了广泛的接触和交流，获得了比较丰富的感性认识和第一手材料，通过对这些问题的总结和再加工，可以使实习生逐步掌握课堂教学、班主任工作的特点和规律；学会分析研究问题的方法，对自己今后的工作具有重大意义。

实习生的个人总结应包括以下几个方面的内容。

（1）对教育实习的认识和态度。包括参加教育实习的目的和态度如何，工作是否积极主动，是否虚心听取指导教师的意见，实习后对教师职业的再认识等。

（2）教育实习所取得的主要成绩与体会。主要围绕实习课堂教学工作、实习班主任工作、教育调查研究等方面总结自己所取得的成绩或体会。

（3）实习生本人通过教育实习暴露出的问题及存在的不足，分析产生问题的根源。

（4）未来的打算。今后将如何发扬自己的优点，对自己的薄弱环节采取哪些改进措施，等等。

实习总结可以在实习小组内部进行，也可以在全体实习生中进行；可采取全面总结，也可采取专题总结的方式。根据实习生的具体情况而定。

附录：教育调查报告

一半是馅饼　一半是陷阱
——关于高考压力下中学生对网络的态度调查

网络作为一种新生事物，它的迅速普及与广泛应用极大地方便了人们的工作和生活。网络推动社会发展的力量是无法阻挡的。掌握网络知识，跟上时代步伐，是现代人的必然选择。但是网络世界五彩缤纷，网络内容也良莠混杂，可谓一半是馅饼，一半是陷阱。因此，网络不同程度地改变着人们的思维方式和价值观念，尤其是伴随网络成长的青年一代，受影响程度最大。那些即将面临高考的中学生是否也如大众观点认为的那样，是网民中的中坚分子，沉迷网吧，通宵不归,“一网情深”,谈情说爱呢? 如果不是如此,又是什么原因导致的呢? 我们又该如何评判这些原因呢?

带着以上问题,我们在长春市某中学高二年级进行了《中学生对待网络态度》的问卷调查,同时还进行了戒备心问卷测试和精神压力的问卷测试。调查对象分别为七班,45 人;六班,52 人;九班,47 人。问卷回收为 45、52、47。这三个班是从高二的十个班中随机抽取的,全部是自愿作答,调查结果真实可靠,因此具有一定的普遍意义和代表性。本报告就是在调查材料的基础上写成的。

一、调查结果分析

“总体来说,你对网络是什么态度?”

反感	一般	喜欢
6%	67.3%	26.7%

调查结果显示,这些高二的学生并非如大众观点所认为的那样,有着浓烈的网络情结。受试 144 人,喜欢网络的仅占总数的 26.7%,究其原因可概括为以下三点。

第一,网络世界对于生活充实的中学生来讲没有太多的诱惑力。

“你经常使用几个 OICQ 号码?”

没有	一个	二个	两个以上
55.6%	21%	11.3%	12.1%

“你有几个密切的网友?”

没有	一个	二个	两个以上
64.2%	17%	10%	8.8%

“你是否有与网友见面的渴望?”

没有	有
88.9%	11.1%

“你是否相信网恋?”

是	否
20%	80%

随着网络的发展,时间和空间被压缩至极短和极小,千里之外,就能通过网络见面、交流和学习。人可以在网络中随心所欲地重塑自己的人格,以满足精神

的需要。在网络上聊天就是一个典型。因为没有人能轻易判断出你的身份，所以聊天室也为那些生活不如意、精神空虚的人提供了一个很好的场所。

中学生由于猎奇心理的存在，在初次接触网络时，会对网络产生一定的迷恋，渴望了解书本以外的知识，渴望了解网络之中多彩的世界，也渴望能多交几个朋友倾诉心中的苦恼。但是，我们目前正处于知识经济爆炸时代，这个大背景决定了教师也不再只是单一的专业型人才，而应转变成为复合型人才，他们要具有广博的知识面、较深的文化底蕴和较高的知识素养。这在一定程度上满足了学生渴望了解书本以外的知识的需求，使得学生在课堂上就能获得各领域的信息。此外，我们调查的长春市某中学重视学生的心理健康教育，为高中生开设心理课堂，班主任老师也都非常善于和学生沟通，与学生打成一片。这在一定程度上满足了学生精神上的需要，使他们不会感到不被人理解，体味到了生活的充实感。据精神压力测试结果显示，只有14%的学生压力极小，13%的学生压力极大，其他的学生都处于适度压力状态下，并无精神空虚者，这些都是中学生不迷恋网络世界的原因。

第二，传统文化依旧占据主导位置。

“你是否看过《第一次的亲密接触》?”

是	否
37.8%	62.2%

“你是否看过《大话西游》?”

是	否
71.1%	29.9%

“你是否愿意用两部作品中的语言与人交流?”

是	否
44.4%	55.6%

“你是否推崇传统文化?”

是	否
63.2%	36.8%

在我国，社会主义文化是主流文化，为社会上多数人所接受，并对社会上大多数成员的价值观、思维方式和行为方式具有极大的影响，而社会主义文化中蕴涵着大量的传统文化的精华。尽管随着网络技术的发展，带动形成一种

异类的网络文化,但是这并未对主流文化构成太大的冲击。调查结果显示,这些网络一代中依然有63.2%的人欣赏传统文化,这和学校的教育是有着密切的关系的。

复合型教师的课堂博大精深,引人入胜,学生极易从中感受到传统文化的魅力所在,从而愿意投身于知识的海洋。长春市某中学还极其重视素质教育,注重学生的全面发展。学校文体活动极其丰富多彩,这也让学生受到了传统文化的熏陶。此外,现在的学习也是为了将来自身的发展,这就决定了学生不能抛弃传统文化,而一味"继承"和"发扬"网络亚文化。更重要的是,那些异类的网络文化实质上透射着一种伦理上的沦丧,社会责任感的丧失。而这些都被学校平时的思想政治教育有效地抵制了。

第三,和学习有冲突。

"父母是否支持你上网?"

是	否	不管我
32.3%	42.1%	25.6%

"家里是否有电脑?"

是	否
33.3%	66.7%

"你为什么不喜欢上网?"

厌倦网络的虚幻	有人约束	和学习冲突	花费高
17.2%	31.5%	35.7%	15.6%

调查显示,只有33.3%的家庭拥有电脑。是财力不够吗?显然不是。原因是家庭中有即将面临高考的子女,所以买电脑才没有被众多家庭提上日程。

长春市某中学是长春市首批重点中学之一,有着极高的影响力,生源好。因此,无论是学校还是家庭,都对学生进行严格的管理,在必要的文体活动的基础上,全方位地紧抓学习。再加上长春市某中学本身的名誉和多方人士的信赖,从而形成一种良好的学习氛围和竞争氛围。在学校里活动,在学校里学习,在家还有占42.1%的家长约束着,哪有时间上网呢?

学生没有"一网情深"固然是件好事,但是对于这三点不迷恋网络的原因是否就没有必要再推敲,放心地让学生自由发展呢?我们再看一下调查结果:

"你是否喜欢自己的学业?"

是	否
75.5%	24.5%

“你是否渴望学校开设网络课堂?”

是	否
80%	20%

显然,学生不热衷于网络,的确有学校教导有方、严格管理的原因,但学生却不喜欢自己的学业,同时又渴望网络课堂的开设,为什么呢?很大程度上是由于作为师者,教师们尽管已有了由专一型向复合型的转变,但是学生的学习积极性还未充分调动起来。而且网络世界的确很精彩,所以高考结束后那段无人管辖的教育真空时段里,结果可能就是另外一种状况了。

二、体会与思考

调查结果已经显示,固然有学校的严格管理、教学质量的改进等原因在吸引着学生回到课堂上来,但是和学习冲突仍是学生冷淡网络的最根本原因。其实网络是把双刃剑,既会对学生的精神世界、心理状况产生消极影响,也会激发学生求知的兴趣,发展他们的创造性思维。

在今天,当我们的教育研究者还在网络外停滞不前,而我们的学生却早已投身进去的时候,我们更应该积极地把网络引入课堂,不只是要让学生认清网络的坏处,是陷阱的一半,还要让学生了解网络的好处,是馅饼的一半,从而让学生真正地自觉适度地面对网络。

(1) 利用 Internet 拓宽网络课堂,实现教育信息化。运用计算机多媒体网络通讯,已成为 21 世纪教育发展的制高点。随着新技术的运用和互联网的开通,新技术应创造出新的教育模式。教育信息化有助于加快知识更新的速度。利用网络和多媒体技术还可以让学生独立探索。点击鼠标,敲击键盘,学生们可以像在聊天室那样展开课堂讨论,发挥个性思维。

此外,网络的应用,还可以使授课更生动,更迅捷,更便利,更适宜于学生。网络技术还可以打破教育环境的时空限制,可瞬间获得世界各地的最新信息。

(2) 加大思想教育和素质教育。由于网络内容良莠混杂,我们在引网络入课堂,开展网络学习的同时必须加大思想教育,全面提高学生的素质,以抵制网络垃圾。据戒备心测试可知,有 17.1%的人过于信赖别人,网络世界的虚拟性更需要人们提高警惕。此外,素质教育中也包括审美教育,网络对于审美教育的展开也功不可没。总之,在网络教学中培养学生独立探索精神,培养他们的道德情感和审美意识,能让他们更为主动广泛地展现自己,实现自己。反过来,这种探索精神,这种自我地展现又促进了学生课内知识的学习。80%的学生希望开设网络课堂,这也使得把网络引入教学的开展具有可能性。

总之,网络是馅饼,还是陷阱,完全取决于人们的利用方式,师者应引导学生去正确地面对它。相信网络能因此发挥它作为现代化手段的积极作用。

东北师范大学政法学院
思想政治教育专业

复习思考题

1. 思想政治课教育实习的意义和作用是什么?
2. 如何做好思想政治课的教育实习准备工作?
3. 实习生的实习任务是什么?
4. 教育实习的成绩是如何评定的?

教学建议

本章主要内容是教育实习的意义、任务、步骤及评价等问题。教师应本着理论联系实际的原则进行教学,使学生对教育实习的有关问题有一个明确的认识和理解,为学生参加教育实践,提供理论指导和帮助。

后　　记

为了适应我国新一轮基础教育课程改革的需要，为了实现用课程改革的新观点和贯通古今、融会中西的优秀的思想政治教育理论与未来的和在职的中学政治教师进行对话，为了贯彻落实新颁布的“初中思想品德课课程标准”和“高中思想政治课课程标准”的新思想、新要求，我们在作为“面向21世纪课程教材”的《思想政治学科教学论》的基础上，在高等教育出版社文科分社的组织和支持下，经过新的论证，重新编写和出版了《思想政治学科教学新论》。2008年，我们又对《思想政治学科教学新论》作了修订，增加一些新内容，补充了新观点。我们相信这部新书一定会受到师范院校思想政治教育专业的教师和同学以及广大中学政治教师的欢迎。

由于本书内容复杂，参编人员多，在文字表达风格方面可能有不一致的地方。另外，本书有些理论和观点属于我们自己的认识，诚恳与同行共同探讨并向诸家请教。

本书由国内几所著名师范大学的多名教授和博士共同编写。撰稿的具体分工是：导论由东北师范大学刘强撰稿；第一章由东北师范大学刘强、锦州师范学院孟庆男撰写；第二章、第三章、第四章由东北师范大学刘强、杨秀莲、黄桂英撰写；第五章由华中师范大学胡田庚撰写；第六章由北京师范大学庄永敏撰写；第七章由东北师范大学刘强、第三军医大学社科部严恒江撰写；第八章由东北师范大学刘强、纪良撰写；第九章由东北师范大学杨秀莲、吉林省教育学院薛中国撰写。东北师范大学研究生王元明参与了本书的修订工作。最后由刘强教授定稿。

高等教育出版社王方宪编审、周亚权副编审为本书的出版给予我们很大支持和帮助，在此向他们表示诚恳的谢意。

编　者

2009年1月10日

策划编辑　周亚权

责任编辑　陈　晨

封面设计　杨立新

版式设计　马敬茹

责任校对　王　雨

责任印制　耿　轩